本书得到四川省高校人文社会科学重点研究基地——社区矫正研究中心
重点项目“《社区矫正法》修改问题研究（SQJZ2021-03）”资助

社区矫正理论与实务研究 第5卷

Research on the Theory and Practice of Community Correction

肖乾利　王小丽　主编

法律出版社 LAW PRESS·CHINA　北京

图书在版编目(CIP)数据

社区矫正理论与实务研究. 第5卷 / 肖乾利, 王小丽主编. -- 北京 : 法律出版社, 2024
ISBN 978-7-5197-9107-0

Ⅰ. ①社… Ⅱ. ①肖… ②王… Ⅲ. ①社区-监督改造-研究-中国 Ⅳ. ①D926.74

中国国家版本馆CIP数据核字(2024)第088718号

社区矫正理论与实务研究(第5卷)
SHEQU JIAOZHENG LILUN YU SHIWU YANJIU (DI-5 JUAN)

肖乾利 王小丽 主编

责任编辑 许 睿
装帧设计 汪奇峰

出版发行 法律出版社
编辑统筹 司法实务出版分社
责任校对 王语童
责任印制 胡晓雅
经　　销 新华书店

开本 710毫米×1000毫米 1/16
印张 25.5 **字数** 431千
版本 2024年6月第1版
印次 2024年6月第1次印刷
印刷 唐山玺诚印务有限公司

地址:北京市丰台区莲花池西里7号(100073)
网址:www.lawpress.com.cn
投稿邮箱:info@lawpress.com.cn
举报盗版邮箱:jbwq@lawpress.com.cn
销售电话:010-83938349
客服电话:010-83938350
咨询电话:010-63939796

书号:ISBN 978-7-5197-9107-0
定价:108.00元

自 序

受行刑社会化、恢复性司法理念引领，以及宽严相济刑事政策支撑的社区矫正，不仅是我国刑事执行领域的创新，而且关涉国家犯罪治理体系与治理能力、关涉基层社会治理体系与水平，并与党的二十大报告要求在社会基层坚持和发展新时代“枫桥经验”[1]以及“国家各方面工作法治化”高度契合。多种理念、多项制度叠加的社区矫正，在刑事执行研究领域，当然应有其重要的一席之地。

自2020年7月1日《社区矫正法》施行以来，党委政府“统一领导”、社区矫正委员会“统筹协调”、司法行政机关“主管”、社区矫正机构“具体实施”、相关部门“协作”、社会力量参与、检察机关实施法律监督的运行机制已经基本建成。但“法律的生命不在于逻辑，而在于经验”。一部法律的生命力、权威性，以及立法目的是否实现，需要通过法律实施效果而体现。正如德国著名法学家耶林所言，“目的是全部法律的制造者，每条法律规则的产生都源于一种目的”。[2] 在现代治理理论视域中，法律实施效果的评估是构建国家治理体系的重要内容，也是衡量治理能力现代化的科学依据。[3]

截至2023年7月，全国省、市、县三级人民政府依法设置社区矫正机构分别达到78%、73%、68%。全面推进社区矫正中心升级改造，全国已建成

[1] 20世纪60年代，浙江省诸暨枫桥的干部群众在社会主义教育运动中，创造了“发动和依靠群众，坚持矛盾不上交，就地解决，实现捕人少、治安好”的“枫桥经验”。

[2] [美]E. 博登海默：《法理学——法律哲学与法律方法》，邓正来译，中国政法大学出版社1999年版，第109页。

[3] 参见莫良元、张加林：《法律实施效果评估制度建构问题研究》，载《学海》2022年第2期。

2922个县(区)社区矫正中心,基本实现了"一县一中心"。[1] 不少省(自治区、直辖市)颁行了社区矫正实施细则。诸如,上海、河南、福建、湖北、安徽、四川、贵州等省市制定了社区矫正实施细则,使社区矫正工作有了各自的地方标准,增强了日常监管、帮扶教育的可操作性,明晰了各部门的执法权限与法律责任。部分省市的规定还具有开创性。如福建省关于"履行生态修复协议"的规定[2],四川省关于社区矫正工作人员"尽职免责"的规定。[3]《山东省社区矫正实施细则》,对调查评估所涉及的"社会危险性""对所居住社区具有不良影响"做出具体界定,增强了实务中的可操作性。[4]

三年来,通过引入社会力量,已有58万人次社区矫正对象接受就业或就学培训与指导。[5]《社区矫正法》确立的因"人"施教、因"需"帮扶原则,队伍建设专业化、社会支持多元化、项目委托市场化的帮教机制,以及"社区矫正经费应当列入本级政府预算"等规定,激活了社会力量参与社区矫正工作的热情。"有偿但不盈利"的政府购买服务属性,以最低的成本实现了社

〔1〕 参见《社区矫正法实施三年来检察机关提出书面纠正意见26万余人》,载新浪财经网,https://finance.sina.com.cn/jjxw/2023-07-06/doc-imyztiis9021347.shtml。

〔2〕《福建省贯彻〈中华人民共和国社区矫正法〉实施细则》明确:涉及生态修复案件被宣告缓刑的社区矫正对象应当履行生态修复协议,参与生态环境保护活动。人民法院、人民检察院因社区矫正对象未有效履行生态修复协议而发出生态修复令的,县级社区矫正机构应当对该社区矫正对象进行教育,依法依规予以处罚或者提出撤销缓刑建议。

〔3〕《四川省社区矫正实施细则(试行)》第193条规定:"对社区矫正工作人员追究法律责任,应当根据其行为的危害程度、造成的后果,以及责任大小予以确定,实事求是,过罚相当。社区矫正工作人员依法履职的,不能仅因社区矫正对象再犯罪而追究其法律责任。"

〔4〕《山东省社区矫正实施细则》第10条规定:县级社区矫正机构应当对调查材料进行综合分析评估后,出具评估意见。评估意见应当对被告人或者罪犯的社会危险性和对所居住社区的影响作出评价。根据需要,可以对被告人或者罪犯是否适合社区矫正提出意见。具有下列情形之一的,可以视为具有社会危险性:(一)扬言或者预备实施新的犯罪的;(二)企图自杀或者逃跑的;(三)可能对被害人、举报人、控告人实施打击报复的;(四)曾在社区矫正期间被收监执行的(因积极治疗、病情好转被收监执行的除外);(五)以犯罪所得为主要生活来源的;(六)有吸毒、赌博、暴力倾向等恶习的;(七)加入非法社团、组织的;(八)具有其他危害社会情形的。具有下列情形之一的,可以视为对所居住社区具有不良影响:(一)所在村(居)民委员会、工作单位或者就读学校认为不适合社区矫正或者明确表示不参与监管的;(二)家庭成员、监护人或者近亲属不具备监管条件或者明确表示不参与监管的;(三)拒不认罪悔罪或者犯罪前一贯表现较差或者犯罪行为影响恶劣的;(四)没有固定住所或者提供的住所证明材料明显不符合实际情况的;(五)没有固定生活来源的;(六)拟决定或者批准暂予监外执行的罪犯,保证人不具备保证条件的;(七)其他具有不良影响的情形。

〔5〕 参见《社区矫正法实施三年来58万人次社区矫正对象接受就业或就学指导》,载千龙网,https://china.qianlong.com/2023/0705/8065139.shtml。

区对罪犯的矫治。[1] 实践证明,“助人自助”理念引领的社会力量,以平等主体身份帮助社区矫正对象,通常会更为尊重和体谅社区矫正对象,容易获得社区矫正对象的认同,往往可以收到良好的矫正效果。不少省份,如浙江省、安徽省,已经实现了政府购买社区矫正服务的全覆盖。一些地方通过外包第三方的方式,还实现了心理疏导的全覆盖。[2] 既实现了“专业的人做专业的事”,又减轻了社区矫正机构的工作负荷。

三年来,社区矫正检察监督在各地实施了诸多创新,在维护社区矫正对象合法权益方面做了不少努力。诸如经常性跨市县经营活动、执行地变更等方面。如,针对涉海、涉渔矫正对象“出海请假难、监管监督难、教育帮扶难”等问题,最高人民检察院部署开展涉海涉渔社区矫正监管执法和法律监督工作,实现矫正对象“出得去、稳得住、有收入”。2021 年 5 月到 10 月,最高人民检察院在京津冀、广东大湾区、海南自贸港、成渝双城经济圈及社区矫正检察工作开展较好的地区等 11 个省(区、市),部署开展涉企业社区矫正对象赴外地生产经营请假活动法律监督试点工作,着力解决涉企业社区矫正对象请假外出监管问题。为督导破坏生态环境资源犯罪的社区矫正对象“补植复绿”,检察机关将生态修复纳入社区矫正考核范畴,促进生态修复与社区矫正有效衔接。[3] 四川、河北、浙江的检察机关通过发出检察建议,堵住社区矫正对象养老金发放漏洞,核实并追回多发的养老金,避免了社保基金的流失。[4] 对有重大立功的社区矫正对象,通过检察建议督促社区矫正机构向人民法院提出减刑建议,维护了社区矫正对象的合法权益。截至 2023 年 6 月,最高人民检察院发布了三批社区矫正法律监督典型案例。这批案例不仅针对社区矫正机构进行监督,也对交付执行的其他部门,诸如法

---

〔1〕 参见李蓉、祝千惠:《社区矫正中政府购买服务的风险及防范》,载《湖南科技大学学报(社会科学版)》2021 年第 1 期。

〔2〕 如,四川省江安县社区矫正机构通过与本县社会心理服务中心签订社区矫正对象心理辅导合作协议,由心理专家团队“一对一”开展“线上心理测评 + 线下心理矫治”,实现社区矫正对象入矫、矫正中、解矫心理帮扶全覆盖。

〔3〕 参见正义网,http://www.jcrb.com/procuratorate/jcpd/201804/t20180416_1859210.htm。

〔4〕 参见《服刑人员还能领养老金?检察院向社保部门发出检察建议要求追回》,载重庆晨报,https://www.cqcb.com/shuangcheng/2020-10-22/3159900_pc.html。

院进行了监督。如案例四。[1] 此外,检察机关还稳妥有序地开展了社区矫正巡回检察试点。“最高人民检察院《“十四五”时期检察工作发展规划》明确要求,要探索对社区矫正机构巡回检察。”[2]

当然,我们也要看到,由于理论储备的不足(如,有关“社区矫正”概念与性质的论争在理论界无法达成共识),以及《社区矫正法》在创建基本框架的同时条款规定留有余地,导致《社区矫正法》施行中存在不少盲点和空白。加之,之前新冠疫情的客观环境,实践中还存在仅把社区矫正作为应对特定轻罪(如,醉驾型危险驾驶罪、帮信罪、寻衅滋事罪、掩隐罪等)的手段。社区矫正的理念、价值和功能未能完整发挥。实践中还存在不少问题,具体如下。

各省出台的社区矫正实施细则存在增加监管内容,自我扩权,任务层层加码,以及各地执法标准不统一的问题。实践中,社区矫正对象基于与社区矫正监督管理无关的事项而受到行政处罚,如因嫖娼而行政拘留,社区矫正机构能否因此对社区矫正对象提请收监?各地规定不尽一致。又如,请假外出“正当理由”的范围界定,四川省的《社区矫正实施细则》第64条关于“正当理由”的认定除4个具体方面外,还包括1个兜底的“其他突发事件或特殊情况,确需本人赴外地办理的情形”,范围较大,也符合人性化监管的需要。但有的省份的社区矫正实施细则的范围却没有这么宽泛。前述不一致的规定,在社区矫正对象因正当理由而跨省流动时,如何处理,就凸显麻烦与尴尬。

一是队伍建制探索进展缓慢。在编制未增加的情况下,一些地方抽调

[1] 2023年6月,最高人民检察院发布第三批社区矫正法律监督典型案例,其中一起为原法院审判人员未按照法律规定履行社区矫正交付执行职责,构成玩忽职守罪被依法追究刑事责任,最后被判处有期徒刑六个月,缓刑一年,成为一名社区矫正对象。这已经并非第一例审判人员因未依法履行社区矫正交付职责而被追究刑事责任的案例,此类案例还有如一法院副庭长因未依法办理暂予监外执行和送达文书而被判玩忽职守罪。这也警示我们,无论是作为社区矫正工作人员,还是其他社区矫正工作的参与者,都要依法履行职责,否则就可能因此而承担责任。

[2] 巡回检察是指检察机关根据法律规定行使检察监督权,对监管场所或者是重要、特殊的刑事执行场所,定期或不定期进行检察的一种监督形式。巡回检察与派驻检察都是检察机关对刑事执行的全过程行使检察监督权的方式,但是派驻检察主要以日常、全天候检察为主,而巡回检察则是定期或者不定期开展,开展的次数比较少,往往是需要的时候或者是按照上级院的部署安排开展。不少地方近年来还进行了交叉巡回检察监督、跨省市区交叉巡回检察监督等创新形式。

司法所人员组建社区矫正执法中队,即队建制,实施片区化管理。笔者通过调研发现,在试行片区管理的队建制中,片区内的多个司法所原所监管的社区矫正对象全部转移到专事社区矫正执法中队的工作人员身上(一般就3人左右)。一个社区矫正执法中队所监管的社区矫正对象通常在100人以上。从理论上讲,队建制的推进缺乏法律与政策依据。目前,一些地方探索的"队建制",通常都依据向上级或编办的请示而设立,没有法律或政策支撑,也违背了机构编制管理的基本原则。根据《中国共产党机构编制工作条例》,机构编制必须坚持优化协同高效的基本原则,在设置工作机构时要做到科学合理、权责一致。而在社区矫正"队建制"中,虽然成立了社区矫正大队、中队,但这两个机构都不直接从事社区矫正日常工作,所有工作都继续由"片区(辖区)"也就是司法所承担。这在事实上导致了工作机构同工作内容的分离、权力和责任分离。二是风险与责任转移到少数人身上。在施行片区管理的队建制中,片区内的多个司法所原所监管的社区矫正对象全部转移到专事社区矫正执法的中队工作人员身上(其实就3—4人)。一个中队所监管的矫正对象在60—100人。一旦发生"脱漏管"或重新犯罪,中队那几个人的风险与责任较大。三是在编制未增加的情况下,组建社区矫正执法队伍的队建制,会削弱司法行政的其他力量。

《社区矫正法》已经明确规定,对村(居)委会和其他社会组织依法协助社区矫正机构开展工作所需要的经费应当列入社区矫正机构本级政府预算。早在2012年11月,财政部、司法部联合出台的《关于进一步加强社区矫正经费保障工作的意见》也明确要求各地将社区矫正经费列入同级财政预算予以保障,有条件的地区可探索建立按照社区矫正对象数量核定社区矫正经费的制度。但由于《社区矫正法》的规定过于原则,缺乏具体的操作性,财政部、司法部联合出台的文件也没有明确社区矫正经费保障标准,致使各级社区矫正委员会在推动加强社区矫正经费保障方面难以操作。实践中,社区矫正经费主要由地方区(县)财政负担。由于接收一个社区矫正对象就意味着需要一定数量的财政投入,各地普遍不愿意接收外来人口或者异地矫正对象,使外来人口很难适用社区矫正,也使执行地变更难以实现。

《社区矫正法》施行以来,可以说其成效、问题已经基本显现。此时评估其实施效果,是否实现立法目的正当其时。为此,2023年10月28日,四川省高等学校人文社会科学重点研究基地——社区矫正研究中心、四川轻化工大学基层司法能力研究中心共同主办了“基层社会治理热点问题研究”学术研讨会。来自西南政法大学、四川大学、国家法官学院新疆分院、西南医科大学、四川农业大学、广州商学院、四川轻化工大学、宜宾学院、四川司法警官职业学院、成都文理学院等高校,以及宜宾市中级人民法院、宜宾市人民检察院、宜宾市司法局、自贡市自流井区人民法院、达州市大竹县公证处、北京蓝鹏(成都)律师事务所、筠连县司法局兴文县司法局等实务部门,以及四川轻化工大学在读硕士生,共计60余人出席会议。

会议期间,西南医科大学法学院梅达成教授以“目的解释视域下的社区矫正探讨”为题,广州商学院法学院王志亮教授以“社区矫正实务中的突出问题”为题,先后作主旨演讲。随即,国家法官学院新疆分院三级法官姚毅奇就“轻罪时代司法与社区矫正适用之完善——以危险驾驶罪为切入点”,自贡市自流井区人民法院审管办主任冯紫羽,就“破解轻罪治理之困:试论前科消灭制度的构建——以‘醉驾’的刑法治理为引入”,四川大学法学院博士生周树超就“我国轻微罪立法与司法的理性思考”、宜宾学院社区矫正研究中心肖乾利教授就“社区矫正法实施效果考察与研究”,先后做了主题发言。宜宾市中级人民法院党组副书记、常务副院长伍崇辉,以及北京蓝鹏(成都)律师事务所刑事部主任、原司法部预防犯罪研究所鲁兰研究员/博士对前述主题发言进行点评。会议期间达成了不少共识。具体如下。

尽管《社区矫正法》的立法修改还不成熟,但通过相关解释或者完善《社区矫正实施细则》方式可以解决一些具体的问题。诸如,对《社区矫正法实施办法》第46条第5项“其他违反有关法律、行政法规和监督管理规定,情节严重的情形”可以做出解释,以解决实践中亟待解决的问题。在破坏生态环境犯罪案件,基于此类犯罪大多是轻罪,同时,被告人认罪认罚认赔,多数被告人被判处缓刑而进入社区矫正。实践中,个别缓刑犯入矫后,却不履行生态修复(赔偿)协议,能够履行而不履行。为维护生效判决的严肃性,可以通过解释、细化第46条第5项“其他违反有关法律、行政法规和监督管理规定,情节严重的情形”。例如,社区矫正机构发现涉生态修复的缓刑犯,具有下列情形的,可以向人民法院提出撤销缓刑建议:(1)未履行生态修复义务,有关部门发出生态修复令后仍不履行,情节严重的;(2)未履行生态修复义务,受到司法行政机关三次警告,仍不改正的;(3)再次实施破坏生态环境资源的行为,违反相关法律法规,情节严重的;(4)法律法规规定的其他情形。此外,在《治安管理处罚法》修订征求意见的当前,我们社区矫正工作人员不能仅对"伤害民族感情"该不该入法?能不能处罚"穿着、言论",更应进一步把社区矫正相关内容揉入《治安管理处罚法》,便于找到处罚依据,毕竟法律操作要具有明确性。《治安管理处罚法》涉及社区矫正方面需要补充完善:一是在第三章"违反治安管理的行为和处罚"中应增加社区矫正对象违反监督管理规定的行为和处罚标准。二是在第二章"处罚的种类和适用"中需要设置"一般适用规则",明确在缓刑、假释期间实施违反治安管理行为的,属于"情节较重""情节严重",并在违反治安管理的具体行为和处罚中作出相应配套规定。三是在第四章"处罚程序"中应明确对社区矫正对象决定行政拘留的,应当自作出决定之日起三日内将有关情况通知执行地县级社区矫正机构和执行地县级人民检察院。

建立轻微罪出罪机制。罚当其罪是刑罚职能所在,对于一些轻微犯罪如醉酒型危险驾驶罪,应当建立出罪机制。2011年《刑法修正案(八)》生效以来,醉酒型危险驾驶罪成为常见频发罪,带来了涉案人员失业、再就业难,家庭、社会关系难以修复,其子女就学、入伍、入党、入职受到影响,从而引发新的社会矛盾,扩大了社会对立面,影响了社会和谐,这样的实例为数不少。其实,一些过失犯罪或其他轻微犯罪,即使没有通过社区矫正,罪犯也不会再犯罪,为避免法治资源的浪费,可以通过不起诉或免予起诉的方式,建立轻微罪出罪机制。出罪机制的建立,对国家、社会、个人,均有利无弊,为此,一些地方当前正在进行醉驾不起诉试点探索。例如,浙江省瑞安市通过购买社会公益服务、接受法治教育,检察机关根据醉驾人员的表现为参考,决定是否起诉。四川省资阳市不起诉适用社会公益服务,通过公益服务检验醉驾人员认罚的情况。[1] 前述做法对醉酒型危险驾驶罪的出罪是有益尝试。

实现教育帮扶的针对性、有效性。《社区矫正法》第40条提出了通过"公开择优购买"和"项目委托"的操作路径让社会组织参与教育帮扶工作。

---

〔1〕 参见史立梅:《论醉驾案件的程序出罪》,载《中国法学》2022年第4期。

但实践中,教育帮扶还存在着单方意志的“强制灌输”、忽视职业技能培训等问题,特别是农村地区社区矫正对象学历普遍偏低之实际,如何实施教育帮扶,还缺乏可复制可推广模式。我们通过调研发现,西部农村社区矫正对象中还存在至少20%以上的文盲,虽然他们愿意接受教育学习,但不识字、无法书写、无法阅读,甚至口头表达也有一定障碍。如果对此缺乏认知,显然难以实现教育帮扶针对性与有效性。我们认为教育帮扶,应采用项目化方式操作。可以将教育帮扶分为认罪悔罪矫正、家庭关系修复、人际关系修复、理财能力培养、经济生活矫正等项目〔1〕。同时,借鉴国外市场化、产业化运作机制,将低风险社区矫正对象委托给热心公益的企业乃至民营矫正机构实施监督与帮扶,对接受矫正对象的企业以及民营矫正机构给予税费减免。此举既能解决社区矫正对象的就业,又能避免外出务工产生的难以管控的情况出现。鉴于当前社会重视证书、重视学历的实际,社区矫正机构可以与职业技术院校共建职业教育体系,将社区矫正对象送往职业技术院校培训,取得相关学历与证书。此举既可保障社区矫正对象种类繁多的就业需求,又能缓解司法行政部门自建职业教育软硬件的欠缺。〔2〕

追责不能过于严苛。实践中有一种动向:从结果倒推原因。只要社区矫正对象重新犯罪,或者被拘留、强制戒毒就启动责任倒查机制,并基于档案或者管理不规范给予相应处理,让社区矫正执法人员承担刑事责任。上述“逆向倒推”思维做法忽略了社区矫正的社会性、开放性特征,“重新犯罪”与“玩忽职守行为”之间,既不具备相当因果关系说的“行为足以发生结果”,也不符合客观归责理论“结果发生是因行为人所制造的不被法律容许的风险”,而是一种“介入因素”情形下的因果关系。在社区矫正渎职犯罪领域,社区矫正工作人员虽然对社区矫正对象有一定人身管控手段,由于矫正对象处于开放社区,这些管控手段难以排除或者阻止其重新犯罪,或者说这些管控手段对重新犯罪缺失防范(或者控制)能力。特别是互联网时代,犯罪不受时间和空间的限制,能预防矫正对象不去外地犯罪,无法预防他在本

〔1〕 参见梅义征:《社区矫正、社区治理与社区安全》,上海人民出版社2020年版,第46页。

〔2〕 参见周健宇:《社区矫正人员教育帮扶体系比较研究》,法律出版社2020年版,第136~138页。

地犯罪；能预防矫正对象实施强奸、杀人犯罪，无法预防他在互联网上实施电信诈骗、组织卖淫犯罪等。为此，可以通过建立社区矫正工作人员权力清单、职责清单，做到职责明确、执法留痕、过程规范，以建构尽职免责机制。只要社区矫正工作人员基本履行了监管职责，社区矫正对象的偶发性犯罪，教育学习、公益活动中突发疾病或意外事件等情形应当免责。这里的免责，不仅要免掉刑事责任，也要免掉行政责任。

此外，因为分工的不同，基层社区矫正执法队伍所面临的相关问题，例如基层存在的社区矫正机构设置、编制不足、队伍不稳、执法装备缺失、档案标准不统一等问题，单纯由县级司法行政机构向县委县政府、县编办等部门协调、解决存在不小的困难，上级司法行政部门应深入基层，深入最前沿进行调研，切实征求基层意见和建议，将整个工作作为“一盘棋”统筹谋划，联合上一级编办、人社、财政等相关职能部门，进一步加强完善基层社区矫正执法队伍体系，解决基层社区矫正执法队伍所面临的实际困难。

社区矫正蕴涵惩罚性与恢复性双重价值。《社区矫正法》施行以来，社区矫正工作进入法治化阶段，但正如有学者指出的那样，《社区矫正法》还只是一部框架法，还需要在实践中总结、提炼与完善。为此，对《社区矫正法》的实施效果还不能过于理想化。因为在社区矫正运行中还存在诸多难以回避的问题。诸如，有关社区矫正机构、人员（编制）、经费保障方面，《社区矫正法》关于“根据需要”而设立社区矫正机构的规定，导致近年来理想与现实存在差异。

真正独立的机构设置很少。即使个别地方解决了机构问题，但未能解决编制，依然还是那一茬人在干着相同的事。由于缺乏专门从事社区矫正的实体机构、现有社区矫正机构的执法权限与手段不足、执法标准不统一，矫正队伍存在的不专职、不专业、不稳定，经费保障乏力，以及立法衔接的缺失〔1〕等因素的存在，给基层实践中的执法、处罚造成了一定阻碍，让美好的社区矫正制度在匍匐中前行。

---

〔1〕 诸如，在现行的《治安管理处罚法》第三章“违反治安管理的行为和处罚”中，没有规定违反《社区矫正法》等监督管理规定的行为和处罚标准，导致社区矫正机构对屡屡违反监督管理规定的社区矫正对象难以提交公安机关给予治安管理处罚。

在《社区矫正法》施行进入第四个年头之际,中心通过组织年会,组织理论研究者与实务工作者进行学术交流与对话,会后,将收到的参会论文编辑出版,对《社区矫正法》施行效果、存在问题以及完善、修订办法等内容进行了探讨,以期为谱写中国式现代化社区矫正篇章贡献微薄力量。

本书得以顺利出版,首先要感谢宜宾学院法学与公共管理学部领导的全力支持与帮助;同时,要感谢全国各地高校和实务界专家学者的奉献与赐稿,也要感谢社区矫正研究中心各位同事,以及王高兴、王玉玲、陈卓康等同学的辛苦校对。最后,感谢法律出版社许睿编辑的大力支持,使本书得以按计划出版。

本书在许多方面还存在不足,真诚期望能得到专家学者与实务部门领导的批评斧正!

肖乾利

2024年1月25日

于宜宾学院社区矫正研究中心

目　录

立法与理论研究

轻罪时代司法与社区矫正适用之完善

——以危险驾驶罪为切入点

姚毅奇 [*]　黄雯莉 [**]

摘　要：我国进入轻罪时代新阶段，轻罪刑法规制有其内在法治逻辑与时代必然，需要构建轻罪治理体系，并转变刑事治理理念。随着认罪认罚从宽制度的推进，在轻罪缓刑适用扩大的同时，应健全相关社区矫正适用机制。以最为典型轻罪之危险驾驶罪犯社区矫正考察为切入点，从法院刑事法治维度展开，透视轻罪适用社区矫正的内在机理，探索完善法院在审理前、庭审中、审判后执行的司法"一条龙"社区矫正工作的刑事治理，以及轻罪前科消灭制度与社区矫正的关系，并规范社区矫正的司法协同治理的现代化路径，合力推进平安中国建设。

关键词：轻罪时代；社区矫正；刑事法治；危险驾驶罪

引　言

刑事治理现代化是国家治理现代化的重要组成部分，国家治理现代化必然要求刑事治理现代化。[1] 在国家治理体系和治理能力现代化的主要目标之下，刑事治理体系现代化需要通过对犯罪原因和致罪机制进行理性剖析，在犯罪观的科学指导下，广泛吸收社会力量参与到犯罪防治之中，逐步进入"水流平缓、江面开阔的

---

* 作者单位：国家法官学院新疆分院。

** 作者单位：福建省漳州市芗城区人民法院。

〔1〕 参见高铭暄、傅跃建：《新时代刑事治理现代化研究》，载《上海政法学院学报（法治论丛）》2020 年第 4 期。

宽严相济时代”。[1] 从社会治理现代化视域而言,刑法运行模式需要由“国家”本位向“国家·社会”双本位转变。社区矫正制度作为“国家·社会”双本位模式的具体体现,也是社会创新治理的重要方面。人民法院的职责是判处管制、宣告缓刑、裁定假释、决定暂予监外执行,确定罪犯社区矫正执行。同时,对违反法律、行政法规的社区矫正对象,人民法院可决定予以撤销缓刑、假释、监外执行,以及决定逮捕收监执行等。[2] 故人民法院理应在社会治理中能动司法创新,发挥其把好社区矫正“进出关口”之职能作用。笔者以最具轻罪特点且案件数居首位的危险驾驶罪为切入点,进行实证考察分析,从理论依据及现实需求两方面透视轻罪适用社区矫正的法律价值,进而论及法院作为社区矫正参与者之司法协同的作用,以及健全社区矫正工作机制衔接形成共治,合力推进平安中国建设。

一、实证扫描:轻罪时代缓刑适用及社区矫正之考察

轻罪立法确实在遏制相关领域的行为失范上有较为明显的效果,在当前的积极刑法观下,轻罪的扩张成为犯罪化立法的重要内容,也成为刑法结构现代化的关键性评判依据,是刑事立法不可逆转的方向。[3] 在此轻罪立法背景之下,探索完善轻罪治理体系迫在眉睫。特别是,2020年《社区矫正法》的正式施行,标志着社区矫正从试点到刑法、刑事诉讼法和社区矫正法的制度配套衔接。更需要转变治理理念,即扩大诸如危险驾驶罪类型轻罪的缓刑适用范围,而缓刑适用范围的扩大必将对社区矫正制度的优化与完善提出更高的要求。相较于在监狱执行,危险驾驶罪之类的轻微罪犯属于可以被改善的对象,其完全可以通过社区矫正这种由社区行刑机构与社会组织联合干预的方式,为其提供更好、更具针对性的个别化矫正方案,通过对罪犯必要的惩罚融合多元社会工作方法,帮助罪犯发现自己的犯罪需求和动机,使罪犯在自己的生活环境中学会遵守规则。[4] 在强化犯罪治理同时,亦体现回归社会和司法人文关怀。

---

[1] 卢建平教授曾生动比喻,“我国的犯罪治理,从车过弯道、水过险滩时期的严打斗争,已经进入水流平缓、江面开阔的宽严相济时代”。参见卢建平:《轻罪时代的犯罪治理方略》,载《政治与法律》2022年第1期。

[2] 《中华人民共和国社区矫正法》第28条、第47条、第48条、第49条;最高人民法院《关于适用〈中华人民共和国刑事诉讼法〉的解释》,第21章执行程序第6节(减刑、假释的撤销)之规定。

[3] 参见梁云宝:《积极刑法观视野下微罪扩张的后果及应对》,载《政治与法律》2021年第7期。

[4] 参见杨雪:《社区矫正的惩罚性悖论与社区行刑正当化危机解构》,载《法治现代化研究》2022年第6期。

(一)轻罪划分及轻罪时代的到来

刑法虽未明确轻罪与重罪之分,但主流观点认为轻罪是指法定刑为三年以下有期徒刑的犯罪。[1] 特别是,近年来频繁增设新罪成为我国刑事立法活性化趋势最主要的表现,而增设的新罪基本上都是轻罪。在轻罪之外还有学者提出了微罪概念,并认为轻罪可划分为三类:一是量刑幅度唯一且法定最高刑为拘役的微罪;二是量刑幅度唯一且法定最高刑为三年有期徒刑的犯罪,即法定的轻罪;三是量刑幅度不唯一且最高刑为三年以上有期徒刑,但因存在减轻处罚的情节使罪犯被判处三年以下有期徒刑的犯罪,即事实的轻罪。[2] 笔者认同轻罪是指法定刑为三年以下有期徒刑的犯罪,且立法体例中轻罪包含了微罪。

2011年《刑法修正案(八)》增设危险驾驶罪的最高刑期仅为拘役六个月(并处罚金),系刑法中最典型的轻罪,从此,轻罪立法之崭新阶段开启。对"轻罪"规定较轻的法定刑,符合法治原则和比例原则。以法定最高刑三年有期徒刑为标准,轻微犯罪的罪名已从1997年的79个、占全部413个罪名比率为19.13%,上升到如今的106个、占全部486个罪名比率为21.81%。[3] 与此同时,传统的严重暴力犯罪大幅下降,而危险驾驶、电信诈骗、侵犯知识产权、破坏环境资源等新型犯罪大幅上升,据统计,2021年被判处三年以下有期徒刑的罪犯人数占判决生效总人数的比例已经达到了84.6%。[4] 立法与司法昭示着轻罪时代的到来,值此,需要我们在轻罪治理中及时转变观念,探寻轻罪治理现代化之策。

(二)从危险驾驶罪和帮信罪态势看轻罪案件量激增

理性看待轻罪时代的到来,正如学者张建伟所言,对于轻罪,一要看到它的庞大数量,二要看到它引发的相关社会问题,包括对轻罪案件一概审判定罪的做法可能带来的社会隐患——罪犯数量的激增。[5] 对此应对之策,要考虑轻罪治理的基本思路与制度构建。

---

〔1〕 参见张明楷:《轻罪立法的推进与附随后果的变更》,载《比较法研究》2023年第4期。

〔2〕 参见卢建平等:《轻罪治理现代化的推进路径》,载《人民检察》2023年第1期。

〔3〕 参见梁云宝:《中国式现代化背景下轻微犯罪前科消灭制度的展开》,载《政法论坛》2023年第5期。

〔4〕 参见张军:《最高人民检察院关于人民检察院适用认罪认罚从宽制度情况的报告》,载《检察日报》2020年10月17日,第2版。乔文心:《让人民群众感受到公平正义就在身边——中宣部"中国这十年"系列主题发布会解读人民法院十年亮点工作》,载《人民法院报》2022年7月13日,第2版。

〔5〕 参见张建伟:《轻罪治理的基本思路与制度建构》,载《中国法治》2023年第9期。

1. 危险驾驶罪持续递增居高不下

轻罪数量庞大,数年来位居首位的是危险驾驶罪,根据最高人民检察院发布的2019年检察机关主要办案数据显示,起诉人数最多的罪名是危险驾驶罪,共计322,041人,全国危险驾驶罪总数步入30万人的大关,使其成为主要的犯罪类型。实证分析从裁判文书比较着手,笔者通过中国裁判文书网搜索法律文书,并对危险驾驶罪案件进行分析,2019年至2021年3年间,全国危险驾驶罪的案件数量分别占据基层法院受理刑事案件数28.6%、30%、35%,危险驾驶罪占据基层法院刑事案件数的1/3以上,且总体上呈现逐年递增的趋势。[1] 危险驾驶入刑的立法原意是以最小的司法资源配置获取最大的社会治理效益,通过刑罚规制降低危险驾驶对道路交通安全的影响,以此获得良好的社会治理效果。在社会经济飞速发展、机动车和驾驶人数量同步增加的大背景下,造成重大事故的数量和比率反而减少。[2] 从侧面反映出危险驾驶刑事规制减少道交事故发生的社会效果显著;而另一侧面也凸显犯罪量居高不下成为刑事法治的难题。以致,2021年部分省(自治区)检察机关开始提高醉驾酒精含量的起诉标准,试图降低案件量。

2. 帮助信息网络犯罪活动罪案件量猛增

2015年《刑法修正案(九)》增设帮助信息网络犯罪活动罪(以下简称帮信罪),其法定最高刑为三年有期徒刑。帮信罪活动罪发案数量近年呈现爆炸式上升趋势,"断卡行动"雷霆出击,然"断"而不止。据2022年8月"中国司法大数据研究院"发布的《涉信息网络犯罪特点和趋势司法大数据专题报告》显示,2017年至2021年全国各级法院一审新收帮信罪案件共计7.2万件,其中,2017年至2019年呈逐步上升趋势,2020年起呈快速激增走势。另外,据2022年7月22日最高人民检察院网上发布的信息,检察机关2022年上半年起诉帮信罪达6.4万人。新型电信诈骗与帮信罪、掩饰、隐瞒犯罪所得罪之上下游犯罪纠缠在一起,与跨境犯罪结合在一起,足见其犯罪复杂性。近年来,最高司法机关连续出台多部司法解释及司

---

〔1〕 笔者于2023年6月30日通过中国裁判文书网,对2019年至2021年基层法院审理刑事案件及危险驾驶罪案件法律文书数进行搜索,数据显示:2019年基层法院审理刑事案件总数976,270件,危险驾驶罪案件数279,806件;2020年审理刑事案件总数849,673件,危险驾驶罪案件数255,005件;2021年审理刑事案件总数425,904件,危险驾驶罪案件数151,108件。另,从2021年起部分省(自治区)检察机关提高危险驾驶起诉标准,以及法院法律文书上网不一,司法统计数据会发生变化。

〔2〕 2011年至2021年,全国范围内增加机动车数量1.81亿,以平均每年1800万辆的速度增长,机动车驾驶人数量增加2.59亿,平均每年增加2600万人。2020年的酒后驾车比率与2011年相比减少70%,造成重大事故的数量比率与2014年相比减少26%。参见尹彦品等:《醉酒型危险驾驶罪回顾与完善刍议》,载《河北法学》2022年第4期。

法文件指引法律适用,从中反映打击电信诈骗任重道远,也在考验数量庞大的帮信罪之治理问题。

（三）从危险驾驶罪量刑看轻罪缓刑适用之争议

法定轻罪并不意味就可以从轻处罚宣告适用缓刑,为遏制电信网络诈骗犯罪高发态势,法院对诈骗罪、帮信罪严加惩处,显然,帮信罪适用缓刑的相对较少。而在危险驾驶罪量刑和适用缓刑上,可谓一波三折,现在才基本定论。刑法是其他法律的保障法,道路安全管理仰赖刑事治理自有其局限性,全方位规制危险驾驶须走治理现代化路径。在刑罚宽缓化和行刑社会化的背景下,应最大限度展现危险驾驶入刑的立法初衷,以此兼顾社会治理与刑法谦抑的双重属性。

1. 从二元处罚到一元处罚调整看违法犯罪处理衔接之弊端

在危险驾驶修法入罪的同时,《道路交通安全法》也作出了相应修改,醉酒驾驶行为与普通酒后驾驶行为从实施无区别对待转变为实施区别对待,即醉驾行为删除原有同于酒驾行为的拘留和并处罚款的行政处罚措施,而增加"依法追究刑事责任"的相关规定。该法作出的此行政层面的调整,直接导致目前针对醉驾行为从二元处罚机制转变为一元处罚机制。根据危险驾驶犯罪情节具体情况,援引《刑法》第37条"但书"条款畅通危险驾驶行为的出罪路径,部分醉驾者被免予追究刑事责任。"但书"所体现的二元处罚机制与《道路交通安全法》作出的一元处罚机制的调整,无疑反映出现行法律体系对醉驾行为的制裁模式在刑事处罚与行政处罚衔接上的真空,出现在醉驾犯罪情节轻微被免予刑事处罚的情况下,醉驾免处而酒驾拘留的尴尬境遇,如此法律衔接缺失导致违法犯罪处理反差的问题值得反思。

2. 从危险驾驶罪刑罚看轻罪缓刑适用之争议

作为抽象危险犯的典型罪名,危险驾驶罪的规范目的是避免行为人在醉酒状态下严重影响正常的驾驶能力,进而对不特定人的人身安全、社会安全造成侵害。[1] 对于危险驾驶是否一律入刑的问题,在刑法修正案危险驾驶罪法条施行之初,各界立场、观点、做法并不一致。其中,公安机关和检察机关倾向支持,相比之下,法院的立场明显宽和许多,认为应当慎重稳妥地追究醉酒驾驶犯罪嫌疑人的刑事责任。随着危险驾驶罪犯罪人数的急速膨胀,使该罪的弊端日益显现,不仅出现了犯罪标签泛化问题,而且挤占了大量司法资源,刑事治理"性价比"不高,造成社会治理成本的增加。显然,"醉驾一律入刑"的机械司法行不通,按照刑事法律和

〔1〕 参见孔祥参:《论抽象危险犯的谦抑认定——以醉酒型危险驾驶分析为例》,载《沈阳大学学报(社会科学版)》2020年第4期。

《关于常见犯罪量刑指导意见》[1]之规定,法检机关可根据具体犯罪情节作出不予起诉、免于刑事处罚、适用缓刑。但是,在缺乏法律规定明确指引和指导性案例示范情况之下,法院不会轻易对轻微醉驾行为作出无罪判决或免予刑事处罚。源于司法重刑主义观念惯性之使然,刑事裁判重罪重判不无大碍,而轻罪轻处实非畅通。同理,对帮助信息网络犯罪活动、高空抛物等轻罪处罚亦存在缓刑适用不一的问题。

二、价值透视:轻罪适用社区矫正制度的理论辨析

我国逐渐进入"轻罪时代",面对这一变化,应站在中国式刑事司法现代化的背景下,将轻罪治理融入国家治理大局,及时转变理念,注重打击严重刑事犯罪的同时,更强调轻罪案件刑事司法的宽和,尊重和保障人权。[2]《刑法修正案(八)》增设危险驾驶等轻罪的同时,也首次将社区矫正制度写入刑事法律中。社区矫正是保障刑事判决、刑事裁定和暂予监外执行决定正确执行,促进社区矫正对象顺利融入社会,预防和减少犯罪的重要刑事执行活动。[3] 社区矫正符合刑罚宽缓化的大趋势,理论上是行刑社会化理念的体现,实践中则合理有效地配置了司法资源。

(一)理论依据:宽严相济刑事政策与恢复性理念的体现

习近平总书记高度重视创新宽严相济刑事政策的时代内涵与实践应用,注重弘扬中华优秀传统法律文化中的明德慎罚和慎刑思想。[4] 社区矫正制度与宽严相济刑事政策存在逻辑关系,其作为缓刑行刑社会化的产物之一,同时也与刑罚宽缓化趋势下恢复性司法存有内在关联。

1. 厘清宽严相济与社区矫正之逻辑关系等

社区矫正制度是贯彻宽严相济刑事政策,推进国家治理体系和治理能力现代化的一项重要制度[5],其二者之间形成微观与宏观、具体与抽象的法律适用指引关系。宽严相济刑事政策为社区矫正适用对象提供主客观要素指引及适用依据。

---

[1] 最高人民法院《关于常见犯罪的量刑指导意见(二)(试行)》(2017年);最高人民法院、最高人民检察院《关于常见犯罪量刑指导意见》(2021年)。

[2] 参见陈卫东:《论中国式轻罪治理体系现代化的程序法供给》,载《中国法治》2023年第9期。

[3] 参见徐祖华:《社区矫正制约监督体系建设的思考》,载《社区矫正理论与实践》2022年第3期。

[4] 参见胡云腾:《习近平法治思想的刑事法治理论及其指导下的新实践》,载《法制与社会发展》2022年第5期。

[5] 参见王爱立、姜爱东主编:《中华人民共和国社区矫正法释义》,中国民主法制出版社2020年版,第68页。

德国著名刑法专家李斯特提出：最好的社会政策即是最好的刑事政策。在构建和谐社会政策中提出“实施宽严相济刑事政策，积极推行社区矫正”[1]政策之后，国家最高司法机关出台一系列贯彻宽严相济刑事政策的司法文件，为社区矫正适用对象符合宽严相济刑事政策从“宽”者提供了要素指引，即对于社会危害性小、反社会意识轻微的犯罪者，实施社区矫正措施。有利于矫正其轻微的反社会意识，并推动他们更快回归社会、回归家庭。再者，对从“宽”适用对象的具体规定[2]映射出，社区矫正的具体适用对象正是那些社会危害性不大、具有从轻或减轻的量刑情节、反社会意识不强烈的群体。

厘清宽严相济刑事政策与社区矫正制度之间存在的逻辑关系，对于推进社会创新治理具有重大意义。其一，厘清二者关系是刑法保障公民基本权利的体现。作为一种非监禁刑事执行制度，社区矫正能够对矫正对象实施有针对性的矫治，使矫正对象及时回归，更好、更快地重新融入社会。如此提高教育矫治质量，促使矫正对象复归社会，亦是体现刑事法律对公民基本权利保障。其二，强调二者关系是高效利用社会资源、有效节约社会成本的体现。社区矫正对象通常为不需要、不适宜监禁，即符合宽严相济刑事政策指向从“宽”处罚的犯罪人，通过社区矫正这种非监禁刑事执行措施，不仅能够高效利用有限的基层司法行政资源，而且能够动员社会各方力量，积极融合各方优势投入社区矫正工作，以有效的矫治措施，提高矫治质量，从而降低矫治的刑罚成本。其三，从建设和谐社会、法治中国视角看，打击犯罪和预防犯罪目的是一致的，矫治教育犯罪分子亦是刑事司法承载的重要任务。况且，将那些人身、社会危害性均较小、犯罪情节较轻微的犯罪分子，适用社区矫正这种非监禁刑事执行措施，促使犯罪者从思想上与行为上进行改造，以此实现安全有序的社会秩序的运行，也是践行法治思想、构建和谐社会，进而建设法治中国的有力体现。

2. 恢复性理念在社区矫正制度中的融合与运用

刑罚宽缓化是世界各国当前的司法趋向，有利于推动《刑法》从惩罚法向保障法的功能转化。对于危险驾驶罪这类轻罪实行非监禁刑事执行措施则是符合刑罚宽缓化的发展趋势。非监禁刑事执行措施克服了监禁刑矫正模式带来的各种弊

---

[1] 2006年10月11日通过《中共中央关于构建社会主义和谐社会若干重大问题的决定》第六部分提出，“实施宽严相济的刑事司法政策，改革未成年人司法制度，积极推行社区矫正”。

[2] 最高人民检察院《关于在检察工作中贯彻宽严相济刑事司法政策的若干意见》第8条，最高人民法院《关于贯彻宽严相济刑事政策的若干意见》第14条。

端,在罪犯与社会发展保持协调一致的基础上,令犯罪人向社会人转变。[1] 作为非监禁刑,缓刑、管制允许罪犯在社会上服刑,这为恢复性理念在犯罪治理领域的适用预留了一定的空间。[2] 美国学者巴内特提出的“恢复性司法”这一理念,是在刑事犯罪中,为有效化解加害方与被害方之间的深层次矛盾,通过社区等多方力量的参与,在加害方与被害方之间建立对话机制,以加害方主动承担责任的方式来修复其与被害方之间受损的社会关系,恢复性理念实质上是一种替代报应性司法活动的理念。

随着刑事实证学派所主张的社会防卫理念的普及,传统的以刑罚手段为唯一制裁方式的刑事制裁制度已无法对总量激增的各类犯罪现象进行有效治理。[3] 汲取恢复性理念,将其理论优势应用于犯罪治理实践中是符合我国犯罪治理体系现状的。当前,刑事和解制度是恢复性理念在审判环节中的体现。那么,具有商议性、主张以多方力量共同协调从而化解矛盾的恢复性理念,亦可以适用于危险驾驶罪这类轻罪的刑罚执行环节。在轻罪数量居多的背景下,刑罚执行环节将恢复性理念本土化恰是正当时机,恢复性理念与非监禁刑在解决纠纷的手段上有共通之处,社区矫正作为非监禁刑的执行措施之一,将恢复性理念融入并运用于社区矫正制度中,通过赔偿、赔礼道歉、谅解的互动交流,以此“对话”机制助力矛盾的化解,不仅实现了社会受损关系的修复,而且体现了犯罪治理方式现代化的转变。

(二)现实需求:缓刑与认罪认罚从宽适用的社区矫正之需要

随着轻罪缓刑适用范围的不断扩大,以及认罪认罚从宽制度的落实,社区矫正在轻罪时代的适用成为必然的现实需求,也凸显其法律价值。

1.缓刑适用范围的扩大仰赖于社区矫正制度的规范适用

以轻罪之典型危险驾驶罪缓刑适用为例,其入刑之初就引起社会各界的广泛关注与讨论,在2021年《关于常见犯罪的量刑指导意见(试行)》实施之后,社会对此亦有反响。作为人身危险性、社会危害性均较小,且犯罪者多为偶犯和初犯的一

---

〔1〕 参见范立仁、余向阳、李斌:《压制、谦抑或回应:加快轻罪非监禁化的步伐》,载《前沿》2010年第8期。

〔2〕 参见周峨春、郭子麟:《刑事治理现代化背景下微罪体系的构建》,载《行政与法》2023年第5期。

〔3〕 参见王志祥、融昊:《刑事治理体系现代化转型的新探索——评〈刑事制裁体系变革论〉》,载《人民检察》2020年第11期。

类轻罪，理论界中不乏有严格控制危险驾驶罪缓刑适用的声音[1]，这一观点受打击犯罪重刑化观念导向的影响，试图通过加重对犯罪的打击力度来达到短时间内控制犯罪率的目的。这种从严打击的政策或许在短时间内能取得一定的突击效果，但从长远来看，其所产生的边际效应与国家治理措施相比，不仅存在难以逾越的理论鸿沟，而且还会产生极大的负面效应。[2] 因此，转变量刑观念，提高缓刑在危险驾驶罪中的适用，是刑罚宽缓化、非监禁化的必然趋势。

轻微犯罪适用缓刑，符合政策性、社会性与经济性的统一。其一，适用缓刑是贯彻落实宽严相济刑事政策的具体体现。刑法功能是“双刃剑”，要发挥其保障社会稳定的作用，对于像危险驾驶罪这类轻罪的犯罪者以教育、感化和挽救为主，尤其是对于初犯、偶犯、醉驾酒精含量低的且未造成交通事故的被告人适用缓刑，是对宽严相济刑事政策中“宽”的贯彻实施，只有做到宽严有度、罚当其罪，才能真正体现该刑事政策的精髓。其二，适用缓刑是行刑社会化理念的能动实践。犯罪人的主观恶性一般都是在长时间的积累中形成的，短期自由刑的规制往往无法对他们进行思想上及行动上深入细致的教育改造。将危险驾驶之流的轻微犯罪人投到监狱中进行短期自由刑的限制，反而会受到监狱中其他犯罪者非主流价值观的影响，此种交叉感染不仅不利于轻罪犯罪者的改造，而且出狱后被贴上犯罪者标签也会打击其回归社会的信心，影响家庭幸福感。因此，对危险驾驶罪的犯罪者适用缓刑，不仅能有效避免短期自由刑的缺陷，也能帮助犯罪者在社会各界力量的协同参与下改过自新，是行刑社会化观念的具体体现。其三，适用缓刑是刑罚经济性的权衡之策，相比之下，处以监禁刑的办案成本和刑罚执行成本要高昂的多。对于危险驾驶罪此类轻罪的犯罪者适用缓刑，可利用社会力量对其进行改造，不仅可以集中更多的司法人力、物力去审理大案、要案、难案，亦可以缓解监狱的空间及人员压力，从而节省国家用于行刑的成本。无疑有其重要法律意义和良好社会效应。

2. 认罪认罚从宽制度促进社区矫正适用率的提高

认罪认罚从宽制度与社区矫正制度，是轻罪立法背景下的犯罪制裁和刑罚宽缓化趋势而作出的制度设计，亦是宽严相济刑事政策的制度化体现，对于国家治理体系和治理能力现代化水平的提高起到助推作用。

---

〔1〕 理由有三，一是危险驾驶罪很轻；二是该罪的刑事处罚与行政处罚的轻重失衡；三是不合乎该罪入刑的立法精神。参见徐万龙：《醉驾型危险驾驶罪严罚倾向的司法纠偏》，载《东岳论丛》2023 年第 4 期。

〔2〕 参见姚万勤：《我国非监禁刑司法适用现状及制度前瞻——以 A 省法院近 5 年的判决为分析样本》，载广州市法学会编：《法治论坛》总第 50 辑，中国法制出版社 2018 年版。

量刑从宽是认罪认罚从宽制度的落脚点，犯罪嫌疑人、被告人认罪认罚获得从宽处遇，而此后果也是对其法律非难可能性对应的从轻评价。轻罪社区矫正制度的适用亦与量刑从宽的内在要求相互契合。轻罪犯罪圈扩大，案件数量随之增多，认罪认罚从宽制度适用成了轻罪案件的有效分流机制。据统计，2022年至2023年上半年，全国检察机关办理审查起诉案件中，适用认罪认罚从宽审结人数均占同期审结人数的90%以上〔1〕，特别是，认罪认罚从宽制度的大力推进，更多轻罪案件进入速裁、简易快审程序，被采取非羁押性强制措施的被追诉人和非监禁刑处罚的罪犯人数进一步增长，而这就促使进入社区矫正的人数也大幅增加。〔2〕据有关数据统计，截至2020年7月，全国各地累计接收社区矫正对象495万人，累计解除矫正对象431万人，社区服刑人员矫正期间再犯率低于0.2%〔3〕，表明缓刑适用与刑罚执行取得良好的法律效果和社会效果。从这一趋势可知，在轻罪立法时代认罪认罚从宽制度的落实必将促进社区矫正制度的适用率，也能够回应司法现实的需求。

三、路径探索：轻罪时代社区矫正制度的司法治理之完善

从刑事法治角度而言，轻罪的治理，社区矫正这种非监禁刑罚执行措施日益重要的地位凸显。《社区矫正法》和刑事法律及司法解释对法院社区矫正之司法职权作出了较为明确的规定。其中，所蕴含的丰富的新理念、新要求对法院履职产生了"隐性"影响，推进了"软性"转变。〔4〕在社会管理创新语境下，法院要发挥司法"一条龙"之职能作用，同时，完善其社区矫正工作的衔接机制，发挥部门多元协同治理之效应，以及探索社区矫正与轻罪记录消除制度的对接等。

(一)优化法院在社区矫正工作的职能作用

国家治理体系和治理能力的现代化需要通过推进社会管理创新来实现，法院审判工作纳入社会管理之中，不仅凸显了司法审判对社会治理的引导、示范、评价及规制作用，亦是社会管理创新的重要体现。〔5〕从刑事法治维度视之，社区矫正从

---

〔1〕参见最高人民检察院公布《2022年全国检察机关主要办案数据》和《2023年1至6月全国检察机关主要办案数据》。

〔2〕参见郭航：《社区矫正与认罪认罚从宽制度衔接问题研究》，载《新疆大学学报(哲学·人文社会科学版)》2018年第5期。

〔3〕参见张纯：《20年：社区矫正在探索中前行》，载《民主与法制周刊》2023年第23期。

〔4〕参见王燕飞、唐文君：《〈社区矫正法〉生效后法院履职转变的实证研究》，载《河南警察学院学报》2023年第2期。

〔5〕参见侯佳、孙敏：《人民法院参与社区矫正之困境及路径选择——以A市B区法院司法实务为研究视角》，载《湖南社会科学》2016年第2期。

决定到执行涉及多部门分工协作，法院理应优化司法职能、完善审理机制，推进社区矫正工作社会治理现代化。

1. 以司法理念现代化推进社区矫正适用

首席大法官张军在全国大法官研讨班讲话中提出，实现审判工作现代化最关键的是做实审判理念现代化，以审判理念现代化统领、引导、促进各项工作现代化。[1] 据此，法院更新司法理念，协力推进社区矫正制度适用大有可为。当前，我国传统的犯罪治理模式具有浓厚的重刑化色彩，机械司法现象依然存在，有些法官还惯于将惩罚功能视为刑罚的全部功能，将监禁刑作为首选刑罚。如此在刑罚裁量源头上认识上的偏差，视社区矫正制度为单纯刑罚执行机关的转换，将直接影响社区矫正的适用。同时，社区监管机制还不健全、监管措施还不到位的问题，亦使法官对于非监禁刑执行措施的适用采取审慎态度。显然，依法适用非监禁刑和非监禁刑罚执行措施是法院参与社区矫正的关键环节，应更新司法理念，紧跟刑事法治的步伐。在司法裁判中，应秉承能动司法理念，办理具体案件时做到宽严相济，以让人民群众感受到公平正义为目标，在法律框架内，努力寻求案件处理的最佳方案，使司法裁判“文本法”的适用符合人民群众感受的“内心法”。[2]

对于《社区矫正法》确立的“惩罚与教育”双重目标并重的理念，法院从司法裁判伊始就得重视定罪量刑与对社区矫正对象的教育帮扶的衔接，让司法裁判符合天理、国法、人情之朴素正义观。以“天津大妈赵春华摆设射击摊位被判刑案”为例，对被告人适用缓刑并进行社区矫正，符合宽严相济刑事政策和“惩罚与教育”双重目标。故在轻罪立法背景下轻罪治理体系的构建思路与方向，从“诉源治理”开始关注与社区矫正的衔接，促使轻微犯罪人顺利复归社会，具有重大的现实意义。

2. 强化审前社会调查评估的参考价值最大化

首先，审前社会调查评估是法院裁判适用社区矫正的必要性程序。一方面审前社会调查对于法院是否对被告人裁量缓刑（或管制、假释）提供重要证据，另一方面在社区矫正执行环节中又具有一定的辅助作用，对于缓刑适用和社区矫正工作起到承上启下的作用。对于拟适用缓刑的案件，从量刑建议提出到刑罚裁量，检察院和法院可以委托社区矫正机关对被告人的社会危险性和对所居住社区的影响，

---

〔1〕 参见白龙飞：《稳中求进　守正创新　以审判工作现代化服务保障中国式现代化》，载《人民法院报》2023 年 7 月 14 日，第 1 版。

〔2〕 参见张军院长在全国大法官研讨班的讲话。张晨：《新时代人民法院能动司法如何破题》，载《法治日报》2023 年 6 月 14 日，第 3 版。

查明是否符合适用缓刑和管制的条件,进行评估并提出意见,供刑罚裁量及决定社区矫正时参考。[1]

其次,加强法院与社区矫正机构的协作。审前社会调查评估的实施,不仅有益于量刑科学化、标准化程度的提高,也对社会管理模式的创新、司法透明公开化的促进大有裨益。故法院重视审前社会调查工作的开展,可更好地为判决提供科学、翔实的参考。在委托社区矫正机构开展社会调查时,明确告知其委托调查事项、委托的时限、内容等,并保持与社区矫正机构的沟通交流,防止出现因审前社会调查评估程序空转,挤占刑事案件审理期限,影响认罪认罚从宽适用诉讼效率。

最后,充分发挥庭审质证、辩论作用。法院委托审前社会调查,貌似成为事实上的证据收集主体。然而,作为案件的最终裁判者,中立裁判者的身份并不能赋予其主动收集证据的当然性。由法院委托调取的证据在庭审中出示并非意味着其承担了证明责任,委托调查机构调查核实的证据仅是履行了法律赋予的查清案件事实的责任,是职权主义诉讼模式下法官澄清义务的体现。[2] 为此,在庭审过程中应充分听取控辩双方对审前社会调查报告的质证意见,如对评估结果有疑问的,法院可以进行必要的调查核实,确有必要时也可通知社区矫正机关调查人员出庭说明情况,使审前调查报告在司法裁判中发挥更大的参考价值。

3. 发挥法庭教育、裁判说理与案例指导成效

首先,发挥庭审法庭教育之作用。对于拟判处管制、宣告缓刑,适用社区矫正的案件,法院应当充分发挥其在审判阶段的主导地位,通过庭审教化与裁判说理相结合的方式,积极探索对社区矫正对象的教育感化模式。在庭审教化方面,在案件审理过程中,通过庭前、庭中、庭后阶段性推进,在了解被告人的思想动态后,调动发挥各方诉讼参与人在案件审理中的作用,对被告人进行思想、心理上的教育与疏导,在减轻其心理压力的同时引导其真诚悔过。此外,鼓励其重塑信心,积极接受社区矫正。

其次,发挥裁判文书释法说理功能。最高人民法院发布《关于加强和规范裁判文书释法说理的指导意见》,强调裁判文书释法说理的目的是通过阐明裁判结论的形成过程和正当性理由,司法裁判既要依法运用也要“以理服人”,通过裁判文书释法说理提升司法公信力和司法权威,起到裁判的定分止争和价值引领作用。同时,

---

〔1〕 最高人民法院、最高人民检察院、公安部印发《关于规范量刑程序若干问题的意见》(2020年)第3条。

〔2〕 参见纵博:《对法官依职权调查取证若干理论问题的澄清》,载《法律适用》2013年第10期。

裁判文书的释法与充分说理应发挥其释放效应，彰显个案裁判的正义。

再次，发挥指导性案例示范、引领之作用。案例指导制度的构建不仅是完成新时期司法职能的重要途径，亦是保障法律有效实施和发展完善的重要途径。[1] 为进一步满足人民群众对司法服务的需求，法院应积极发挥指导性案例的示范引领作用，以更直接、更高效的方式参与到指导、规范社区矫正工作中。之前，最高人民检察院发布的以社区矫正监督为主题的指导性案例做法值得法院借鉴，故立足于法院在社区矫正工作中的职能定位，通过梳理指导性案例的背景、特点和意义，从而引导和规范各级法院有序参与到社区矫正工作中。[2]

最后，延伸审判机关法制教育之职能。因材施教、一以贯之的教育理念，可以取得教育效果的最大化。法官在裁决前对当事人个人情况、家庭背景及社会关系的调查，以及在审理过程中通过沟通、交流掌握被告人的犯罪动因、心理动态，对被告人的情况有了较为深入的了解。从裁判执行到参与社区矫正工作，通过协助社区矫正机构制定具有针对性的矫正方案、定期对矫正对象进行评审以提出矫正建议、开展不定期的法制宣传集中教育以及回访考察等，助力矫正对象以健康人格心态回归社会。如此，将审判职能触角延伸参与到社区矫正工作中，营造和谐的帮教氛围，亦能促使参与社区矫正的社会力量重新定位社区矫正的重要性，协同解决社区矫正现存的“重监管、轻教育”的问题，使社区矫正真正发挥其矫治作用，以促进社会的和谐稳定。

（二）法律机制的创新和社区矫正工作机制的完善

轻罪时代背景下，主要治理对象是轻微犯罪，原有的重刑主义治理模式在给犯罪人造成再社会化困境的同时，对被害人、社会造成的损害之修复益处不大。实践证明，单靠国家的力量参与规制的犯罪治理收效甚微，甚至注定要面临犯罪防治乃至刑事治理的失败。因此，社区矫正工作是专门机关工作与社会工作的有机结合，具有很强的政策性、法律性及综合性，是一项综合性系统工程，其属性融合了社区刑罚执行、监狱行刑社会化和出狱人员社会保护等多方面内容。[3] 故社区矫正工作的有效推进，需要公检法司的协调配合，以及社会各方力量的参与。

---

〔1〕 参见孙海龙、吴雨亭：《指导案例的功能、效力及其制度实现》，载《人民司法》2012 年第 13 期。

〔2〕 参见侯亚辉、刘福谦、谢佳：《深化社区矫正法律监督　助力推进平安中国建设——最高人民检察院第三十三批指导性案例解读》，载《中国检察官》2022 年第 8 期。

〔3〕 参见何军兵：《论人民法院参与社区矫正的困境与对策》，载《南昌大学学报（人文社会科学版）》2012 年第 6 期。

1. 探索轻罪前科消灭制度与社区矫正工作的衔接

轻微犯罪以危险驾驶为例,从2011年入罪处罚就持续递增,至2022年度法院审结危险驾驶罪案件34.8万件[1],经推断可以得出,时至今日危险驾驶受到刑事处罚的犯罪分子达数百万人之众。轻罪时代的到来,催生了数量庞大的犯罪群体,"惩罚过剩"问题突出,若不及时处理或处理不当,该群体有走向社会对立面进而引发社会治理隐患的巨大风险。然而,对于绝大多数罪犯而言,虽然因其实施犯罪行为而受到刑罚制裁,但其并未因此丧失公民资格而被社会抛弃,促进犯罪人再社会化便是现代刑事政策的基本目标。[2] 由此,引出对轻罪前科消灭制度议题的探讨,前科消灭是指罪错犯罪人经历一定期间(视罪刑轻罪期间不一)、满足实质条件,在法律上重获新生。[3] 而我国前科规定存在明显实质性问题,与良法善治践行的保障人权理念相抵触,不利于去除犯罪人标签及有效复归社会。

轻罪前科消灭制度之制度探讨,首先对于当前社会治安状态、轻罪人群概况等有基本了解。根据官方统计材料,2021年被判处三年以下有期徒刑的罪犯人数占比达84.6%;2022年缓刑适用39.9万人[4],占比为27.8%。其中,对法定刑三年以下有期徒刑的轻罪罪犯宣告缓刑,适用社区矫正有利于罪犯回归社会,如果建立轻罪前科消灭制度,则法律效果和社会效果更佳。对轻罪前科消灭的适用范围,以及如何与社区矫正有效对接须作预判分析。对于前科消灭范围的界定,应将累犯、再犯、犯罪集团的首要分子、危害国家安全犯罪、恐怖活动犯罪、黑社会性质的组织犯罪、有组织的暴力性犯罪等排除在前科消灭的范围之外。其中,累犯无论是法定刑或是宣告刑为三年以下有期徒刑,均不在轻罪前科消灭范围。由此比照之,适用社区矫正的缓刑人员(假释)在缓刑期间,因违反法律、行政法规而被撤销缓刑,说明其累教不改,也应参照累犯排除在轻罪前科消灭范围外。

2. 以整体智治和内容创新提升社区矫正工作水平

首先,以整体智治,提升社区矫正执法规范化。行刑社会化是社区矫正作为重要刑事执行活动的主要特征,要推进其执法的规范化,需要协同多部门,以整体智治达到提升之效。其一,加强社区矫正关联部门的协同监督,以"社区矫正协同一

---

[1] 参见2022年最高人民法院工作报告,各级法院审结一审刑事案件125.6万件,其中审结危险驾驶罪案件34.8万件,危险驾驶案占全部刑事案件的27.7%。

[2] 参见冯卫国:《刑事执行与罪犯处遇新探索》,法律出版社2019年版,第2~3页。

[3] 参见成功、刘树德:《轻罪时代的犯罪治理及其制度供给》,载《人民法院报》2023年8月25日,第5版。

[4] 参见《2022年全国法院司法统计公报》,载《最高人民法院公报》2023年第4期。

体化办案平台”建设为契机[1]，健全完善社区矫正机构与法院、检察院、公安机关、监狱等关联部门的联合执法、协同办案，通过深化信息化互联成果，高效配置办案平台资源，以信息化互联成果实现社区矫正法律文书的精准对接以及执法流程的网上监督，切实减轻基层工作人员重复工作的压力，有效提高社区矫正工作的效率。其二，充分发挥社区矫正关联部门的协同配合，通过定期召开相关职能部门联席会议，对社区矫正执法工作中出现的重点难点问题进行会商，以加强执法各环节的无缝对接，确保程序上、时限上的严密性，防止出现矫正对象脱管漏管的情况。

其次，以内容创新，探索社区矫正模式精准化。社区矫正制度是以惩罚为基础，以矫正为主的刑罚执行制度，应从修复被破坏社会关系的角度出发，建立精准化社区矫正模式。以危险驾驶罪为例，鉴于此类罪犯普遍存在刑期短、矫正教育针对性低、法律意识薄弱等问题，各地区不断创新社区矫正内容，针对危险驾驶罪社区矫正对象的特点进行多样化教育管理，结合地域特色，以消除其重新犯罪因素为落脚点，实现社区矫正社会效果的有效提升。其一，可参考各地的志愿服务模式，对危险驾驶罪缓刑人员集中开展交通法规教育、案例教育以及参加交通秩序现场劝导、宣传禁止醉驾公益活动等措施[2]，形成线上线下双向对接；其二，延伸法院司法触角，不定期组织缓刑人员参与危险驾驶罪的庭审观摩，并进行现场普法，使该群体时刻绷紧警惕之弦，消除其交通违法的因素；其三，增设社区服务项目，让缓刑人员承担社区服务义务，社区服务义务的具体内容在法院参与下，由社区矫正机构和社区村(居)委会等共同商议决定，并负责监督缓刑人员社区服务项目的完成落实情况，并将之汇总上报作为缓刑减刑的参考。上述社区矫正的创新内容，展示出法治中国的智慧，通过借鉴融合各地创新观念并加以深化，以精准化社区矫正模式提升其权威性。

最后，以考评机制助推社区矫正工作专业化。社区矫正需要公检法司及乡镇的联动参与、密切协作。由社区矫正委员会总协调，建立健全领导小组工作例会制度，制定重点任务落实清单，并定期对任务清单的完成情况进行必要的考评，以此调动各职能单位参与社区矫正工作的积极性。

---

[1] 参见徐祖华:《社区矫正制约监督体系建设的思考》，载《社区矫正理论与实践》2022 年第 3 期。

[2] 如福建省漳州市中级人民法院、社区矫正机构和交警部门等联合制定《关于醉驾缓刑人员执行“道安劝导令”指引》，开展危险驾驶罪缓刑人员参加道路安全宣传劝导的公益活动。参见罗晓晖、张洁:《我市发布首份遏制醉驾“道安劝导令”》，载《闽南日报》2021 年 11 月 18 日，第 6 版。

结 语

中国式现代化必须全面推进法治中国建设,走向中国式法治现代化,实现形式法治与实质法治融合的“良法善治”。[1] 当前,轻罪立法、司法、行刑轻罪治理体系的构建日趋完善。对轻罪犯罪者判处免刑、管制、适用缓刑,刑事司法之宽严相济得到社会的理解与接纳。社区矫正是行刑多元化、行刑社会化之体现。《社区矫正法》施行填补了社区矫正制度缺乏明确性、统领性法律规定的空白,社区矫正这种非监禁刑事执行制度日趋完善。法院社区矫正决定机关司法“一条龙”法律定位,应充分发挥其职能引领作用。且随着理论研究的不断丰富、司法实践经验的不断总结、职能部门密切协作的不断深化,社区矫正制度的完善将在轻罪立法背景之下,进一步助推国家治理体系和治理能力的现代化。

〔1〕 参见周佑勇:《新时代新征程推进法治中国建设的纲领性文件》,载《红旗文稿》2023 年第 2 期。

我国社区矫正政策文本量化研究：基于三维框架的分析*

雷琳逍**　陈　珊***

摘　要：《社区矫正法》施行以来，我国社区矫正工作进入了法治化阶段。本文旨在对社区矫正政策进行深入分析，探讨现有政策面临困境和挑战，并提出一些优化社区矫正政策的建议。本文运用内容分析与量化分析方法，对现有社区矫正政策文本进行颁布时间演进脉络、地域分布以及不同制定机关制定政策情况的统计，并从政策工具—政策执行主体—政策目标三个维度构建社区矫正政策分析的三维框架，从而发现我国社区矫正政策文本存在地域分布上的两极分化、引导社会力量参与社区矫正力度不足、人才队伍建设不够完善、社区矫正工作跨部门协同机制不够健全等问题，并提出了相应的优化建议。

关键词：社区矫正；政策工具；政策文本；社会力量参与；检察监督

引　言

社区矫正是当代刑罚体系中的重要组成部分，旨在通过社会层面对犯罪分子进行教育、感化和挽救，并根据社区矫正人员的心理状态、行为特点等具体情况，采取有针对性的监管措施，矫正其违法犯罪心理〔1〕，帮助社区矫正人员重新融入社

---

* 基金项目：本文系社区矫正研究中心项目“基于人口异质性的循证分类社区矫正研究”（项目编号：SQJZ2022－01）、四川省儿童保护与发展研究中心项目“未成年社区矫正对象心理矫正机制循证研究”（项目编号：ETBH2022－YB004）、基层司法能力研究中心“循证分类社区矫正制度研究”（项目编号：JCSF 2023－14）阶段性研究成果。

** 作者单位：西华大学法学与社会学学院。

*** 作者单位：西华大学法学与社会学学院。

〔1〕 参见《依法规范实施社区矫正加强和创新特殊人群管理 司法部副部长郝赤勇就〈社区矫正实施办法〉答记者问》，载陕西省司法厅网 2018 年 10 月 30 日，http://sft.shaanxi.gov.cn/gk/zcfg/zcjd/sbj/30053.htm。

会，减少其再次犯罪的可能性。

社区矫正的出现源于对传统惩罚模式的反思和批评。传统上，刑罚主要依赖于监禁和剥夺自由的方式，这种方式虽然能够惩罚犯罪，保护社会安全，但往往无法帮助罪犯重新适应社会，容易导致再犯率居高不下。而社区矫正恰好能通过强调挽救、教育和感化的方式，把那些不适宜、不需要监禁或者继续监禁的人员通过社区参与的方式，针对性地提供矫正，是一种更加人性化和综合性的解决方案。近年来，随着社会变革和刑事司法制度的发展，社区矫正备受关注。

从2003年开展社区矫正试点工作到全面推行社区矫正制度的二十年里，我国社区矫正制度发生了从无到有、从理论变成现实、从政策变成法律的巨大转变，是贯彻落实了党中央的决策部署，全面推进依法治国的重要举措。社区矫正工作虽然有了法律理论基础的有力支撑，但是仍然要在政策性或改革性规范性文件的指导下进行。本文旨在对社区矫正政策进行深入分析，探讨其面临困境和挑战，并提出一些优化建议。

一、基于三维框架的社区矫正政策分析

（一）社区矫正政策的演变趋势与地域分布

近二十年我国社区矫正工作开展得如火如荼，对其政策研究的深度、广度都得到显著提升，从最开始由一个权威部门发文到两高两部联合发文，社区矫正政策随着社区矫正深入研究也变得越来越精确化、规范化、标准化。对这些政策进行分析，总结经验和问题，能够更好地指引社区矫正研究工作和研究方向。本文以北大法宝数据为基础，采用定性与定量相结合的研究方法，对我国近二十年来社区矫正政策进行系统梳理，厘清社区矫正政策的发展历程，分析社区矫正政策的当前现状，归纳总结政策制定方面的不足，为进一步探索社区矫正制度创新提供微薄之力。

1. 社区矫正政策的演变趋势

社区矫正最初是在一些西方国家开始试行和推广，距今已有百年发展史。以美国为代表的国家逐渐建立了监督释放、缓刑、假释等社区矫正方式，以减轻监狱系统的压力，并更好地促进罪犯的改造与再社会化。[1] 随着社会工作理念的兴起，社区矫正政策的制定开始注重对罪犯的心理辅导、教育培训和就业帮助，以提供全面的资源支持。此外，一些国家还在相关政策中引入了电子监管等技术手段，加强

〔1〕 参见康树华：《社区矫正的历史、现状与重大理论价值》，载《法学杂志》2003年第5期。

对社区矫正对象的监督与管理。

在中国，社区矫正政策的演变历程也充满了曲折和发展。大致可以分成四个阶段：

第一阶段是奠定基础阶段(20 世纪 80 年代—2003 年)：

我国已经开始尝试探索主要集中于城市地区的一些改造劳教所和拘留所，从传统的监狱服刑向教育矫正转变，这些教化改造犯罪分子的方式背后映射了社区矫正的影子。20 世纪 90 年代初期我国提出街道和居委会开展社区建设工作，经过 10 年建设和探索，2000 年开始推广城市社区建设工作，为后续社区矫正工作奠定了理论与实践基础。〔1〕

第二阶段是发展建设阶段(2003—2012 年)：

我国从 2002 年开始探索社区矫正制度，先后在北京密云、上海闸北等地建立试点。2003 年最高人民法院、最高人民检察院、公安部、司法部联合下达了《关于开展社区矫正工作的通知》(司发〔2003〕12 号)〔2〕，确定在北京、天津、上海、江苏、浙江和山东等省(市)为进行社区矫正工作的试点省(市)，对判处管制、缓刑、监外执行、假释和剥夺政治权利的五类人员实行社区矫正工作试点。由此，社区矫正制度正式登上“法律初舞台”。2004 年，社区矫正试点工作扩大到 18 个省(市、区)，并逐步在 2019 年全国范围内推广〔3〕，同时司法部还颁布了《司法行政机关社区矫正工作暂行办法》(司发通〔2004〕88 号)〔4〕进一步明确了社区矫正的内容、程序和执行方式。2005 年司法部下达了《关于贯彻落实中央司法体制和工作机制改革社区矫正专题分工方案的安排意见》(司办函〔2005〕92 号)，从此便开始了社区矫正工作从政策性文件向法律化转变的进程。

第三阶段是法律建设阶段(2013—2019 年)：

2012 年，社区矫正制度被写入新修订的《刑事诉讼法》，成为我国刑事司法制度

〔1〕 2000 年中共中央办公厅、国务院办公厅转发了《民政部关于在全国推进城市社区建设的意见》，标志着中国的城市社区建设工作在全国展开。参见张绍彦：《社区矫正在中国——基础分析、前景与困境》，载中国法学杂志社网 2019 年 5 月 30 日，https://clsjp.chinalaw.org.cn/portal/article/index/id/210.html。

〔2〕 参见最高人民法院、最高人民检察院、公安部、司法部《关于开展社区矫正试点工作的通知》(司发〔2003〕12 号)，现已失效。

〔3〕 参见王萌、牛竞凡：《“治本安全观”视域下社区矫正工作的改革路径》，载《河北农业大学学报(社会科学版)》2020 年第 3 期。

〔4〕 《司法部关于印发〈司法行政机关社区矫正工作暂行办法〉的通知》(2004 年 5 月 9 日)，现已失效。

的重要组成部分。此后,社区矫正制度得到了进一步的推广和实施,各级政府和司法机关不断加强社区矫正工作的规范化、法治化建设,完善相关法规和操作规程,提高社区矫正工作的质量。2014年,全国人大常委会在其官方网站公示了正在审议的法律草案清单,其中包括《社区矫正法》草案。之后,《社区矫正法》草案经过多次修改和完善,在2019年12月24日第三次提交全国人大常委会审议,并于2019年12月28日经十三届全国人大常委会第十五次会议表决通过,于2020年7月1日起正式施行。

第四阶段全面社区矫正阶段(2020年至今):

2020年4月,社区矫正法颁布实施以来,各地司法行政机关积极探索推进社区矫正工作规范化、专业化、精细化建设,努力提高社区矫正质量。2020年6月18日,为贯彻实施社区矫正法,进一步做好社区矫正工作,规范社区矫正工作程序,根据《刑法》《刑事诉讼法》等有关法律规定,结合社区矫正工作实际,最高人民法院、最高人民检察院、公安部、司法部联合发文公布《社区矫正法实施办法》(司发通〔2020〕59号)(以下简称《实施办法》)。2020年9月23日,为规范全国司法行政信息化建设,通过智慧矫正等技术手段,加强司法行政部门指导全国社区矫正工作,司法部发布《智慧矫正 总体技术规范(SF/T 0081—2020)》和《智慧矫正 远程视频督察系统规范(SF/T 0082—2020)》等2项标准。2022年以来社区矫正巡回检察工作有序开展,2023年5月最高人民检察院下发《社区矫正巡回检察试点工作方案》,部署在黑龙江、福建、江苏、河南、湖南、广西、重庆、四川、甘肃等9个省(自治区、直辖市)开展为期6个月的社区矫正巡回检察试点工作。[1] 这些规定明确了社区矫正机构和派驻检察机构巡回检察工作职责、启动条件、巡回检察内容和方式、巡回检察工作程序、巡回检察工作要求等。

根据《中国法治建设年度报告》披露,截至2022年底,全国已累计接收社区矫正对象649.9万名,累计解除矫正对象586.9万名,全国社区矫正对象现有在册总数为62.9万名,在册对象整体纳入动态分析范围,持续保持了较高的到人到位率和监督管理质量。[2] 截至2022年6月,各地已累计成立社区矫正委员会4898个,建立联席会议制度1.3万余个,建立信息共享平台1.3万余个,召开联席会议1.7万

〔1〕 参见单鸽:《社区矫正巡回检察,检察机关有哪些探索?》,载最高人民检察院网2023年7月7日,https://www.spp.gov.cn/spp/zdgz/202307/t20230707_620985.shtml。

〔2〕 参见中国法学会编:《中国法治建设年度报告(中英文)(2022)》,中国长安出版社2023年版,第49页。

余次,有力推动了社区矫正工作顺利开展。

目前,我国已经初步形成了以《刑事诉讼法》为核心,以《社区矫正法》为支撑,以《社区矫正实施办法》等规范性文件为配套的社区矫正制度体系。同时,各地还积极探索和创新,逐步形成了具有地方特色的社区矫正模式,为罪犯改造和社会和谐稳定做出了积极贡献。

2. 社区矫正政策的地域分布情况

遵循数据公开权威原则,以"社区矫正"为关键字在北大法宝网站进行法律法规检索,并通过模糊检索的方式扩大政策数据搜索范围,筛选出与社区矫正相关的政策文本。经过检索预筛可得:中央法规共计22个,如图1所示,其中法律1个(社区矫正法),司法解释3个分别是最高人民检察院发布的《关于印发第三批社区矫正法律监督典型案例的通知》(2023年6月26日)、最高人民法院、最高人民检察院、公安部、司法部发布的《关于对因犯罪在大陆受审的台湾居民依法适用缓刑实行社区矫正有关问题的意见》(2016年7月26日)、最高人民法院、最高人民检察院、公安部、司法部发布的《关于全面推进社区矫正工作的意见》(2014年8月27日),部门规范性文件10个(其中现行有效3个、失效7个),部门工作文件7个(其中现行有效5个,失效2个),行政许可批复1个(已失效)。[1]

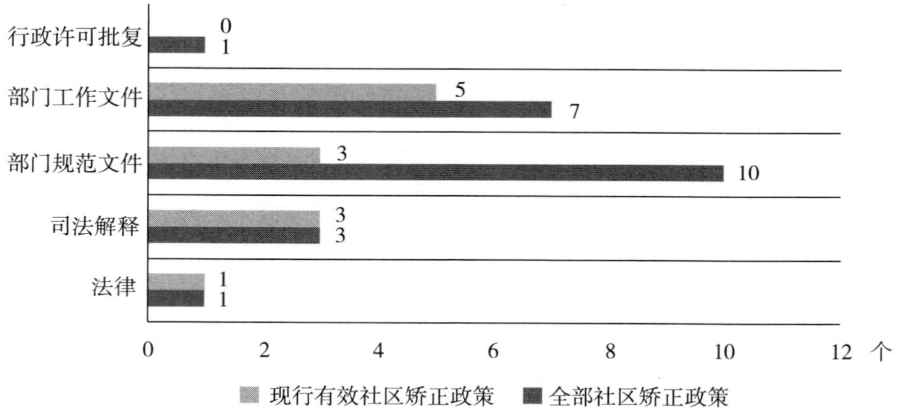

图1 社区矫正政策中央层面分布情况

现行有效的地方性法规共计377个,如图2所示,其中省级地方性法规1个,是

〔1〕 参见法律法规数据库-法律法规检索系统"社区矫正-中央法规",载北大法宝V6官网,http://www-pkulaw-com-s.vpn.xhu.edu.cn:8118/,最后访问时间:2023年10月10日。

《江苏省社区矫正工作条例》,地方政府规章1个,为《珠海经济特区社区矫正办法》,地方规范性文件102个、地方司法文件75个,地方工作文件198个。[1]

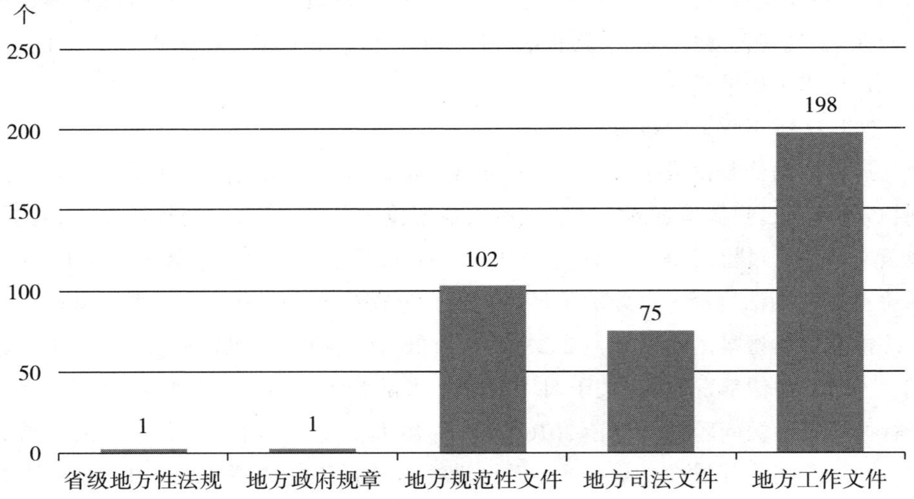

图2　社区矫正政策地方层面分布情况

将现行有效的地方性法规按照制定机关的不同,可以分成如图3所示的情况,其中江苏省制定社区矫正相关政策文件最多,共有37个,福建省第二,共计33个,相关政策制定最少的机关是西藏自治区,仅1个,其次是云南省、新疆维吾尔自治区、甘肃省、天津市,分别都是2个。江苏省、福建省制定社区矫正的政策较多,原因在于这些地区是我国第一批社区矫正工作试点,同时还是社区矫正巡回检察工作的重点区域。尤其是江苏省,其出台了全国唯一一部省级社区矫正工作条例。西藏自治区、新疆维吾尔自治区、甘肃省、云南省位于我国西北部,司法资源以及法学理论研究还略为薄弱,因此这些地方的社区矫正政策有待进一步完善。

〔1〕参见法律法规数据库－法律法规检索系统“社区矫正－地方法规”,载北大法宝V6官网,http://www－pkulaw－com－s.vpn.xhu.edu.cn:8118/,最后访问时间:2023年10月10日。

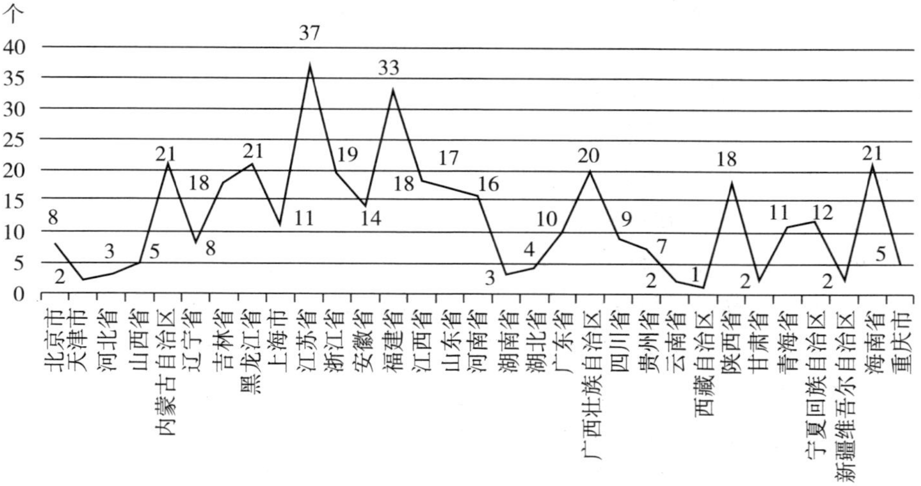

图 3 不同社区矫正政策制定机关分布情况

(二)基于三维分析框架的政策分析

社区矫正政策是一项具有公共利益导向,由司法行政部门制定并启动,涉及多个相关主体参与,解决社会问题等特征的政策,因此也具有公共政策通过政策工具执行而达到政策目标的过程性。在这一过程中,政策的执行主体、政策工具和政策目标之间存在紧密的联系。

政策执行主体负责选择和协同合适的政策工具,并借助政策工具的有效实施来实现政策目标。政策工具的选择应该与政策目标保持一致,才能够达到预期的效果。同时,政策执行主体在实施过程中需要考虑政策目标的实际情况,并根据需要进行调整和优化工具的使用。因此,这三者之间形成了一个相互关联的循环过程,通过不断地反馈和调整来实现政策的有效执行和目标的达成。本文以政策工具为基点,分析搭建包含政策执行主体、政策工具、政策目标的三维框架的社区矫正政策文本,从而更好地了解政策内容以及被制定政策文本背后的含义。[1]

1. 政策执行主体维度

政策执行主体通常是指具体负责实施多元政策工具的组织、机构或个人,政策执行主体的好坏直接影响着政策目标能否实现。对《社区矫正法》以及其他相关的

---

〔1〕 参见代沁泉等:《我国省级非物质文化遗产保护政策研究及启示——基于“工具—主体—目标”三维框架的探析》,载《情报科学》2023 年第 2 期。

政策文件进行梳理，社区矫正政策的执行主体分为四类：

第一，社区矫正执行机关，该分类中不仅包括各个级别的司法行政部门，还包括社区矫正委员会以及社区矫正机构。其中司法行政部门主管本行政区内的社区矫正工作。社区矫正委员会负责统筹协调和指导本行政区域内的社区矫正工作。社区矫正机构负责社区矫正工作的具体实施。

第二，社区矫正监督机关，即人民检察院。

第三，社区矫正决定机关，即人民法院、监狱管理机关和公安机关。其中人民法院是对提请撤缓、撤假、暂予监外执行以及减刑意见做出裁定或决定的机关。监狱管理机关是对符合法定情形的交付执行后的罪犯，依法批准暂予监外执行，以及移送交接的机关。公安机关是协助处置社区矫正对象，负责追捕逃跑的矫正对象、对违反监督管理规定的社区矫正对象依法予以治安管理处罚，当社区矫正对象有被依法决定拘留、强制隔离戒毒、采取刑事强制措施等限制人身自由的，及时通知社区矫正机构的机关。

第四，其他社会力量，即相关人民团体、社会组织和社会工作者、志愿者以及社区矫正对象所在单位学校、家庭成员等各种社会力量。

2. 政策工具维度

政策工具是政府用来实现政策目标的手段或方法。本研究对象是社区矫正政策文本，由于社区矫正的特殊性，使研究内容具有一定的社会性和宏观性，体现政府管制性的内容相比与刑罚的强制性来说明显弱于后者，这与 Rothwell R 和 Zegveld W 的观点有一定的相似性，因此将根据他们对政策工具的分类方式来研究本课题。[1]

基于政策工具相关理论基础，结合国家层面包括《社区矫正法》等政策文本的特点，本研究将社区矫正政策工具划分为三大类，分别是供给型社区矫正政策工具、环境型社区矫正政策工具、需求型社区矫正政策工具，具体政策工具分类名称及其含义，如表1所示。

---

〔1〕 参见翟运开等：《国家治理现代化视域下我国养老数字化政策量化研究——基于三维框架的文本分析》，载《现代情报》2023年第8期。

表 1　社区矫正政策工具的分类及其含义

工具类型	工具名称	工具含义
供给型	基础设施	建设和完善进行社区矫正所必需的基础设施,包括但不限于监管设施、康复中心、教育培训场所等
	人才培养	加强社区矫正机构队伍建设,完备复合型社区矫正专业人才培养机制
	资金投入	政府予以资金倾斜,对社区矫正工作提供经济资助或者补助的措施,如拨款、加大经费投入、发放财政补贴等
	公共服务	统筹利用各类公共服务设施,开展各类社区矫正宣传推广活动,拓宽传播范围
	科技支持	借助现代科技手段,如电子脚链、智慧矫正等电子监管技术的应用,提高对社区矫正对象的监管和控制力度,实现精准化管理
环境型	法规管制	设置推进社区矫正工作的制度化、规范化的法律法规、管理制度,并对社区矫正活动的实施进行限制和监管
	目标规划	制定社区矫正相关工作的具体目标和规划
	策略性措施	制定能实际推动社区矫正工作开展的可行措施、方法、手段
	标准规范	制定对社区矫正工作的具体标准、规范,如矫正对象的分类标准和评估方法、矫正工作质量监控和评估标准等
需求型	政府采购	引导政府公开择优向社会力量购买社区矫正社会工作服务,按照有利于转变政府职能、降低服务成本等原则,保证服务数量、质量和效果
	个性化服务	按照因人施矫、分类处理、个别化教育的原则,根据矫正对象的个别情况和需求,为其提供定制化的服务和支持,以实现矫正效果的最大化
	交流合作	根据不同机构、部门、组织之间进行信息交流、经验分享和合作开展社区矫正工作的行为,如信息共享、资源整合等
	社会参与	鼓励社会组织、非营利机构、志愿者以及其他社会力量积极参与和支持社区矫正相关工作,通过合作与协调,提供更多支持和资源,促进社区矫正的成功实施
	试点示范	设置社区矫正制度改革试点,探索建立更加科学、高效的社区矫正模式和机制

3. 政策目标维度

政策目标是政策制定者希望通过政策达到的预期结果。《社区矫正法》第1条规定:"为了推进和规范社区矫正工作,保障刑事判决、刑事裁定和暂予监外执行决定的正确执行,提高教育矫正质量,促进社区矫正对象顺利融入社会,预防和减少犯罪,根据宪法,制定本法。"可将政策目标分为四个部分:(1)推进和规范社区矫正工作;(2)保障刑事判决、刑事裁定和暂予监外执行决定的正确执行;(3)提高教育矫正质量;(4)促进社区矫正对象顺利融入社会,预防和减少犯罪。

综上,本文基于三维框架模式对社区矫正政策的分析如图4所示。

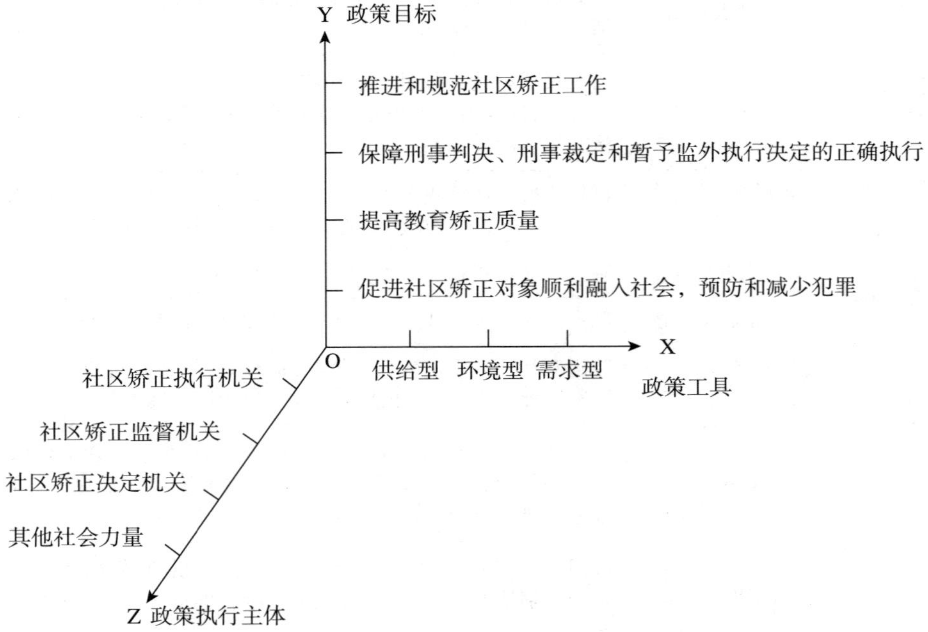

图4 社区矫正政策三维分析框架

二、社区矫正政策存在的问题

(一)东西差异巨大

从地域层面展开对社区矫正政策分析来看,东西部社会发展和法律发展之间存在明显的差异。这种差异主要是由历史、地理、人文等多种因素造成的。东部沿海地区在中国历史上一直是经济、文化和政治的中心,其地理条件优越,交通便利,人口密集,经济发达,教育水平较高,资源丰富,因此在社会发展和法律体系建设方面具有较大的优势。相比之下，西部地区的发展相对滞后、薄弱，这给社区矫正的实施带来了一定的挑战。

（二）社会安全与人权保障之间的权衡

社区矫正制度需要以供给型政策工具为指引，通过开展各类社区矫正宣传推广活动，拓宽传播范围的方式来强化全民的认知程度，如果宣传不到位，会导致普通大众对其效用和目标产生误解。尤其是受传统的重刑主义思想的影响，普通大众对犯罪分子在监狱外接受教育改造有着天然的驳斥感，认为此种方式会严重影响社会稳定和自身的人身安全，然而社区矫正政策不仅要保障刑事判决、刑事裁定和暂予监外执行决定正确执行来保障司法公正和惩罚犯罪，同时也要根据刑法最基本的两大目的确保犯罪分子的基本人权的权益保障。这导致社会安全与人权保障之间的平衡成为一个复杂而敏感的问题。

（三）社会力量参与度有待提升

我国社区矫正制度中最鲜明的一个特征就是让社会力量参与社区矫正工作，形成专门机关与社会力量相结合的社区矫正共同体模式。

但是现阶段，我国社区矫正政策中对司法行政机构、社会组织和相关利益方的合作与协调的治理体系还不够完善，专门机关在我国社区矫正工作中起主导作用，社会力量处于被动配合的机械状态，专门机关将社会力量同质化，使其成为专门机关的附属，带有浓厚的司法行政色彩，产生主体间治理价值错位、权责失衡等问题。[1] 这样一来便没有最大化发挥社会力量参与社区矫正的的主动性、持续性、协调性。同时，我国在国家层面也还没有一部规范社会力量参与社区矫正工作的细则，既没有有效地解释社会力量在社区矫正工作的权利与责任，也没有为社会力量提供有力的制度保障和完善的培训督导。

（四）人才队伍建设亟待加强

中共中央印发的《法治中国建设规划（2020—2025 年）》再次强调要“完善社区矫正制度”，其中社区矫正人才队伍建设是重中之重。大力推进社区矫正机构队伍建设，壮大专门执法力量，不仅可以提升对矫正对象的风险评估能力，准确判断其危险程度和再犯倾向，从而制定相应的干预措施，还可以提高矫正工作人员的专业素养和职业道德，使其能够更好地与矫正对象建立信任和沟通，关注其心理、生活

---

〔1〕 参见喻少如、窦峥：《社会治理共同体视域下社会力量参与社区矫正的模式转型》，载《中国人民公安大学学报（社会科学版）》2022 年第 4 期。

和工作需求,促进矫正对象的社会融入,减少对其的歧视和排斥,实现更加人道化的刑满释放和假释制度。[1]

但是,我国社会矫正政策中对复合型社区矫正队伍的建设还不够规范,参与社区矫正人员的选拔没有统一标准,队伍人员专业水平参差不齐。更有一些地区的公职人员既没有社区矫正的法律知识储备,也没有进行专门矫正工作培训便被调派到社区矫正机构,仅是利用平时的经验积累开展社区矫正工作,这种方式会导致社区矫正工作陷入权力滥用的旋涡。[2]

(五)社区矫正工作跨部门协同机制不够健全

社区矫正工作是一项立足于全社会的系统工程,具有公共事务的复杂性和系统性,促使各个部门需要采用协同的方式推动社区矫正政策的实施,从而促成社区矫正政策目标的实现和政策结果的成功。

然而,对当前社会矫正政策进行系统性分析发现,我国社区矫正政策出现"条块分割"现象,并未形成协同风气。这是因为在科层制行政框架下,社区矫正内部各部门、外部各地区合作交流上存在信息壁垒,为保护信息安全,信息分享需要进行专门的再加工,工作量巨大。其次是各部门、地区间协同参与的主动性不足,横向沟通困难,一旦不涉及各部门的核心使命,部门之间就会"踢皮球",成为消极参与者。[3]

目前有关社区矫正工作的跨部门协同类规范性文件仍然大片空白,加上社区矫正工作构建缺少统一政策规范,各个部门和地区都容易按照自己的行为惯性制定政策,从而会阻塞社区矫正工作的全面推行。

三、优化社区矫正政策的建议

(一)加强西部地区资源的配置和整合

解决东西部地区社区矫正两极分化,首先,可以结合西部地区当地民情,在西部地区集中组建权威性的专门机构统筹协调发展各个地域社区矫正工作,大大促进社区矫正政策的研发。

---

[1] 参见吴宗宪:《社会力量参与社区矫正的若干理论问题探讨》,载《法学评论》2008年第3期。

[2] 参见赵婕:《司法部有关负责人就〈中华人民共和国社区矫正法〉施行三周年回答记者的提问》,载《法治日报》2023年6月30日,第3版。

[3] 参见魏斌:《关于社区矫正工作跨部门协同的思考——基于对某县2005年—2021年社区矫正工作的调查》,载《犯罪与改造研究》2023年第10期。

其次,可以由两高两部协同制定专门针对西部地区社区矫正的规范性文件,保障西部地区社区矫正工作的有序开展,同时加强东西部地区之间的合作与交流,借鉴东部地区的成功经验,推动社区矫正政策在全国范围内的均衡发展。

最后,还应持续加强对西部社区矫正工作的财政金融支持,采取多种福利优惠机制吸引社会力量和各类专业矫正人才主动参与西部社区矫正工作,提高社区矫正政策研究人员的专业化水平和能力。

(二)推广宣传社区矫正制度,健全社区矫正检察监督机制

从政策目标层面来看,社区矫正政策的目标不仅是保障刑事判决、刑事裁定和暂予监外执行决定正确执行来保障司法公正和惩罚犯罪,同时也要根据刑法最基本的两大目的保障犯罪分子的基本人权。

在权衡社会安全与人权保障的关系中,要充分利用供给型政策工具,增加有关宣传推广社区矫正政策的和加大教育力度的条款,促使政策执行主体能够通过多种渠道向公众传递更客观、更准确的信息,解除对社区矫正的误解,使公众正确认识社区矫正的作用和意义,提高公众对其正当性和必要性的认识,转变普通大众对社区矫正的态度,让更多社会力量关注、支持和参与社区矫正工作。

除此之外,还要推动社区矫正检察监督规范化、精确化。由最高人民检察院牵头发布社区矫正监督的工作细则或者工作指引,能够依法推动社区矫正检察人员履行监督职责,维护司法公正,对交付执行、监督管理、收监执行、脱管漏管等重点环节加强法律监督,确保社区矫正政策的公正性和执行效果,从而维护社区安全和社会稳定。

(三)拓宽社会力量参与社区矫正的广度与深度

社区矫正工作在新时代背景下是一项由专门机关和社会力量共同参与的系统工程。它突破了传统理论中刑罚执行由国家机构独立承担的观念,强调政府、社会和公民之间建立良好的互动关系,同时发挥“政府治理”与“社会自治”双重优势,帮助社区矫正对象更好地社会融合。

拓宽社会力量参与社区矫正的广度与深度,要在社区矫正政策中,按照“专群结合、群防群治”“共建共治共享”的社区矫正工作原则,完善相关人民团体、社会组织和社会工作者、志愿者以及社区矫正对象所在单位学校、家庭成员等各种社会力量参与社会矫正工作的具体细则和保障措施,健全激励机制,出台政府购买社区矫正工作服务的需求管理办法,在财政的监督下完善政府采购社区矫正社会工作服务的方式方法和基本程序并严格执行。

(四)加强社区矫正机构队伍建设

加强社区矫正人才队伍建设对于提高社区矫正工作的质量和效果至关重要。

首先,政策制定过程中,应当侧重强调完善复合型社区矫正专业人才培养机制,制订明确的培训计划,包括入职培训、在职培训和持续教育,涵盖法律知识、心理学、社会工作等专业领域。培训内容应紧密结合实际工作需求,注重理论与实践相结合,提高从业人员的专业水平和实际操作能力。

其次,制定体现岗位职责和绩效考核的社区矫正工作者薪酬制度,根据绩效考核结果进行薪酬分配,激励社区矫正人员提高工作质量和效率。同时要完善矫正人员管理制度,实行日常考核与年度考核相结合,将社区矫正工作细化到个人,实行责任管理,防止相互推诿、敷衍了事。

最后,要结合社区矫正职能岗位和工作实际,全面排查社区矫正工作廉政风险点,识别潜在问题和挑战,制订相应的风险防范措施,坚决抵制腐败现象的发生,构建起廉洁自律的思想防线。

(五)健全社区矫正工作跨部门协同机制

首先,明文规定各部门之前的权力配置,对各个部门承担的社区矫正工作的职责予以明确,做到权责透明,实行权力清单制度,公开工作运行过程和结果,完善发现问题、纠正偏差、精准问责的有效机制。

其次,在政策中搭建多部门、多地区共同研判,共同处理的沟通机制,为“智慧矫正”等信息交互平台数据共享完善操作管理办法。

最后,还要即时修改各部门、各区域社区矫正相关政策,将相互对抗的政策文本即时“改废解释”,明确各个政策文件的效力位阶,协同制定社区矫正工作相关政策,避免跨部门协同工作时不必要的资源浪费,实现跨部门协同的规范化、常态化、日常化。

结　语

法治社会是社会依法治理,社会成员人人崇尚法治和信仰法治、社会组织依法自治,社会秩序再法治下和谐稳定的社会。推进法治社会建设,离不开基层社会的治理,社区矫正工作就是对基层社会治理的实践之一。如何制定良好的社区矫正政策有望成为我国法律制度体系中的重要创新和亮点。在未来的发展中,社区矫正政策的发展是我国刑罚执行体系改革的重要方向之一,通过对社区矫正政策文本的深入分析和持续,我们可以更好地理解其中的精神内涵和实施要求。同时,持续改进社区矫正政策也是确保其有效性和适应性的关键。构建一个人性化、公正和有效的社区矫正体系，就要求在制定社区矫正政策的过程中，不仅应该关注对罪犯的惩罚，更重要的是提供相应的教育、培训和康复机会，帮助他们重新融入社会。通过为罪犯提供适当的支持和指导，我们可以帮助他们改过自新，成为对社会有益的成员。推进社区矫正在平安中国、法治中国建设中向更高水平迈进，需要各级政府、司法部门、社区组织、学术界和社会各界的共同努力。只有通过深入分析研究、持续改进和创新实践，我们才能构建一个注重人性化、社会参与、公正透明和综合性服务的社区矫正体系，为实现社会的和谐稳定和全面发展贡献力量。

检察机关轻罪案件办理机制探讨

刘　阳*　苑　霞**

摘　要:近年来基层检察院办理的轻罪案件整体呈现出多发高发、案件原因集中、犯罪情节轻微、多为轻缓化处理的特征。轻罪案件办理存在对刑事司法政策的理解贯彻有待加强,聚焦诉源治理、化解社会矛盾的意识有待提高,轻罪治理存在"程序过剩"等问题。完善轻罪办案机制,应构建轻罪治理体系、准确把握宽严相济刑事政策、能动履职化解矛盾、多举措推动检察办案提质增效,实现对轻罪案件引发社会矛盾的实质性化解,修复受损的社会关系。

关键词:轻罪案件;宽严相济;能动履职;矛盾化解

引　言

长久以来,轻罪治理始终是中国立法机关和司法机关普遍关注的重点问题,在社会层面同样存在大量的争议。"轻罪"概念未得到刑事立法的明文界定,也未明确其与重罪的标准与差异。目前,对轻罪的界定存在罪名、法定刑等多重标准。中国传统刑法理论长期以"3 年"为分水岭将犯罪体系分为重罪和轻罪,但也有观点主张应以"5 年"区分重罪和轻罪〔1〕。本文的轻罪界定为法定刑 3 年以下有期徒刑、拘役或者管制的犯罪,将轻罪案件的研究聚焦在轻伤害这一类犯罪中,因为轻伤害案件大多发生在群众身边,就案件本身而言,往往犯罪事实清楚、犯罪情节轻微,其办案难度不大,是典型的"小案"。然而,这些"小案"对当事人来说确是"天大的

---

* 作者单位:四川省宜宾市翠屏区人民检察院。

** 作者单位:四川省宜宾市翠屏区人民检察院。

〔1〕 参见徐岱、王沛然:《中国轻罪治理体系规范检视与路径选择》,载《社会科学战线》2022 年第 10 期。

事”,案件办理效果将直接影响人民群众的安全感、幸福感和获得感。

一、轻罪案件总体情况及特征

近年来,我国犯罪结构发生重大变化,呈现“双降”“双升”态势。一方面,严重暴力犯罪率及重刑率逐年下降,处于历史低位。1999 年至 2019 年,全国检察机关起诉的严重暴力犯罪从 16.2 万人降至 6 万人,降幅为 63%;被判处 3 年有期徒刑以上刑罚的占比从 45.6% 降至 16.8%,社会治安总体持续向好。另一方面,轻罪案件大幅上升,占据主导地位。被判处 3 年有期徒刑以下刑罚的轻罪案件占比 80% 以上,司法办案更加注重矛盾化解及犯罪改造,社会治理进入新阶段〔1〕。近年的犯罪统计也表明,中国已经进入轻罪时代,正在慢慢告别重罪时代〔2〕。轻伤害案件作为轻罪案件的典型代表之一,在基层常见高发。A 市地处云贵川三省交界处,经济体量全省排名靠前,B 区作为全国百强县,不仅有国家级新区,还有数个乡镇,A 市 B 区检察院受理案件数为全市第一,研究其办理的轻伤害案件来探讨检察机关轻罪办案机制具有一定的代表意义。

以 A 市 B 区检察院为例,2021 年至 2022 年受理的故意伤害案中审查逮捕的共计 28 件 37 人,在审查逮捕各类罪名中故意伤害案始终处于前四,其中轻伤害案件占比 82.35%;不予批准逮捕的共计 10 件 16 人,不捕率为 37.04%;审查起诉的共计 96 件 130 人,在受理审查起诉各类罪名排序中故意伤害罪始终处于前五,其中轻伤害案件占比 93.08%;提起公诉的共计 44 件 53 人,不予起诉的共计 29 件 40 人,不予起诉率为 43.01%,判决已生效的共计 52 人,其中被判处非监禁刑 31 人,被判监禁刑 21 人。

轻伤害案件整体上呈现以下特征:一是轻伤害案件多发、高发。故意伤害作为传统犯罪,受理数虽逐渐下降但始终占比较大比重。在受理审查逮捕及审查起诉的各类罪名中,故意伤害罪始终处于前五,而且其中绝大多数系轻伤害,始终是影响社会稳定的重要因素之一。二是案发原因相对集中。双方当事人多为邻居、同事、亲友、恋人等关系,多因邻里、家庭、财产、婚恋等关系发生纠纷,或因日常积怨导致矛盾爆发,或因生活琐事处置不当引发矛盾升级,实施的犯罪基本无组织、无预谋、无准备,具有突发性和偶发性。三是犯罪情节相对较轻。约 60% 的案件均系

〔1〕 参见张军:《最高人民检察院关于人民检察院适用认罪认罚从宽制度情况的报告》,载最高人民检察院网 2020 年 10 月 17 日,https://www.spp.gov.cn/spp/zdgz/202010/t20201017_482200.shtml。

〔2〕 参见卢建平:《轻罪时代的犯罪治理方略》,载《政治与法律》2022 年第 1 期。

一时冲动,"一拳一脚"等徒手伤害行为导致被害人构成轻伤,有预谋的蓄意伤害行为较少,犯罪嫌疑人大部分系初犯、偶犯,认罪悔罪态度较好,主观恶性、社会危险性、再犯的可能性均较小。四是向被害人赔偿取得谅解后,对犯罪嫌疑人以轻缓化处理为主。赔偿谅解是轻伤害案件办理过程中的重点,近年来检察机关不断加大矛盾纠纷的调处力度,赔偿谅解率不断上升,相对不起诉及判处缓刑的占比已超一半,尚有提升的空间。五是部分轻伤害案信访矛盾依然存在。部分故意伤害案或因邻里土地使用处理不当行政纠纷或因房屋漏水民事纠纷引发而导致双方积怨较深,矛盾未能及时化解,导致当事人对公安不予立案、检察机关不予批准逮捕、法院判决等结果不满而提起申诉,而矛盾的化解往往涉及民事、行政等其他领域的诉求,化解难度较大。

二、轻罪案件办理中存在的问题

(一)对刑事司法政策的理解贯彻有待进一步加强

侦查机关对宽严相济刑事司法政策的理解不够准确,在办案过程中存在当宽不宽、该严不严的问题。对常见多发的因婚姻家庭、亲友邻里等民间矛盾引发的轻伤害案件,宽严相济刑事理念更新不及时。实践中仍存在对于部分金融类犯罪案件中,为了应对被害人的信访诉求,侦查机关"以捕代侦""以捕促赔"的便利主义倾向在一定程度上依然存在。工作人员办案过于注重当事人的赔偿谅解,依赖刑事和解书,对于部分犯罪嫌疑人存在失宽的情况;同时,对于审查逮捕阶段部分犯罪嫌疑人的精神鉴定未出来,由案发时的社会危害性作出的逮捕决定,会造成捕后不诉的情况。部分检察人员片面认为轻伤害案件的犯罪情节普遍轻微,从而出现了一味从宽的倾向。

(二)聚焦诉源治理、化解社会矛盾的意识有待进一步提高

检察机关司法办案以法、理、情的有机统一为追求目标,但部分办案人员仍单纯停留于办案,追求考核指标,满足于办案"合法",而兼顾"合情""合理"等方面的考虑不多,多元化疏解当事人积怨的积极性、主动性、创新性不够。对已作出相对不起诉的案件,侧重于对案件不诉了之,未能很好地利用非刑罚处置措施,缺乏相应的教育和惩戒,给被害人造成"不诉等于无责"的负面印象。检察机关应当多元化参与社会治理,通过司法办案引领社会价值取向,纠正社会治理过程中存在的问

题,努力从深层次预防和减少犯罪[1]。但检察机关在具体落实上缺乏精细化的指引,面临检调机制对接不畅,释法说理、解忧纾困落实不够,监督线索内部移送不顺畅,法治宣传不够丰富等问题。

(三)轻罪治理存在"程序过剩"的问题

由于现有的刑事诉讼程序构造主要是依照"重罪重刑"的结构进行设计,对轻罪案件而言难免存在"程序过剩"的弊端[2]。无论是两审终审还是审理期限的既有制度,其规范目的均在于通过严格的程序来实现保障涉案人员合法权利与避免放纵犯罪二者的平衡,即不纵不枉。然而,轻罪案件本身存在案情简单、涉案行为的社会危害性不大、涉案人员的人身危害性相对较低的特点,在此情况下套用以重罪案件为内核进行设计的刑事诉讼程序,将不可避免地导致程序过剩与司法资源浪费,使"简案程序过剩、繁案程序不足"的情况下广泛出现,司法公正与司法效率都得不到有效的保证[3]。在审判阶段,即使简易程序也必须要去法院开庭,只有速裁才能运用远程庭审系统,这不但增加了当事人的诉讼成本,也增加了司法成本,而且让轻罪治理的程序烦琐化。

三、完善轻罪办理机制的路径选择

"刑罚世轻世重",从重罪时代进入轻罪时代,法条或罪名从少到多,刑罚从严厉到轻缓,均在适应社会不断发展的态势,完善轻罪办理机制的路径也应从社会发展态势为出发点,转变社会观念,顺应时代的变化,顺应犯罪现象量与质的变化。

(一)构建轻罪治理体系

既然犯罪有重、轻、微之分,犯罪治理就应该在共性基础上有所区别。习近平总书记在2019年中央政法工作会议的讲话中要求,"深化诉讼制度改革,推进案件繁简分流、轻重分离、快慢分道"[4]。总书记在讲话中体现了犯罪实体分层、程序分流的思想,这是未来犯罪治理的指向性标准。有学者主张在国家和社会治理现代化、全面依法治国的新语境下,推行新的犯罪治理体系,以犯罪分层为核心,以轻

---

〔1〕 参见苗生明:《论司法的理念、标准与效果——以刑事检察为视角》,载张志杰主编:《刑事检察工作指导》总第10辑,中国检察出版社2021年版,第109页。

〔2〕 参见梅传强:《论"后劳教时代"我国轻罪制度的建构》,载《现代法学》2014年第2期。

〔3〕 参见樊崇义、何东青:《刑事诉讼模式转型下的速裁程序》,载《国家检察官学院学报》2020年第3期。

〔4〕《习近平:全面深入做好新时代政法各项工作 促进社会公平正义保障人民安居乐业》,载中国共产党新闻网,http://dangjian.people.com.cn/GB/n1/2019/0117/c117092-30560239.html。

微罪治理为主题,全面改革立法、司法和执法体系[1]。在宽严相济刑事政策指导下,实现刑法上犯罪分层,轻重分离,轻重兼顾,主攻轻罪,以宽为先,以宽为办案准则,刑罚整体趋轻、制裁多元,刑事程序多样。在国家治理体系和治理能力现代化语境下,在全面依法治国、建设社会主义法治国家的进程中,构建犯罪治理的大体系,并推动犯罪治理领域的思想解放和观念变革。合理评估司法系统承受能力,科学分流轻罪微罪,推行刑罚轻缓化与制裁多元化。

(二)准确把握宽严相济刑事政策

首先,要准确理解宽与严的辩证关系。任何司法政策不能仅关注其中一个侧面而忽视另一面。刑罚从宽的目的是最大限度地减少了社会对立面,促进社会的内生稳定。但轻罪不是无罪,更不是无害,可依法从轻但绝不可放纵[2]。因此,检察机关应从分考虑个案的特殊情况及社会公众的心理感受,从犯罪手段、危害后果、认罪悔罪态度、赔偿谅解等方面综合考量,准确评估社会危险性和起诉必要性。其次,要注重宽严相济的尺度。对因民间纠纷、家庭纠纷、偶发性矛盾引发的情节较轻、主观恶性较小的轻罪案件,重在化解社会矛盾纠纷,坚持法、理、情的统一;对严重暴力、涉黑涉恶等情节严重、主观恶性大的案件,当严则严,该捕即捕,依法从重惩治[3]。然而,轻罪从宽、重罪从严并非绝对化,轻罪案件若存在从重处罚的情节,如暴力殴打老年人、妇女、未成年人、残障人士等特殊群体,具有累犯情节等,也要区别对待,从严处理。

(三)检察机关能动履职化解矛盾

新时代检察工作谋求高质量发展,必须紧扣“一体化”“系统化”的主题,并使之成为践行能动履职司法理念的重要突破口。检察机关在轻伤害案件办理过程中,通过具有代表性的案例积累,探索业务融合发展的路径,聚焦一体化的办案思路,从一站式思维落脚,为专业化、集约化办理轻伤害案件积累经验,创新模式[4]。例如,2022年10月27日早7时许,被害人吴某甲探望父母,与随父母共同居住的被不

[1] 参见卢建平:《轻罪时代的犯罪治理方略》,载《政治与法律》2022年第1期。

[2] 参见张军:《最高人民检察院工作报告——2021年3月8日在第十三届全国人民代表大会第四次会议上》,载最高人民检察院网2021年3月15日,https://www.spp.gov.cn/spp/gzbg/202103/t20210315_512731.shtml。

[3] 最高检:《对严重影响人民群众安全感的犯罪坚决依法从严惩治》,微信公众号“最高人民检察院”2022年6月13日。

[4] 曹化、徐清、王小曼:《检察机关轻伤害案件一体化办理机制构建》,载《犯罪研究》2022年第6期。

起诉人吴某乙因家庭琐事的发生争吵并互殴,被不起诉人吴某乙将被害人吴某甲殴打受伤住院。经鉴定被害人吴某甲的伤情为轻伤。对此,检察机关全面审查案件,厘清案情原委,详细询问当事人家属,并引导侦查机关对家庭琐事的原因及相关家庭背景进行调查。同时,检察机关积极履职,对双方当事人已达成和解协议并监督履行,最终作出不起诉决定,有利于维护家庭关系。上述案例充分体现检察机关能动履职,促进"案结、事了、人和",实现"三个效果"的统一,为轻罪案件办理提供样本范例,并从检察职能的整合、矛盾化解的方式、诉源治理的手段等多方面提供了有益的思路和方向。

(四)多举措推动检察办案提质增效

一是依托检察机关与公安机关建立的侦查监督与协作配合机制,提升法律监督质效。充分发挥侦查监督与协作配合办公室派驻检察官的优势,第一时间对重大敏感的轻罪案件提前介入并开展"侦审同步"审查,运用公检信息共享机制及组织协调优势,加强对侦查机关的立案监督并引导背景证据调查,严格适用刑事拘留羁押措施,将审查逮捕中社会危险性、量化评估标准的适用提前至侦查阶段。二是立足依法办案支撑点,推动检察办案提质增效。坚持严格依法办案,确保案件质量。全面细致审查案件证据,查清案件事实、厘清案情原委,注重对案发原因、涉案背景人员、手段后果等方面的审查,严格把握法定证明标准及逮捕、起诉条件,全流程动态评估羁押必要性,及时变更强制措施,正确理解与适用法律,注重考察犯罪嫌疑人主观故意、因果关系、社会效果等内容,积极适用认罪认罚从宽制度;同时,检察机关可以组办简案快办团队,如针对危险驾驶案、交通肇事案等犯罪事实清楚、证据确凿充分的案件,可以根据检察官的办案特点专门办理类似案件,助推简案快办。

轻罪体系构建、犯罪结构变化的立法与社会变化趋势需要检察人员密切关注,要不断克服传统的重打击轻保护、重实体轻程序的观念,严格执行宽严相济刑事司法政策。在具体实践中,要认真落实宽严相济刑事司法政策,力推繁简分流、快慢分道,构建普通、简易、速裁和认罪认罚等多层次诉讼程序,多元多层,有效治理轻罪。要将对刑事治理融入社会治理,对于在轻罪治理中取得良好社会效果的个人及组织予以激励,从而强化司法理念转型的内生动力,推动我国刑事司法的整体转型和整体效能发挥,让人民群众在每一个案件中感受到公平正义。

社区矫正解除程序初探

孙　毅*

社区矫正解除程序，是目前社区矫正法的规定的社区矫正解除结束程序之一。该法将社区矫正结束程序分为“解除”和“终止”两种[1]：社区矫正解除，是指社区矫正对象矫正期满或者被赦免的，由社区矫正机构办理解除社区矫正手续并向社区矫正对象发放解除社区矫正证明书的程序；社区矫正终止，则指社区矫正对象被裁定撤销缓刑、假释，被决定收监执行，或者社区矫正对象死亡时，社区矫正程序的结束。也就是说，如果社区矫正对象在社区矫正期间没有被撤销缓刑、假释，被收监执行或者死亡，就为其办理解除社区矫正手续，反之，则社区矫正终止。

将社区矫正的结束程序分为“解除”和“终止”的做法，并不是与社区矫正乃至缓刑、假释等刑事司法制度同步产生的，如果查阅一下这些制度的历史以及刑法、刑事诉讼法中关于管制、缓刑、假释、暂予监外执行的规定，就会发现在社区矫正制度实施前乃至试行阶段，并不存在解除社区矫正或监督考察这一结束程序。对于被判处管制、宣告缓刑、裁定假释的罪犯，执行机关只需要依法宣告“解除管制”、“原判刑罚不再执行”以及“原判刑罚执行完毕”等事项即可。对于暂予监外执行的罪犯，则由监狱、看守所等办理刑满释放手续，无须进行宣告。上述程序在司法部于2004年印发的《司法行政机关社区矫正工作暂行办法》（司发通〔2004〕88号）（已失效）中被统称为“社区矫正终止”。直到2012年《社区矫正实施办法》（司发通〔2012〕12号）（已失效）实施后，社区矫正的结束程序才被分为“解除”和“终止”，并明确规定县级司法行政机关应当在解除社区矫正时发放解除社区矫正证明书。最终，这一做法被立法机关采纳，并写入社区矫正法中成为一项法律制度。

---

* 作者单位：山东省淄博市临淄区司法局金岭司法所。

〔1〕 参见王爱立主编：《中华人民共和国社区矫正法解读》，中国法制出版社2020年版，第273页。

作为社区矫正的结束程序的社区矫正解除，经历了从单纯的“宣告”、“释放”到“终止”再到“解除”的发展过程，体现了从分别规定四类罪犯服刑或接受监督考察完毕的法律后果，到试图将其统一于“解除”程序的立法以及实践思路，使社区矫正作为一项独立的刑事执行制度的地位更加凸显。但这一做法在实践中也产生了一些问题，例如被宣告缓刑、裁定假释的社区矫正对象在缓刑、假释考验期内涉嫌犯新罪或被发现漏罪，但有关司法机关尚未作出结论期间，其考验期届满该如何处理的问题，就长期困扰着社区矫正机构。为此司法部办公厅虽然通过“司办通〔2021〕94 号”文件[1]提出了指导性意见，但又引出了新的问题。本文试图从社区矫正解除程序的法律性质入手，对解除社区矫正的法律后果以及社区矫正期限与刑期、考验期的关系等问题进行考察，分析设立社区矫正解除程序的利弊得失，并提出相应对策。由于学界、实务界对于社区矫正解除制度的研究较少，难以查找到相关文献，本文内容又只涉及刑法的基本常识，故引用文献较少，只能算是对这一问题的初步探索。

一、社区矫正解除程序的法律性质及其变化

在“司办通〔2021〕94 号”文件印发前，社区矫正解除程序的性质是明确的，即刑罚的消灭。在社区矫正对象矫正期满或被赦免的情形下，社区矫正机构应当为其办理解除社区矫正手续，并按照刑法有关规定进行宣告、发给解除社区矫正证明书。应当注意的是，这里说的“矫正期满”，是指四种类型的社区矫正期限届满，且在社区矫正期间社区矫正对象没有发生依法应当撤销缓刑、假释或者收监执行的情形。[2] 也就是说，社区矫正解除程序的适用，对于管制、暂予监外执行的罪犯而言，昭示着其刑罚已经执行完毕；对于假释罪犯而言，昭示着其刑罚已经被认为执行完毕；对于被宣告缓刑罪犯，则昭示着其原判刑罚不再执行。被赦免，则刑罚消

---

〔1〕 参见《司法部办公厅关于规范社区矫正对象在被采取刑事强制措施或者被提请撤销缓刑、撤销假释、收监执行期间矫正期满社区矫正执法适用的通知》：“对于社区矫正对象在被采取刑事强制措施或者被提请撤销缓刑、撤销假释、收监执行期间矫正期满的，如果相关部门已经作出撤销缓刑、撤销假释裁定或者收监执行决定的，应当按照《中华人民共和国社区矫正法》第四十五条的规定，终止社区矫正；如果相关部门尚未作出裁定或决定，则应当根据《中华人民共和国社区矫正法》第四十四条的规定，由社区矫正机构及时办理解除矫正手续，但是对于社区矫正对象被羁押等原因无法发放解除社区矫正证明书的，可以暂缓发放。对于提请撤销缓刑、撤销假释且尚未羁押的社区矫正对象，考虑其可能逃跑或者可能发生社会危险，应当根据《中华人民共和国社区矫正法》及‘两高两部’《中华人民共和国社区矫正法实施办法》相关规定，依法提请逮捕。”

〔2〕 参见王爱立主编：《中华人民共和国社区矫正法解读》，中国法制出版社 2020 年版，第 277 页。

灭。总而言之,不论何种情形,社区矫正的解除即意味着刑罚的消灭,而解除社区矫正证明书则为证明这一事实的法律文书。

但在“司办通〔2021〕94号”文件印发后,社区矫正解除程序的性质发生了变化,对于那些已经出现了撤销缓刑、假释情形,司法机关尚未对该情形作出决定,但其考验期已经届满的社区矫正对象,社区矫正机构依然要为其办理解除社区矫正手续并发放解除社区矫正证明书。显然,在这种情形下,社区矫正解除程序仅仅意味着矫正措施的终结,并不意味着刑罚的执行完毕或不再执行。这种情形下发放的解除社区矫正证明书,也无法证明社区矫正对象被科处的刑罚归于消灭,其法律性质显然已经更接近于社区矫正终止。故就目前而言,解除社区矫正究竟是刑罚消灭的一种情形,还是仅为社区矫正管理措施的终结,其性质依然是不明确的。

在《社区矫正法》实施仅一年半后,社区矫正解除程序的性质就发生如此巨大的变化,颇有些令人费解。“司办通〔2021〕94号”文件显然是为了解决基层社区矫正机构在面临“社区矫正对象在被采取刑事强制措施或者被提请撤销缓刑、撤销假释、收监执行期间矫正期满”这一情形时不知如何处理的问题而出台的,其虽然为基层办理此类业务提供了指引,但却产生了预料之外的问题。例如,目前银行、社会保险经办机构等社会单位均将解除社区矫正证明书作为当事人刑罚消灭的证明文件,曾被适用社区矫正的公民,在办理贷款、申请恢复社会保险待遇调整时均需提供这一文件。笔者在日常工作中也经常遇到已经解除社区矫正的当事人因办理贷款等需求到社区矫正机构、司法所查阅、复制其丢失的解除社区矫正证明书。但在目前的情形下,解除社区矫正证明书显然已经无法起到证明刑罚消灭的作用,仅能证明社区矫正措施的终结。该文件对刑事执行制度的影响以及在社会上产生的“余震”显然已经大大超出了文件出台者的预期和意图。

要彻底搞清这一问题,就先要厘清“社区矫正期限”这个同解除社区矫正密切相关的概念,否则就无法探明社区矫正解除程序的法律性质。

二、社区矫正期限——一个并不独立的概念

(一)社区矫正期限的一般情形:与刑期、考验期相等

社区矫正工作的对象为被判处管制、宣告缓刑、裁定假释以及被决定暂予监外执行的罪犯。对于社区矫正期限的认定,《司法行政机关社区矫正工作暂行办法》(已失效)曾在第35条有明确规定,即社区矫正的期限为社区矫正对象被判处管制的刑期、被宣告缓刑或裁定假释的考验期以及暂予监外执行的罪犯在监外实际执

行的刑期。但不知是何原因,该规定在其后的《社区矫正实施办法》(已失效)中被删除,社区矫正法中对此问题也未作规定。实践中一般依然沿用《司法行政机关社区矫正工作暂行办法》第35条的规定。也就是说,社区矫正对象的刑期、考验期满,即社区矫正期满,同时会触发社区矫正解除程序,社区矫正机构应当按照法律规定为其办理宣告、发给解除社区矫正证明书等手续。在这种情况下,社区矫正期限与刑期、考验期为等价关系,两者届满时的法律效果也是一致的。

(二)社区矫正期限的特殊情形:与刑期、考验期在法律效果上相分离

如前所述,在正常情况下,社区矫正期满即缓刑、假释考验期满。但社区矫正对象在被采取刑事强制措施或者被提请撤销缓刑、撤销假释期间社区矫正期满的,按照司法部办公厅"司办通〔2021〕94号"文件,社区矫正机构依然需要为其办理解除社区矫正手续,并发给解除社区矫正证明书。但在这种情形下,社区矫正对象是否被撤销缓刑、假释尚存在不确定性,社区矫正机构不能像普通社区矫正解除程序那样向社区矫正对象及周围群众宣告刑罚执行完毕或者刑罚不再执行。据此,社区矫正期限与考验期在期满后的法律效果上也就不存在等价关系。

(三)社区矫正期限与暂予监外执行期间

根据《刑事诉讼法》第265条,暂予监外执行适用的对象是被判处有期徒刑或拘役的有严重疾病需要保外就医或生活不能自理,适用暂予监外执行不致危害社会的罪犯,以及被判处无期徒刑、有期徒刑或拘役的怀孕或者正在哺乳自己婴儿的妇女。如前所述,暂予监外执行的罪犯的社区矫正期限即为在监外实际执行的刑期,具体又分为以下情况〔1〕:

1. 怀孕或者正在哺乳自己婴儿的妇女,其暂予监外执行的期限即为其孕期和哺乳期,孕期哺乳期结束即应收监执行。在该情形下,暂予监外执行期间的起始与终止时间是相对确定的,到期即发生收监执行的法律后果,社区矫正终止。但如果罪犯出现流产、哺乳的婴儿死亡等情形,则不必等孕期或哺乳期满即应当收监执行,此时社区矫正的结束程序也为终止。当然,如罪犯的刑期短于孕期、哺乳期,又没有发生流产等意外情况,则暂予监外执行期满之日即为社区矫正解除之日。

2. 保外就医和生活不能自理的罪犯,其暂予监外执行期间的起始日期是确定的,但终止日期并不确定,只要其暂予监外执行的情形消失即收监执行,社区矫正终止。但如果其在暂予监外执行期间刑期届满,则社区矫正机构应当为其办理解

---

〔1〕 以下两种情况均以暂予监外执行期间没有不应当计入刑期的法定情形为前提。

除社区矫正手续,由监所管理机关决定暂予监外执行的,同时由监狱或看守所办理释放手续。该情形下的社区矫正结束程序为解除。

在上述基本情形之外,暂予监外执行罪犯的矫正期限及刑期的计算还存在两种特殊情形:一是暂予监外执行罪犯在暂予监外执行期间又犯新罪或者被发现漏罪;二是因违反监督管理规定、暂予监外情形消失等原因被社区矫正机构建议收监执行,有关机关尚未作出收监执行决定时其刑期届满。对于第一种情形,由于《刑事诉讼法》第268条第3款规定的暂予监外执行期间不计入刑期的情形只有"不符合暂予监外执行条件的罪犯通过贿赂等非法手段被暂予监外执行的"以及"罪犯在暂予监外执行期间脱逃的,脱逃的期间不计入执行刑期"两种,其他情形均应计入刑期。也就是说,自该社区矫正对象因涉嫌犯罪被立案侦查之日直到数罪并罚的判决确定之日,只要没有上述两种情形,其暂予监外执行期间均应计入刑期。而对于第二种情形,只要有关机关尚未作出收监执行决定,又没有《刑事诉讼法》第268条第3款规定的两种情形,其暂予监外执行的期间均应计入刑期。如果社区矫正对象被提请逮捕的,逮捕的期间亦应折抵相应刑期。但无论是以上哪种特殊情形,其社区矫正期间均与其暂予监外执行期间相等。

综上可见,社区矫正期限在我国的刑事司法制度中很难说一个独立的概念,对四类罪犯社区矫正期限的计算并没有统一的计算方法,而是依附于法律对于四类罪犯刑期、考验期、暂予监外执行期间的规定来计算。这样的概念,与其说是法定期间,不如说是对四类罪犯在服刑或接受监督考察期间接受社区矫正这一事实的客观描述,具有极高的依附性。而与此同时,社区矫正解除程序的进行与否又取决于对社区矫正期限的计算,因此可以说,不论是社区矫正解除程序,还是社区矫正期间的计算,都高度依赖于社区矫正对象的不同类型及其各自不同的刑事执行状态,只是刑期、考验期、暂予监外执行期间的另一种称谓或者对社区矫正措施停止这一事实的描述。

而社区矫正期限这一概念的高度依附性,又决定了作为这一期限结束程序的社区矫正解除程序同刑期、考验期届满的高度依附性,也就为社区矫正解除程序的一系列弊端埋下了伏笔。

三、解除社区矫正——弊大于利的程序设计

(一)社区矫正解除程序存在的问题

如前文所述,在2012年《社区矫正实施办法》(已失效)实施前,四类犯罪在刑

期、考验期满时,并不需要办理解除手续,即使在社区矫正试行阶段,也是以社区矫正终止来统称社区矫正的结束。究竟为何社区矫正主管部门要在2012年的《社区矫正实施办法》(已失效)中增加社区矫正解除程序,由于有关部门未印发相关解读、释义资料,学术界也缺乏相关研究,其制度设计动因难以考证。但从这一程序被设计出台后出现的一系列问题来看,它的出台显然是弊大于利的甚至可以说是失败的。具体而言,社区矫正解除程序存在如下弊端:

1. 在管制刑满宣告、缓刑假释考验期满宣告以及暂予监外执行期间刑期届满办理释放手续等程序之外另行设定解除社区矫正手续,实际上是在既有刑事执行程序上叠床架屋,既不产生新的法律效果,又对矫正工作成效毫无增益,必要性存在极大疑问。

2. 将缓刑等四类罪犯刑期、考验期届满的结束程序统称为解除社区矫正,实际上混淆了四种社区矫正类别的不同性质及法律后果。如管制的执行期间是刑罚的实际执行期间,已经实际执行的管制是不可逆也不可被撤销的。但同管制不同的是,缓刑、假释的考验期以及暂予监外执行期间均存在可以推倒重来或者可以被撤销的问题,下面举例说明。

(1)因参与共同犯罪被宣告缓刑的社区矫正对象甲在社区矫正期满后,其宣告缓刑的判决因适用法律错误,于再审程序中被撤销,但涉及甲的部分并无变化,其被再次宣告缓刑。由于两次缓刑考验期之间不存在法定折抵关系,故甲只能再次接受社区矫正。在这种情况下,缓刑考验期是可以推倒重来的。

(2)被宣告缓刑的社区矫正对象乙在缓刑考验期满解除社区矫正后,被发现在缓刑考验期内存在犯罪行为,人民法院遂撤销缓刑,数罪并罚,乙已执行的社区矫正也因缓刑被撤销归于无效。当然,在假释的情形下,也可能存在这一情况。

(3)被暂予监外执行的社区矫正对象丙,在暂予监外执行期间刑期届满,监狱为其办理了刑满释放手续并由社区矫正机构解除社区矫正。但在一年后,有关部门发现丙的暂予监外执行是通过贿赂办理的,其暂予监外执行期间不应计入刑期,监狱管理机关遂撤销暂予监外执行决定,由监狱收监执行未执行的刑期。

之所以出现上述情形,是因为缓刑、假释以及暂予监外执行实际上并不是刑罚的执行。前者只是附条件的刑罚不再执行或提前释放,而后者则是附条件地将暂予监外执行期间计入刑期,并不能同刑罚的实际执行产生同样的刑罚消灭效果,存在可逆和可撤销的情形。

3. 社区矫正解除程序为四类罪犯的监督考察工作带来了本不该有的问题。前面提到的“司办通〔2021〕94号”文件,其试图解决的就是在社区矫正对象被采取刑事强制措施或者被提请撤销缓刑、撤销假释、收监执行期间矫正期满的情况下是否办理解除社区矫正手续的问题。实际上,这一问题在社区矫正解除程序创设前是不存在的。在此之前,不论是公安机关对四类罪犯进行监督考察时期还是社区矫正试点阶段,对于此类情况根本无须处理,只需要等待有关机关对案件作出最终裁判或决定即可。只有在社区矫正解除程序出现后,才需要考虑矫正期限届满时的处理问题。

4. 社区矫正解除制度为管制刑期的计算带了争议。在以往的司法实践中,被判处管制的社区矫正对象在社区矫正期间因涉嫌犯罪被刑事拘留的,其已执行的管制刑期一般计算至其被刑事拘留之日,如果在刑事拘留期间其管制刑期届满,也不应当认为其管制刑已执行完毕。这一管制刑期计算方式最早见于公安部《关于被判处管制的罪犯在管制执行期间实施违法行为如何处理有关问题的批复》(公复字〔2001〕15号)(已失效),该批复规定,管制罪犯被刑事拘留后,被拘留的期间不计入管制刑期[1]。此外,最高人民院在1981年7月27日作出的《关于管制犯在管制期间又犯新罪被判处拘役或有期徒刑应如何执行的问题的批复》中也指出,应当在管制犯新罪所判处的有期徒刑或者拘役执行完毕后,再执行前罪所没有执行完的管制。[2]

上述两个文件虽然均已废止,但依然指导着司法实践。如贵州省息烽县人民法院于2018年3月在其微信公众号上刊发的《管制期间再犯罪判刑收监方悔恨》一文中提到,罪犯聂某曾于2017年因贩卖毒品被外地法院判处管制,管制期间从2017年10月24日起至2018年10月23日止。在管制期间内,聂某又于2017年12月25日再次贩卖毒品0.49克,构成贩卖毒品罪,且系毒品再犯,依法应从重处罚。

---

〔1〕 参见公安部《关于被判处管制的罪犯在管制执行期间实施违法行为如何处理有关问题的批复》第1条:“对被判处管制的罪犯在管制执行期间实施违反法律、行政法规和国务院公安部门有关监督管理规定的行为,尚未构成犯罪的,应当依法予以治安管理处罚,其中,依法予以治安拘留的,应当在治安拘留执行期满后继续执行管制,治安拘留时间不计入管制期限;符合劳动教养条件的,可以依法决定劳动教养,劳动教养执行期满后继续执行管制;构成犯罪的,应当依法追究刑事责任。”

〔2〕 参见《最高人民法院关于管制犯在管制期间又犯新罪被判处拘役或有期徒刑应如何执行的问题的批复》(1981年7月27日):“四川、河北省高级人民法院:你们来文请示关于管制犯在管制期间又犯新罪被判处拘役或有期徒刑应如何执行的问题,经我们研究认为,由于管制和拘役、有期徒刑不属于同一刑种,执行的方法也不同,如何按照数罪并罚的原则决定执行的刑罚,在刑法中尚无具体规定,因此,仍可按照本院1957年2月16日法研字第3540号复函的意见办理,即:‘对新罪所判处的有期徒刑或者拘役执行完毕后,再执行前罪所没有执行完的管制。’对于管制犯在管制期间因发现判决时没有发现的罪行而被判处拘役或有期徒刑应如何执行的问题,也可按照上述意见办理。此复。”

该院最终判处被告人聂某有期徒刑十一个月，并处罚金，与前犯贩卖毒品罪尚未执行的管制数罪并罚，决定执行有期徒刑十一个月，管制九个月又二十九日，并处罚金。〔1〕从这一案例中各时间节点来看，息烽法院显然是按照上述两个批复来审理该案的。实际上，这一刑期计算方式早已被各地司法机关所采用。在2007年湘潭市岳塘区人民法院审理的被告人刘某杰、刘某犯抢劫罪、敲诈勒索罪一案中，法院查明，2006年9月18日被告人刘某杰因犯盗窃罪被判处管制一年，并处罚金3700元，至其被刑事拘留时止，已执行管制4个月8天。法院认为，被告人刘某杰在管制期间犯罪，应与本次所判刑罚数罪并罚，执行本次所判决的有期徒刑后，再执行未执行的管制刑期。法院最终判决被告人刘某杰犯抢劫罪，判处有期徒刑5年，并处罚金3000元；犯敲诈勒索罪，判处有期徒刑1年6个月；原判管制余刑7个月22天，合并决定执行有期徒刑六年，管制7个月22天，并处罚金3000元。〔2〕

但按照"司办通〔2021〕94号"文件，管制罪犯如果在被采取刑事拘留等强制措施期间社区矫正期限届满的，则应当为其办理解除社区矫正手续，这里似乎认为管制罪犯被采取刑事拘留等强制措施的期间可以同管制刑形成折抵关系，社区矫正期限届满即为管制期满。解除社区矫正同管制期满在此处是否等价，法院在后续审理过程中是否还需要按照以往的做法将管制罪犯被刑事拘留后的剩余管制刑期与新罪或漏罪所判刑罚数罪并罚，亟待明确。同时，该问题也再次表明社区矫正解除程序的高度依附性特征。

（二）社区矫正解除程序弊端产生的原因

1. 社区矫正工作适用的对象具有复杂性。社区矫正解除程序之所以会产生上述弊端，主要原因在于社区矫正适用对象的复杂性。管制、缓刑、假释、暂予监外执行的法律性质各有不同。有的是刑罚执行，有的是刑罚的附条件暂缓执行、附条件的提前释放以及人道主义变通措施。由于法律性质的不同，其期间计算以及解除程序导致的法律后果也截然不同，因此很难用一种程序来解决其终结问题。

2. 社区矫正与监狱行刑有本质不同。社区矫正解除与监狱释放刑满人员有着本质的区别。如前所述，在监狱对有期徒刑等刑罚的执行是刑罚的实际执行，是不

〔1〕 参见《管制期间再犯罪　判刑收监方悔恨》，载 https://mp.weixin.qq.com/s?_biz=MzA4NDIxMTc1OQ==&mid=2652765610&idx=4&sn=184611d728ff62107f23b02ff9018a55&chksm=8403fceab37475fcaba7dc3f2f9d4ba8710ad00c41799d36f3682270f5a88fbe9a89e89f4857&scene=27，最后访问日期：2023年11月14日。

〔2〕 参见湖南省湘潭市中级人民法院刑事裁定书，(2007)潭中刑终字第142号。

可逆且不可撤销的,且只要罪犯羁押于监狱内,就不会导致刑期中止。而在社区矫正的场合,即使社区矫正对象解除了社区矫正,也可能面临因被发现在矫正期间存在违法或者犯罪行为而被撤销缓刑、假释的问题。而管制罪犯如果在管制执行期间被刑事拘留、强制隔离戒毒,则会产生刑期中止问题。也正是因为社区矫正不具备不可逆、不可撤销、不可中止等监狱执行自由刑的特征,所以社区矫正机构如以社区矫正期限届满,而有关机关尚未作出撤销缓刑等裁判、决定为由对社区矫正对象办理解除矫正手续,就会导致解除程序同之后的数罪并罚以及撤销缓刑、假释等矛盾发生。

(三)矫正中止——使问题复杂化的尝试

针对社区矫正解除程序存在的问题,曾有观点认为应当建立矫正中止制度,即对被采取刑事强制措施或者被提请撤销缓刑、撤销假释、收监执行的社区矫正对象中止矫正,如中止事由消除,又没有社区矫正解除、终止的情形,则继续执行社区矫正。但这种做法并不适用于所有社区矫正对象,如果不加区别地实行矫正中止,将带来更多难以解决的问题,反而使问题复杂化。

就像前边提到的,在最高人民法院以及公安部的有关批复中早已对管制刑期的中止计算有过规定。司法实践中,管制罪犯在刑期内被追究刑事责任,其被刑事拘留及逮捕的期间也不计入管制刑期。由此可见,管制罪犯在刑期内被羁押的,管制刑期的计算即行中止;而管制罪犯如果未被羁押,仅是被取保候审、监视居住,这种情况则不应影响管制刑期的计算,矫正期满应正常解除管制。对此种情况不需要另行建立所谓矫正中止制度。

与管制不同,缓刑和假释考验期是不变期间,暂予监外执行的刑期只有在出现“不符合暂予监外执行条件的罪犯通过贿赂等非法手段被暂予监外执行”“在暂予监外执行期间脱逃”这两种法定情形时才不予计算。如果对这三类罪犯实行所谓矫正中止,则会导致中止事由消除后继续执行社区矫正,无异于在客观上延长了缓刑、假释罪犯的考验期和暂予监外执行罪犯的刑期,让罪犯多接受考察、多服刑,显然是不可取的。特别是对于暂予监外执行罪犯而言,不论矫正机构是否对其中止矫正,其刑期届满后如果没有上述两类不计入刑期的情形,监狱等都会为其办理释放手续,对其实行所谓矫正中止实际上没有任何意义。

此外,如果这里说的“矫正中止”仅指社区矫正对象被采取刑事强制措施时,因社区矫正无法执行而形成的矫正措施停止状态,不影响刑期和考验期的计算,则其仅是一种法律事实,根本无法称为一项制度。对此,社区矫正机构只需要在档案中附上材料,证明这一事实的存在即可。正是因为上述原因,矫正中止制度虽然有许多赞同者,但因为其同刑法规定的刑罚制度存在根本性冲突,自然不可能被立法机关采纳。

四、回归本源——社区矫正结束程序修正之我见

综上可以看出,社区矫正解除程序以及与之配套的“社区矫正期限”这一概念,均存在与既有刑事法律制度重复、冲突的问题,在社区矫正实践过程中也伴生出许多难以解决的程序性难题,充分暴露出社区矫正解除程序的重大缺陷,有必要予以修正。

1. 在社区矫正法中取消关于社区矫正解除程序的规定,并取消“社区矫正期限”这一表述。对于管制、缓刑、假释、暂予监外执行期满后的法律后果,《刑法》以及《暂予监外执行规定》早已明确。[1] 执行机关只需要按照上述法律、文件的规定进行宣告或通知社区矫正对象到监狱办理释放手续即可,没有必要再增加一个社区矫正解除程序,徒增烦琐和争议。相应地,也应当取消所谓“社区矫正期限”的表述,直接根据不同社区矫正类型使用刑期、考验期等称谓,避免在计算方法上相互混淆。具体来说,可以恢复《司法行政机关社区矫正工作暂行办法》(司发通〔2004〕88 号)(已失效)中的处理方式,根据四类社区矫正对象的具体情形,按照不同的法定程序终止社区矫正。[2]

2. 关于社区矫正结束后的发放的证明文书,也应当按照不同情况分别处理。对于管制、缓刑、假释三类社区矫正对象,刑期、考验期届满的发给宣告书;暂予监外执行的,由监狱发给释放证明书即可,不再发放其他证明社区矫正结束的证明文书。

---

〔1〕 参见《刑法》第 40 条、第 76 条、第 85 条,《暂予监外执行规定》第 27 条。

〔2〕 参见《司法行政机关社区矫正工作暂行办法》(司发通〔2004〕88 号)(已失效)第五章“社区矫正终止”:第 35 条规定:“社区服刑人员被判处管制、单处或者并处剥夺政治权利的,其矫正期限为所处管制、剥夺政治权利的实际期限;被宣告缓刑、裁定假释的,其矫正期为缓刑考验期或者假释考验期;暂予监外执行的,其矫正期为在监外实际执行的期限。”第 36 条规定:“被判处管制、宣告缓刑、裁定假释、单处或者并处剥夺政治权利的社区服刑人员,应当在矫正期满前三十日由本人作出书面总结,由司法所出具相关考核鉴定材料,依照法定程序终止社区矫正。”第 37 条规定:“对于暂予监外执行的社区服刑人员,暂予监外执行期满前三十日,由司法所出具相关材料,经上级司法行政机关审查后,报原关押单位。原批准机关决定收监的,社区矫正终止。”第 38 条规定:“社区服刑人员被收监执行或者因重新犯罪被羁押的,自羁押之日起,社区矫正终止。”第 39 条规定:“社区服刑人员死亡的,自死亡之日起,社区矫正终止。假释或者暂予监外执行的社区服刑人员死亡的,司法所应当及时将有关情况书面通知原关押单位,并附相关证明材料。”

3. 明确社区矫正措施的停止情形。如果考察“司办通〔2021〕94号”文件的出台以及有关方面提出建立“社区矫正中止”制度相关建议的背景,其目的其实是解决社区矫正对象被限制人身自由后,如何开展社区矫正工作的问题。笔者认为,如果社区矫正对象被有关机关采取了刑事拘留、强制隔离戒毒等限制人身自由的措施,在此期间社区矫正工作实际上是无法开展的,这其实是社区矫正工作不得不停止的一种客观状态,有相关证明材料加以佐证即可。

4. 及时填补社区矫正对象刑期、考验期计算中的空白。例如前面提到的管制罪犯被刑事拘留或采取其他强制措施期间是否计入刑期的问题,笔者认为,管制作为一个单独刑种,不能被限制人身自由的措施所替代;此外,如果管制类社区矫正对象在管制期间因涉嫌犯罪被刑事拘留或逮捕,其被羁押的期限也可以与其后被判处的刑罚相折抵,故一般而言,被限制人身自由的期间都不应计入管制刑期。但如果该社区矫正对象涉嫌犯罪的案件最终被撤销案件、不起诉或者宣告无罪,则应当从刑法、刑事诉讼法保障人权的机能出发,将其被刑事拘留、逮捕的期间同管制刑期进行折抵。而对于社区矫正对象在缓刑、假释考验期因涉嫌犯罪被追诉的,如果该案最终被撤销案件、不起诉或者宣告无罪,同时缓刑、假释考验期已过的,社区矫正机构应当为其补办宣告手续。

社区矫正“脱管”问题的分析研究

罗晓婷*

摘　要:本文通过检察机关在社区矫正监督管理工作中针对脱管检察所遇到的问题进行分析研讨,针对社区矫正脱管问题提出完善相关法律法规、主动作为加大监管力度、构建统一社区矫正信息化管理等对策建议,旨在提高社区矫正监管水平,确保社区矫正工作不出现脱管、漏管现象。

关键词:社区矫正;信息化平台;法律制度;脱管

一、社区矫正概述

社区矫正,是指将符合条件的罪犯放置于社区内,由专门国家机关在相关社会团体和民间组织以及社区志愿者的协助下,在判决、裁定或者决定确定的期限内,矫正其犯罪心理和行为恶习,并促进其顺利回归社区的非监禁刑罚执行活动。自2022年11月11日四川省高级人民法院、四川省人民检察院、四川省公安厅、四川省司法厅联合印发《四川省社区矫正实施细则》(以下简称《细则》)以来,社区矫正工作科学化、规范化、制度化水平不断提高,取得良好成效。但在司法实践过程当中,因各地、各部门对于法条中的个别规定理解不同,执行标准不一等,导致检察机关在开展社区矫正监督工作中就个别问题难以实施有效监督。

二、社区矫正监督管理中发现的问题

(一)社区矫正对象脱管认定时间不明确

《细则》第58条规定:“社区矫正对象应当按照有关规定和社区矫正机构的要

---

* 作者单位:四川省翠屏区人民检察院。

求,定期报告遵纪守法、接受监督管理、参加教育学习、公益活动和社会活动等情况。"这里有关"定期"的时间界定,因个人理解不同,其间的时间跨度可长可短。如适用严管的社区矫正对象每周口头或者电话报告一次,那么矫正对象可在本周一口头或电话报告一次,到下周日再报告一次,其间时间跨度可长达14天。如果严管对象在本周一报告一次,到下周二再报告一次,其间时间跨度长达7天。那么,矫正对象未在规定时间内报告个人活动情况,"规定时间"应按照多少天进行计算?

《细则》第86条第2种情形规定:"未在规定期限内报告个人活动情况,经查找下落不明或虽能查找到其下落但拒绝接受监督管理的应当认定为脱离管理"。《细则》第88条规定:"社区矫正对象未在规定期间内到指定地点报到,经查找下落不明的,从规定期限最后一天的第二日起计算脱离监管的日期。社区矫正对象下落不明的,从确定下落不明之日起计算脱离监管的日期。经查找,能够发现社区矫正对象下落的,应通知其回执地接受社区矫正;对拒不服从的,从通知之日起计算脱离监管的日期。"根据上述规定,社区矫正对象出现下落不明的情形,执行地县级社区矫正机构或受委托的司法所应当立即组织查找。但在实际操作中,受多种因素的影响,查找时间可长可短,法条当中也无明确规定查找期限,因此社区矫正对象确定下落不明之日难以认定。这样的情况给社区矫正对象脱离监管认定带来困难,导致检察机关难以对社区矫正脱管进行有效监督。

(二)信息化平台使用不统一

社区矫正机构应当积极推进智慧矫正信息化建设,充分运用一体化平台开展监督管理和教育帮扶。但通过与多地联系沟通,发现各地使用的信息化核查平台不统一,也无明确规定使用统一平台的法律条文,如"心岸App"只有翠屏区等少数地区在进行使用。在核查过程中,有的平台可对社区矫正对象每日、每周以及每月签到等情况进行统一核查,但有的平台却无法进行统一核查。因此,对于矫正对象数量大的社区矫正机构,因平台技术水平低等因素,导致监管水平较低。而检察机关在针对信息化核查监督过程中,也因各矫正机构使用平台不统一,无法展开有效监督。

三、对策与建议

1. 完善相关法律法规。从目前来说,无论是立法上还是实践中,我们仍面临着社区矫正工作中的诸多问题,司法实践中所暴露出来的对部分法律条文的理解偏差,各执行部门之间缺乏统一协调监管渠道等制度缺陷,都值得我们关注。因此,为了让检察机关的监督落到实处,进一步规范社区矫正工作,提高社区矫正监管水平,需要完善相关法律法规,针对社区矫正脱管问题在时间以及范围等方面加以明确界定。

2. 主动作为,加大监管力度。社区矫正对象出现脱管现象可从两种角度进行分析。一是矫正对象因自身原因不接受社区矫正机构的监管,构成违反社区矫正监督管理行为导致脱管;二是社区矫正工作人员未依法监督管理,即社区矫正工作人员没有履行法定职责,从而导致矫正对象没有受到社区矫正机构监管出现脱管情况。在司法实践当中,我们应该从第二角度出发,主动作为,加大社区矫正监管力度。社区矫正工作人员应当随时掌握矫正对象动态,从源头避免出现脱管现象,而非等到脱管问题出现之后再去加强监管。因此,在对社区矫正相关规定的理解上,我们应找准定位,提高自身监管积极性,主动出击,严防脱管、漏管。

3. 构建统一社区矫正信息化管理。社区矫正信息化对于实时掌握社区矫正人员的动态信息、加强对社区矫正人员的安全管理、节约司法管理成本、提高社区矫正工作效率具有重要意义。但在司法实践当中,各执行地在信息化平台使用上存在差异,给检察机关在信息化核查监督上增加了难度。为了有效防止社区矫正人员脱管、漏管现象发生,应采取有力措施,切实加强信息化建设。在统一标准下推行信息化平台管理,按照“一个标准”“一个综合平台”的要求完善相关规定。在实践对比中选择更为科学有效的信息化平台,充分利用系统的定位监管、轨迹查询、重点监控、通话管理等监督功能,加大对在矫人员的监督。为进一步提高社区矫正工作信息化管理水平,可定期开展社区矫正工作人员信息化管理系统业务培训,保证社区矫正工作人员能够准确、熟练、有效地利用信息化管理系统进行日常操作、高效监管,确保不脱管一人、不漏管一人。

社区矫正前调查评估规范化问题初探

董浩晴 *　樊哲军**　韩文伟***

摘　要：社区矫正前的调查评估是决定刑罚轻重的一个关键环节，具有较高的专业性和较大的影响力。从2011年《刑法修正案（八）》将社区矫正前的调查评估程序作为一项基本法，到2019年《社区矫正法》、2020年《社区矫正法实施办法》的颁布，我国的法律法规均未对此作出专门的规定，且由于缺乏统一的程序规范，导致各地的实践差异较大。在这样的背景下，本文从程序规范化的参与性、对等性和合理性的角度出发，对目前我国在社区矫正前的调查评估规范化中所存在的问题进行了分析，并借鉴了有关经验，探索我国在社区矫正前的调查评估程序规范化的措施。

关键词：社区矫正；调查评估规范；评估报告；法律地位

"能动司法"是现代社会法制建设不断推进的必然趋势，它需要在法制建设过程中，综合考虑法与社会的双重利益。在"能动司法"视角下，实施社区矫正之前，对其进行调查与评估，其首要目标是力求精确的定性与量刑，并为犯罪人寻找最优的矫治方法。各个地区的调查评估在委托主体、委托内容、委托程序以及评估结论的有效性等方面也有较大差异，比如调查时间存在冲突，调查人员和调查能力与需要不匹配，评估效果受到制约，侦查活动的发起机构与侦查活动的决策机构之间的联系还不明确等。对相关部门作出假释、判处缓刑或暂予监外执行的决定之前，对其进行调查和评估，既能提高刑罚的科学性和准确性，又能推动社区矫正的成功进行。为此，迫切需要通过经验分析的角度与方式，对当前的社区矫正前调查评估规

---

* 作者单位：武汉警官职业学院。

** 作者单位：武汉警官职业学院。

*** 作者单位：武汉警官职业学院。

范化问题进行深入的探索,从而对我国的社区矫正前调查评估规范化进行改进,使其真正有效地发挥作用。

一、社区矫正前调查评估程序的法律地位

社区矫正既是我国的一种非监禁刑事执行制度,又是促进国家治理体系与能力现代化的一种重要手段,它对于防止和降低社区矫正对象再犯罪,维护社会和谐与稳定起到了十分重要的作用。社区矫正在我国实行的历史不算太久,从 2003 年试点到现在,已经经过了启动试点、扩大试点和全面推行三个阶段。最高人民法院、最高人民检察院、公安部、司法部在北京、天津和上海等地共同发布了《关于开展社区矫正试点工作的通知》(已失效),在江苏,浙江,山东等 6 个省份进行了社区矫正的试点,这是我国社区矫正工作的正式起步。2005 年 1 月,《宪法》颁布实施。在全国 18 个省市,司法部联合发布了《进一步扩大社区矫正试点工作的通知》(已失效),最高人民法院、最高人民检察院、公安部为进一步推进社区矫正工作,联合司法部发布了《关于在全国试行社区矫正工作的意见》(已失效),并将在全国各地开展社区矫正试点工作。最高人民法院、最高人民检察院、公安部、司法部与其他部门共同召开了社区矫正工作会议,并发布了《关于全面推进社区矫正工作的意见》,就如何进一步加强和完善社区矫正工作作出了部署。在法律执行阶段,《社区矫正法》已于 2019 年 12 月 28 日在全国人民代表大会常务委员会第 15 次会议上投票通过,自 2020 年 7 月 1 日起开始实施,作为第一部关于社区矫正的法律,《社区矫正法》的出台,标志着我国社区矫正工作步入了有法可依的新时期。

同时,在 2011 年中,对《刑法》第 81 条第 3 款进行了修订,将"对所居住社区的影响"的调查列入了假释的条件,这是第一次将社区矫正前调查评估程序以具体条文的形式被写进了基本法律之中,这标志着社区矫正前调查评估程序在我国已经正式建立,判前调查评估程序有了实体性法律基础。2019 年 12 月 28 日通过的《社区矫正法》是我国第一次以独立法的方式对社区矫正展开了明确的规定,其第 18 条中明确指出,法院等社区矫正决定机关可以委托社区矫正机构对可能适用社区矫正的罪犯进行调查评估,这也再一次体现出了判前调查评估程序的必要性。在该法第 17 条第 2 款中,对如何决定社区矫正的实施地点进行了规定,从而解决了由于实施地点不清楚而造成的不能有效实施的问题,为进一步推广使用社区矫正打下了基础。

总而言之,我们可以发现,尽管社区矫正法和社区矫正法实施办法先后出台,

使得判决前的调查评估程序有了专门的法律依据,但是对于社区矫正前的调查评估程序并没有做出特别的规定。其在司法实践中的运用十分局限,尤其是在司法实践中未形成统一的规范,不利于司法实践中的个性化矫治。

二、我国社区矫正前调查评估规范化存在的问题

《社区矫正法》第18条规定,社区矫正决定机关根据需要,可以委托社区矫正机构或者有关社会组织对被告人或者罪犯的社会危险性和对所居住社区的影响,进行调查评估,提出意见,供决定社区矫正时参考。实践中,调查评估委托机关增多、调查评估数量增多与接收委托机关局限、专业能力弱形成鲜明对比[1]。

2020年7月1日以来,W市共入矫社区矫正对象134名,接受调查评估数量为58例,调查评估数量占入矫数量的43.3%;2021年共入矫社区矫正对象253名,接受调查评估数量为106例,调查评估数量占入矫数量的41.9%;2022年共入矫社区矫正对象180名,接受调查评估数量为109例,调查评估数量占入矫数量的60.6%;2023年1月至4月,共入矫社区矫正对象64名,接受调查评估数量为60例,调查评估数量占入矫数量的93.8%。从调查评估数量占入矫数量比例情况看,除2021年因疫情原因比例有所下降,2022年和2023年情况,占比数量较高,一定程度上反映了社区矫正决定机关对调查评估的重视程度在增加。

(一)主体局限性

《关于进一步加强社区矫正工作衔接配合管理的意见》规定,除提出假释申请之外,还须由居住地的司法行政部门对案件进行调查评估[2]。而针对其他可能实施的情况,则有两种不同的解读。一种观点认为,可以由法院自己承担,也可以由其所在地的司法行政部门或其他专门的社会团体或社会工作者承担。但是,法院在进行独立审查时,亦须增加其他组织或专门的工作人员,因此,调查评估结果之客观性和公平性,亦有可能受到影响[3]。但如果将其外包给专业的社会团体或社会工作者,那么,其调查与评价的发展还很不完善,缺少相应的资格与专业性,极易造成其流于形式。另一种观点是诸如法院这样的组织可以在“需要”下自行决定进

[1] 参见刘威、黄婧、朱玥:《未成年人社区矫正调查评估程序正当化建构》,载《河南司法警官职业学院学报》2022年第3期。

[2] 参见喻少如、窦峥:《社会治理共同体视域下社会力量参与社区矫正的模式转型》,载《中国人民公安大学学报(社会科学版)》2022年第4期。

[3] 参见吴一澜:《社区矫正适用前调查评估模式研究》,载《华东政法大学》2022年博士学位论文,第25页。

行或不进行一次调查。但是,在“必须进行社会影响调查”这一方面,其定义太过笼统,没有明确的规范和说明。各区域之间对社区矫正的应用也不尽相同,这会造成在实际审理过程中的不公平[1]。

(二)程序随意性

1. 存在重复委托现象。如个别办案部门间信息沟通不畅,在侦查、起诉、审判阶段重复委托社区矫正机构开展社会调查;甚至同一机关同一阶段出现重复委托的情况。如某案件在起诉阶段,受委托机关向人民检察院提交了调查评估意见,在判决下达前未做任何说明又重复进行了委托。委托机关根据案件需要进行补充调查时,应当明确调查原因、事项等内容,以便于受委托机关开展针对性调查。

2. 存在未审先判现象。由于调查评估不属于决定使用社区矫正的前置程序,部分委托机关对此并不重视,实践中存在有的人民法院在没有征求拟使用社区矫正对象意见的前提下,直接以户籍地或犯罪实施地为作为矫正执行地,这样做无疑违背了社区矫正法中规定的按照有利于社区矫正对象接受矫正、更好地与社会融合来决定实施地的原则,给后续矫正埋下了隐患[2]。

3. 存在意见采信情况未予以说明现象。《社区矫正法实施办法》规定,社区矫正决定机关对调查评估意见的采信情况,应当在相关法律文书中说明。而大部分社区矫正决定机关在实践中并未将调查评估意见的采信情况在刑事判决书或执行通知书等法律文书中进行说明[3]。特别是决定机关作出与调查评估意见相反的决定时,并没有主动向受委托机关进行说明,甚至在重复委托时也没有详细说明原因。

(三)内容不具体

作为社区矫正工作中最主要的一项程序,审前调查评估内容的完善程度与司法行政机关所发出的调查评估报告的科学性和有效性有着密切的联系,从而对入矫后的社区矫正工作质量产生了一定的影响。它的研究内容包括两部分:一是社会调查,二是人身评估[4]。《社区矫正实施办法》第 14 条对罪犯的基本情况、家庭情况、社会关系以及过去的行为进行了全面的调查。另外,《刑事诉讼法》第 268 条

---

〔1〕 参见郑艳:《社区矫正机构刑事执行权探究》,载《行政与法》2022 年第 3 期。

〔2〕 参见廖炜:《社区矫正的发展现状及法律完善探讨——评〈中国社区矫正制度与立法研究〉》,载《热带作物学报》2021 年第 9 期。

〔3〕 参见廖炜:《我国社区矫正面临的问题及法律规制研究——评〈中华人民共和国社区矫正法解读〉》,载《中国油脂》2021 年第 9 期。

〔4〕 参见沈东权、沈鑫、何浩斐:《社区矫正法实施背景下的调查评估制度探析》,载《中国司法》2021 年第 7 期。

还要求,以未成年为对象进行的社会调查,包括其成长经历、犯罪原因和监护教育等。尽管在这些条款中,对审前调查评估的内容进行了原则性的规定,但是这些条款的内容非常的空泛,没有足够的细致,缺少具体的、详细的标准〔1〕。比如,关于“社会关系”的界定不够清晰,对未成年人的界定不够清晰。此外,还应确定“一贯表现”这一项的具体范围,即在社会中的发展、学习或职业表现〔2〕。

另外,《社区矫正实施办法》指出,调查人员在开展调查时,只关注罪犯的基本情况以及社会矫正所需的外在环境,并不关注罪犯的个性特点、精神认识等方面的特殊性。在这几个方面里,我们必须有心理学的支持,若缺乏严格的规范,基层人员将无法完成此次评估,而此举将会增加罪犯人身危险性和再犯可能性〔3〕。

(四)监督不健全

人民检察院所设立的监所科部门负责执行审前调查评估环节的监督任务。《社区矫正实施办法》及相应的地方政府规章也都强调了调查评估的重要作用,但有关具体操作流程、执行机构、处罚措施以及处理违反者的方式却没有给出清晰的指导,使得相应的监管机构难以做出合理的决策〔4〕。

三、完善我国社区矫正前调查评估规范化的措施

(一)扩大调查评估主体

鼓励社会团体进行调研和评价。《社区矫正法》规定,可以将社会团体作为社会调查的对象,在实际中,一般都是将专门的社会团体作为社区矫正的对象。社区矫正机构接受委托调查后,根据案情情况和犯罪嫌疑人(被告人)情况,针对认罪情况和悔罪表现等对社会危害性和社区影响较大的因素,通过社会购买形式再委托专业社会组织,综合社区矫正机构调查意见、街道社区意见、被害人意见、社会组织意见形成较为完善的调查评估意见。

(二)规范调查评估程序

1.明确调查前置程序范围

从《社区矫正法实施办法》看,只有监狱关押罪犯拟提请假释的,才应当委托进

〔1〕 参见王鹏飞:《社区矫正社会调查评估的现实困境与规则建构》,载《宜宾学院学报》2021年第4期。

〔2〕 参见罗智勇、李慧涛:《关于〈社区矫正法〉实施中人民法院正确履职的若干思考》,载《法律适用》2021年第2期。

〔3〕 参见吴宗宪:《中国社区矫正规范化研究》,北京师范大学出版社2021年版,第586页。

〔4〕 参见陈辉:《审前调查评估在社区矫正中的现状及完善》,载《法制博览》2020年第32期。

行调查评估,其余类型矫正对象均可以进行调查评估。应进一步明确"应当"范围,例如,建议对港澳台籍、外国籍或者是公民身份不明的被告人判处缓刑,建议对未成年人被告人判处管制、缓刑,建议对有犯罪前科的被告人,或者曾经因为违法社区矫正监督管理规定被收监执行的对象决定暂予监外执行的应当进行调查评估。

此外,自从"醉驾入刑"之后,"开车不喝酒,喝酒不开车"已经成为一种社会共识,人们对酒驾和醉驾的意识程度也有了很大的提高,而且,酒驾醉驾是我国刑法中唯一以拘役为主的罪名,对其处罚相对比较轻微。司法实践中,对于这类案件,犯罪情节轻微、犯罪嫌疑人主观恶性较小,认罪、悔罪态度较好的,检察院往往作出了不起诉决定。湖北、山东等省高级人民法院指导意见中,对酒后的酒精含量在100 毫克/100 毫升以下,并且是初犯,认罪悔罪,同时没有造成其他的损失或后果的情形,规定可以免予刑事处罚。建议在社区矫正相关规范性文件中明确规定,醉驾情节轻微,拟适用社区矫正之前,不进行调查评估。

2. 增加委托调查附带材料

犯罪嫌疑人(被告人)的犯罪原因、犯罪类型、犯罪情节、悔罪表现,以及暂予监外执行中具体病情资料等是评估社会危险性和对所居住社区的影响的重要因素,因此委托机关寄送文书时应将上述资料随同委托函一并寄送,受委托机关应根据资料将有针对性、有侧重性地进行调查,减少不必要司法资源浪费。

3. 扩大审前调查评估报告质证流程的范围

当前,对未成年人案件的审判前审查报告规定了庭审环节,而对其他案件的庭审环节没有庭审环节的要求。有鉴于此,受托机构对调查报告进行审查和评价的时候,应该建立一个质证流程。在这一过程中,法官将会公开审阅该报告,并通过控辩两方的质证来达成一致。在此期间,被告人有权利以此为依据,对法庭进行反驳,并对有争议性的问询作出答复。如果需要,还可以要求调查和评价专家亲自出席,并将其所呈上的调查和评价结果呈现给大众,并将被告人的意见反馈给大众。市民如认为该调查及评价结果有瑕疵,亦可将其他资料呈递至有关当局,以作后续听证之用。另外,法官还可以依据有关证据,视具体情形,作出适用社区矫正的判决[1]。

(三)明确调查评估内容

《刑法》第 72 条规定:对被判处拘役、三年以下有期徒刑的罪犯,以罪犯的犯罪

〔1〕 参见吴军:《对社区矫正适用前调查评估的思考》,载《法制与社会》2018 年第 2 期。

情节和忏罪表现为依据,适用缓刑的确不会造成再危害社会的情况下,可以宣告缓刑。从这一规定看,使用缓刑的前提之一是确实不再危害社会,同社会危险性较小和对所居住社区的影响较小的要求相契合,但由于调查评估不是决定机关作出社区矫正的前置程序,实践中有部分案件决定机关决定前并没有进行调查评估,那么使用缓刑的前提之一,即确实不致再危害社会的认定应由决定机关认定。《社区矫正法》第17条规定,在不能确定社区矫正对象的居住地、经常居住地,或者不适合进行社区矫正的情况下,社区矫正决定机关应该以有利于社区矫正对象接受矫正、更好地融入社会的原则为依据,来确定实施地。从《社区矫正法》的规定看,受委托机关出具的调查评估意见供委托机关参考,也意味着确实不致再危害社会的认定由决定机关认定。与此同时,社区矫正执行地,指的是社区矫正对象的户籍地、居住地或者经常居住地。当户籍地、居住地、经常居住地不能被确定,或者不适合进行社区矫正时,社区矫正决定机关应该根据有利于社区矫正对象接受矫正、更好地融入社会的原则,确定执行地。为此我们认为,对于决定机关已经可以认定不致再危害社会的,委托调查时,可以明确调查评估事项中不包括社会危害性和对居住社区的影响,只需要调查确定执行地。

一篇完整的调查评估报告应全面考量各种要素,使其能够准确、客观、真实地反映出被告或罪犯的真实状况,并为有关机关提供一个可信的参照。尤其是,调查评估报告主要包括以下五个方面内容:(1)对被告人[1]和罪犯[2]的基本情况进行调查。(2)了解被告和犯罪嫌疑人的家庭及婚姻状况。(3)了解被告人和罪犯的犯罪事实和原因,以及认罪态度和悔罪态度。(4)询问被告情况、罪犯有无劣迹前科。(5)了解受害人对被告的谅解程度[3]。

(四)加强调查评估监督

检察建议属于人民检察院可以对其进行合法的法律监督,从而保证其能够对其进行有效的保护,维护司法公正,保障法律统一正确实施的重要方式。人民检察院应当注重保障社区矫正调查评估工作依法进行,用足、用好检察建议,维护司法权威和公信力。要加强对人民法院、人民检察院、公安机关、监狱等委托调查机关的检察监督,着重强化以下方面:是否对调查评估意见的采信情况进行说明,是否

[1] 缓刑犯的调查评估是被告人。

[2] 假释犯的调查评估称为罪犯。

[3] 参见任文启:《完善我国社区矫正审前调查评估制度的思考——基于文本和现实的比较分析》,载《甘肃政法学院学报》2016年第2期。

对调查评估意见以及有关信息进行保密、委托调查评估所附材料是否齐全的法律监督;要加强对县级社区矫正机构或有关社会组织等实施主体的检察监督,重点加强对收到委托调查时是否及时通知检察机关、是否在规定时间完成调查评估、是否客观公正出具意见等方面进行法律监督;要加强对相关单位、部门、村居委等依法协助开展调查评估的组织和个人的检察监督,推动公安机关、村居委等单位和个人切实履行法律义务,提供必要协助,积极配合提供相关线索,出具相关意见,防止调查评估工作成为社区矫正机构的"独角戏"。

此外,社会监督也非常重要。自媒体在当前的网络环境下得到了蓬勃发展。借助手机客户端,人们可以随时将各种非法行为上传至社交网络,形成了一股强大的社会监督力量。因此,建立和完善健全的社会监督体系尤其迫切。

结 论

社区矫正制度经过多年发展实践已经发挥了重要作用,而且随着我国法治建设的不断推进,以缓刑犯、假释犯及暂予监外执行罪犯为适用对象的数量会不断增加。因此,审前调查评估制度的作用也将越来越突出。《社区矫正法》的颁布和实施弥补了以前社区矫正制度的不足,但是社区矫正制度的发展还面临着一些阻碍,例如社区矫正前调查评估报告的规范化缺乏明确的规定。本文就这此从评估主体、评估程序、评估内容和监督机制四个方面进行分析,指出了目前存在的问题,并提出了规范化的策略。在今后的社区矫正实践中,要充分落实社区矫正实施主体的责任,一定要规范化建立行使刑事执行权的专门的社区矫正机构系统,与人民法院、人民检察院、公安机关等公权力主体相互协调、相互配合。

智慧法治时代我国智慧社区矫正创新与发展研究*

秦双星**

摘　要：智慧社区矫正工作，是我国社区矫正实践中极为特殊的组成部分，更是高质量社区矫正工作发展的核心方向。特别是在智慧法治时代，智慧社区矫正工作的自身创新与发展极为关键。事实上，我们深度推进智慧社区矫正创新与发展极为必要，其存在着智慧法治融入常态化、社区矫正实践立体化层面的现实诉求，更是具有着以智慧法治平台网系、智慧矫正中心建设为典型的厚实基础。同时，在实际推进我国智慧社区矫正创新与发展中，也存在着智慧矫正资源投入、智慧矫正力量起效的实际难点。我们需要应对性地优化解决，积极进行周到智慧矫正资源工作、妥善智慧矫正力量融入相关方面的优化工作，不断合理地高质量推进智慧社区矫正创新与发展，助力于我国社区矫正健康有序推进、持续发展。

关键词：智慧法治；智慧社区矫正；法治；创新；发展

智慧法治是法治现代化的代名词之一，是我国法治稳步前进中的一个优势、特色的力量存在，更是全方面覆盖基层法治高质量实践的发力点。事实上，智慧社区矫正，是我国法治高质量发展、迈进智慧化发展的具体体现，也是极为典型的基层法治践行部分。特别是近几年，我国社区矫正不断迈向深化与精化，相关工作更是展示出与智慧法治的紧密联系。智慧社区矫正，是建立在智慧科技、时代法治基础上，是在固有社区矫正体系中不断融汇智慧科技力量，构建起的智慧化、法治化的相关社区矫正工作，特别是在科技与法治快速发展的新时代。智慧社区矫正在不

* 基金课题：本文为2022年度四川省社区矫正研究中心资助项目“智慧法治时代我国社区矫正实践的革新与发展研究”研究成果（项目编号：SQJZ2022－05）。

** 作者单位：四川轻化工大学法学院。

断诠释现代化法治发展的多种细节，更是不断进行着法治与智慧科技之间的融合升级。事实上，智慧社区矫正也是正在不断完成着自身革新与发展，其与智慧法治时代保持一致，是智慧社区矫正自身诉求，也是我们法治优质化建设与法治时代高质量发展的必然产物。特别是随着我国基层社区矫正不断持续性创新与时代化发展，社区矫正智慧化更是展示着“标准化、公平化”[1]法治正能价值。智慧社区矫正革新与发展相关实践工作是极为关键的。特别是智慧社区矫正在不断进行着基层性快速建设，其关系到社区矫正合理健康升级、有效落实等诸多方面，更是关系我国社区矫正现代化发展的落实。实践中，在具体推进智慧社区矫正的工作中，存在很多困局或者挑战。在应对这些挑战中，我们要善于进行相关利好创造性转化工作，积极践行合理创新与有序整合，解决存在的突出问题，期望在智慧法治时代，可以为我国社区矫正高质量现代化发展积极助力。

一、智慧法治时代我国智慧社区矫正创新与发展的现实必要

积极推进我国智慧社区矫正的创新与发展，是我国法治现代化建设中基层法治高质量发展的一个关键环节。事实上，智慧社区矫正的创新与发展，是与智慧法治深度发展、社区矫正基层实践紧密相关联的。特别是在智慧法治时代，智慧法治融入常态化、社区矫正实践立体化，是推进我国智慧社区矫正创新与发展的现实必要所在。

（一）智慧法治融入常态化

在新时代，智慧法治是我国基层法治现代化拼图之一，更是一种优质、显性法治前瞻部分所在。推进智慧法治发展，已经成为我国法治深化建设的重点工作，智慧法治融入基层化司法实践早已常态化。对于社区矫正工作，智慧法治极为优质便捷，在各个基层社区矫正工作领域，展示出智慧科技与社区矫正的高度融合。特别是在人工智能、云计算、物联网等智慧科技的强大辅助下，我国智慧社区矫正自身科技与法治融合属性更为突出。智慧法治融入常态化，为以往具体社区矫正工作提供强大的智慧科技支持，提升了相关法治信息采集、整合、处理等相关工作。智慧社区矫正终端、网络平台等的不断发展，使智慧法治对于社区矫正工作驱动型提升。事实上，智慧法治力量已经成为我国社区矫正实务自身最特殊、最关键、最核心的组成部分之一。更为重要的是，智慧法治对于社区矫正越发展示出全覆盖

[1] 刘鸿宇：《社会工作视角下智慧社区矫正在农村地区发展的路径分析》，载《现代商贸工业》2021年第42期。

性,更为基层社区矫正工作提供了高质量辅助,如通过智慧矫正软件,大量单调性工作得以缓解,传统社区矫正迈进智慧社区矫正,是一种法治时代化诉求,也是智慧社区矫正的必然历史趋向。

(二)社区矫正实践立体化

社区矫正是我国基层司法中极为重要的组成部分,具有很强的社会修复属性,基于社区矫正自身的工作性,社区矫正实践现代化立体方式更为迫切。与之相关的是,传统基层社区矫正工作的工作性工作线性大、实效不足。随着被矫正者复归社会,其流动性逐步强化,这就需社区矫正工作不断进行着持续监督反馈与精细维护。特别是在以往落实对特殊被矫正者的相关帮扶监管实践中,具体工作更是极为细碎、叠复。社区矫正实践立体化,是去扁平化、固化的方式,重视具体社区矫正工作实际的活性,是有效解决以往问题的合理方式,更是一种极为切实高质量司法实践所在。社区矫正实践立体化,突出协调交互属性,需借助网络、媒体等资源进行全面覆盖性工作,其体现为社区矫正实践对现代化社会及时的适应性,展示出基层社区矫正创新与发展的时代化倾向。对于社区矫正固有工作导致的压力进行有效疏解,更便于进行不同区域的联动性协调工作。智慧社区矫正工作更是顺应社区矫正立体化化发展脉络,全面展示出社区矫正的创新与发展现代化方式。

二、智慧法治时代我国智慧社区矫正创新与发展的坚实基础

身处智慧法治时代,特别是在持续推进智慧社区矫正工作中,我们具有较为优质化的社区矫正基础,这可以集中体现为智慧法治平台网系、智慧矫正中心建设两个层面。

(一)智慧法治平台网系

智慧法治平台,是新式科技资源与法治资源相互融合的载体,智慧法治平台网系,依托智慧网络等资源构建具有联通性质的体系,具有现代化、体系化网系特质。智慧法治平台网系展示出多样联动效应。智慧法治平台网系,聚合了大量新式智慧法治载体形式,其将法治网站、法治数据库、法治终端设备、法治 App 等相关资源进行系统整合,更是紧密连接了其他相关辅助性资源,优质化法治整体力量得以充分展示。在智慧法治平台网系中,法治数据资源以及处理更为整体化,对于社区矫正工作而言,智慧社区矫正对于相关数据资源取得、问题及时处理等诉求极高,智慧法治平台网可以充分提供资源储备,更是为智慧社区矫正的创新与发展提供着丰富性、核心性支持。智慧法治平台网系是一种基础性的背景存在,其为智慧社区

矫正的创新与发展贡献着优质的专业的智慧法治力场。通过智慧法治平台网，智慧社区矫正工作可以实现及时性进行跨区联动、协同处置，反馈基层智慧社区矫正工作的建议、意见情况，更是在不断全面优化智慧社区矫正自身对于相关规制、司法解释等的完善机制。智慧法治平台网系为智慧社区矫正承载着优质供给。供给智慧社区矫正所需、所求，可以说，正是基于智慧法治平台网系自身优质存在，智慧社区矫正的创新与发展才会切实迈进高质量阶段，这是坚实基础。

（二）智慧矫正中心建设

在智慧法治时代，基层法治中心建设是关键。智慧矫正中心对社区矫正工作核心发力点、支撑点具有极为特殊价值，是一个强点式大脑存在。智慧矫正中心将社区矫正固有力量与智慧科技进行对接，构建起了传输、分析、预警、处理，监管、评估、帮扶、教育等多单元模块，是智慧矫正新式力量。特别是在基层社区矫正智慧化发展中，智慧矫正中心具有突出的发力核心价值与特殊效力定位。近几年，基层智慧矫正中心建设不断进入深化阶段，对于传统社区矫正工作而言，智慧矫正中心凭借强大的智慧法治力量，发挥着专业领域能量级价值。通过智慧社区矫正中心，在实际执行社区矫正相关工作时更为便捷高效。目前，智慧社区矫正创新与发展的很多工作，都是围绕着智慧矫正中心进行实际发力的，更是以智慧矫正中心为典型进行重点工作推进的。智慧矫正中心也正在迈向核心性、专业性建设。目前，很多基层智慧矫正中心已经具有大量工作经验，可以建构起通联国家、精接区位地智慧社区矫正实施主体地位，积极发挥协调地方、服务地方的社区矫正核心力量与核心价值。如在一些市县域内社区矫正工作中，智慧矫正中心可以及时联通基层被矫正者、相关公检法单位机关，进行精细智慧化区位化监管帮扶工作，有效防治县区内线下脱矫、漏矫现象，利于提升“分类分阶段教育”〔1〕、细致帮扶、联动发力的智能定位。在智慧矫正中心的价值引力下，基层社区矫正工作迈进了精细化、实效化阶段，更是展示出强大执法“自主选择和工作范畴”〔2〕特征，舒缓或者解决了以往基层社区矫正工作的压力与难题。智慧矫正中心建设关系到基层社区矫正实践智慧化合理创新、发展，特别是随着智慧矫正中心建设地不断深化，更是为我国智慧社区矫正持续创新与长期发展提供了强大支持。

---

〔1〕 荣建芬、宋丽红、董亚楠：《天津市社区矫正分类教育的实践与思考》，载《中国法治》2023 年第 4 期。

〔2〕 哈洪颖：《贵州智慧社区矫正建设：成效、问题及完善路径》，载《理论与当代》2022 年第 1 期。

三、智慧法治时代我国智慧社区矫正创新与发展的具体难题

在智慧法治时代,落实积极有效的社区矫正实践工作,往往存在很多挑战。特别是在我国智慧社区矫正的创新与发展中,基于诸多因素,也是存在较多难题,其中智慧矫正资源投入、智慧矫正力量起效层面存在相关问题还是较为突出,值得我们去探索与研究解决。

(一)智慧矫正资源投入

基层法治发展,相关资源投入是基础保障。进入智慧法治时代,智慧矫正资源整体投入难题还是较为突出,相关原因多是基层资源投入基础、规划、人才储备、践行方式等层面。我们需清晰看到,智慧矫正资源投入难题主要具有两个突出表现:第一,智慧矫正资源基础性、优质性资源全方位投入有限,使智慧矫正创新与发展受限。智慧矫正资源投入是多种复合型资源输出,涉及智能设备、网系连接、职业专才、基础设施等全方位、长期性投入。特别是智慧矫正资源中的智慧矫正App、智慧矫正平台、智慧矫正中心等方面,是需进行大量基础性开发、延展、维护、升级等持续性工作的,整体相关投入较大。在部分地区基层社区矫正工作中,智慧矫正资源投入既有资金、设备、平台方面对应性不足,更存在专业智慧矫正人才资源缺失的情况,这严重影响了智慧矫正基层创新实施与后续高质量发展,也影响了具体社区矫正工作的质量与效率。第二,智慧矫正资源投入总体不足,区位格局配置不清晰,地区性智慧矫正量化差异不小。资源配置对于智慧矫正极为关键,资源分配更是一种格局性、智慧性的工作。在推进智慧社区矫正的创新与发展中,各个地区智慧矫正资源分配大局、系统性布置有待具体提升,特别是一些地区受制于自身自然条件等因素,对于智慧矫正资源相关布局相对缺乏精细规划,存在一些核心与边远关系不协调情况等。这使有限资源没有被最大优化,没有合理分配,更没有适格个性化发挥资源战力。可以理解为,智慧矫正资源投入是具有基础性、资源性与合理配置性的改变诉求,相关问题不可以忽视。

(二)智慧矫正力量起效

基层法治运行,是以具体实际效果为追求的,更是建立在相关基层具体实施基础上。在智慧法治时代,智慧矫正发力于基层,也是存在很多基层起效方面的难题。智慧矫正力量起效难题,其在深层意义上困扰着我国智慧社区矫正创新与发展的质量和目标。特别是智慧矫正力量起效慢,起效不足等问题很突出,这是和社区矫正相关思维、运行方式等存在联系的。智慧矫正力量起效难题,具有三个具体

表现:第一,智慧矫正力量实际发力方式有时还是较为单一,多是以线上平台任务方式进行,或者作为人工矫正的小小"聪明"方式完成辅助。智慧矫正力量目前虽然不能全面取代传统工作方式,但是其可以是一种优质融入式"智慧"辅助方式。然而,在部分基层智慧矫正工作中,智慧矫正力量有时会成为点缀、买点等存在,智慧矫正力量被弱化、被虚化,没有发挥出智能机制高质量辅助性智慧。第二,智慧矫正力量发力时有速率低,功能发力打折扣的情况。智慧矫正力量存在社区矫正信息收集、识别、处理等强大高智能单元设计,预设诸多专业性功能,但有时我们没合理规范、清晰使用这些功能,甚至冷漠这些功能设置或者设计,导致智慧矫正力量使用发力率低。如部分移动式智慧矫正终端功能被忽视。同时,对于如何驾驭智慧矫正力量,也涉及人才储备层面不足问题,一些基层落实专才选任工作不足,严重影响了智慧资源利用工作,智慧矫正力量人机综合发力不充分,甚至影响了智慧矫正工作主体效率。第三,智慧矫正力量实效减弱,其综合性利好作用发挥不足。智慧矫正力量是智优力量,是一种综合性、高质量帮扶教育功能输出存在。部分基层社区矫正工作在落实中,存在些许事实搁置使用、表面使用、数据实施、表象干预或者弱化驾驭问题,新式智慧矫正具体性实效不足,特别是智慧矫正力量中的部分涉及心理辅导层面工作,有时还是流于形式,智慧心理单元设置与实际辅导效果之间存在距离,心理辅导效果还是相对缺乏人工式亲和力,智慧心理辅导全面实效相对不足,使帮扶教育效能仅仅是部分实现。

四、智慧法治时代我国智慧社区矫正创新与发展的优化方向

在智慧法治时代,面对存在的实际问题,我国智慧社区矫正要完成创新与发展,务必要与时俱进、迎难而上,妥善将智慧矫正力量融入相关工作。

(一)周到智慧矫正资源工作

智慧资源战略,是我们处置问题的理性基础,也是关键的发力支撑点。针对智慧矫正资源投入相关问题,我们需善于研判具体原因,更需周到智慧矫正资源的基础布局。第一,落实智慧矫正资源棋盘思维。资源设置应当具有战略性思维,我们需构建重视智慧矫正资源配置思维,突出资源使用一盘棋的大局观,主次分明,突出职业性协调工作,积极构建清晰统一的智慧矫正资源格局高度,投入好资源、使用好资源,逐级合理推进资源体系性有序发展,构建资源投入、发展、革新等体系化长期战略思维。第二,全面积极查漏补缺,优先应对典型问题。我们应当吸纳优质社会资源,积极补齐基础短板,增量整体格局,夯实基础性投入。同时,率先解决资

源典型稀缺的诉求问题,重点对于特殊层次、特殊地区、特殊单元、特殊环节等层面进行倾向性配置,合理集中资源优势投入基础性工作。第三,强化智慧矫正资源结构设计,合理资源使用方式。我们要合理设计全方位、长期性资源结构战略,提升核心性资源结构、规模,完善智慧法治资源核心战斗力、精准对应力,扩大优势性资源整体投入量。我们要强化智慧矫正效果软件开发、系统升级、迭代发展等工作。同时,我们要重点突出区位结构资源建设工作,对于基础差的地区、薄弱环节需完善倾斜结构性帮扶,对于优势地区进行升级性结构提升,创新构建更为合理的智慧矫正资源结构体系,便于不同区位进行合作协力。第四,重视团队发展,打造常态化专业队伍战力。我们要有步骤地进行智慧矫正人才建设,夯实精通智慧科技与法治经验知识的人才团队培养模式,提升基层人才团队的归属感,激发专业团队人才的工作激情,切实提升基层人才的扎根服务意识,稳定核心智慧矫正的人才队伍,重视专才合理梯队的代差建设与人才贮备的更新工作。

(二)妥善智慧矫正力量融入

面对存在的挑战问题,切实的方法是解决问题的钥匙,也是智慧矫正有序革新与合理升级发展的基础。在智慧法治时代,智慧矫正力量起效相关问题突出,我们需强化合理解决方法的设计。事实上,智慧矫正力量起效是深度发展问题,我们应全面进行具有实践意义的解决方案建构,应突出妥善解决智慧矫正力量融入方式,进行相关问题的对应化有效处置。第一,持续完善智慧矫正人机合作机制,和谐线上线下工作关系。我们要妥善处理好线上智慧矫正与线下人为矫正的关系,量化人机合作工作衔接核心、边远层级关系,构建基础初级识别线上化,核心难点研判人为化的基本合作方式,提升个性化、差异性智慧矫正力量线上与常态人工线下工作融入关系,同时善用人工智能进行精细密缝,细化人机互动合理机制。合理依靠智慧科技与人工经验之间的关系,与时代同步,全面及时地更新人机互动体系。第二,扎根基层新式智慧矫正终端建设,积极协同多方协助关系。我们需不断将智慧矫正力量以便捷化的终端方式进行基层化落实,积极兼和地进行智慧社区建设,提倡智慧矫正便民利民方式,突出清晰高智能终端功能设计,积极创新智慧矫正力量常态社会化融入基础,提升智慧化办案精准效率,形成对于社区矫正智慧力量在基层社区架构持续更新的优势。第三,善于把握基层个案问题,改善存在的固化思维。我们应当积极以案树信,切实提升智慧矫正实施中相关个案的公信力,重视基层智慧化办案综合性实效。同时,积极改善存在的一些执拗、偏激等不当思维,严厉杜绝出现相关推进工作表面化、短期化问题。第四,优质社会力量合理融入,提升全面监管责任。我们需提升社会性智慧矫正力量,优化“二元合作治理机制”[1]中相关优质社会力量的精准参与,特别是善于联系与协调优质专业性智慧社会力量,不断增强高科技含量社会团体在智慧矫正的合理地位,同时,需将相关监管全面纳入智慧法治化范围,突出强化相关责任清单建设,优化反馈相关问题解决方式,完善主体责任监管与社会评价机制等,构建更为有成效的智慧矫正力量体系。

结 论

智慧法治时代,积极推进智慧社区矫正工作的创新、发展,任重道远,但未来可期。面对存在的挑战,我们需立足法治现代化核心性战略,积极进行相关前瞻性预判与应对性解决,特别是在法治基础上要充分依靠智慧科技力量,扎根社区矫正工作实际诉求,务求工作具体实效,积极助益我国智慧社区矫正合理创新与健康发展。

---

[1] 连春亮:《社区矫正实施主体机制的二元建构——以社区矫正法治化建设为基点》,载《四川警察学院学报》2023 年第 35 期。

对社区矫正对象“脱漏管”问题的思考

王　刚*

摘　要：伴随《社区矫正法》以及2020年《社区矫正法实施办法》的正式实施，社区矫正相关法律体系不断完善，但社区矫正对象“脱漏管”等问题仍时有发生，亟待解决。面对新形势和新要求，如何防止社区矫正对象“脱漏管”，成为当前需要研究解决的重要问题。

关键词：《社区矫正法》；《社区矫正法实施办法》；脱管；漏管；重新犯罪

一、“脱漏管”的定义及其危害

脱管一般是指社区矫正对象在监督管理过程中脱离社区矫正机构的监督管理。漏管一般是指社区矫正对象在交付执行环节由于未到社区矫正机构报到或者人民法院、监狱、看守所未按规定送达法律文书等原因而未被列为监督管理对象。

“脱漏管”会使社区矫正机构无法对矫正对象进行监督管理，进而产生较大危害。具体有三个方面：一是社区矫正对象由于“脱漏管”而没有得到必要的矫正教育，自身缺乏负罪感，严重削弱了刑罚执行的惩罚性和教育性，使刑罚执行效果无法实现。二是使刑罚执行的严肃性受到影响，严重损害司法权威和司法公信力。三是社区矫正对象由于长期没有受到监管，无法及时接受社会教育帮助和技能培训，极有可能发生再犯罪，造成严重后果，成为危害社会稳定的安全隐患。

---

* 作者单位：四川省宜宾市兴文县人民检察院。

二、“脱漏管”问题主要原因分析

（一）法律文书送达不规范

司法行政机关依法对社区矫正对象实施社区矫正的法律依据是法律文书。在基层实践中，法律文书送达不规范、不及时造成了很多“脱漏管”问题的发生。法律文书缺失，社区矫正对象就无法被顺利列管。根据兴文县检察院近年来纠正矫正对象“脱漏管”情况来看，因法律文书送达不及时造成矫正对象“脱漏管”的情形占了较大比例。如，在2021年办理的一起社区矫正漏管监督案件中，法院的相关法律文书交由邮政快递专递邮寄，但在邮寄过程中，由于快递员未及时投递，导致法律文书无法及时送达，从而造成了社区矫正对象漏管。

（二）社区矫正对象思想认识认识不到位

一是有的社区矫正对象主观上不愿接受社区矫正的约束，故意逃避社区矫正，故意逃脱社区矫正机构的教育、监管，不按规定及时报到，此类现象在“脱漏管”检察监督案件中占较大比例。如兴文县检察院办理的一起脱管监督案件中，社区矫正对象吴某某无正当理由未在规定的期限内到司法行政机关报到，所有联系方式失联，逃避监管。二是有的社区矫正对象对社区矫正认识不清、了解不足。有的不知道去哪里报到，甚至根本不知道自己在法院判决后还要参加社区矫正，究其原因是决定机关作出监外执行决定后，没有按规定向矫正对象履行告知义务，致使罪犯对社区矫正认识不到位。如兴文县检察院曾遇到过有被判处缓刑的社区矫正对象拿着法律文书到检察机关来报到，根本不知道谁是社区矫正的监管机关，也不理解社区矫正的具体内容。

（三）社区矫正机构监管不力

社区矫正工作主体是基层司法所，但大多数地方的司法所人员力量、人员素质与刑罚执行要求存在一定差距。一是从力量上看，司法所人员力量薄弱且担负着基层人民调解、法律援助、法制宣传、安置帮教、社区矫正等多项工作职能，每项工作职能都直接服务于基层群众，执法力量编配明显不足，而聘用的司法辅助人员仅能从事一些日常事务性的工作，无法代表司法干警行使职能。二是从人员素质上看，司法所工作人员普遍缺少刑事执法、社区矫正工作的专业知识和经验，难以适应社区矫正刑罚执行活动的要求。三是从执法职能上看，司法所在对监外执行罪犯实施矫正过程中，对违规矫正对象没有直接实施强制性硬性处罚的权力，需要协调公安等有关部门才得以实施。因此，无法对违规对象及时处罚，矫正对象脱管后得不到相应的处罚,则会影响社区矫正工作的严肃性和处罚的威慑力。

三、防止“脱漏管”的思考与建议

(一)强化立法建设,进一步完善制度

社区矫正作为非监禁刑罚执行活动,是一项严肃的执法活动,惩罚和改造罪犯,必然要有法作为执行的依据。目前,尽管我国已制定《社区矫正法》,但对于脱管漏管仍然存在责任划分不明,工作主体缺乏刚性手段等问题,致使脱管漏管现象屡有发生。因此,有必要尽快完善相关制度,规范程序,明确责任,强化刚性,依法实施处罚,脱管漏管现象才能得到根本的控制。

(二)强化配合协作,多部门管控形成合力

社区矫正工作的开展涉及检察、法院、公安、司法行政等多个部门,防范和解决社区矫正对象“脱漏管”问题,要强化部门之间的协作与配合,做到信息互通、职能互补,在交付执行、教育管理、刑罚变更执行等环节形成工作合力,防止在任意环节出现脱管漏管。一是检察、法院、公安、监狱、社区矫正机构应加强沟通协调,形成衔接工作的合力,在交付执行环节做到无缝衔接,严防“脱漏管”问题发生。检察机关要加强社区矫正交付执行环节的检察监督力度,要与社区矫正机构逐月核实矫正对象基本信息,发现法律文书送达不规范的,应及时通报原决定机关查找原因,督促纠正整改。二是对于在监管过程中出现脱管漏管情形,社区矫正机构应当及时组织进行查找,加强与法院、公安等相关单位的配合协作,及时向相关部门通报告知,争得配合支持,对符合行政处罚的脱管漏管矫正对象,建议公安机关对其进行行政处罚,对符合收监条件的矫正对象,及时建议相关部门收监执行;检察机关要充分发挥法律监督职能,完善“脱漏管”监督纠正机制,对“脱漏管”情形及时发现、及时纠正,提升社区矫正法律监督实效。

(三)强化教育管理,提升社区矫正对象思想认识

切实加强对社区矫正对象的教育管理,使社区矫正对象的思想认识得到提升,做到遵纪守法,才能从根本上有效防范“脱漏管”问题发生。一是要做好庭审和出监(所)教育。通过政策法规的学习,让社区矫正对象明白社区矫正制度的优越性,同时知晓违反相关规定的严重后果。司法行政机关在开展审前调查时,也应该抓住时机,做好相关的宣传教育工作,提高社区矫正对象按规定及时报到的自觉性。二是要做好入矫教育。加强入矫环节宣传教育,让社区矫正对象明白其身份的特殊性,掌握社区矫正的制度和相关政策法规的要求,弄清如何接受社区矫正,应该

遵守哪些规定，切实提升社区矫正对象的思想认识。三是要做好个别谈话教育。在社区矫正实施的不同时段，开展好对矫正对象的个别谈话教育，特别是在对矫正对象进行季度评审前，社区矫正工作人员可以根据矫正对象一个季度以来，接受社区矫正的表现情况，开展个别谈话教育，对好的方面要进行表扬、鼓励，对存在的问题要进行点评、教育，并限期改正，对违反规定的要即时开展个别谈话教育，严重的要进行训诫，并提出警告，通过个别谈话教育的方式纠正问题，使矫正对象不脱离矫正监管。

（四）强化基层执法力量，提升监管能力

针对基层社区矫正机构执法力量薄弱的问题，一是增加司法所的人员编制，专人专职专用。着力解决目前司法所隶属于乡镇，工作人员兼职、空挂、专职不专用等问题，有条件的地区可以抽调业务骨干成立片区社区矫正执法中队，集中执法力量和执法资源。二是要加大对社区矫正相关业务知识的培训力度，提升执法人员的业务水平。社区矫正工作是刑法执行活动的重要内容，要定期开展教育培训让执法人员掌握熟悉社区矫正工作的内容和要求，把握对监外执行罪犯进行改造的特点和规律，增强从事社区矫正工作的方法和能力，提升与矫正对象沟通交流的水平，熟悉辖区社情、民风，掌握矫正对象的动态情况，依法处理社区矫正工作的突发事件等，同时要加强与社区矫正相配套的法学、教育学、心理学和社会行为学等理论知识学习培训力度。

检察机关加强社区矫正法律监督路径研究

——以 Y 市 C 区社区矫正检察监督现状为视角

苑　霞*

摘　要:社区矫正是“轻刑化”主流思想的体现,也是国家治理体系与治理能力现代化的一项制度。本文以 Y 市 C 区检察院社区矫正检察监督工作为样本,对社区矫正的现状作考察,从中发现当前社区矫正检察监督中存在的问题,进而构想检察机关加强社区矫正监督工作路径,以期对社区矫正检察监督工作的规范发展有所助益。

关键词:社区矫正;检察监督;交付执行;监督质效

社区矫正是以惩罚性为基础、以恢复性为核心、注重罪犯重返社会的刑事执行制度。[1] 社区矫正检察监督,是指人民检察院对社区矫正机构对管制、缓刑、假释和暂予监外执行的判决、裁定和决定的执行活动是否合法依法实施监督,也包括对人民法院、监狱、看守所的法律文书送达和罪犯交付执行是否合法依法进行监督。[2] 2020 年 7 月 1 日起施行的《社区矫正法》,第一次以法律的形式明确了人民检察院依法对社区矫正工作实行法律监督,进一步明确了检察机关法律监督的地位和作用,让检察机关的监督依据、监督定位更加清晰。

Y 市地处云贵川三省交界处,经济体量全省排名靠前,C 区作为全国百强县,不仅有国家级新区,还有数个乡镇,Y 市 C 区检察院受理案件数为全市第一,本文以西部 Y 市 C 区检察院社区矫正检察监督工作为样本,研究其社区矫正检察监督情

---

* 作者单位:四川省宜宾市翠屏区人民检察院。

〔1〕 参见王顺安:《从刑罚执行到刑事执行——谈对社区矫正性质的认识》,载《河南司法警官职业学院学报》2020 年第 2 期。

〔2〕 参见周伟:《社区矫正法律监督问题研究》,载《人民检察》2011 年第 9 期。

况，来探讨检察机关监督社区矫正具有一定的代表意义。

一、基层社区矫正检察监督的现状

社区矫正作为非监禁刑罚措施，是将罪犯置于社区内进行矫治，与监禁刑罚措施相比具有社会性、开放性，因而对社区中的居民存在一定的风险，这与监禁刑罚相比执行过程需要更为严格的管理监督，避免对矫正对象所在社区产生不良影响，防止矫正对象对社区居民造成人身、财产方面的危害。

（一）检察监督手段适用情况

在司法改革和内设机构改革后，C 区设立了刑事执行部门，配备了员额检察官和司法辅助人员专门负责刑事执行监督工作，有力加强社区矫正检察监督。在交付执行、监督管理、变更执行、执行终止等执法环节配合上级院安排多次开展巡回检察及专项检察和不定期抽查，针对社区矫正工作中的违法行为或不当行为进行了监督，综合运用口头纠正、书面纠正及检察建议等监督手段，取得了一定的成效。

（二）社区矫正对象基本情况

C 区社区矫正对象多为缓刑，极少数为假释、暂予监外执行；2022 年，C 区判处缓刑的被告人为 359 人，未成年占比约 3%，判处缓刑的社区矫正对象约占比 96%；2023 年，C 区判处缓刑的被告人为 410 人，未成年占比约 3%，判处缓刑的社区矫正对象约占比为 97%；可见，判处缓刑的社区矫正对象比重最高，占比超过 95%，且社区矫正对象中有未成年的存在。就 C 区社区矫正对象的人数而言，2023 年与 2022 年相比，呈现上升态势，侧面凸显社区矫正作为轻刑化的一种刑罚执行方式，越来越多地被适用。

（三）检察监督执法依据情况

《社区矫正法》确立了人民检察院依法对社区矫正工作实行法律监督。四川省颁行了《社区矫正实施细则》，使社区矫正工作有了地方标准，增强了日常监管、帮扶教育的可操作性，明晰了各部门的执法权限与法律责任。川渝两地检察机关与司法行政机关共同制定了《川渝涉民营企业社区矫正对象赴外地从事生产经营活动管理办法（试行）》，针对涉民营企业社区矫正对象赴外地从事生产经营活动出现的问题，设立专章明确检察监督的内容和方式，进一步保障川渝地区民营企业健康稳定发展，有力推动成渝地区双城经济圈建设。四川省检察院制定印发的《四川省检察机关办理社会调查评估监督案件工作指引》，为社会调查评估过程中的检察监督提供规范性指引。

二、社区矫正检察监督存在的问题

(一)检察监督力量薄弱

1. 社区矫正检察监督人员数量少

检察院业务多、工作量大、要求高,尤其是基层检察院还需要开展日常派驻看守等检察工作。开展社区矫正的监督工作,需要面临庞大的矫正对象群体,而且矫正对象通常都是散落在乡村,繁重的工作内容致使全面履行社区矫正检察职能困难重重。在法律监督工作方面,对于社区矫正的监督工作缺乏重视,分配给社区矫正工作的监督人员并不足够应对繁重复杂的工作。

2. 社区矫正检察监督专业人才紧缺

社区矫正检察监督制度中,其内容范围广且复杂,在入矫前、交付执行、矫正执行、解除矫正这一系列的环节中,每个环节的监督对象、监督内容都不相同。尤其是新法颁布后,我国对社区矫正监督工作越发重视,新增监督内容,优化监督程序。监督人员的工作内容更加繁重复杂,尤为需要专业性的检察监督人才。如监外执行中,对病情的判断工作无疑需要检察人员具有医学素养,尤其是基层社区矫正监督工作人员,更是需要具有较强的综合专业素养。但是现阶段,我国的社区矫正检察监督制度刚刚落地生根,检察人员的专业知识、实践能力与矫正检察制度的要求还存在一定的距离。

3. 社区矫正检察监督需求量大

《刑事诉讼法》等法律法规的实施,刑事执行部门需要对强制医疗、指定居所监视居住、财产刑等方面进行监督,这些监督工作的有效开展无疑需要经常性、深入性调研,对检察人员的需求量必然更高。社区矫正检察监督人员数量较少。C区检察院并未专门成立相应的社区矫正检察监督机构,只是配备了相应的工作人员,而社区矫正检察监督工作覆盖全区20个司法所,点多面广,工作任务重,存在监督力量薄弱、人员不足问题。

(二)社区矫正检察监督质效不高

1. 检察监督方式单一

社区矫正的监督方式,多采用书面监督的方式。书面监督是对法律文书、工作记录等书面材料进行审查,但只能发现一些最基本的文字、计算等瑕疵问题,对于一些实质性的错误通常无法发现。该监督方式虽然可操作性强,但缺乏对社区矫正真实情况的了解。社区矫正的执行机关为了应付监督,会提前制作一些书面材料，出现处理问题的“总结文书”与问题发生的时间倒置现象。因此，书面审查不能够及时发现问题，杜绝“脱漏管”危害后果的发生，存在监督的滞后性。

2. 检察监督实效不佳

纵览《社区矫正法》《社区矫正实施办法》的规定，大多是“抄送”“通知”“建议”等柔性表达，表明检察机关仍然采用的是事后监督模式。[1] 尽管受制于权利配置模式以及自身监督能力的制约，但此种将检察机关置身于法院、公安、司法行政机关工作各环节之外的监督方式显然不利于各主体之间的协作与衔接，不利于实现有效检察监督。加之事后监督导致的信息获取延迟等弊端，产生了“信息时间差”与“信息孤岛”，导致预防、查识、甄别各类违法犯罪活动的难度增大、成本增加，无法实现检察监督的功能定位。

3. 检察监督刚性缺乏

《人民检察院刑事诉讼规则》虽然就检察监督的具体业务部门、提出纠正的情形进行了规定，但对如何发现违法情形、如何提出纠正意见等规定不明确。[2] 对发现的违法行为大多发纠正违法检察建议书，检察建议作为检察机关开展法律监督的重要手段，在刑事执行领域广泛应用。最高人民检察院已出台《人民检察院检察建议工作规定》，受限于内部规范性文件，在更高的法律阶层上明显效力不足。实践中存在被监督单位“以回复文书代替实际纠正”，这种缺乏强制力的检察监督严重缺乏刚性。

（三）检察监督机制不健全

1. 社区矫正调查评估监督难

社会调查制度，是对犯罪人的性格、社会经历、家庭等进行全方位的调查，对其人身危险性和责任程度进行评估，并把评估的结果作为法院实施个别化处遇的参考。仅靠法官对犯罪人主观恶性及社会危害性的主观判断，很难合法合理、准确地适用社区矫正。为保证社区矫正调查评估的客观公正，检察机关应加强对调查评估的监督，审查调查评估活动是否合法。但实践中，现有规定未明确检察机关如何启动审前调查评估的监督程序，也未规定法院或司法行政机关在作出启动调查评前是否要通知检察机关。因此检察机关无法启动调查评估程序对其监督。

---

〔1〕 参见喻少如、许柯：《社区矫正检察监督的功能定位及其实现路径》，载《西南科技大学学报（哲学社会科学版）》2023 年第 5 期。

〔2〕 参见肖乾利、吕沐洋：《〈社区矫正法〉实施效果考察》，载《宜宾学院学报》2021 年第 4 期。

2. 罪犯教育改造情况的监督机制缺乏

“作为一种恢复性手段,社区矫正的重要特点就是通过矫正教育,促使矫正对象归正。”[1]社区矫正机构履行矫正教育的职能时,主要有三类教育帮扶手段,分别为入矫教育、日常教育与解矫教育,通过教育矫正社区矫正对象失范的行为及犯罪心理,促使回归正常社会秩序上来,降低矫正对象的再犯可能性。为使社区矫正发挥矫正价值,检察机关对教育改造过程进行监督的重要性不言而喻。虽然法律规定了需要对教育矫治的过程实施法律监督,但是在实践中,检察机关只注重监督社区矫正对象是否在形式上符合非监禁刑的执行要求,对罪犯的改造教育工作的检察监督基本上缺失的。社区矫正教育效果受到很多因素的影响,其中就包括缺乏对教育改造过程中的检察监督。

3. 交付执行监督机制不完善

相关法律明确提出,作出适用社区矫正的决定后,矫正对象需要及时到执行机构报到,检察机关对于这一过程需要实行法律监督。关于社区矫正交付执行检察监督这一部分,现行的法律规定抽象笼统,监督时间、措施、手段、责任等都没有明确统一规定。在实践中,社区矫正交付执行监督盲区很多。

盲区一:介入监督的时间缺乏明确的法律规定,对于何时进行监督把握不准。检察机关收到文书是在执行机关收到通知后确认矫正对象是否及时报到,而执行机关向检察院送达法律文书的这段时间正是掌握矫正对象是否按时到达矫正机关报到的时间,容易错失最佳的监督时间。

盲区二:缺乏流动对象的异地交付执行的监督规定。根据现行法律规定,矫正对象在刑罚执行的过程中因客观原因需要迁居的法律文书送达由检察机关独自进行交接核实。由于是单向核实,检察机关无法获取原始资料,并不能保证法律文书的真实性和客观性。在具体操作中,两地的检察机关经常存在对接不及时造成监督滞后,致使“脱漏管”现象发生。

三、完善社区矫正检察监督的路径探讨

(一)加强社区矫正检察监督力量

针对社区矫正检察监督力量薄弱这一问题,应当加强检察机关的内部建设,同时需要社会力量协助监督。检察机关的内部建设是其履行监督职责的基础,内部

[1] 参见申琪:《社区矫正教育制度的实践、不足及完善路径分析》,载《长治学院学报》2020年第4期。

建设完善,才能够更好地对外履行职责。但是在实践中,对于社区矫正监督工作,检察机关内部建设仍然存在人员配置不足、专业性不够、对社区矫正缺乏关注等问题。因此为了避免开展社区矫正监督工作时存在的力量薄弱的问题,应当不断强化检察机关自身的内部建设,同时积极吸引社会力量参与到监督工作中。

1. 优化人员配置

对社区矫正进行监督时,人员配置不足一直是无法得到彻底解决的内部客观问题。有必要适当增加刑事执行检察部门的人员配置,在“内设机构”改革背景下,根据主要业务“扁平化”设置“监所检察办案组”、“社区矫正检察办案组”以及“其他业务办案组”。还可以借鉴监所检察工作的创新,加强建设社区矫正“基层检察室”,贯通监所派驻检察室和社区矫正派驻检察室的人员流通渠道,对派驻人员定期轮换,利用贴近社区矫正工作、紧邻社区矫正对象的优势,为巡回检察充当好“前哨”“探头”作用,更好地发挥“巡”的优势和“驻”的便利。[1]

2. 探索检察专家咨询制度

在社区矫正工作中,涉及专业领域的法律监督空白在“监外执行”工作中最为明显,如“严重疾病”的医学数据判断和疾病程度的识别,对于专司刑事执行工作的检察干警来讲基本无法进行。我们可以在整合检察系统现有的专家咨询资源基础上,拓展建立刑事执行检察专家咨询库,根据不同案件的需要遴选不同领域的专家,为社区矫正过程尤其是“监外执行”中病情鉴定和复查情况提供智力支持和能力补充,以弥补检察机关在这个环节的监督空白。

3. 吸纳社会力量参与监督

在社区矫正制度的具体工作中,监督工作繁重与监督力量薄弱之间的矛盾仍然是新阶段较大的问题,影响着社区矫正法律价值的理想效果。在对社区矫正开展监督工作时,需要面临庞大的矫正对象群体和多个矫正环节,而且社区矫正又是一个动态连贯的过程,需要有充足的人员开展监督工作。检察机关在对社区矫正进行监督时,可以与社会力量协同监督,利用各方资源,弥补监督力量薄弱的问题,使社会力量成为检察机关的补充力量,实现社区矫正制度的法律价值。

(二)提升社区矫正检察监督质效

1. 充分发挥“互联网+”的优势

社区矫正检察监督工作的滞后性使社区矫正的检察监督信息反馈不及时,过

---

〔1〕 参见匡旭东:《论检察机关在我国社区矫正制度中的法律监督》,华东政法大学2021年硕士学位论文,第37页。

多的程序节点导致社区矫正中的信息与检察机关难以实现实时交互。面对这一现象,应当积极运用"互联网+"的独特优势,将矫正信息及时记录在系统内,确保检察机关即时查阅,不用耗费大量司法资源进行实地考察、资料调取等活动,能够提高工作效率,减轻检察机关的监督压力,促进社区矫正检察监督信息化。

2. 提高检察监督的强制力

社区矫正过程中,检察机关针对违法行为,提出检察建议和纠正告知书并无强制执行力。[1] 在社区矫正检察监督中,应当设置对社区矫正工作中出现违法行为的检察建议,社区矫正机构确有错误应当及时改正,并报告改正情况;若社区矫正机构认为不存在违法行为,可以向同级或者上级检察机关申诉,保证社区矫正机构的救济权。

3. 拓宽检察监督手段

一方面,可以探索巡回检察方式。组织各地的业务骨干,建设专业的检察监督队伍。在各地进行巡回检察,进行突然袭击,在社区矫正执行机关没有准备时进行监督,能够有效发现问题,及时解决,避免造成难以弥补的危害后果。另一方面,可以建立定期监督与不定期监督相结合的监督方式,以定期监督为主,同时再采用不定期监督弥补定期监督的不足,确保法律文书的真实性,保障执行权是在法律规定的范围内行使。

(三)健全检察监督机制

1. 优化调查评估的监督机制

《社区矫正法》最大的亮点就是从法律层面认可并且规定了社会调查评估制度,将这些年该制度在实践中遇到的诸多问题进行解决。要想实现社会调查评估的理想效果,不仅需要完善的评估程序、内容,对于社会调查评估的有效监督也是必不可少的。检察机关对于社会调查评估的监督应当与相关的机关、组织在开始进行调查时同步监督,在调查评估过程中及时纠正不当行为,避免结果发生,消灭潜在危险,并根据相应评估,制作监督建议报告。

2. 设立矫正教育改造的监督机制

一要对矫正教育措施与矫正对象需求的适配进行监督,监督矫正机关制定分级分类的矫正教育方案,要考虑到矫正对象的年龄,教育程度与工作环境等各方面

[1] 参见王亚萍:《浅谈社区矫正检察监督工作存在问题及对策》,载《河南法制报》2020年11月9日,第12版。

因素，如未成年人社区矫正以改造为主，保护原则及利益最大化至上[1]；二要对教育矫治活动的监督也要注意个别化。在监督教育矫治措施时，应考虑矫正对象的共同性与差异性，提高监督改造的效果。

3. 强化社区矫正执行环节的监督机制

一要确定在交付执行环节介入监督的时间，检察机关需要考虑到在交付执行阶段监督的时效性，把握好最佳的监督时间，将介入监督的时间前移。在社区矫正决定机关作出适用决定后，检察机关应当及时和对应的司法行政机关取得联系，与司法行政机关协同配合。在居住地核实阶段就进行监督，确认执行地，及时监督矫正对象是否按时报到。二要针对流动对象的异地交付执行应当双向核实监督。对于流动对象需要异地执行的，因为需要多个地方、多个机关配合开展工作，并且由于立法的不完善，经常出现工作断档、遗漏监督的现象。对于流动对象，变更前后的检察机关在受到决定书后应当双向进行核实监督，彼此确认信息，防止遗漏监督。

社区矫正制度的实施涉及惩罚犯罪、矫治教育、谋生能力、社会参与等多方面的内容，而且矫正环节多，在这种背景下，检察监督的工作内容也复杂多变。因此，对于社区矫正的检察监督，不管是在理论还是在实践方面都存在诸多问题。《社区矫正法》的制定颁布，也给检察监督的工作带来了机遇和挑战。检察机关作为法律监督机关，要立足于当下诉讼制度改革和司法体制改革的时代背景，严格落实《社区矫正法》及《人民检察院刑事诉讼规则》等各项社区矫正方面的检察监督相关规范，以法律监督者的身份认真审视此项制度在实践中存在的不足，深入研究，从理论和实践两个方面探索挖掘社区矫正制度本身的价值，加强法律监督职能，让此项制度更好地在我国司法土壤中茁壮成长，不断完善。

[1] 参见王顺安：《从刑罚执行到刑事执行——谈对社区矫正性质的认识》，载《河南司法警官职业学院学报》2020年第2期。

社区矫正审前社会调查评估研究

——以刑罚轻缓化为视角*

唐永莉** 苏飞举***

摘　要：从2003年开始试点运行，到2020年《社区矫正法》正式实施，社区矫正制度快速发展进一步完善了我国的刑罚执行制度。相比于监禁刑的执行方式，社区矫正具有节约司法资源、罪犯未与社会脱节、有利于实现刑罚目的等优势。审前社会调查评估制度作为社区矫正的重要制度之一，其执行的公正、科学与否，直接影响了对被告人能否适用社区矫正。一旦其执行不规范，容易导致司法权力滥用，造成对应该适用社区矫正的被告人没有适用或者对不应该适用社区矫正的被告人适用社区矫正，影响司法公正。为最大限度实现社区矫正目的，充分做到监禁刑和非监禁刑适用不同的服刑人员，关键是要把握好社区矫正的条件，谨防被告人以社区矫正逃脱应有的监禁刑惩罚。通过长时间实习、采用实地考察、深度访谈等方法，亲身参与审前社会调查评估全过程，对D市J区审前社会调查评估的现状展开实证分析，形成较为充分的感性认识。加深审前社会调查评估的理论研究，总结出审前社会调查评估工作具有专业性和综合性，调查对象具有特殊性和针对性的特征。以刑罚轻缓化为视角，寻找审前社会调查评估与刑罚轻缓化的交叉点，得出审前社会调查评估体现刑罚轻缓化思想。从D市J区审前社会调查评估人员构成及评估程序、审前社会调查评估的人数情况、审前社会调查评估的内容出发，通过深入调

---

* 本文为四川省警察执法研究中心项目“乡村振兴视域下大治安大治理新格局研究”（JCZFZD202202）阶段性成果。

** 作者单位：四川司法警官职业学院。

*** 作者单位：四川司法警察训练总队。

研社区矫正机构在审前社会调查评估中的现状，揭示社区矫正机构的困境主要有三：一是调查评估人员专业性不足；二是调查评估人员重视程度不高；三是调查评估内容存在一定缺陷。为完善审前社会调查评估，对社区矫正机构在审前社会调查评估的工作提出建议：一是设立专职机构配备专门人员；二是增强执法意识强化法律责任；三是吸收先进经验完善评估内容。

关键词：社区矫正；审前社会调查评估；专业性；执法意识

一、审前社会调查评估的概念

《社区矫正法》第18条规定，社区矫正决定机关根据需要，可以委托社区矫正机构或者有关社会组织对被告人或罪犯的社会危险性和对所居住社区的影响，进行调查评估，提出意见，供决定社区矫正时参考。社区矫正社会调查评估指的是法院在刑事案件判决被告人管制或适用缓刑、决定暂予监外执行前，监狱在决定罪犯适用假释或暂予监外执行前，公安机关对看守所服刑罪犯拟暂予监外执行前，委托司法行政机关对被告人或罪犯进行专门社会调查，对其社会危险性和再犯罪可能性进行评估的一项调查活动。

审前社会调查评估目前还没有一个统一的概念，需要从实际出发。根据对D市J区社区矫正适用对象人数进行统计，近五年判处管制和宣告缓刑的社区矫正对象占社区矫正总人数的99%以上，假释、暂予监外执行和判处管制的人数平均每年维持在一个左右，所占比重很低，几乎可以忽略不计。所以，本文将社会调查评估的四种适用对象：管制、宣告缓刑、假释、暂予监外执行以审判前后作为区分，着重研究样本占比大的部分。可以说，社区矫正审前社会调查评估是对拟被判处管制、宣告缓刑的被告人在进入社区矫正前受人民法院委托，由社区矫正机构进行调查评估的一项活动。

（一）审前社会调查评估工作的特点

1. 工作的专业性与综合性

审前社会调查评估工作的主要对象是拟被判处管制、宣告缓刑的被告人。要完整地判断出被告人能否适用社区矫正，不仅要掌握被告人的基本信息、家庭情况、生活经历、周边人评价、与邻居关系等，还要对收集到的情况进行汇总和分析，这对社区矫正机构工作人员在调查评估中的专业性与综合性提出了更高要求，谨防出现按照已有评估表，照本宣科、不假思索地进行打分，将打分情况作为社区矫正机构反馈给人民法院的唯一依据。审前社会调查评估工作中的调查人员应当具备较高的综合素质,兼具专业的法学、心理学、统计学等知识,依托现有评分标准,对被告人进行符合实际情况的打分,提出专业意见,做出具有较高可参考性的审前调查评估报告。

2. 对象的特殊性与针对性

审前社会调查评估不同于一般的调查评估问卷,调查对象的身份是法庭上的被告人,对其行为定性还未能下结论,此时被告人可能面临三种结果,监禁刑、非监禁刑或者无罪释放。出于对刑罚的畏惧、渴望在社区服刑等诸多复杂心理,被告人的思想往往具有波动,同时在调查其社会背景时,被询问者也会受到日常接触过程中刻板印象的制约,回答问题往往带有很强的主观性。审前社会调查评估工作须尽量过滤掉这些主观方面的干扰,以事实为依据,以法律为准绳,在打分细则的基础上,全面了解被告人的各种情况。每个被告人的工作、生活方式都具有较强的个人属性,每个案件也都呈现出不同过程、情节,审前社会调查评估工作要做到有针对性,才能更加符合不同被告人的真实情况,做出科学准确的结论。

(二)审前社会调查评估体现刑罚轻缓化思想

刑罚轻缓化是人道主义的追求目标和宽严相济刑事政策的有机组成部分[1]。刑罚轻缓化的要求:在刑事司法中,要尊重和保护犯罪人合法的基本的权利和尊严,禁止一切不法行为,摒弃一切残酷和不人道的刑罚措施。有学者认为刑罚由重到轻的过程乃是刑罚结构以死刑、自由刑为中心逐渐向以自由刑、罚金刑乃至非监禁刑为中心转变的过程[2]。

审前社会调查评估与非监禁刑存在交叉点。非监禁刑是指刑法规定的在监狱外执行的刑罚及刑罚执行时的非监禁化方式,包括非监禁刑刑种和刑罚执行的非监禁性措施。我国有管制、罚金、剥夺政治权利、没收财产、驱逐出境等刑种,以及缓刑、假释、暂予监外执行、赦免等刑罚非监禁化执行方式[3]。"非监禁刑"是一个与"监禁刑"相对称的法律概念,是在监狱之外对犯罪人使用的刑事制裁方法的总称[4]。社区矫正是现代化非监禁刑罚的执行方式,审前社会调查评估在判处管

[1] 参见赵秉志、金翼翔:《论刑罚轻缓化的世界背景与中国实践》,载《法律适用》2012年第6期。

[2] 参见郑丽萍:《中国刑罚改革的系统性思路与进路》,载《法学评论》2010年第6期。

[3] 参见史振郭:《两岸缓刑制度的新发展与比较借鉴——以缓刑制度的刑法价值为视角》,载《犯罪研究》2012年第3期。

[4] 参见吴宗宪等:《非监禁刑研究》,中国人民公安大学出版社2003年版,第24页。

制、宣告缓刑和开展社区矫正工作之间具有双重作用:一方面审前社会调查评估的信息将直接提供给人民法院作为对被告人裁量刑罚的重要依据,在一定程度上直接影响法官判断;另一方面审前社会调查评估对社区矫正的执行具有预期辅助作用。随着劳教制度废除,社区矫正制度正逐步被更多人看好,可能被拓展为针对轻微犯罪进行刑罚惩罚的主要执行方式之一。

审前社会调查评估体现刑罚轻缓化思想。最高人民法院《关于贯彻宽严相济刑事政策的若干意见》第14条表明,对于依法可不监禁的,尽量适用缓刑或者判处管制、单处罚金等非监禁刑。对于判处管制、宣告缓刑的犯罪人员实行社区矫正,应根据犯罪具体情况,做到该宽则宽。审前社会调查评估是把好社区矫正的第一道关,如果审前社会调查评估中出现不规范行为,将会严重影响被告人入矫后的矫正工作,破坏社区矫正应有的程序和司法公正。为避免出现应当进行社区矫正的人员无法进行矫正,不该进行社区矫正的人员进入了社区矫正,在审前进行社会调查评估时,就应当做到全面考察,综合分析。

为更好地将刑罚轻缓化思想和审前社会调查评估相结合,发挥审前社会调查评估作用,还应结合审前社会调查评估的运行实践进行讨论。

二、D市J区审前社会调查评估实证研究

(一)审前社会调查评估现状

1. 审前社会调查评估人员构成及评估程序

2022年12月施行的四川省《社区矫正实施细则》的通知(以下简称《实施细则》)第26条表明,县级社区矫正机构收到委托文书后应当及时通知执行地县级人民检察院,指派两人以上社区矫正人员开展调查评估,其中有一名以上社区矫正机构或受委托的司法所工作人员,在调查评估过程中可以邀请社会工作者、志愿者参加。此条文并未明确说明在审前社会调查评估中是否需要正式在编人员参与,从D市J区实践操作中,司法所在审前社会调查评估时多由一名在编人员搭配一名社区工作人员完成。

《实施细则》也对审前社会调查评估程序做了原则性规定:司法行政机关收到委托函后,进行备案登记;由两名以上调查人员组成调查小组,按照已有的审前社会调查评估表的内容和规定的调查方式进行走访调查,填写调查笔录;对法院拟用禁止令的,对禁止内容进行调查;根据调查评估表的打分结果和实际走访所了解的情况,做出是否适用社区矫正的建议,形成调查建议书并反馈给委托机关。

2. 审前社会调查评估的人数情况

从表 1 中可以得出，近五年 J 区社区矫正人数较为稳定，平均每年人数在一百左右，但是社区矫正人数中适用审前社会调查评估的比例正在稳步上升，2018 年适用审前社会调查评估人数约占社区矫正总人数的 14.89%，2022 年此项比例已经达到 47.22%，提升约 32 个百分点。以此趋势可以预见，未来几年适用比率还将进一步提升，这也从侧面反映了审前社会调查评估在社区矫正中的重要性。

表 1　2018—2022 年 D 市 J 区社区矫正收矫人数及审前调查情况

年份	社区矫正人数	审前社会调查人数	调查人数所占比例
2018	94	14	14.89%
2019	93	40	43.01%
2020	104	32	30.76%
2021	125	54	43.20%
2022	108	51	47.22%
总数	524	191	36.45%

3. 审前社会调查评估内容

我国目前没有统一的审前社会调查评估表，D 市 J 区参照《社区矫正法》《社区矫正法实施办法》以及四川省《实施细则》的原则和精神，对人民法院在审理有关案件，委托同级司法行政机关对被告人进行社会调查时，司法行政机关依据表 2 所示内容进行考察。

表 2　J 区司法区审前调查量化情况

序号	项目	评估标准	分值	评分		备注
				得分	小计	
1	居所情况（10 分）	有固定住所	5			
		有固定生活来源	5			
2	家庭与社会关系（20 分）	家庭结构完整（有父母/兄弟姐妹/配偶/子女）	2			
		家庭成员间关系融洽且愿意接纳	3			
		家庭有稳定的经济收入	3			

续表

序号	项目	评估标准	分值	评分		备注
				得分	小计	
		家庭成员无恶习(如赌博、吸食毒品等)或犯罪记录	3			
		家庭有监管能力和约束力,且愿意承担监管责任	4			
		人际关系融洽	2			
		与社会劣迹(如赌博、吸食毒品等)人员无密切交往	3			
3	犯罪行为的后果和影响(12分)	未造成人员伤亡	4			
		未造成重大经济财产损失	4			
		未产生重大负面社会舆论	4			
4	居住地村(居)民委员会和被害人意见(11分)	居住地村(居)民委员会同意接纳	4			
		居住地村(居)民委员会愿意配合监管	4			
		取得被害人及其家属谅解(无特定被害人视为不谅解)	3			
5	拟禁止的事项(3分)	委托调查中无拟禁止的事项调查	3			
6	社会危害性(16分)	本次犯罪前无犯罪记录	4			
		无暴力、故意等主观恶性犯罪情形	4			
		非共同犯罪,或共同犯罪但起次要作用	4			
		能认清犯罪原因与危害,认罪服法,真诚悔罪,积极减轻危害	4			

续表

序号	项目	评估标准	分值	评分		备注
				得分	小计	
7	居住社区的影响（20分）	邻里及社区成员愿意容纳,不排斥	4			
		无重度传染性疾病(艾滋病、肺结核等)	4			
		无精神疾病	3			
		无吸毒史	3			
		无酗酒、赌博等恶习	3			
		无沉迷网络游戏行为	3			
8	其他事项（8分）	有从事相关工作的能力	3			
		购买有社会保险、医疗保险或其他商业保险	3			
		生活能够自理	2			
总计			100			

根据表2可得出,审前社会调查评估内容主要涵盖被告人居所情况、家庭与社会的关系等共计八大类,每一大类下面涵盖多个具体问题,每一个问题后面附相应分数值,分值大小决定了此类问题在社区矫正机构判断被告人能否适用社区矫正所占的比重程度。根据J区打分标准,如果经过调查,被告人总分大于等于80分,司法行政机关会出具同意适用社区矫正的反馈书,将有关证明材料一并反馈给人民法院,反之如果小于80分,则不建议适用社区矫正。

(二)社区矫正机构在审前社会调查评估中的困境分析

1.调查评估人员专业性不足

《社区矫正法》与《社区矫正法实施办法》出台后并未对审前调查评估人员进行明确规定。传统观点认为社区矫正执法人员仅包括司法行政机关在编人员,将这些人员统称为"社区矫正官",这一点在D市J区所在省出台的《实施细则》第19条确定了审前调查评估是社区矫正机构的职责,即社区矫正机构工作人员负责接受委托进行调查评估。在J区司法实践中此规定存在贯彻实施困难,由于审前社会调查评估涉及范围广、涉及内容多、工作专业性强,加上直接承担审前社会调查评估的司法所工作人员,往往人员配备不齐,其中具有法学、心理学、教育学等专业知识的在编人员极少，所以社会工作者和志愿者承担了部分社区矫正工作，参与到了审前社会调查评估中，非在编人员的加入进一步暴露调查评估中人员专业性不足的问题。现阶段D市J区承担审前社会调查评估职能的司法所人员配置情况符合法律规定，每个所都配备至少两名正式工作人员。基于J区属于D市城中区，笔者在走访D市周围乡镇司法所发现，一人所或者名义上是二人所但是其中一人长期借调在其他单位的情况依然存在，人员配备不齐将大大影响审前社会调查评估等各项社区矫正工作。各个司法所在编和非在编人员都至少拥有本科学历，但是整个J区下辖三个司法所无一人拥有研究生以上文凭，无一人所学专业与审前社会调查评估相关，甚至连科班出生的法学专业、社区矫正相关专业的人员也没有。这无疑将大大降低审前社会调查评估的质量，让本身需要较强专业人员的审前社会调查评估变成单纯的你问我答的简单事实调查，缺乏有效评估。

2. 调查评估人员重视程度不高

根据笔者的调查，D市J区三个司法所每一个工作人员平均需要负责7—8个社区矫正对象。需要特别说明，本区每个机关中有两名在编人员，负责协调整体工作，所以具体执行社区矫正工作都由非在编人员完成，平均每个非在编人员负责10—15个社区矫正人员，这里的负责包括社区矫正对象从入矫到解矫全过程。

对于被告人审前社会调查评估工作，大多数社区矫正工作人员往往不够重视。笔者从社区矫正工作的流程分析，主要有以下几方面原因：第一，部分政策规定导致评估人员缺乏责任意识。从《社区矫正法实施办法》第9条第1款可以得出，社区矫正机构的职责是接受委托进行调查评估，提出调查评估建议。法律规定社区矫正机构在审前社会调查评估乃至整个社区矫正中多以提意见、提建议的身份出现，没有最终决定权。社区矫正机构及有关工作人员无须对审前社会调查评估错误承担责任，无责任更易引发工作人员消极怠工，如果工作人员故意无视事实乱打分或者滥用权力涉嫌刑事犯罪则不属于上述免责情况。第二，社区矫正机构职能定位影响评估人员积极性。笔者与D市J区社区矫正机构工作人员访谈了解到，部分工作人员一开始对审前社会调查评估非常重视，也用心进行调研、打分，但是当委托机关不采纳其意见时，长期的挫折感会使其心态产生偏差，久而久之便消极对待。社区矫正机构作为一个纯粹调查者，在审前社会调查评估中没有相应的补充性权力，难免会影响调查人员积极性。第三，调查评估人员自身惰性。J区直接承担审前社会调查评估的工作人员多以非在编人员为主导，享受的福利待遇与正式工作人员相差较大，加上每个工作人员手中对应的社区矫正人员数量较多，工作内容、强度与待遇无法匹配,难以达到心理预期,助长了社区矫正机构人员工作的惰性。

3. 调查评估内容存在一定缺陷

《刑法修正案(八)》将人民法院判处缓刑的判定条件归为没有再犯罪危险和宣告缓刑对所居住社区没有重大不良影响,同样人民法院在决定管制时,也应当考虑被告人对所居住社区的影响。由法律条文的解析可知,审前社会调查评估内容的重心应当放在被告人"再犯罪"和"社区影响"两个方面。

从审前社会调查评估表所展现的内容,其中还存在一定缺陷:(1)分值分布的主次点不明确。审前社会调查评估应当依前所述从被告人再犯罪可能性和社区影响两个方面为着重考虑对象,从现有分值分布来看,"社会危害性"和"居住社区的影响"加起来仅占36分(满分100分),所占比重较低。审前社会调查评估内容似乎更多地将重心偏向被告人自身财产状况、家庭与社会关系和居住地所在村(居)委会意见和其他事项上面,这些项目总分加起来高达49分,几乎占调查评估报告总分的一半。将此类辅助性参考要素在调查评估内容中大篇幅、大比分展现,其分数值总和已超过社区矫正机构应当重点调查内容,内容的主次存在颠倒。(2)具体分数值不够细化。鉴于社区矫正机构最终出具的意见很大程度上与被调查对象综合分值有关,对于调查评估内容分数应当做精细化规定,现有的内容还不足以达到此要求。在实践赋分过程中,具体分数值呈两极化分布,D市J区实践中呈现的每一项具体打分情况,要么是满分要么是零分,对于中间的分数没有更细化约定。(3)僵化对待被调查人员的情况。这里需要讨论的问题是:"现有但未来可能没有"或者"现没有但未来可能有",如调查评估内容中是否有固定生活来源一栏,如果在调查时被告人拥有固定生活来源,此栏得分应当按照后面的分值获得满分,但是在调查过程中,发现潜在风险点,或者在进行调查时被告人并无固定生活来源,但是并不排除其在社区矫正过程中可以找到稳定生活来源,在打分时面对这种情况此栏肯定没有得分。现如今的调查评估表难以应付上述情况。

三、社区矫正机构在审前社会调查评估中的完善对策

(一)设立专职机构配备专门人员

"徒法不足以自行",法令的落实需要设立专职机构、配备专门人员。区级司法行政机关和司法所是社区矫正工作队伍的核心力量,在审前社会调查评估中扮演多重职能。为提高审前社会调查评估的工作效率和效果,司法行政机关应当通过

法定程序,吸纳政治思想坚定和自身素质优秀的公务员来担任执法者。《社区矫正法》第10条、第11条说明社区矫正机构应当配备具备法律等专业知识的国家工作人员。在世界其他国家,同样对保护观察机构工作人员有着相应的要求,如苏格兰,保护观察机构要求入行者是社会工作、社会政策专业的本科生;英格兰也是同样的要求;瑞典,保护观察机构录用工作人员需要申请或者社会工作专业毕业的学生,或者具有多年的社会工作经验[1]。

从D市新招录公务员的要求分析,本科和岗位需求所对应的专业已经成为基础,个别招录还需法律职业资格证书、初级会计资格证等证书,越来越多的有一定专业背景的人才正在加入社区矫正机构队伍,进一步加强队伍建设。

笔者认为针对现有情况,应当探索构建社区矫正队伍长效机制:建立专业化社区矫正调查队伍,配备有关人员专门从事审前社会调查工作。审前社会调查评估是社区矫正的重要环节,调查过程中涵盖心理学、统计学、法学等多个专业。有观点认为,专门小组成员可由县级社区矫正机构与司法所共同抽人组成[2],考虑到J区司法所人才储备有限,此种方式难以保证审前社会调查评估效果。所以,区县一级司法行政机关可以牵头,建立审前社会调查队伍,招录相关专业公职人员作为队伍人才储备,通过政府购买服务,与资质合格的评估机构建立契约关系,推动审前社会调查队伍的专业化建设。可以与高校合作,设立奖励机制,邀请更多专家学者参与调查评估工作中。以此方式将调查权力收归上一级区级司法行政机关,免去将委托书转交给司法所的程序,节约司法资源,同时也进一步发挥"专业人干专业事"的理念,很大程度上避免了现阶段审前调查评估中调查人员专业性不足的问题。

(二)提高执法意识强化法律责任

政策规定、社区矫正机构职能定位、工作人员自身惰性是导致社区矫正机构调查评估人员随意调查、思想行动不重视的主要原因。从现有立法分析,人民法院作为审判机关依法独立行使审判权,任何行政机关都不得干涉,人民法院对司法审判拥有决定权是毋庸置疑的,这也从侧面反映社区矫正机构在审前社会调查评估中仅拥有对于能否适用社区矫正的建议权,尽管实践中仅有建议权可能带来人民

---

[1] See Koichi Hamai & Renaud Ville, *Probation as A Profession*, in Koichi Hamai, Renaud Ville Harri, Mike Hough & Ugljesa Zvkic eds., Probation Round the World: A Comparative Study, London and New York.

[2] 参见卢振:《社区矫正调查评估研究》,南京师范大学2016年硕士学位论文,第37页。

法院与社区矫正机构意见相悖、社区矫正机构无须对错误承担责任,导致调查人员积极性和重视程度低的问题依然无法得到很好地解决。为突破目前社区矫正机构人员思想困境,提高执法意识和法律责任,可以重点从培养、提升、鼓励社区矫正工作人员进行后期学习入手。

D市J区近期大力鼓励并支持在编或非在编人员通过考取非全日制研究生、通过法律职业资格考试等方式提升自我学历、专业技能,上一级司法行政机关针对积极备考人员,通过带薪休假、全局表扬等方式促进基层工作人员提升自我修养,截至2022年,基层共有接近一半工作人员考取或正在考取相应资格证书。提升自我专业化水平,不仅可以运用在如审前社会调查评估等具体社区矫正工作中,也能经过系统化培训增加自我法治思维和依法办事能力。同时,J区通过不定期邀请法学、心理学专家开展讲座,为非在编人员谋取节假日福利、增加物质补助等方式,从精神和物质两个方面调动工作人员后期学习的积极性。

(三)吸收先进经验完善评估内容

审前社会调查评估的内容可以借鉴危险评估的三大环节。第一,筛选危险评估预测因子。预测因子是用以预测犯罪人重新犯罪可能的因素,能否确定为预测因子取决于特定因素与重新犯罪或者违法有无关系及关系远近。审前社会调查评估内容中,预测因子代指预测被告人能否在社区进行服刑可能的因素。以Z省为例,其审前社会调查评估内容因子包含:家庭情况、个性特点、犯罪前表现、悔罪表现、社会反响、监管条件以及各相应机关的意见。第二,确定预测因子的权重。根据上述被筛选内容,结合审前社会调查评估目的,确定哪些因子重要,哪些因子重要程度较弱。第三,对所有预测因子权重进行统计分析,危险评估工具(量表)通常包含两部分:其一,量表主体,量表的基本内容是预测因子及对不同因子进行赋值;其二,对量表总分进行赋值。D市J区审前社会调查评估表便是将调查内容以百分制的形式,对每一项内容经过权重分析,赋予其相对应的分数。

从J区调查内容权重分析,社区矫正的目的是在社区矫正罪犯的犯罪心理和行为恶习,可以从结果导向过程,从以下几个方面改进现阶段审前社会调查评估内容:第一,调整部分预测因子所占权重,将被告人的"社会危险性"和"居住社区影响"作为重点调查内容,增加它们所占总分分值,因为这两单元内容直接区别了被告人是适用监禁刑还是非监禁刑。针对能否适用社区矫正的辅助性判定条件,其所占调查分值相比较于现阶段应做适当减少。第二,细化每项内容打分。审前社会调查评估表上的每项预测因子出现都有其合理性,不是非满即零的打分结果。

调查人员在打分时要避免出现极端思维，而应针对所调查的每一项内容都更具有前瞻性和历史性。既要考虑被告人进入社区矫正可能发生的情况，如有经济纠纷，导致资不抵债，没有固定居所；又要考虑被告人在之前所犯错误的悔改程度，如之前有社会劣迹，是否已经完全悔改。这就要求司法所工作人员在进行审前社会调查评估时，对每一项调查内容都做到更加细致，分值与被告人实际情况相对应。第三，借鉴其他优秀做法，完善调查评估表内容。Z省调查评估表内容中将司法行政机关、实际调查机关司法所意见也作为一个参考内容值得D市J区学习，现有书面调研内容将被调查者限制在条条框框中，而每一个调查对象实际情况都不一样，调查人员在实际调查过程中可能产生不属于调查内容上的感受、建议，可能会影响被调查人员能否适用社区矫正或者影响后期矫正效果，此时将其意见作为最后打分的依据具有合理性。

参考文献

[1]袁浩：《上海市闵行区社区矫正审前调查制度研究》，上海师范大学2018年硕士学位论文。

[2]邓陕峡：《社区矫正推行中的困境与探索——以四川省C市为实证观察》，载《黑龙江政法管理干部学院学报》2014年第2期。

[3]曹虹：《我国社区矫正质量评估的现状和完善》，载《中国社会科学院研究生院学报》2012年第4期。

[4]宋立宵：《审前调查评估时限与案件审限冲突的解决——兼谈〈社区矫正法〉第18条》，载《河南司法警官职业学院学报》2020年第3期。

[5]梅传强：《论区块链技术在社区矫正制度中的适用》，载《重庆社会科学》2020年第11期。

[6]刘振宇：《充分发挥社会力量在社区矫正工作中的积极作用》，载《中国司法》2017年第9期。

机构与队伍建设研究

河南省南阳市社区矫正官制度的实践探索

连春亮*

摘　要：河南省南阳市卧龙区司法局和方城县司法局是河南省首批社区矫正官试点工作单位。经过一年多的实践，逐步探索出了社区矫正官队伍建设新模式。社区矫正官制度的突出特色表现在"团队建设"、"沟通协商"、社区矫正官工作范围的"点面结合"和工作内容的"分类矫正"与"个案矫正"。但也存在着社区矫正官身份认同、角色认同、制度归属等功能性和结构性的冲突。因此，需要从法律法规层面确认"社区矫正官"的社会身份，进一步明晰社区矫正官的职责类别，突出职业化特质，提升项目矫正和个案矫正的品质。

关键词：社区矫正；社区矫正官；调查报告

河南省司法厅为了全面贯彻实施《社区矫正法》，积极探索社区矫正工作的新模式，率先实施了社区矫正官试点工作。目前经过1年多的实践，取得了一些成绩，积累了一定的经验。2022年8月，笔者到开展实施社区矫正官试点工作的南阳市卧龙区司法局和方城县司法局，通过实地查看、与社区矫正官和社区矫正助理座谈、查阅相关的文件资料、查看社区矫正官的工作日志、个案矫正教育典型案例、走访社区矫正对象等方法，对社区矫正官制度的试点工作进行了专项调研。

一、南阳市司法局社区矫正官制度试点实施情况

2021年4月19日，河南省司法厅为了进一步推动社区矫正工作队伍革命化、正规化和专业化建设，探索社区矫正队伍职业化发展道路，下发了《关于开展社区

---

* 作者单位：河南司法警官职业学院。

矫正官试点工作的通知》,决定河南省的濮阳市、驻马店市、南阳市为社区矫正官的试点地区,南阳市的卧龙区司法局、方城县司法局为试点单位。南阳市司法局为此专门成立了社区矫正官试点工作领导小组,对卧龙区司法局和方城县司法局的试点工作进行指导。卧龙区司法局、方城县司法局结合各自实际,分别制定了《社区矫正官试点工作实施方案》(以下简称《实施方案》)。

《实施方案》以习近平新时代中国特色社会主义思想为指导,坚持依法推进和规范社区矫正官试点工作的创新实践,通过力量整合,打造社区矫正教育帮扶新模式。把探索社区矫正工作"团队建设",建立分类科学、结构合理、权责明晰、管理顺畅的社区矫正工作队伍管理机制为工作目标,充分发挥社区矫正官的核心主导作用,努力打造一支革命化、正规化和专业化社区矫正工作队伍,全面提升社区矫正监督管理水平和教育帮扶质量。

卧龙区司法局和方城县司法局依照《实施方案》的要求,于2021年5月正式启动社区矫正官选拔工作,先后成立了社区矫正官试点工作领导小组,统筹推动试点工作稳步开展,结合实际规定了社区矫正官的身份、职责,明确了社区矫正官的工作机制和工作方法。具体条件主要有:一是要求社区矫正官在政治上立场坚定,忠诚党的社区矫正事业,坚持四项基本原则;二是严格遵守宪法和法律,忠于职守,严守纪律,清正廉洁;三是司法行政机关政法专编人员;四是在业务要求上,具备一定的法律知识,掌握社区矫正的基本内容和要求,能够把握对社区矫正对象矫正教育的特点和基本规律,能够熟练应用社会工作的一般方法;五是从事社区矫正工作满两年。

依照社区矫正官试点工作《实施方案》,卧龙区司法局和方城县司法局结合社区矫正工作的实际需求,在充分准备的前提下,首先确定拟任人选,精心组织考核选拔。2021年5月,卧龙区司法局第一批任命了9名社区矫正官,11名社区矫正官助理和10名社区矫正员;方城县司法局第一批任命了7名社区矫正官,6名社区矫正官助理,22名社区矫正员。南阳市司法局在卧龙区司法局、方城县司法局2个省级试点单位的基础上,在宛城区、社旗县又进行了试点工作。截至目前,4个试点单位先后选拔了社区矫正官23名,社区矫正官助理23名,社区矫正员35名。分别由所在区县的社区矫正委员会和司法局予以任命,并颁发任命书。在制度建设层面,卧龙区司法局和方城县司法局除了制定《社区矫正官试点工作实施方案》之外,还先后制定了《社区矫正官工作委员会议事规则》《社区矫正官工作委员会工作职责》《社区矫正官工作职责》等规定。

社区矫正官制度的建立，聚焦于对社区矫正对象的教育帮扶，弥补了社区矫正工作过去重监督管理、轻教育帮扶的现象。从工作机构层面，在社区矫正局内形成了社区矫正中心、社区矫正执法大队、社区矫正官三大工作机构。其中，社区矫正中心主要负责社区矫正对象的接收、宣告、成立矫正小组、集中学习教育、档案管理等工作；社区矫正执法大队主要负责日常监督管理、行政执法、考核奖惩等工作；社区矫正官主要负责制定矫正教育方案、落实矫正教育项目、开展社会帮扶等工作。三大机构彼此之间既分工明确、各司其职，又相互配合、相互协作，形成一个完整的工作体系。

二、社区矫正官制度的基本特色

社区矫正官作为社区矫正工作队伍建设中的一种制度形态，只是在《社区矫正法》规制之下的一种制度创新，也是规范对社区矫正对象的监督管理，强化社区矫正对象矫正教育和社会帮扶的路径探索。虽然南阳市社区矫正官试点工作仅开展了一年多时间，但是，从试点工作的实际成效来看，逐步探索出了“四个一”的社区矫正官队伍建设新模式。“四个一”即成立一个专门的领导班子，制定一个可行的试点方案，选聘一批专业的社区矫正工作人员，建立一套完整的工作机制，自此，已经展现出这一制度的独有特质和基本特色。

（一）社区矫正官制度突出“团队建设”

在社区矫正官试点工作的设计初衷上，河南省司法厅《关于开展社区矫正官试点工作的通知》明确指出，其工作目标是“通过社区矫正官试点，探索矫正官的设立架构、任职条件、岗位职责、职级职务等，逐步建立分类科学、结构合理、权责明晰、晋升顺畅的社区矫正队伍管理机制”，“探索我省社区矫正工作队伍职业化发展道路，努力形成社区矫正队伍建设的河南模式”。很明显，社区矫正官制度是社区矫正工作的队伍建构模式。从南阳市社区矫正官试点工作的实际看，也主要是围绕社区矫正官的“团队建设”做文章，主要表现在：第一，卧龙区司法局和方城县司法局设立了社区矫正官工作委员会。社区矫正官工作委员会由社区矫正官组成，作为社区矫正工作的议事决策机构，采取集体议事制，对社区矫正工作的重大事项、关键环节等，集体研究决定，社区矫正官负责重大事项的贯彻落实。第二，建立社区矫正官“团队”机制。社区矫正官是一个以社区矫正官为核心的“团队”，一般情况下，一个团队设社区矫正官 1 名，社区矫正官助理 1 名，社区矫正员 3 至 5 名。社区矫正官对本团队的社区矫正工作负总责，负责人员分工，任务分配，对社区矫正官工作委员会负责,并接受社区矫正官委员会的监督;社区矫正官助理一般由司法局新入职的国家工作人员担任,协助社区矫正官开展工作,满足社区矫正官条件时可以晋升为社区矫正官;社区矫正员由专职社会工作者担任,负责教育帮扶等辅助性工作。这样,就能够有效配置优质资源,使团队形成合力,发挥出团队合作的最大优势。

(二)社区矫正官制度突出"沟通协商"

社区矫正官试点工作的主要目的之一,就是理顺社区矫正工作的体制机制,因此,社区矫正官要以社区矫正机构为依托,处理好与相关部门的沟通协作关系。在这一问题上,卧龙区司法局和方城县司法局的社区矫正官突出表现出和相关部门的"沟通协商"特色。一是社区矫正官与区县司法局、社区矫正局的上下级"沟通协商"。区县司法局是社区矫正工作的主管机关,社区矫正官要在区县司法局的宏观领导下工作,同时,接受区县司法局的监督管理;区县社区矫正局是区县司法局的二级机构,是社区矫正官的直接管理者,社区矫正官的工作要及时向区县社区矫正局汇报,征得区县社区矫正局的支持,获得社区矫正工作所需的基本保障。社区矫正官通过和区县司法局、区县社区矫正局的"沟通协商",获得了大力支持,为做好社区矫正工作奠定了基础。二是社区矫正官与社区矫正中心的同级"沟通协商"。社区矫正中心与社区矫正官同属于区县社区矫正局管理的部门,二者的业务有重叠的部分,也有很多不同的内容。因此,双方密切合作,无缝对接,使工作实效达到了最优化。三是社区矫正官与司法所的协作关系。卧龙区司法局和方城县司法局的社区矫正工作实行队建制以后,虽然司法所不再具有从事社区矫正工作的职能,但是,司法所扎根于乡镇社区,直接接触基层群众,很多具体的工作需要司法所的配合。所以,社区矫正官以司法所为根基,在调查评估、监督管理、教育帮扶、危机事件处理等方面,与司法所及时沟通协商,及时把握相关的信息,克服了信息沟通障碍。四是社区矫正官与社会专业组织的"沟通协商"。在社区矫正官制度体系中,区县司法局与社会专业组织的合作,主要是通过购买社工服务或者服务项目的形式,社会专业组织的社工一般是以社区矫正员的身份参与进来,从事教育帮扶等辅助性工作,从这个意义上说,社区矫正员是社区矫正工作相关活动的具体执行者。社区矫正官依据自己的专业偏好和社会专业组织通过"沟通协商",派遣的社工尽量满足社区矫正官工作布局的需要,以达到最佳的优化组合。这样,在社区矫正官主导之下,按照《河南省社区矫正对象分类教育管理工作指引》的要求,积极推动了社区矫正对象精准化矫正教育,做到了把专业的事交由专业的人士来负责。

（三）社区矫正官的工作范围突出“点面结合”

依照河南省司法厅《关于开展社区矫正官试点工作的通知》的要求，“试点单位可以按照地域、业务范围、社区矫正项目、工作对象等划分社区矫正官的履职范围，一个矫正官可以分管几个片区的全部社区矫正业务，可以只负责刑事执行、监督管理、教育帮扶之中的某项业务，可以承担社区矫正的某些建设项目，可以负责某类社区矫正对象的监管教育矫正，探索确定不同履职范围对应的职责任务和工作权限”。卧龙区司法局和方城县司法局在社区矫正官制度实施中，在社区矫正官的履职范围上，采用灵活机动的“点面结合”的方法。主要体现在四个方面：一是两个区县根据所辖区域的情况，划分为五个片区，每个片区由一个执法中队管理，同时根据社区矫正对象的数量多少，配备社区矫正官和社区矫正助理、社区矫正员，保障社区矫正对象管理、教育、帮扶全覆盖。二是在一个片区内社区矫正业务工作的相对分工，执法中队的工作主要侧重于刑事执行和监督管理，社区矫正官的工作主要是充分发挥专业优势，侧重于矫正教育和社会帮扶。三是在不同的片区内，依据不同的社区矫正项目需要，调配具有专业特长的社区矫正官主导实施社区矫正项目，同时配备具有专业优势的社区矫正员。四是依据不同社区矫正对象不同的犯因性问题，在个别化矫正中，安排专业的社区矫正官，实施个别矫正。总之，在试点过程中，社区矫正官的有效配置，既能够按照要求完成对社区矫正对象矫正教育的规定动作，使社区矫正工作实现“面”的全覆盖，也充分发挥灵活机动的优势，对社区矫正对象实现“点”的个别化矫正，克服了由司法所承担社区矫正工作“条块分割”、各自为政、资源分散的状态，实现了有限资源的最优化配置。

（四）社区矫正官的工作内容突出“分类矫正”和“个案矫正”

在南阳市社区矫正官试点工作的制度设计框架内，在两区县社区矫正官试点工作开展以后，紧紧围绕社区矫正官的工作目标做文章，主要做法有以下几个方面：

第一，依据社区矫正对象犯因性问题的性质，把社区矫正对象分为不同的类别，实施分类矫正。主要是与社会力量通力合作，共同矫正社区矫正对象。比如方城县司法局与河南省荣银心理咨询有限公司合作，对30名诈骗类社区矫正对象开展了“拒绝诈骗 裕见新生”“领悟人生真谛 创造人生价值”“天生我材必有用”“人人为我 我为人人——应急救护知识培训”等专题矫正教育。南阳市卧龙区司法局与中国民主同盟会南阳市委员会合作，设置了“黄丝带”家庭帮教项目；与南阳市志愿者协会合作，设置了红色文化教育项目；与南阳市文明办合作，设置了道德模范示范项目,使社区矫正对象和道德模范零距离接触,面对面交谈,产生了极具冲击性的效果。

第二,以心理矫治为切入点,实施个案心理矫治。社区矫正官在社区矫正官助理和社区矫正员的协助下,在社区矫正前的调查评估阶段提前介入,全面把握社区矫正对象的基本情况,在入矫初期,深入调查社区矫正对象的犯因性问题,制定个别化矫正方案,对不同的社区矫正对象实施不同的项目矫正。从个案矫正的实践看,社区矫正对象的心理问题占有主导地位,因此,社区矫正官精心打造出了心理矫治特色矫正教育品牌。社区矫正官与南阳市心理咨询师协会合作,设置了自我罪错认知项目、人际关系认知项目、社会适应项目、情绪情感自我控制项目、社会生活认知项目、家庭关系认知项目、酒精依赖戒除项目、毒瘾类戒除项目等,都取得了良好的效果。

第三,以社会生存为出发点,通过设置社会救助项目,实施矫正教育项目化。主要有四个方面:一是南阳市司法局组织县区司法局和民政部门密切合作,在社区矫正官主导下,设立"基本生活救助项目",积极开展社区矫正对象的困难救助工作,对符合低保条件的社区矫正对象快速申请办理低保;对生活困难的社区矫正对象进行走访、慰问和救助。二是卧龙区司法局以申报矫正项目的方式,创立了"又见彩虹金融助矫"矫正项目。通过一定时间的实施,金融部门对社区矫正对象的就业创业给予了一定的资金支持,促进了社区矫正对象的再就业,产生了良好的社会效果,被河南省司法厅定为"全省矫正教育项目试点"单位。三是设置了筹措救助基金项目。南阳市司法局联合中国民主同盟会南阳市委员会、九三学社等单位,开展了针对困难社区矫正对象的书画义卖活动,所筹资金全部用于社区矫正对象的救助工作。四是运用"人人持证,技能河南"的政策优势,主动和人力与社会保障局、社会专业组织等合作,对社区矫正对象进行特定技能培训。依据社区矫正对象的培训需求,设置了家电安装与维修项目、家政服务项目、特定病人急救知识项目、果木嫁接项目、动物养殖项目、水产养殖项目、电子商务项目等,先后对1921名社区矫正对象实施技能培训,其中有160人获得职业技能等级证书。

三、社区矫正官制度存在的问题

任何新制度形态的出现,都不可避免地存在着缺陷或不足,社区矫正官制度也是如此。从南阳市社区矫正官的试点情况看,也存在着一些问题,有些是功能性的,有些是结构性的,有些是功能性和结构性的综合。

（一）社区矫正官身份认同的冲突

在这里主要是指社会对社区矫正官的身份认同冲突。河南省司法厅《关于开展社区矫正官试点工作的通知》指出，“试点地区和试点单位应当依法推进高素质社区矫正官建设”，“逐步探索建立社区矫正官晋升制度，为社区矫正官打开职业上升渠道，不断提高社区矫正工作的专业化水平”。由此可以看出，社区矫正官是从事社区矫正工作的公职人员的职业身份，是要建立和检察官、法官等相对应的“身份标识”。在现实中，社区矫正官既是司法局工作人员，也是社区矫正工作的刑事执行者，还是社区矫正工作者，往往是集多种身份于一身，尤其是社区矫正官制度只是在社区矫正工作的试点阶段，不仅在法律法规、行政规章和规范性文件中没有规定，而且社区矫正官试点工作的文件只是河南省司法厅下发的，不具有法律规制性，如果要据此打通职级职务晋升路径，要走的路还有很远。正是由于这个原因，不仅社区矫正官的社会认知度、美誉度低，而且要想获得和检察官、法官等相对应的“身份标识”，没有法律作为支撑是难以实现的。

（二）社区矫正官角色认同的冲突

社区矫正官角色认同的冲突主要是指在社区矫正工作中所扮演的角色的冲突。在社区矫正的历史上，由于没有法律的具体规定，社区矫正工作人员曾经在各级不同的规范性文件中被称为社会工作者、社区矫正执法人员等，对于从事社区矫正不同工作的人员，还分别被称为社区矫正社会工作者、社区矫正辅警、社区矫正警察、社区矫正法务官等。名称的混乱，已经对社区矫正工作人员带来了角色冲突，社区矫正官制度的实施，又增加了新的名称，使名称规范问题进一步困难。由于卧龙区司法局和方城县司法局人员编制的限制，从事社区矫正工作的人员十分紧张，致使这些仅有的工作人员不得不在不同的工作中变换扮演不同的角色。一是在社区矫正前调查评估中，扮演的是处于中立地位的调查评估员的角色；二是在刑事执行和监督管理活动中，社区矫正官大多是执法中队的领导或执法队员，严格从事刑事执行活动，对社区矫正对象实施监督管理；三是在矫正教育中，社区矫正官又是对社区矫正对象实施矫正教育的“教育者”的角色；四是在社会帮扶活动中，社区矫正官扮演的是“救助者”角色；五是在心理矫治活动中，有些社区矫正官又要扮演“心理矫治师”的角色。这种身份的变换和角色的混同，不仅很难使社区矫正对象对于社区矫正官形成单一的具有信任关系的角色认同，而且容易产生角色冲突。

（三）社区矫正官专业偏好的冲突

社区矫正官制度的实施，是要充分挖掘和培育专家型社区矫正人才，充分发挥

“专家”自身所具有的专业优势。然而社区矫正对象的犯因性问题是非常复杂的,在矫正教育过程中,需要针对不同的犯因性问题实施针对性的个案矫正。因此,要求社区矫正官必须具备相关领域的专业知识和技能。不可否认的事实是,每个社区矫正官都有自己的学历背景和专业偏好,不可能对多个领域都具有专业技能,这就产生了社区矫正对象教育帮扶的多元化与社区矫正官专业领域一元化的矛盾。尽管在试点工作中根据社区矫正对象的需求进行了及时的调配,但是,社区矫正官的资源是有限的,常常出现需求大于供给的现象,即使调配社区矫正员来补充,也往往不能满足现实工作的需要。

(四)社区矫正官制度归属冲突

任何一种制度的建立,都需要有实践的检验;成熟的制度体系才会归属于自己的制度类别。社区矫正制度是一个系统的制度体系,就目前来看,经过社区矫正工作二十多年的实践,已经形成了社区矫正前调查评估制度体系、社区矫正管理制度体系、社区矫正教育制度体系、社区矫正工作制度体系、社区矫正帮扶制度体系、社区矫正奖惩制度体系等子系统。从归属上看,社区矫正官制度应属于社区矫正队伍建设制度子系统。但是,在社区矫正制度体系中,没有社区矫正官制度的设置序列,特别是在《刑法》《刑事诉讼法》《社区矫正法》《社区矫正法实施办法》,以及其他法律法规、行政规章和规范性文件中,都没有社区矫正官这种称呼,只是河南省司法厅要求的一种制度试点工作,还不能纳入社区矫正制度体系中,反之,作为社区矫正制度体系之外的一种制度,就显得“名不正,言不顺”,至少暂时得不到社会的广泛认可。

四、社区矫正官制度完善的建议

(一)从法律法规层面予以规范,确认“社区矫正官”的社会身份

在大多条件下,一种社会身份的认同来源于两种情况:一种是法律规定身份的强制社会认同,比如《法官法》《检察官法》《警察法》《社区矫正法》《监狱法》等,分别确认法官、检察官、警察、罪犯、社区矫正对象的社会身份;另一种是社会身份的自然认同,比如富豪、穷人、酒鬼等,是以社会公众的自然评价标准来确认的。一般来说,社会中公职人员的身份是需要法律法规予以规定、确认或认可的。在目前社区矫正官试点工作时期,只是试点区域内“自我标识”的一种身份状态,就难以得到社会的认可和接纳。笔者认为,社区矫正官是从事社区矫正工作的公职人员的职业身份,其“身份标识”也应该有法律法规确认,只有这样,才能够得到包括社区矫

正对象在内的社会公众的认同。

(二)进一步明晰社区矫正官的职责类别,突出职业化特质

从目前南阳市社区矫正官的试点情况看,虽然明确了社区矫正官的工作目标、岗位设置、职责定位等,但是,在职业化和专业化建设上,还显得十分薄弱,在实际工作中,主要是依赖于社区矫正员来完成的,社区矫正官没有体现出职业化特征。我们知道,社区矫正对象的矫正教育和社会帮扶是社区矫正工作的核心内容,只有围绕这些核心内容,引入更加丰富的社会资源,使社区矫正官所具有的专业背景和专业特长更为全面,并依照社区矫正官职责类别开展工作,才能突出社区矫正官制度所追求的职业化特质。

(三)进一步提升项目矫正和个案矫正的品质

从目前南阳市社区矫正官的试点情况看,无论是对社区矫正对象的分类矫正,还是个别化矫正,在矫正项目设置上,基本是依据现有资源被动设置社区矫正项目,即有什么样的专业人员设置什么样的矫正项目,用社区矫正项目匹配社区矫正对象,社区矫正对象不能根据自己的职业偏好做出更多的选择。应该说,这是社区矫正官制度面对有限资源的无奈选择。笔者认为社区矫正官制度的发展方向是主动应对,即发掘、拓展更多的更为广阔的社会资源,设置不同的社区矫正项目,供社区矫正对象依据自己的职业偏好自由挑选,满足不同类别和不同个体的社区矫正对象的需求。同时,无论是不同类别的矫正项目,还是针对社区矫正对象的犯因性问题制定的个别化矫正方案,都要与时俱进,切合社会的发展方向和发展状态,能够为社区矫正对象提供实质性的服务内容,真正成为社区矫正对象回归社会的有效支撑。

宜宾市社区矫正“队建制”的探索与实践

肖文星*　唐志军**　杨　霞***

摘　要：本文对传统社区矫正管理存在的问题进行分析，以珙县社区矫正“队建制”改革为例，总结珙县社区矫正管理“队建制”改革取得初步的成效，并对其中仍然存在的问题进行分析，进一步提出解决的对策建议。

关键词：队建制；权责分离；问题；对策建议

社区矫正作为一项严肃的刑罚执行工作，承担着维护社会安全稳定的职责使命。随着社会形势发展和社区矫正工作的深入推进，社区矫正对象数量的日益增多，监管任务越来越重，难度越来越大，而现行体制机制尚待完善，执法队伍力量薄弱、专业化职业化程度不高等问题，影响和制约着社区矫正工作规范高效运行。强化社区矫正执法机构，打造一支高素质、正规化、专业化、职业化的社区矫正队伍势在必行。

以宜宾市珙县为例，近3年来珙县平均在矫人数保持在290人左右，每年列管人数500人左右，呈逐年增加态势。为探索破解社区矫正执法队伍职业化不高、执法专业化不够、规范化水平不强、社区矫正安全隐患风险高等问题，2020年初，四川省司法厅、宜宾市司法局将珙县司法局列为社区矫正工作改革试点单位，同年4月启动“队建制”改革，在现有的政策法规框架内，将社区矫正职能从基层司法所工作职能中剥离出来，改革创新实现队所权责分离，做到“专人、专职、专业”管理。

---

* 作者单位：四川省宜宾市司法局。

** 作者单位：四川省宜宾市司法局社区矫正管理局。

*** 作者单位：四川省珙县司法局社区矫正执法大队。

一、开展"队建制"改革背景

珙县社区矫正工作的发展经历了从空白、起步、摸索、创新到初显成效的过程，在开展"队建制"改革前总共经历了两个阶段。

第一阶段：2013 年 5 月珙县司法局接手社区矫正工作时，珙县公安局仅移交一份 173 人的名单，未移交社区矫正对象和社区矫正对象档案，直到 2014 年 5 月 16 日《四川省社区矫正实施细则（试行）》正式实施，珙县社区矫正工作开始步入正轨。

第二阶段：2016 年，珙县司法局率先在全市建立起规范化社区矫正指挥中心。2017 年，完成司法行政电子平台建设，全县社区矫正工作逐步走向信息化、智能化，同年被四川省司法厅评为四川省社区矫正先进单位。2018 年，珙县司法局完成社区矫正中心升级改造，被四川省司法厅命名为首批省级规范化社区矫正中心。同年 6 月，珙县司法局通过学习、借鉴、探索和创新，编纂制定《珙县社区服刑人员档案管理规范》，对全县社区矫正档案文书管理进行了统一规范，全县社区矫正工作跨越新台阶。2019 年对该规范又进行第二次修订，对入矫到解矫的各项程序进行了规范，在培训执法人员、规范执法管理、统一档案标准、提升矫治效果等方面发挥重要作用。

2020 年以前，珙县社区矫正工作一直采用委托司法所的传统模式，而司法所大多为一人所或者二人所，人少事多事杂的情况非常突出，司法所工作人员难以集中精力从事社区矫正工作，社区矫正队伍薄弱的力量与繁重的监管安全任务严重不匹配，由于地理位置、经济发展等因素，社区矫正对象分布不均，有的司法所管理对象常年保持 0 人，而有的司法所管理对象则超过 100 人，工作任务不均导致社区矫正业务水平参差不齐，社区矫正工作发展极不平衡；同时，我国地区间发展不平衡，各地司法机关承担的业务量也有较大差距，一些地方司法资源闲置。这些问题在社区矫正运作中同样存在，需要打破以乡镇街道行政区划管理社区矫正的现状，探索与行政区划适当分离的执法管辖制度[1]。2020 年 7 月，全国政法队伍教育整顿试点工作启动，珙县作为全国 4 个试点县之一，珙县司法局"队建制"改革先行先试、开局探路迫在眉睫。

---

〔1〕 参见姜山：《关于建立专业化社区矫正工作者队伍的思考》，载《犯罪与改造研究》2015 年第 3 期。

二、开展“队建制”改革的主要做法

(一)建设社区矫正专业执法队伍

1. 加强社区矫正执法机构建设

按照相关政策法规,积极争取编制机构,设立社区矫正管理局,加挂社区矫正执法大队牌子。打破乡镇行政区划,探索专门化、实体化社区矫正机构建设,制定《珙县社区矫正执法队伍专业化建设方案》,根据地理位置和社区矫正对象分布情况,本着优化集中、方便管理、交通便捷、综合平衡的原则,将全县划分为五个片区,组建五个社区矫正执法中队,将社区矫正工作从复杂的行政条块体制中剥离出来、独立开展工作。

2. 优化社区矫正执法队伍

在保证各项司法行政工作正常运转下,按照1∶15的比例科学配置社区矫正执法队伍,社区矫正执法大队建制5人(3专2辅),设置大队长1名,副大队1名,工作人员3名;社区矫正执法中队建制16人(7专9辅),通过公开竞聘的方式选拔出5名中队长。制定《珙县社区矫正执法大队(中队)职能职责》,社区矫正执法大队、中队实行一体化管理,大队全面负责县域社区矫正工作,承担社区矫正法律法规和有关政策落实、衔接管理、考核奖惩等;中队具体负责本辖区社区矫正对象的监督管理和教育帮扶,开展调查评估,制定并落实矫正方案等。

3. 明确社区矫正执法中队与司法所分工合作原则

将社区矫正工作和司法所其他行政工作区分,即由社区矫正执法中队专人、专职、专业承担社区矫正对象日常管理和执法工作,不再从事司法所其他司法行政工作,司法所其他司法助理员专职从事除社区矫正执法外的其他司法行政工作。同时,社区矫正执法中队和司法所同属县司法局派出机构,主要工作时间和工作地点均在基层镇乡,虽分工不同、工作内容不同、职责不同,但仍是司法行政工作整体,需保持团结一致,在对外接洽联系,设备资源、数据共享等方面应相互支持、密切配合。

(二)完善社区矫正工作机制制度

1. 建立健全社区矫正工作机制

成立以县委政法委书记任主任,县政府副县长、县公安局局长任常务副主任,县法院院长、县检察院检察长、县司法局局长为副主任,司法局、公安局、编办、总工会、团委、妇联、财政、人社、民政、税务、教体、市场监管、卫健及各乡镇(单位)负责人为成员的县级社区矫正委员会。各乡镇成立镇(乡)级社区矫正委员会。

2. 组织编制珙县社区矫正工作规范

建立完善社区矫正执法人员监督管理和执法责任制度,研究制定社区矫正执法人员考核奖惩办法。从社区矫正工作的调查评估、接收登记、日常监管、教育学习、社区服务、执行地变更、解除矫正等环节制定相应的日常管理制度,用制度机制规范社区矫正工作,约束监督执法行为。

3. 建立机关干部下沉联系制度

针对社区矫正中队分离后,司法所工作力量有少许弱化的情况,建立完善局机关干部下沉联系协助司法所工作制度。实行局领导分片联系司法所、机关干部定点联系司法所制度,要求机关干部每月下沉司法所不少于3日,重点时段、重大情况及时到所,指导、协助司法所工作,解决重大问题和困难,并纳入司法所捆绑考核,切实推进司法所各项工作的顺利开展。

(三)建立社区矫正服务支撑团队

1. 建立社区矫正法律服务专家团

依托县公共法律服务体系,建立由公职律师、社会律师组成的法律服务专家团,适时为社区矫正执法人员提供咨询、培训等法律服务,同时为社区矫正对象开展法律知识讲座、咨询、法律援助等服务。

2. 建立社区矫正心理咨询专家团

依托市、县心理专家资源,建立社区矫正心理咨询专家团,对社区矫正执法人员开展以缓解工作压力为主的心理辅导,为有需求的社区矫正对象开展心理咨询和危机干扰,以保障社区矫正执法队伍身心健康和社区矫正对象的矫治效果。

3. 建立社区矫正困难帮扶专业团

积极主动向党委、政府汇报社区矫正工作,争取重视支持。加强与人社、民政、教育等部门协作配合,将社区矫正对象重塑为守法公民作为根本目标,以法制规范人心、以教育感化人心、以帮扶温暖人心,帮助社区矫正对象解决低保、临时救助、社会保障等实际困难和问题,为社区矫正对象修复社会关系,顺利回归社会创造条件。

(四)完善教育帮扶相关配套

1. 编纂社区矫正教育学习教材

在社区矫正对象“管得住”的基础上,在保证必要的法治、道德教育落到实处的同时,切实体现分类矫正、因人施教的理念,编纂系统性的社区矫正对象教育学习大纲教材体系。按性别、年龄、犯罪类型、矫正类型、管理分类、职业、文化程度、悔罪表现进行细分,根据不同的需求提供“分段分类菜单式选学”教育学习方案。

2. 组织社会力量广泛参与

通过购买社会服务或项目委托等方式,以项目化、清单化的形式,从个性化矫正方案制定、专业化心理疏导干预、多元化走访巩固等方面,为社区矫正对象在教育、心理辅导、职业技能培训、社会关系改善等方面提供必要的帮扶,加强与民政、教育、卫健、人社、残联等部门的联动,建立完善社会力量参与社区矫正工作机制。

3. 提升设施配套,推进智慧应用

以“智慧矫正”为目标,打造县级智慧矫正中心和中队分中心,依托四川省司法行政工作平台,两级指挥中心通过社区矫正一体化系统、视频会议系统、信息化核查系统、“心岸”远程在线学习系统以及移动监管载体“在矫通”等,实现社区矫正监管工作从“人防”向“技防”的重大转变,有效防止社区矫正对象脱管、漏管。

三、相关数据对比

珙县司法局作为2020年全国政法队伍教育整顿试点单位,中央指导组在查纠问题环节对社区矫正工作开展了专项检查,这是对珙县社区矫正“队建制”改革成果的一次考验。档案评查结果数据显示共存在84项543个问题和瑕疵:2018年6月未制定档案规范以前的问题和瑕疵200个,占问题和瑕疵个数的36.8%;2018年6月至2020年4月“队建制”改革以前的问题和瑕疵314个,占问题和瑕疵个数的57.8%;2020年4月“队建制”改革以后的问题和瑕疵29个,占问题和瑕疵个数的5.4%。

2021年,全国政法队伍教育整顿顽瘴痼疾整治“回头看”期间,珙县司法局对2020年9月以后涉及减刑、假释、暂予监外执行、严管的社区矫正对象档案以及随机抽取的普管社区矫正对象档案,共计67份档案开展了评查,共查出35个瑕疵问题,案件瑕疵率6.4%,即案件规范化率达到了93.6%。

从数据来看,珙县社区矫正工作专职化后执法规范得到了明显的改进,社区矫正工作从司法所移交到中队管理后,社区矫正工作专人专岗、专职专责,每项工作、每个环节、每个流程、每个社区矫正对象都逐一明确了责任人员,社区矫正工作人员的工作职责和目标任务更加清晰,监管责任更加明确。社区矫正工作从司法所剥离后出来后工作人员对社区矫正对象的监督管理更加精准到位,对社区矫正对象的个性特点、工作和生活情况更加了解,制定的监管措施和教育矫正方案更具针对性和实效性，矫正质量和效果明显提升。

四、开展“队建制”改革的成效

在规范执法上，县乡两级有了独立的社区矫正机构，“队建制”改革不仅大大减轻了司法所工作负担，还有效避免了执法干扰。自“队建制”改革以来，珙县社区矫正调查评估平均花费时间由法定的5至10个工作日缩短为3至5工作日，出具的调查评估意见书被采信率由80%上升到90%以上，社区矫正队建制改革所带来的积极变化一目了然。

1. 实现了由过去行使综合指导功能的“机关型”队伍向可以有效组织具体的刑事执行的“实战型”执法队伍的转变。社区矫正执法大队具有明显的独立性和较大的工作权限，可以直接开展对外协调，能够迅速、有效地与其他部门协调开展相关工作，形成了指挥灵活、行动迅速、协同作战、工作有力的工作队伍体系，特别是处置突发事件和紧急事项时，提高了快速反应能力和执行力，缩短了案件周转路径，为避免和减少社区矫正对象违规、重新犯罪打下了坚实基础。

2. 加强了专业化建设，保证了专职机构做专门的事，既扭转了司法所难以落实专人承担社区矫正日常管理的局面，也解决了原有县级社区矫正机构虚化的问题，工作职责得以纯化，对于整合执法力量、实现执法队伍专职化发挥了积极作用。

3. 提高了工作效率，解决了司法所承担任务较重、工作人员精力分散等问题。过去司法所干警身兼数职，没有足够的精力做好社区矫正工作，现在有了专门团队，能够及时发现问题、分析问题、解决问题。

推动社区矫正机构向实体化、实战化转变，社区矫正工作队伍向专职化、专业化转型，形成上下协同、运行顺畅的的扁平化管理体系，对于深入践行法治精神、完善刑事执行体制、破解基层执法难题有着重要意义。试点优化监管模式，因地制宜，不断整合执法资源，在珙县试点“队建制”“专人、专职、专业”开展执法工作。[1]经过3年多实践探索、运行，珙县社区矫正“队建制”已形成了一套成熟的管理制度体系，具备较强的可操作性、可复制性。珙县“队建制”改革以来，先后有四川省眉山市仁寿县、南充市西充县、泸州市泸县等地司法局到珙县学习经验并运用于自身的社区矫正工作，均取得了一定成果，充分证明了珙县社区矫正“队建制”模式的适应性和可复制推广性。

---

〔1〕《四强化四提升　四川省宜宾市不断推动社区矫正工作高质量发展》，载司法部网2023年7月10日，http://www.moj.gov.cn/pub/sfbgw/fzgz/fzgzxszx/fzgzsqjz/202307/t20230710_482339.html。

五、存在的问题及加强专门执法队伍建设的对策建议

近年来,随着经济社会发展、刑罚轻缓化的趋势,近3年来,宜宾市社区矫正对象每年以大于5%的比例逐年递增,每年净增加120余名;随着两高两部《关于依法推进假释制度适用的指导意见》的贯彻落实,社区矫正对象数量的持续高位增加,矫正对象监督管理、教育帮扶与执法人员力量不足的矛盾将更加凸出。一方面,社区矫正对象结构和犯罪成因复杂、犯罪类型多,大部分生活困难、就业压力大,存在着多种诱发再犯罪的因素,社区矫正对象存在脱管失控和再犯罪风险;另一方面,绝大多数司法所按照1名在编人员和1名辅助人员配备,工作人员配备严重不足且大多兼职,专业素养欠缺,监管手段单一,因监管不当、履职不到位而存在渎职失职风险,这是现阶段社区矫正工作面临的共性问题。2019年机构改革后,重新组建的司法局职能增加,但政法专项编制没有增加,原有的执法人员难以全面满足司法局机关和基层司法所的要求,在落实两项改革"后半篇"文章中,宜宾市全域推行"队建制"因人员编制等问题,复制推广"队建制"受限。

(一)存在的问题

1. 基层司法行政工作力量不足

目前施行的队伍建制改革试点,只是暂时缓解社区矫正人员力量不足的问题,但均是司法行政部门总编制没有增加下的内部调剂,在一定程度上削弱了其他的司法行政工作力量,有顾此失彼之痹故推广复制难;基层司法所工作人员抽调调动频繁,司法辅助人员工资待遇低,导致留人难,工作质量很难得到基础保障。

2. 社区矫正专业人员缺乏

基层长期缺乏开展教育矫正所需要的大量精通法学、社会学、教育学和心理学的专业人才。

3. 社区矫正社会力量参与还不够

目前有关职能部门和社会群众对社区矫正工作还停留在知晓层面,社会认知度还不高,群众对矫正对象存在偏见、误解、排斥现象,缺乏必要而主动的支持,社会广泛参与的制度机制还未有效建立,激励制度未形成常态,导致社会力量参与人员少、可用资源少,仍存在社区矫正机构单打独斗的局面。

4. 独立行使执法权力不畅

绝大部分县级社区矫正机构为司法局内设机构,在组织查找、提请逮捕、收监执行及社区矫正对象出现不配合工作等突发状况时,社区矫正机构的手段、措施有

限，很难对其形成威慑力，难以对其全面监管。

（二）有关对策建议

1. 建立专业化队伍

建议从顶层设计解决执法队伍“专人、专职、专业”问题。除沿海发达地区外，其他地区多数是以委托司法所开展社区矫正工作，司法所工作力量薄弱、专业性不够是社区矫正对象再犯罪率高的重要因素。

2. 明确社区矫正工作人员执法主体身份

从国家层面明确社区矫正工作人员的执法主体身份，比如纳入人民警察序列；完善专门执法办案所需要的执法装备（车辆）、人员配备及经费保障的顶层设计，完善相关执法手段和社会力量参与机制，树立刑事执行权威。

3. 建议社区矫正工作人员统一着装

目前，不仅同为司法工作人员的公、检、法以及监狱民警都已统一着装，而且行政执法队伍也全国统一着装。《刑法》第 94 条规定，司法工作人员是指有侦查、检察、审判、监管职责的工作人员，社区矫正执法人员属于具有监管职责的司法工作人员。社区矫正作为非监禁刑事执行制度，具有权威、规范、严肃的执法属性，社区矫正工作人员统一着装对于增强执法权威性、培养职业认同感、提升工作质效等具有十分重要的作用，基层也迫切希望能够实现统一着装。

4. 推进信息化建设水平

加强信息化建设是推进社区矫正工作的重要抓手，是节约司法资源、提高监管质效、达到精准监管的有力补充。

5. 提高社会力量参与度

建立健全社会力量引入机制，将社区矫正工作融入基层社会治理体系，在村（社区）“两委”班子中推选符合标准的人员担任社区矫治员，充分发挥其更了解村社区群众情况的优势，协助受委托司法所开展调查评估、走访核实、教育帮扶等工作。

6. 完善社区矫正教育培训机制

建议从中、省层面加强院校合作，研究设置科学的培训课程，规范培训内容，丰富培训形式，加大对社区矫正工作人员的专业培训和系统培训力度，提高教育矫正能力。

我国基层社区矫正执法队伍建设研究

王夏玮*

摘　要：社区矫正执法队伍是社区矫正制度建设的关键，基层社区矫正执法队伍建设直接影响社区矫正工作质量。目前基层社区矫正执法队伍存在编制不足、执法人员身份不明确、队伍结构不合理、职业保障不到位等问题，阻碍了执法队伍的正规化、专业化和职业化建设。做好基层社区矫正执法队伍建设的前提是“开源节流”拓展编制数量和将执法人员的身份初步定位为“普通公务员＋警察”，而队伍建设的关键则是全面提升执法人员的专业素质，同时需要从增加经费和畅通职业晋升路径上予以保障。

关键词：社区矫正；编制；执法队伍；人民警察

引　言

社区矫正作为一种非监禁刑执行措施，不仅能够促进社区矫正对象顺利改造、重新回归社会，而且符合国际上刑罚轻缓化、行刑社会化的趋势，成为衡量刑事司法文明进步的重要标志。我国从2003年开始开展社区矫正试点工作，二十年来取得了较大发展。实践经验告诉我们，社区矫正执法队伍建设是做好社区矫正工作的关键和抓手。2014年4月，习近平总书记在听取司法部工作汇报时明确指出，“社区矫正已在试点的基础上全面推开，新情况新问题会不断出现。要持续跟踪完善社区矫正制度，加快推进立法，理顺工作体制机制，加强矫正机构和队伍建设，切

---

* 作者单位：宜宾学院法学与公共管理学部。

实提高社区矫正工作水平。"[1]2019 年 12 月颁布的《社区矫正法》为社区矫正工作的实施提供了法律保障。目前,各地都在依法努力加强社区矫正执法队伍建设,如进行扩大"队建制"、设置社区矫正官等尝试,完善借调监狱、戒毒警察参与社区矫正工作的制度。但总体而言,基层社区矫正执法队伍建设工作进展缓慢,已经成为制约基层社区矫正工作顺利开展的突出问题。因此,深入探讨基层社区矫正执法队伍建设问题,提出相应的对策建议,对于推进基层社区矫正工作具有重要意义。

一、社区矫正执法队伍概况

(一)社区矫正执法队伍的范围

社区矫正执法队伍是指负责社区矫正工作的具体实施,履行社区矫正中的监督管理、教育帮扶等执法职责,并承担相应的法律责任的组织。根据《社区矫正法》相关规定,目前我国社区矫正的执法队伍仅指县级以上人民政府所设置的社区矫正机构。而居民委员会、村民委员会、社区矫正对象的监护人、家庭成员,所在单位或者就读学校、其他企业事业单位、社会组织、志愿者等是社区矫正工作的参与力量或辅助力量,他们参与社区矫正需在社区矫正机构的统一组织下依法进行。另外,虽然根据《社区矫正法》第 9 条的规定,县级以上地方人民政府是根据需要设置社区矫正机构。但将此规定理解为必须设置社区矫正机构更为适宜,原因有二:第一,中国共产党十八届三中全会通过的《中共中央关于全面深化改革重大问题的决定》中指出:"……探索建立与行政区划适当分离的司法管辖制度,保证国家法律统一正确实施。"[2]另外,中国共产党十九届三中全会通过的《中共中央关于深化党和国家机构改革的决定》要求合理设置地方机构,赋予省级及以下机构更多自主权,除中央有明确规定外,允许地方因地制宜设置机构和配置职能,允许把因地制宜设置的机构并入同上级机关对口的机构等。[3] 因此,从长远发展考虑,设置社区矫正机构有利于推动社区刑罚执行的垂直管理模式建立,减少县级政府对社区刑罚执行的干预,符合党中央深化机构改革的要求。第二,《社区矫正法》第 10 条明确规定,司法所是根据社区矫正机构的委托,承担相关的社区矫正工作。既然是委

---

[1] 《司法部有关负责人就〈中华人民共和国社区矫正法〉施行三周年回答记者的提问》,载深圳市司法局网,http://sf.sz.gov.cn/szssfjwzgkml/szssfjwzgkml/zcfgjzcjd/zcjd/content/post_5621730.html,最后访问日期:2023 年 10 月 6 日。

[2] 《中共中央关于全面深化改革若干重大问题的决定》,载《求是》2013 年第 22 期。

[3] 参见《中共中央关于深化党和国家机构改革的决定》,载《共产党员(河北)》2018 年第 5 期。

托,社区矫正机构则需要具备独立的主体资格,必须专门设置,而不应是司法局原有的社区矫正科(股)或者司法局内设的社区矫正中心。

(二)社区矫正执法人员的职责

我国的《社区矫正法》并未对社区矫正执法人员的职责作出具体的规定,而2020年7月1日起实施的《社区矫正实施办法》和各地相继出台的社区矫正实施细则均对社区矫正机构的法定职责作出了细化的规定,主要包括以下几个方面:(1)接受委托进行调查评估,提出评估意见。(2)接收社区矫正对象,核对法律文书、核实身份、办理接收登记,建立档案。(3)组织入矫和解矫宣告,办理入矫和解矫手续。(4)建立矫正小组、组织矫正小组开展工作,制定和落实矫正方案。(5)对社区矫正对象进行监督管理,实施考核奖惩;审批会客、外出、变更执行地等事项;了解掌握社区矫正对象的活动情况和行为表现;组织查找失去联系的社区矫正对象,查找后依情形作出处理。(6)提出治安管理处罚建议,提出减刑、撤销缓刑、撤销假释、收监执行等变更刑事执行建议,依法提请逮捕。(7)对社区矫正对象进行教育帮扶,开展法治道德等教育,协调有关方面开展职业技能培训、就业指导,组织公益活动等事项。(8)向有关机关通报社区矫正对象情况,送达法律文书。(9)对社区矫正工作人员开展管理、监督、培训,落实职业保障。

(三)社区矫正执法人员的身份

《社区矫正法》第9条规定,社区矫正执法人员应为具有法律等专业知识的专门国家工作人员。但是具体身份如何,法律没有作出进一步规定,对此,学者们主要有以下两种不同的观点,实践中也出现了相应的做法。

第一,普通公务员身份。该观点认为社区矫正执法人员根据《社区矫正法》第9条的规定,是具备专业知识的国家工作人员,即普通公务员的身份,而不具备警察或其他专门身份。

第二,警察身份。持该种观点的学者主要基于以下两点原因:其一,《社区矫正法》第10条明确规定,社区矫正机构应履行监督管理、教育帮扶等执法职责,并且社区矫正是法定机关根据《刑法》《刑事诉讼法》的相关规定,对被判处管制、宣告缓刑、假释和暂予监外执行的罪犯所采取的非监禁刑罚执行措施,需要在一定程度上限制他们的人身自由,因此对比监禁刑由监狱民警执行,限制人身自由的行政处罚由公安民警执行,社区矫正也应由具有警察身份的国家工作人员来执行。其二,从社区矫正执行效果而言,具有警察身份的社区矫正执法人员对于社区矫正对象更具有威慑力,更能让其明确自己的罪犯身份,而非提前释放,并且所采取的社区矫正措施也具有强制力，这样后面的矫正工作进展会更为顺利。因此，在实践中，不少地方会抽调监狱民警或戒毒民警参与社区矫正工作。

（四）社区矫正执法队伍的架构情况

关于基层社区矫正执法队伍的架构建设，很多地方因地制宜，进行了各种尝试，也取得了一些成效。以四川省宜宾市下属各区县为例，目前已经形成三种比较成熟的执法队伍架构模式：

1. 珙县的“队建制”模式。该模式的特点是“片区化”组建矫正机构，在县级层面设立珙县社区矫正管理局，加挂珙县社区矫正执法大队的牌子，同时将全县乡镇划分为5个片区，组建5个社区矫正执法中队，从而实现社区矫正“片区化”执法，“一体化”运行。

2. 筠连县模式。该模式主要有两个特点：第一，在保留社区矫正管理局和社区矫正执法大队不变的基础上，新成立社区矫正服务中心，该中心为县司法局下属事业单位（正股级），其设立的目的是解决因公务员编制不足，实际参与开展社区矫正工作的专业人员少的问题。第二，初步形成“队所联建”工作机制，即在县社区矫正大队（局）下设社区矫正执法中队在司法所，并明确2名工作人员专职开展社区矫正工作。

3. 长宁县、兴文县的“片区制”模式。首先，由县编办正式行文将县司法局内设股室“社区矫正管理股”更名为“县社区矫正管理局”，加挂县社区矫正执法大队牌子，两块牌子一套人马，作为县级社区矫正机构。其次，结合各地实际，以区域相邻、便于管理为原则，依托中心镇，设立社区矫正执法中队，每个中队辖3至4个镇作为县社区矫正执法大队下属机构，负责辖区内社区矫正工作。

二、我国基层社区矫正执法队伍建设存在的问题

（一）基层社区矫正执法队伍编制不足，不能实现专职化

《社区矫正法》实施前，社区矫正工作基本都是下派到各司法所来完成，虽然县级司法局也会设立社区矫正科（股）、社区矫正中心这样的内设机构，但其一般不对社区矫正对象进行直接的管理，仅对司法所的社区矫正工作进行业务指导和行政管理。根据《社区矫正法》的规定，县级以上人民政府需要设置具有独立主体资格的社区矫正机构。于是，一些地方近几年相继设立了社区矫正管理局或者将原来的社区矫正中心独立出来，但实际上还是一套人马、两块牌子，没有增加任何矫正人员编制，一般也不承担具体的社区矫正工作，这与《社区矫正法》将社区矫正机构

定位为负责社区矫正工作具体实施组织的初衷不相符合。这样一来,目前我国基层大量具体的社区矫正工作仍然是由司法所来承担,只不过依照法律规定,需要履行一个委托手续,而司法所本身缺编的情况就很严重,大量存在"一人所"、"二人所"甚至"无人所",同时,司法所工作人员的增加速度与社区矫正对象的快速增长不相匹配。以江西为例,该省2010年、2014年和2016年的调查显示,这期间全省的社区服刑人员增长率达439.3%,而同期司法工作人员的增长率仅为14.93%,远低于社区服刑人员的增长速度。[1] 另外,司法所并非只从事社区矫正这一项工作,而是同时承担人民调解、法制宣传、对刑释解教人员的安置帮教工作,根本无法实现社区矫正工作的专职化。

(二)执法人员身份不明确,执法缺乏强制力

随着《社区矫正法》的颁布实施,有关社区矫正方面的法律法规已日趋完善,但经过梳理会发现,这些法律法规基本都是以规范社区矫正执法内容、执法程序为主要内容,几乎没有涉及社区矫正执法人员的身份界定问题,更没有像警察、检察官、法官、律师那样有专门的法律来规定职权职责及身份保障。因此在实践中,社区矫正机构的工作人员只能以普通工作人员的身份来开展相应工作,但因为没有佩戴执法标志、执法手段缺乏国家强制力保障,社区矫正对象不能真正感受到刑罚执行的威严,并自觉履行相关义务,更有甚者会有提前释放的错觉,同时对于社区矫正对象在矫正过程中的不当行为,社区矫正机构除了依法报请有关机关处理外,也束手无策,直接影响了社区矫正的效果。

(三)基层社区矫正执法队伍结构不合理

目前我国基层社区矫正执法队伍结构的不合理性,主要体现在以下三个方面。

1. 专业结构不合理

从专业结构看,基层社区矫正执法队伍中,法律专业毕业的占绝大多数,其次是管理学、教育学等专业。然而,社区矫正就其实质而言,是为犯罪人在管制、缓刑、假释、暂予监外执行期间,提供思想教育、心理辅导、行为纠正、就业培训、信息咨询、生活照顾等,使之消除犯罪心理、修正行为模式、修复社会关系,从而顺利回归社会。因此,社区矫正工作未来需要大量的心理学、社会学专业人才加入。

2. 年龄结构不合理

从年龄结构看,基层社区矫正执法队伍普遍比较年轻。队伍的年轻化有一定

---

〔1〕 参见江西省司法厅课题组:《关于基层社区矫正队伍建设的探索与思考》,载《中国司法》2017年第2期。

的优势,如受教育水平高、可塑性强、有活力、精力充沛、学习接受新鲜事物能力强等。但过于年轻的年龄结构也存在着明显的弊端:首先,对工作缺乏持续的热情与积极性,抗挫折能力较差。年轻人往往刚开始工作时积极性很高,而一旦在工作中受挫,就可能出现自暴自弃、消极怠工、敷衍了事的情况。其次,人员流动性较大。目前在社区矫正机构工作的很多年轻人因为缺乏职业规划引导与家庭责任感、待遇不高或想追求新事物的心理,并未把这项工作视为自己的长期职业,一旦有合适的机会,他们就会离开。此外,缺乏工作经验与社会阅历,在面对突发事件和复杂问题时,也会显得束手无策。

3. 性别结构不合理

从性别结构看,基层社区矫正执法队伍中女性工作人员的占比较高,但这不并利于社区矫正工作的顺利开展,原因有二:第一,县级或县以下的各乡镇,往往地处偏远且地域辽阔,从出行或安全考虑,男性工作人员更为适合。第二,从社区矫正对象的性别结构分析。鉴于社区矫正对象仍具有一定的社会危险性,男性工作人员更具有优势。

(四)基层社区矫正执法队伍缺乏系统化的专业培训

基层社区矫正执法人员文化程度参差不齐,专业背景过于单一,主要来自法学专业,缺乏开展社区矫正工作所需专业知识,迫切需要对其进行系统化培训。然而,我国目前对于基层社区矫正执法人员缺乏系统化的培训机制。虽然在新进人员入职时大多会进行岗前培训和考核,工作期间也会定期有相应的业务培训,但是因为培训内容单一,往往只针对法律,培训缺乏体系化的教材和合格的师资,以及培训时间无法保障等具体原因,现有的培训往往流于形式,收效不大,无法真正提升社区矫正执法人员的执业能力。

(五)基层社区矫正执法队伍缺乏职业保障

社区矫正执法队伍的专业化和稳定化需要有力的职业保障,而目前我国基层社区矫正执法队伍职业保障明显不足。

1. 队伍建设经费不充足

基层社区矫正经费来源比较单一,主要由县级财政承担,但是由于各地财政状况差别较大,且对于社区矫正工作的认识和重视程度不同,导致一些地方的经费保障明显不足:一方面,相应地区的基层社区矫正执法人员的工资待遇普遍偏低,即使是具有公务员编制的执法人员,因为身处基层,工资收入也相对较低,与其实际承担的工作量相比,差距更大。另一方面,工作经费紧张,执法人员无法自己开展或购买社会服务开展相应的矫正工作,社区矫正难以取得预期成效。

2. 执法身份无保障

有关执法身份的问题,前面的论述中也有涉及,在这里,做一个小结。笔者认为导致基层社区矫正执法人员身份缺乏保障的原因主要有两个:第一,基层社区矫正机构编制不足,实际从事社区矫正工作的人员中,很多是临聘或借调人员。第二,法律上没有对执法人员是否具有警察身份抑或是专门的矫正官身份作出明确的规定。而执法人员身份无保障的后果则是他们缺乏职业自信和相应的执法权限及国家强制力保障,某些社区矫正过程中需要采取的具体措施自然被虚置,社区矫正工作无法真正落实。

3. 个人职务晋升机制不畅通

在个人职务晋升方面,基层社区矫正执法人员的职业发展空间普遍较小,晋升比较困难。一方面,基层社区矫正机构的建制级别较低,导致其工作人员的晋升空间有限。另一方面,如前所述,不少从事社区矫正工作的人员是没有编制的临聘人员,他们不仅工资比有编制的职工低很多,也谈不上任何职务晋升。

三、对我国基层社区矫正执法队伍建设的建议

(一)“开源节流”式多路径应对社区矫正机构编制不足

1. 合理新增编制数量

合理新增基层社区矫正机构专职人员的编制数量是解决编制不足问题的根本办法。但《中共中央关于深化党和国家机构改革的决定》指出,要精简机构,严格控制机构编制,提高工作效率,全面提高国家治理能力和治理水平。在这种背景下谈新增编制是否可行?笔者认为是可行的,因为《社区矫正法》明确规定,县级以上地方人民政府根据需要设置社区矫正机构,作为新设机构,自然可以新增编制,只是需要在合理的限度内新增,即一方面参考每个地方年平均社区矫正对象数量,按1:35 的专职社区矫正人员与社区矫正对象人数比新增编制;另一方面在前述应当新增的编制中适当扣除从其他国家机关转入的人员编制。

2. 转编部分监狱和戒毒机构人民警察

首先,可以将部分监狱民警的编制转入社区矫正机构。随着社会的发展,监禁刑的弊端日益显露,不仅执行成本过高,还会对罪犯本人和他的家庭产生长期负面影响,不利于罪犯顺利回归社会。同时,受轻刑化趋势影响,国家在今后可能会进一步扩大缓刑和假释的适用范围,这样一来,监狱的人员编制可能会出现富余,将

这部分编制转入社区矫正机构进行非监禁刑执行，不失为一个两全其美的办法。其次，可以将部分戒毒机构民警的编制转入社区矫正机构。《中共中央关于全面深化改革若干重大问题的决定》指出："废止劳动教养制度，完善对违法犯罪行为的惩治和矫正法律，健全社区矫正制度。"[1]可以看出，国家有用社区矫正制度代替劳动教养制度之意。而劳动教养制度废除后，不少劳动教养机构改为戒毒机构，因此将其中的部分编制转入社区矫正机构也是符合情理和逻辑的。

3. 充分发挥社会力量参与社区矫正

《社区矫正法》第13条规定："国家鼓励、支持企业事业单位、社会组织、志愿者等社会力量依法参与社区矫正工作。"社会力量参与社区矫正可以协助社区矫正机构完成大量针对矫正对象的教育帮扶工作，这在很大程度上缓解了社区矫正人员编制不足的问题。同时，像社会组织、志愿者这些社会力量可以利用自身专业优势，在矫正过程中采取心理干预、社会适应性训练、人际交往能力提升、就业指导等多种方式，从而有效提升社区矫正质量，帮助社区矫正对象顺利回归社会。

（二）"普通公务员＋警察"的执法人员身份定位模式

如前所述，《社区矫正法》对社区矫正执法人员的身份并没有明确规定，只是在第10条原则性规定了须是具有法律等专业知识的国家工作人员，但警察本身也属于国家工作人员的范畴。对此，笔者认为，目前，我国社区矫正执法人员的身份定位不宜采取"一刀切"的方式，实践中，既需要有普通公务员身份的执法人员，又需要有警察身份的执法人员，他们在社区矫正中所需履行的职责不同：普通公务员身份的执法人员主要负责组织与统筹、资料收集、文书档案管理、教育帮扶等强制性与对抗性不强的事项。警察身份的执法人员则负责运用强制力予以实施的事项，包括：（1）在入矫宣告时让社区矫正对象明确自己服刑人员的身份；（2）对社区矫正对象进行监督管理，实施考核奖惩；（3）审批会客、外出、变更执行地等事项；（4）对社区矫正对象的违法行为进行调查取证；（5）对社区矫正的轻微违法行为予以及时惩戒等。

（三）多路径提升基层社区矫正执法队伍的专业素质

1. 严格执法人员准入机制

基层社区矫正执法队伍的专业素质提升需要从进口把好关。首先应当制定严格的招考条件和要求，让最终被录用的人员是既具有扎实专业功底，又愿意长期从

---

[1] 《中共中央关于全面深化改革若干重大问题的决定》，载《人民法院报》2013年11月16日，第2版。

事社区矫正工作的优秀人才。其次,可以丰富招录专业,让更多社会学、心理学、教育学等专业人才有机会参与到基层社区矫正工作中来。最后,允许基层社区矫正机构根据自身实际,设置有针对性的报考要求,如对专业背景、工作经历甚至是性别等进行特别规定,以解决内部现有队伍结构不合理的问题。

2. 创新培训方式

对基层社区矫正执法人员的培训总体而言可以采取定期与不定期相结合、线上与线下相结合的方式。具体的培训又可以根据培训内容和培训对象的实际情况选用多样化的方式:第一,传统讲授式培训,即以培训老师一人讲授为主,当然也会穿插一些提问和互动环节,这种方式比较适合偏理论性知识的学习。第二,分享互动式培训,即由培训老师和学员分别分享相关矫正案例、自己的矫正工作经验以及工作中遇到的困惑,由此展开交流互动,培训老师负责在整个过程中做好引导和总结。第三,沉浸式培训,即培训老师和学员采取角色扮演方式,呈现有代表性的社区矫正案例全过程,在这个过程中一起讨论矫正计划、矫正措施以及总结矫正成果。

3. 丰富培训内容

社区矫正工作是一项需要综合运用多种学科知识和技能的工作因此,必然需要开展内容丰富的专业培训。[1] 首先,培训需要系统化,最好划分版块制定培训计划和培训大纲,内容全面覆盖跟社区矫正工作相关的所有领域的专业知识,如法学、心理学、社会学、管理学、教育学等。其次,可以对执法人员开展相关的职业资格培训,如社会工作师、心理咨询师培训,鼓励他们考取相关的资格证书,以考促学,综合提升基层社区矫正执法队伍的素质。

(四)建立合理有效的队伍建设保障机制

1. 多渠道强化队伍建设经费保障

经费保障是社区矫正执法队伍建设的关键。队伍建设经费主要用于执法人员的工资和培训费用、开展社区矫正所需的办公条件和办公设施、购买社会服务、引进优秀人才等。为了解决基层社区矫正执法队伍建设经费不足的问题,可以尝试从以下两个渠道拓展经费来源:第一,由上级政府分担。一方面,目前在我国,社区矫正经费由同级财政支付,然而社区矫正工作的具体实施却大多由基层社区矫正机构来承担,使得基层政府财政压力过大,需要厘清的是,做好社区矫正工作,维护

---

〔1〕 参见吴宗宪、张威:《我国农村社区矫正队伍建设问题研究》,载赵秉志主编:《刑法论丛》第62卷,法律出版社2021年版。

社会治安不仅是基层政府的责任,也是各级政府应当共同承担的责任。另一方面,就刑罚执行趋势而言,监禁刑会逐渐减少,取而代之的是社区矫正这类非监禁刑执行,因此完全可以将原来划拨给监狱用于罪犯改造的费用部分转给社区矫正机构,而大部分监狱的经费是由省级财政负担。第二,社会力量捐助。政府可以通过各种方式鼓励企业、社会组织或个人进行专项资金捐助,作为社会共同体参与社区矫正事业,履行自身的社会责任。

2. 多举措畅通执法人员职业发展通道

畅通基层社区矫正执法人员的职业发展通道,不仅能够激发他们的工作热情与积极性,还能增强他们的职业认同感与安全感,明确努力的方向。具体可以从以下四个方面着手。第一,帮助新录用执法人员做好职业规划,让他们能充分发挥自己的专业优势与特长,有目标、有步骤地去实现自己在这个职业中的梦想。第二,以系统、全面、持续的职业培训为抓手,不断提高他们的专业素质与业务能力,为职业晋升做好自身储备。第三,完善考核制度,建立有效的竞争激烈机制,真正做到"能者上、平者让、庸者下"。第四,参考检察官、法官的晋升机制,建立专门的社区矫正工作序列的职称职务晋升机制,为今后国际通行的矫正官制度在我国的确立奠定基础。

结　语

社区矫正执法队伍是社区矫正制度建设的关键,针对基层社区矫正执法队伍的实际情况,未来可将拓展编制数量和执法人员"普通公务员 + 警察"的身份定位作为队伍建设前提,执法人员专业素质的全面提升作为建设关键,同时从增加经费和畅通职业晋升路径上予以保障。这一构想不仅符合我国社区矫正事业的发展规律,而且符合世界主要国家的通行做法,有利于矫正工作队伍的发展壮大和对矫正工作的有效管理。但在具体的实施路径上需要进一步深入研究与推广。

宜宾市社区矫正执法队伍建设研究

杨　华*

摘　要:社区矫正是国家行刑走向社会化的一个重要路径,也是刑事政策走向刑事一体化的重要表现。以我国大力推进社区矫正建设为背景,宜宾市在社区矫正队伍建设中不断创新,通过优化基层社区矫正管理结构、整合社区矫正执法队伍等举措,取得良好成效,但仍存在司法所的社区矫正职责定位不当、社区矫正专业人员缺乏等问题亟待完善解决。通过法律层面明确社区矫正机构执法主体地位,完善社区矫正队伍建设的保障机制等全面推进社区矫正的专业化建设,才能实现当前社区矫正面临的难题,实现刑罚目的和社会效果的统一,从而更好地维护社会公平正义。

关键词:社区矫正;执法队伍建设;宜宾市

引　言

自2019年12月我国正式通过了社区矫正领域内第一部专有法律——《社区矫正法》以来,我国社区矫正工作进一步细化,其对推动我国社区矫正工作的发展起到了重要作用。社区矫正制度的存在明确了我国社区矫正工作取得重大成效,让一大批社区矫正对象成功回归社会,充分体现了社会主义法治的优越性。为深入贯彻习近平法治思想和习近平总书记对社区矫正工作的重要指示精神,宜宾市以贯彻执行《社区矫正法》为重点,坚持以"严监管、强规范、保稳定、促回归"为目标,充分发挥社区矫正委员会牵头抓总、统筹协调作用,不断试点优化监管模式,着力构建"组织健全、制度完善、运行高效、协作配合"的社区矫正运行机制和探索打造

---

* 作者单位:宜宾学院法学与公共管理学部。

“专职、专责、专业”的社区矫正执法队伍。从宜宾市社区矫正执法队伍建设现状出发,从执法主体、社区矫正队伍保障、多元化教育帮扶、规范化执法监管水平、智能化提质增效等方面共同发力,使社区矫正执法队伍建设朝着专业化方向发展。

一、宜宾市社区矫正执法队伍建设现状

截至2023年二季度,宜宾市市级社区矫正机构工作人员3人,县级43人(含三江新区),县区选派监狱戒毒警察7人;累计接收社区矫正对象21,395人,累计解除社区矫正对象18,531人,在册社区矫正对象2864人,无影响社会稳定的重(特)大案(事)件发生。宜宾市社区矫正工作紧盯风险防控新形势、紧扣社会治理新要求、紧跟刑事执行新态势,引进有法律知识和心理咨询知识的专业人才,增强社区矫正工作力量,以适应新时期社区矫正工作高质量发展的要求。

(一)基层社区矫正管理结构不断优化

以《社区矫正法》的颁布为契机,宜宾市各区县司法局结合各地工作实际,为提高社区矫正工作队伍向专职化、专业化水平发展,采取有针对性、实效性的措施。

1. 设立社区矫正服务中心

筠连县司法局在保留社区矫正管理局和社区矫正执法大队不变的基础上,新成立了社区矫正服务中心为县司法局下属事业单位,正股级,设主任1名,核定事业编制2名。社区矫正服务中心设立的主要目的是解决因公务员编制数少,参与开展社区矫正工作的专业人员少的问题。划定的事业编制针对性地招录相关专业人员,专职专业开展社区矫正工作,极大提高了社区矫正工作的专业性和规范性。

2. 探索“队所联建”工作机制

司法所除承担司法行政9项业务工作外,还要参与乡镇中心工作,人员不足、精力分散,社区矫正工作很难落实到位。为进一步做实做强县级社区矫正机构,筠连县在县社区矫正大队(局)下设社区矫正执法中队在司法所,由筠连镇司法所率先试点(筠连镇社区矫正对象占全县1/3以上),明确2名工作人员专职开展社区矫正工作,与开展司法所其他业务工作人员区分开,推动社区矫正工作队伍向专职化、专业化转型,形成上下协同、运行顺畅的的扁平化管理体系。

3. 成立县级社区矫正管理局

在长宁县、兴文县,开展“片区制”试点。一是在长宁县、兴文县推行“片区制”试点。由县编办正式行文将县司法局内设股室“社区矫正管理股”更名为“县社区矫正管理局”,加挂县社区矫正执法大队牌子,两块牌子一套人马,作为县级社区矫

正机构,行使全县社区矫正刑事执行权。二是结合各地实际情况,优化调整乡镇司法所,探索整合力量实施司法所片区(社区矫正执法中队)联动机制,按照区域相邻、便于管理的原则,由县司法局出文,依托中心镇,设立社区矫正执法中队,每个中队辖3—4个镇作为大队下属机构,负责辖区内社区矫正工作。

成立县级社区矫正管理局,既能保持部、省、市、县四级社区矫正机构名称的同一性,又能赋予县级社区矫正机构相对独立的法律地位,也有利于在县级层面开展横向协调和监督管理,利于对下属社区矫正机构和社区矫正机构和社区矫正对象的统一管理。

(二)整合社区矫正执法队伍

以《社区矫正法》颁布实施为契机,2020年4月,珙县创新实施了社区矫正"队建制"改革。一是"片区化"组建矫正机构。积极争取县委编办,设立珙县社区矫正管理局,加挂珙县社区矫正执法大队牌子,根据"优化集中、方便管理、交通便捷、综合平衡"的原则,将全县乡镇划分为5个片区,组建5个社区矫正执法中队,实现了社区矫正"片区化"执法,"一体化"运行。二是"科学化"配备执法队伍。珙县社区矫正对象在册人数常年在300人左右,在保证各项司法行政工作正常运转下,按照1∶15的比例配置社区矫正执法队伍。其中社区矫正执法大队5人(3专2辅),设置大队长1名,副大队长1名,工作人员3名;社区矫正执法中队建制共16人(7专9辅),设置中队负责人5名,工作人员11名。三是"专职化"开展执法工作。将社区矫正工作和司法所其他行政工作区分,即由社区矫正执法中队专人、专职、专业承担社区矫正对象日常管理和执法工作,不再从事司法所其他司法行政工作,司法所其他司法助理员专职从事除社区矫正执法外的其他司法行政工作。

二、社区矫正执法队伍建设存在的困境

虽然我国大力推进社区矫正建设,再加上《社区矫正法》的颁布,社区矫正工作和场所的条件较之前相比有了质的飞跃,但仍在机构设置、人员力量等方面存在不足。

(一)社区矫正机构设置尚需完善

1. 执法主体资格不明确

社区矫正机构设置的不完善,导致司法行政机关的主体地位不明确。随着我国社区矫正工作的不断深入推进,司法行政机关逐渐成为社区矫正的实际工作主体,且社区矫正工作占司法行政机关工作的大部分。我国《刑事诉讼法》以及相关

的法律法规并没有明确司法行政机关的社区矫正执法主体地位。另外，目前就宜宾市内社区矫正工作的开展情况来看，实施“队建制”和“片区制”试点县的县委编办虽然批准设置了社区矫正管理局（县社区矫正执法大队），但未批复下设执法中队，在执法上尚存在主体资格不明确的问题。

2. 执法主体职责权限模糊

在目前的基层社区矫正工作实务中，社区矫正机构的工作人员需要对被矫正对象进行思想教育、行为改造以及监督考核等，从事上述工作可能会涉及对被矫正对象的人身自由进行一定程度的限制，甚至涉及惩罚性质的内容。但与具有刑罚权的警察相比，社区矫正工作人员没有接受过相关的警务专业知识和技能训练，不具备基本的警察执法权限。因此，社区矫正对象在对被矫正人员进行约束时，其矫正工作难以进行，执法的安全得不到保证〔1〕。

同时，以司法所为代表的基层社区矫正机构的工作兼具法律工作和社会工作的特点，工作中以法律为切入点，以沟通、调解、宣传为主要手段，管理体制、人员编制带有明显地方差别〔2〕。司法所的这些特质，与社区矫正执法的统一、规范、严格等刚性需求格格不入，却与社区矫正的日常执法的社会化熟悉十分契合。

（二）人员力量不足

面对日益增多的社区矫正对象，大多数地区的社区矫正机构出现大量的人员短缺情况，社区矫正人员与被矫正对象的比例仍无法达到。

1. 社区矫正工作者数量不足

目前宜宾市部分区县施行的“片区制”改革试点，仅是从缓解人员力量不足问题角度探索的权宜之计，没有从根本上实现专业专职专责预期，没有与司法所其他业务工作相剥离人员，均是司法行政部门内部调剂，在一定程度上削弱了其他司法行政工作力量，专职专责进程不够。同时，在基层社区矫正机构还存在专职执法人员少，大多数工作人员身兼数职，人员流失过快、青年骨干留不住的问题。

2. 社区矫正工作者水平有待提升

社区矫正作为一种刑罚执行方式，具有强制性。社区矫正的这一性质其实对社区矫正工作人员提出了较高的要求，社区矫正工作者必须正确执行法律，维护社

〔1〕 参见但未丽：《当前中国社区矫正发展的困境及应对》，载《中国人民公安大学学报（社会科学版）》2015 年第 5 期。

〔2〕 参见江西省司法厅课题组、沙闻麟：《关于基层社区矫正队伍建设的探索与思考》，载《中国司法》2017 年第 2 期。

会的公平正义。同时,社区矫正对社区矫正工作者的综合能力有着极高的要求,不仅需要在工作中协调事务,而且要具备和社区服刑人员进行良好的沟通交流的能力[1]。社区矫正人员还应善于利用周围的社会资源,尤其是调动矫正对象的积极性,结合专业的矫正技术与方法,有效地开展工作,从而达到预期效果[2]。

目前,基层社区矫正机构的矫正人员存在文化素养参差不齐、法律素养不足、专业人才稀缺的情况。另外,基层社区矫正机构还存在司法所人员编制复杂、人员编制被挤占、司法所队伍不稳定的情况。

(三)社区矫正经费不足

社区矫正工作人员的薪资待遇普遍偏低,宜宾市各县(区)按照1400元/人每年的标准预算社区矫正工作经费,已多年未予动态调整。社区矫正经费不足,没有较好的福利待遇,社区矫正工作者的工作积极性会相应降低,影响社区矫正的实效。另外,社区矫正需要掌握专业的社区矫正技术的专业人才来进行,经费的不足无法吸引到相应的人才。社区矫正经费不足造成社区矫正的工作经费没法满足日常工作需要,目前我国的社区矫正工作标准仍然较低,只能维持社区矫正基本工作的开展,无法将社区矫正教育活动开展更加多样化,更无法开展具有针对性的社区矫正教育工作。

(四)多元参与度不高

目前有关职能部门和社会群众对社区矫正工作还停留在知晓层面,缺乏必要而主动的支持,还未有效建立起社会广泛参与的制度机制,仍存在社区矫正机构单打独斗的局面。同时,社区矫正机构作为司法局下设的机构,与具有刑罚执行权的公安机关相比,自身职能相对较弱,其权威性稍显不足,影响社区矫正的效果。社区矫正机构工作人员在实际执行过程中,通常进行简单的批评教育,缺乏强制力约束,会导致社区矫正的威慑力不足,违规成本低,被矫正人员在平时的矫正过程中肆意妄为,也可能会造成社区矫正工作人员的可操作空间大,引发不作为的情况发生。

三、加强社区矫正执法队伍建设的措施

社区矫正队伍建设的问题,是涉及我国现行刑罚执行体系和司法行政管理体

---

〔1〕 参见陈姻静:《以“刑”唤“行”——志愿服务队伍孵化在社区矫正社会工作中的运用》,载《中国社会工作》2018年第3期。

〔2〕 参见贾晓文:《社区服刑人员家庭成员参与社区矫正研究与思考》,载《犯罪与改造研究》2018年第11期。

制改革完善的深层次问题。通过从法律层面明确社区矫正机构执法主体地位,完善社区矫正队伍建设的保障机制等全面推进社区矫正的专业化建设,才能实现当前社区矫正面临的难题,实现刑罚目的和社会效果的统一,从而更好地维护社会公平正义。

(一)明确执法主体资格和权限

完善社区矫正执法的程序衔接。从法律层面明确社区矫正的性质,通过《刑事诉讼法》对执法主体资格进行确认,设置完善的法律制度进行保障。要从统一刑罚执行体制的层面,统筹建立社区矫正与监禁刑罚高效联动体系,实现二者的有效衔接。进一步明确司法行政机关的执法地位,参照《监狱法》进一步明确县级司法行政机关是国家的非监禁刑罚执行机关,依法对管制、缓刑、假释、暂予监外执行罪犯在社区内执行刑罚。让司法行政机关独立行使社区矫正执法权,并承担相应的法律后果,使责、权、利三者相互匹配〔1〕。

宜宾市各区县在目前已设立的社区矫正管理局(县社区矫正执法大队)的基础上,可成立社区矫正执法中队。根据各地区社区矫正对象数量、地域范围和工作开展情况,在执法大队下设若干个执法中队,承担社区矫正日常监管执法职责,主要负责办理定期走访、日常监管核查,组织个别谈话、学习教育、社区服务,依法对社区服刑人员给予警告,建议提请治安处罚、撤销缓刑、撤销假释、收监执行、减刑和缩短考验期等刑罚执行事项等工作职能〔2〕。社区矫正执法中队设立后,配备一定数量的社区矫正警察和社区矫正辅助人员,并明确其相应职责。明确执法主体的资格和权限,将有利于矫正经验的积累和矫正教育以及矫正方法的更新。

(二)健全完善社区矫正队伍保障机制

1. 加强经费保障

加强经费保障。制定出台社区矫正经费的最低保障标准,采取由中央、省、市、县四级按比例负担的保障方式,并建立与经济社会发展相适应的动态增长机制,确保社区矫正工作的正常开展。与所在地区财政部门配合,制定当地社区矫正的实际工作经费标准,将社区矫正经费纳入当年财政预算,并予以足额的保障,从而保证和推动社区矫正工作的顺利进行。

---

〔1〕 参见江西省司法厅课题组、沙闻麟:《关于基层社区矫正队伍建设的探索与思考》,载《中国司法》2017 年第 2 期。

〔2〕 参见江西省司法厅课题组、沙闻麟:《关于基层社区矫正队伍建设的探索与思考》,载《中国司法》2017 年第 2 期。

2. 增强执法队伍力量

(1)核准编制,扩充人员。从宏观方面,要增强社区矫正的队伍力量,需要增加社区矫正的专业工作人员。对于司法所的人员配备,尽量采取阶梯式结构,既要配备年轻的干部,又要配备经验丰富的干部,对基层社区矫正机构的人员构成进行合理优化。如果出现岗位空缺,及时报请县(市、区)组织、人事进行公开招录,保证人员的连续性和稳定性。以科学考核为有力抓手,量化考核指标,结合工作实际,协调县(区)编办,支持各县(区)成熟一县改制一县。

(2)提高执法队伍素质建设。工作人员必须取得相应的资格证书后,才具备开展社区矫正工作的资格。建立业务培训机制,加大业务培训力度,实行年审注册制。社区矫正人员每年都必须参加一定课时的业务培训,并通过相关考核。要通过专题培训、以会代训、外出学习、网络培训等多种形式,不断提升执法人员的职业素养和执法水平。同时,打通职业晋升通道,根据社区矫正工作特点,为不同的人员设定不同的专业层级,建立职务晋升机制,提升执法队伍的稳定性。

(三)加强多元化教育帮扶

1. 扩大对辅助力量的招募

社区矫正的实质,是将犯罪人由“被动接受矫正”的角色转化为“自愿参加矫正”的过程,而基层组织作为完成转化过程的中坚力量,具有重要作用。在对于被矫正人员的矫正工作中,其应当充分发挥基层组织的作用和影响力,由熟悉本地区具体情况的干部进行指导,发挥社区矫正工作中“社会性”的显著优势,为多元化帮扶工作提供支持〔1〕。

同时,引进和推动社会力量参与社区矫正工作,市上将继续统一采购社会服务,委托第三方为全市社区矫正对象开展心理辅导、危机干预、远程在线教育等,为各县(区)重教育、真帮扶解决后顾之忧。应面向全社会进行招聘,建立社区矫正志愿者队伍。同时,还应号召公、检、法、司有关退休干部参与到社区矫正工作中来,这部分人有着丰富的刑事司法经验,既可以弥补社区矫正人员数量不足的情况,还可以提升社区矫正水平和专业化程度。

2. 充分发挥高校的作用

目前,全国大部分高校均设置有社会工作专业,社区矫正工作的开展,可以充分利用好高校学生这一资源。将社区志愿服务的理念进行广泛传播,号召大学生

---

〔1〕 参见黄思翰:《社区矫正工作者队伍建设研究》,载《就业与保障》2020年第13期。

参与到社区矫正工作中。社区矫正机构可以通过与设置有社会工作、法学专业的高校签订实习计划的方式，推动学生将理论与实践相结合，参与到基层社区矫正所举行的各类活动和培训中，弥补人员力量的不足，同时学生也能发挥专业所学，推动社区矫正机构的专业化。

通过多渠道进行多元化教育帮扶，号召全社会的力量，缓解社区矫正机构工作人员的工作压力，提高社区矫正工作的实效性。

（四）提高规范化执法监管水平

完善法院、检察院、公安机关、司法行政机关和监狱协作机制，定期开展巡检巡查；进一步明确司法行政机关、社区矫正机构和司法所的职责任务，切实做到各司其责、各尽其责。注重法治化保障推进，充分发挥社区矫正委员会的统筹协调作用，推动各成员单位多方发力分类指导、精准施策监管帮扶，实现工作成效最大化。

同时，建立完善的监督机制。因社区矫正管理监督涉及面广、任务繁重，需要建立完善的监督机制。完善的监督机制能够有效地加强各部门在社区矫正工作上的协作，同时也能起到制约法院、检察院、司法行政机关等国家公权力机关的作用，能够更好地保障社区矫正工作的有序开展。

（五）注重智能化提质增效

1. 优化智能矫正中心功能

持续高标准建设阵地，不断推进"智慧矫正中心"纵深发展，及时总结监管队伍试点成果并形成制度机制，以科学考核为有力抓手，量化考核指标，结合工作实际，协调县（区）编办，支持各县（区）成熟一县改制一县，打造具有宜宾特色的社区矫正管理队伍。

2. 制定有针对性的矫正方案

社区矫正的被矫正对象具有差异性，其生活的场所以及具有的技能往往不同。如果仅采取单一的社区矫正方法，社区矫正的效果无法达到最大化。为了更大限度地利用社区矫正资源，更好地发挥被矫正对象的主观能动性，在原有的社区矫正教育的基础上，可以更多地融入文化知识教育和职业技能培训方面的内容。对被矫正人员进行教育评估，通过对其进行定期的问卷调查，谈话，了解其思想动态，评估其教育矫正效果，及时调整相应的矫正方案。

在当前全面推进社区矫正工作的社会大背景下，建设社区矫正工作者队伍势在必行，健全完善社区矫正队伍保障机制、提高规范化执法监管水平、加强多元化教育帮扶等是推进我国社区矫正工作队伍建设的有力举措。通过加强人员保障、经费保障、智能化助力社区矫正等方法可以弥补当前我国社区矫正工作的局限性,从而保障社区矫正工作的顺利进行;同时,也能使我国社区矫正工作更加专业化,社区矫正教育更加多元化,提高社区矫正的质量,打造一支高质量的社区矫正管理队伍。

社区矫正队伍专职化深入推进几个问题的思考

郑意雄[*]　赵　爽[**]

自《社区矫正法》实施以来，各地结合实际，深入贯彻和落实。在社区矫正队伍建设方面，专职化探索不断涌现，通过组建局、大队、监所延伸用警等方式，不断增强基层工作队伍力量。随着各地探索不断深入，有几个相关问题需要引起注意。

一、专业队伍人员职业前景问题

社区矫正专门机关在运行良好的地域，警矫比能达到1∶100，有效提升了警力使用质效。各地大多以区县为单位组建专门工作部门，级别大多为科股级，但客观上存在正编人员和辅助人员规模小，正编干警职业天花板低的情况，这必然会带来专业"警种"队伍人才流失问题。未来可以考虑以地市乃至更高层级统筹社区矫正正编人员使用问题，打通向上通道，辅助配套相关职称制度，充分确保队伍稳定，也避免相同的队伍在同一地区过于长期的执法产生的次生问题。

二、社区矫正工作相关监督问题

通过互联网搜索可以知道，司法行政领域司法所层面职务犯罪基本都与社区矫正违法违规有关。社区矫正机构通过集中统一行使社区矫正职责，带来了工作规范化，人员专业化的同时，监督问题也随之而来。《社区矫正法》第23条规定社区矫正对象有履行"报告、会客、外出、迁居、保外就医等监督管理规定，服从社区矫正机构的管理"。各地社区矫正机构落实的形式略有不同，但无疑成为公权力机构

* 作者单位：四川省成都市青白江区司法局清泉司法所。
** 作者单位：四川省崇州市司法局廖家司法所。

对社区较正对象强力的管理和干预的依据。在之前的刑事实践中,违反相关法律法规的社区矫正工作人员权力来源都出自类似的规定,典型案例层出不穷。目前,专门社区矫正机构出现类似问题的案例尚未发生,这也是权力集中后,监督集中的良性结果。但要看到,权力集中,矛盾也集中,社区矫正机构及其工作人员出现类似问题的概率也极大增大。

从法律层面来看,《社区矫正法》仅在第61条就社区矫正机构工作人员出现违法违规的情形进行了强调性规定,并无专门的对社区矫正机构及其工作人员的规定。对社区矫正机构和工作人员的监督,仍然以群众监督、人大监督、舆论监督、法律监督、纪检监督以及上级社区矫正部门或司法行政机关对下级的业务监督为主。在权力和管理收束的情况下,相关监督实践的效果还有待评估,新的监督渠道也应当探索和谋划,否则一旦发现相关案例,涉及人数、金额都将教专门机构组建前为广泛和恶劣,社会影响也将极坏。

三、社区矫正工作深入推进问题

机构专门化、队伍职业化带来的业务专业化,这里就不在赘述。整体来看监督管理和教育帮扶均教改革前取得突破性进展,随着机构专门化对上级要求落实也越来越细,可能带来上级要求越来越繁多的可能。近年来,各地普遍反映入矫人员不断增多,在矫对象在两年时间内增长超过100%,用刑事手段规制社会行为的趋势不断明朗化,入罪门槛不断降低,随着工作推进,未来这个趋势会进一步保持。社区矫正工作是融教育惩戒和心理抚育于一体的工作,对工作人员在法律、心理等方面专业化需要较高。在工作要求更具体、在矫人员不断增加、职业技能要求高的情况下,要更加深入推进社区矫正工作,促使中国特色社会主义刑事执行制度更加完善更加有效,要着力避免以下几个方面存在的问题:一是工作效能上的“纸面化”。目前来看社区矫正工作人员大量的时间被牵扯在文书形式上的完善和内容上突出“个性化”上,陷入了以“形式”落实“形式”上的怪圈,真正能形成震慑触及心灵的举措采取反而弱化。二是要避免专门社区矫正机构内部“分层化”。县级社区矫正机构工作人员一定要实实在在做社区矫正,组建专门机构不是为了内部“分层”,有的抓管理、有的抓考核、有的抓保障、有的抓文字,最终做矫正的力量反而被削弱,违背专门机构设置的初衷。三是要特别注意社区矫正机构工作人员的监督管理的身份“合法性”问题。社区矫正工作人员承担社区矫正监督管理责任是被《社区矫正法》明确规定的,目前有的地区出现了,将大量的走访、谈话等社区矫正工作通过文件、方案、规定等形式委托给所谓的专业或不专业的“第三方”，有所谓的专门服务机构、法律服务组织乃至村、社区工作人员、网格员。这样的委托严重违反《社区矫正法》，违背立法初衷，也极大地影响了刑事执行严肃性，必须被制止。

教育帮扶研究

社区矫正对象教育学习体系构建研究

——以S省为实践样本的考察与设计

肖乾利[*]　文玉川[**]

摘　要:教育学习是实现社区矫正对象回归社会的核心手段。但在人手不足、权责失衡的当下,基于职业风险防范,社区矫正工作人员普遍存在"重监管、轻教育"心态,为实现《社区矫正法》所要求的全程教育、个别化矫正,课题组在以S省为实践样本调研基础上,针对S省社区矫正教育学习存在的问题,构建了分段分类递进式菜单化选学方案,力图为中国式现代化社区矫正篇章贡献微薄力量。

关键词:社区矫正对象;教育学习;《社区矫正法》;分类教育

蕴涵惩罚性与恢复性双重价值的社区矫正的推进,不仅关涉国家犯罪治理体系与治理能力,也关涉基层社会治理体系与水平,并与党的二十大报告要求"在社会基层坚持和发展新时代'枫桥经验'"[1]的内在精神高度契合。社区矫正是在恢复性司法理念牵引下,注重的是罪犯的再社会化功能的实现[2]。其价值在于"以教育为主要手段来矫正犯罪人的心理和行为恶习,促使其回归社会,而不是惩罚犯罪"[3]。因为,当代刑罚的目的已不仅仅限于报应或威慑,而是走向了特别预防、

---

* 作者单位:四川省宜宾学院法学院。

** 作者单位:四川省宜宾市珙县司法局。

〔1〕 20世纪60年代,浙江省诸暨枫桥的干部群众在社会主义教育运动中,创造了"发动和依靠群众,坚持矛盾不上交,就地解决,实现捕人少、治安好"的"枫桥经验"。

〔2〕 肖冬梅等:《乡土中国事业下社区矫正理念的探索与选择》,载刘强、姜爱东主编:《社区矫正评论》(第7卷),中国法制出版社2017年版,第213页。

〔3〕 贾宇:《社区矫正导论》,知识产权出版社2010年版,第33页。

矫正医疗与修复式正义之方向[1]。刑罚执行之目的,不仅要将惩罚性措施落实到位,体现刑罚惩罚性,更重要的是将罪犯教育矫正成守法公民,预防其再犯罪。整个刑事司法之目的也在于通过恢复社会关系来修复被犯罪所破坏的社会秩序,所有关乎刑事诉讼的具体制度都必须以此为本[2]。教育学习在社区矫正工作中始终居于核心地位,因为罪犯回归不仅是其沉重的肉身,更是那迷茫的心灵。而心灵的扶正,必须仰仗教育,“教育起着正本清源的作用。教育通过感情的捷径,把年轻的心灵引向道德;为防止误入歧途,教育借助的是指出需要和危害的无可辩驳性,而不是捉摸不定的命令”[3]。

罪犯教育是一种特殊的矫正,它既要消除罪犯原有的错误观念,又要灌输消除其人身危险性的新知识。[4] 欧美国家的罪犯教育一般包括文化教育和职业技能教育,一般不强调思想改造,侧重于行为矫正。而我国罪犯教育的显著特点是教育内容更为丰富,除文化教育、职业技术教育外,还包括法治、道德、形势政策、前途等内容。为特殊人群管理、缓减监狱压力[5],《社区矫正法》将曾经的监管与教育两大功能平行,演变至如今的教育功能被赋予主导地位[6],实现了与恢复性司法理念的对接。国内不少学者对社区矫正教育学习的内容与方式积极探索,诸如,提出将传统文化精髓融入道德教育、对未成年人以及女性矫正对象实施分类教育、开展沉浸式体验收监的警示教育等,并撰写了一些教育学习读本[7],但缺乏根据《社区矫正法》第36条所要求的个性化、差别化教育的读物,以及分段分类教育的框架设计。教育学习探索凸显碎片化,缺乏整体规划。结合数据与典型个案从事实证研究文献更是少见。实践中,基于职业风险防范以及人手不足等压力,社区矫正工作存在着事实上的“监管中心主义”,教育学习长期处于边缘化境地。

2020年7月1日《社区矫正法》施行以来,秉持“回归”初心,S省在社区矫正教

---

[1] 参见许春金、谢文彦、刘宽宏:《台湾的社区矫正:基本理念与处遇形态》,载《北京联合大学学报(人文社会科学版)》2017年第4期。

[2] 参见陈卫东:《认罪认罚从宽制度研究》,载《中国法学》2016年第2期。

[3] [意]贝卡里亚:《论犯罪与刑罚》,黄风译,中国大百科全书出版社1993年版,第132页。

[4] 参见陈兴良:《关于罪犯教育管理工作科学化的问题》,载《犯罪与改造研究》2017年第6期。

[5] 参见陈大国、褚业生、陈良亚:《罪犯教育改造研究工作四十年的思考——基于知网期刊文献的可视化分析》,载《犯罪与改造研究》2020年第9期。

[6] 参见社区矫正工作研究课题组:《珠海市社区矫正工作中教育矫正手段的改革与实施研究》,载《犯罪与改造研究》2021年第12期。

[7] 诸如,上海市社区矫正管理局编:《社区服刑人员教育学习读本》,中国民主法制出版社2014年版;张凯主编:《阳光之路——社区矫正对象学习读本》,法律出版社2016年版。在《社区矫正法》施行后,全国公开出版的有关社区矫正教育学习读本,至今未曾发现。

育学习的制度规范建设、工作开展等方面做了大量工作,并取得较好成效。为更深入分析当前社区矫正教育学习的需求和问题,课题组拟以社区矫正对象列管总数跃居全国前五的S省为实践样本,梳理教育学习现状基础上,剖析教育学习领域存在问题,进而探索适应S省乃至西部地区社区矫正对象的教育学习模式,在践行主题教育与大兴调查研究之际,力争为中国式现代化社区矫正篇章做出微薄贡献。

一、S省社区矫正教育学习的基本情况

(一)教育学习的制度规范

社区矫正教育学习,是社区矫正工作人员转变社区矫正对象的不良心理和行为恶习,促进其再社会化的系统性影响活动[1]。作为预防社区矫正对象再犯罪主要手段的教育学习,具有攻心治本作用。为此,《社区矫正法》第35—43条在教育学习方面确立了"两个重要机制"与"三项重要原则"。[2]《社区矫正法实施办法》第43—45条再次重申"应有针对性地对社区矫正对象开展教育矫正活动""实施分类教育"。

为贯彻前述规定,推进和规范教育学习,2022年S省司法厅联合S省高级人民法院等部门联合制定了《S省社区矫正实施细则》,在第6章第1—4节用20个条文专门规定教育学习制度。该细则是社区矫正工作人员组织教育学习的具体操作规范。2022年7月S省社区矫正管理局还发布并施行《社区矫正教育矫正规范》的地方标准,在实现教育学习法治化、规范化基础上,开始向标准化、专业化迈进。至此,S省社区矫正教育学习制度规范初步完善,并走在了全国的前列。

(二)S省社区矫正工作人员的基本情况

组织社区矫正对象开展教育学习活动,是社区矫正工作人员的一项基本职责。作为教育学习的组织者,S省社区矫正工作人员的基本情况如下(数据截至2023年第二季度)。

---

〔1〕 吴宗宪主编:《社区矫正导论》,中国人民大学出版社2011年版,第297页。

〔2〕 《社区矫正法》确立的两个重要机制是:一是教育队伍建设专业化、社会支持多元化、项目委托市场化的工作运行机制;二是教育所需条件和经费的保障机制。确立的三项重要原则是:一是坚持监督管理与教育帮扶相结合原则;二是坚持专门机关与社会力量相结合原则;三是坚持教育帮扶个别化与系统化并行原则。

从表1可以看出,S省除受委托从事社区矫正的司法所工作人员、选派民警以外,在社区矫正执法队伍总数中专司社区矫正工作(含组织教育学习)人员仅有565人。

表1 执法队伍总数

执法队伍	人数	合计人数
省、市、县三级社区矫正机构工作人员	565人	4086人
受委托从事社区矫正工作司法所工作人员	3336人	
选派监狱(戒毒)民警	185人	

社区矫正执法队伍总数的年龄分布如图1所示。

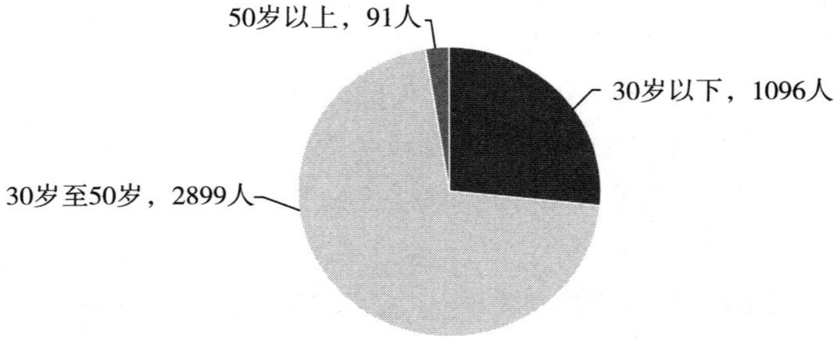

图1 社区矫正执法队伍年龄分布

30岁以下的青年人仅有1096人,占比为27%。说明社区矫正教育学习工作的储备力量不足。

社区矫正执法队伍的学历分布如图2所示。

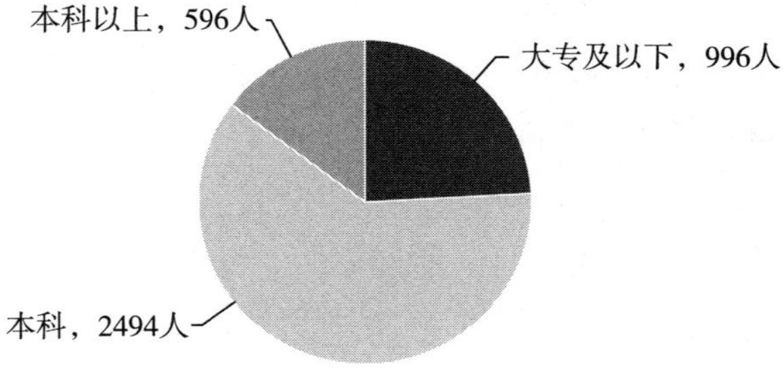

图2 社区矫正执法队伍学历分布

拥有本科以上学历的仅有596人,占比14.6%。而大专及以下学历人员996人,占比达24.4%。

执法人员的专业分布如图 3 所示。

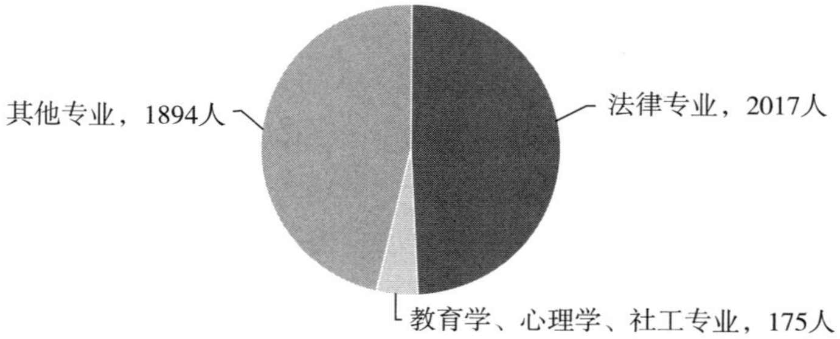

图 3　社区矫正执法队伍专业分布

现有 4086 名执法人员中，拥有教育学、心理学、社会工作专业背景的人员仅有 175 人，占比 4.3%。不具有教育背景的“其他专业”人员 1894 人，占比高达 46.3%。

S 省社区矫正一线执法人员（不含省、市社区矫正工作人员）学历如图 4 所示。

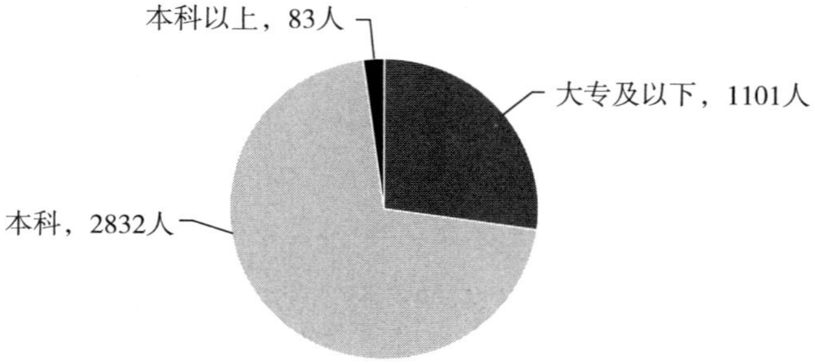

图 4　S 省社区矫正一线执法人员（不含省、市社区矫正工作人员）学历分布

在现有全省 4016 名一线执法人员中，拥有本科以上学历 83 人，占比仅 2%。这样一支队伍完成教育学习职责与任务，显然存在难度。

（三）社区矫正对象的基本情况

自 2023 年 1 月 1 日至 6 月 30 日，S 省列管社区矫正对象 45,636 人。[1] 从相关统计数据样本来看，S 省社区矫正对象基本情况存在如下特点。

---

〔1〕 数据来源：S 省社区矫正管理局 2023 年社区矫正对象第 2 季度统计表。

1. 矫正类别

图5数据显示:前述45,636名列管的社区矫正对象中,缓刑犯矫正对象44,581人,占比97.7%。说明全省社区矫正工作的重点应放在缓刑犯矫正对象的教育与监管上。

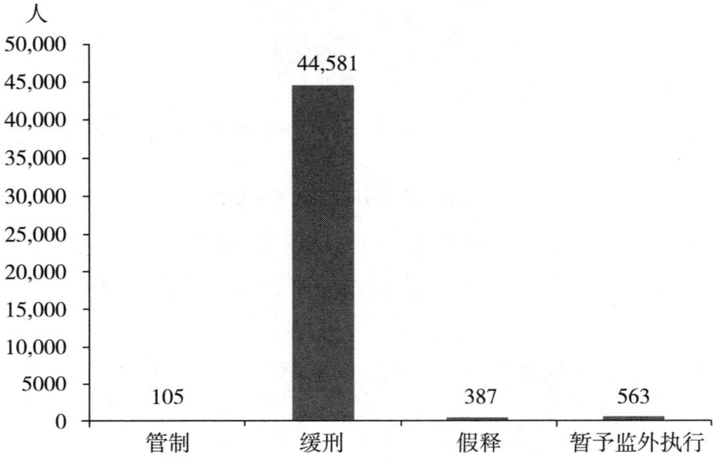

图5 矫正类别

2. 犯罪类型

从图6列管社区矫正对象的犯罪类型看:18,835人触犯妨害社会管理秩序罪,占比总数的41%;10,448人触犯危害公共安全罪,占比总数的22.9%;有6400人触犯侵犯财产罪,占比总数的14%;5504人触犯破坏社会主义市场经济秩序罪,占比总数的12%;3911人触犯侵犯公民人身权利罪,占比总数8.6%;497人触犯贪污贿赂罪,占比总数1%。前述数据表明,在轻罪时代,S省社区矫正对象的犯罪类型主

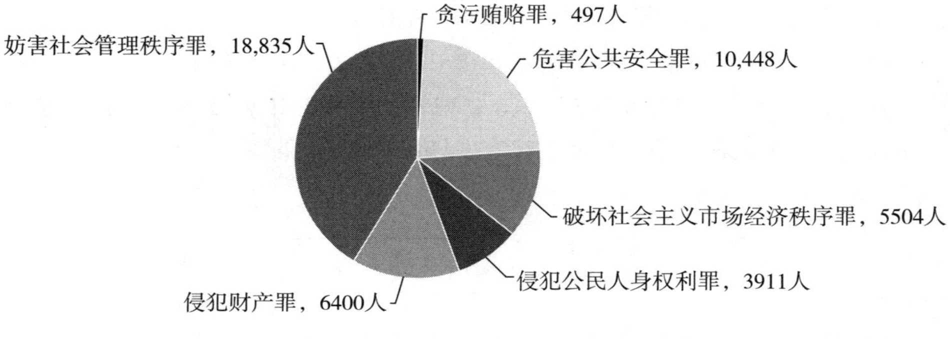

图6 犯罪类型

要涉及危害公共安全罪、侵犯财产罪、破坏社会主义经济秩序罪、侵犯公民人身权利罪等四类。对前述四类犯罪的教育及其预防需要高度关注。贪污贿赂犯罪占比仅1%，因腐败犯罪而进入社区矫正仅有497人，说明反腐败斗争在S省取得了出色的成绩。

3. 主要罪名

从S省社区矫正对象所构成具体犯罪罪名的前10名排序来看（见图7），进入社区矫正的“罪王”是危险驾驶罪，有7046人。居于第二位的是开设赌场罪，共6647人。说明醉驾、赌博在S省处于多发的态势。此外，受“两卡”犯罪、缅北电诈飙升影响，帮助信息网络犯罪活动罪、掩饰隐瞒犯罪所得罪、偷越国（边）境罪分别位居第6、7、9位。这说明社区矫正与时下热点犯罪紧密相连。社区矫正工作人员组织教育学习时，自身需要认真学习与研究时下的热点犯罪。

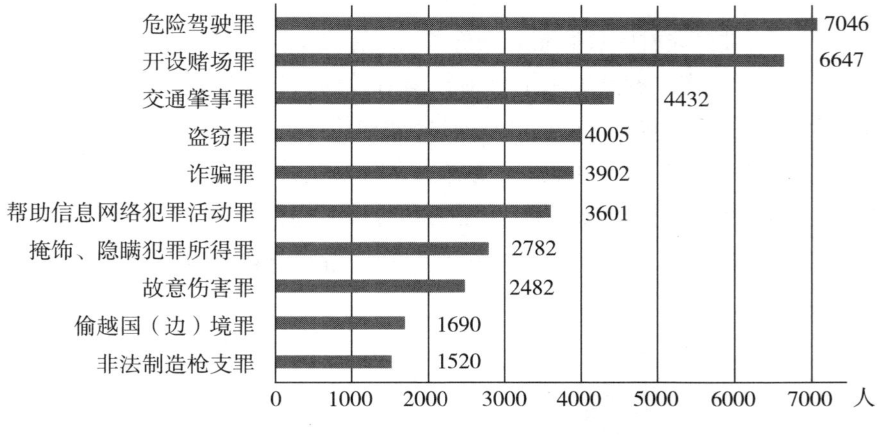

图7　主要罪名

4. 年龄结构

图8显示，S省18—35周岁年龄段的社区矫正对象21,453人，占47%；36—45周岁年龄段的社区矫正对象占11,020人，占24%；46—60周岁的社区矫正对象10,525人，占23%；未满18周岁的未成年社区矫正对象仅有365人。[1] 这说明社区矫正对象的主要群体是青年，需要探索青年群体社区矫正对象的教育之路。

---

〔1〕 此处统计的未成年社区矫正对象，仅指入矫时不满18周岁的社区矫正对象。

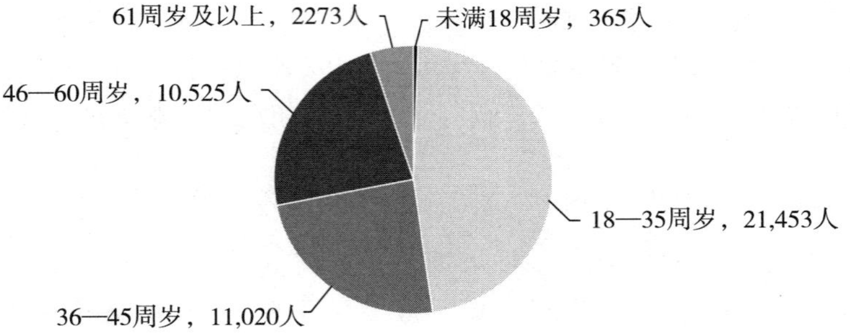

图8　年龄结构

5. 文化程度

图9显示:S省社区矫正对象中,初中及以下的28,514人,占62.4%;大专及以上仅6514人,只占14.2%,说明多数社区矫正对象的受教育程度不高。课题组在调研中还发现,部分农村区县的社区矫正对象还存在10%—20%的文盲或半文盲,如何针对此类群体实现教育学习的针对性与有效性,目前还缺乏思路。社区矫正已然延及农村,但城市与农村存在诸多差异。城市是"陌生人社会"而农村是"熟人社会"、城市是"规则社会"而农村是"情感社会",特别是在人户分离语境下外出务工的社区矫正对象需要变更执行地、需要跨市县经常性活动时,如何将农村社区具有的邻里守望、乡村伦理、礼治秩序等优势与社区矫正有机结合,探索适合农村地区的教育学习模式,是亟待解决的议题。

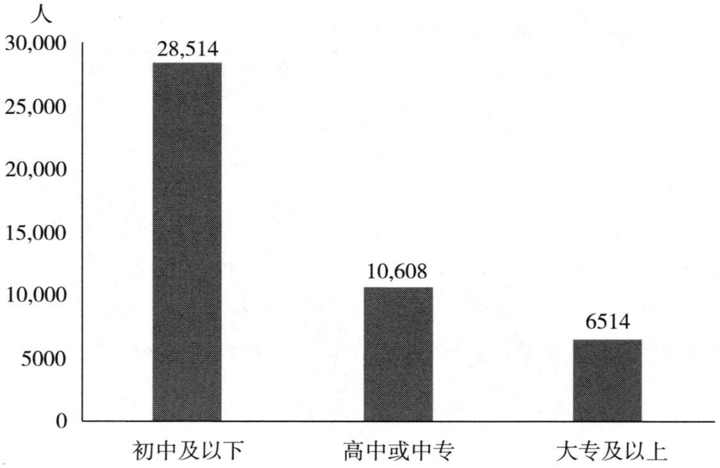

图9　文化程度

二、S省社区矫正对象教育学习存在的问题

《社区矫正法》施行以来，尽管S省社区矫正教育学习取得较好成效，诸如，通过引导社区矫正对象重塑三观、感恩社会、修复家庭与社会关系，涌现出一批见义勇为而获得立功减刑[1]、未成年社区矫正对象接受教育帮扶而圆梦大学等典型事例，在矫期间重新犯罪率常年控制在0.1%以内。但基于教育学习规范不足、操作性不强，以及组织教育学习的队伍薄弱、专业性不强等因素，在教育学习的精准性与实效性上还存在如下困境。

（一）教育学习的虚化

"刑罚的本质不应当仅局限于体现一种惩罚性和给犯人带来一定的痛苦性，更应当立足于人的本质方面的复归、解放、更新和再造"[2]。但基于职业风险防范，部分社区矫正工作人员认为，社区矫正的中心任务是监管，把社区当成"没有围墙的监狱"，模仿监狱管理模式。在"稳定是首要目标"考核机制下，为避免社区矫正对象"脱漏管"或重新犯罪而被倒查追责，社区矫正工作人员普遍存在"重监管、轻教育，重处罚、轻矫治"心态，教育学习在实践中呈现"说起来重要、做起来次要、忙起来不要"的虚化状态。

在S省关于社区矫正对象统计事项中，也只有社区矫正对象被处罚以及监管措施的选项，而缺乏社区矫正对象被表扬、见义勇为而构成重大立功获得减刑等正面形象的统计事项。课题组调研还发现，一些地方将重新犯罪率不超过0.1%作为评价标准，一旦重新犯罪率超过0.1%，所在司法所的社区矫正效果评价直接被评估为不合格。个别区县《社区矫正效果考核评价细则》将考核内容设定为监督管理、教育帮扶、档案管理、组织保障四个方面。而教育帮扶占比仅15%，且主要通过听取汇报、观阅材料等形式进行考察。占据社区矫正核心地位的教育学习，在整个考核评价中所占的比值明显偏低。

（二）教育学习缺乏体系化设计

虽然各级社区矫正管理机构提供了许许多多的学习资料，包括音频、视频、文字材料、线上资料等。但前述材料如何使用缺乏设计，杂乱无章、任意堆积，缺乏教

---

[1] 诸如，S省X区缓刑犯社区矫正对象谢某，在抗御2020年"8·18"特大洪灾抢险中用自用船只无偿将530余名遇险群众以及物资转移到安全地带、不顾个人安危跳入洪水中排除障碍物，后被认定"重大立功"而获得减刑。

[2] 刘志伟等编著：《社区矫正专题整理》，中国人民公安大学出版社2010年版，第6页。

育学习规划、缺乏教育学习大纲、缺乏教育学习教材编写与指定,也没有教育学习方法与手段的建议、更没有教育学习效果评估指标等体系性设计,一切均显得“任性”。

《社区矫正法》第36条针对教育学习提出了分类教育的要求,但是未明确具体的操作程序。《社区矫正法实施办法》《S省社区矫正实施细则》同样重申了分类教育的要求,但是,仍然缺乏相关具体操作规范。实践中,涉及分类教育、集中教育、个别教育均没有专门的、具备可操作性的规范性文件规定。同时,同一学习内容通常“打包”对应所有社区矫正对象,没有按犯罪类型、矫正类别、监管类别、性别、年龄、职业、文化程度等因素进行细分,没有考虑不同矫正对象的差异化需求,无法实现《社区矫正法》所倡导的“个别化矫正”。

从媒体的公开报道来看,自《社区矫正法》施行以来,全国没有一个省份关于社区矫正对象教育学习大纲以及教育学习读物(教材)编制或出版的报道。在社区矫正教育学习领域,全国几乎均处于混乱无体系状况。

(三)教育学习形式单一

目前,教育学习方式主要采用集中授课、单独谈话为主,缺乏区分性与层次性,无法针对不同类型的矫正对象提供个性化方案。现有的教育学习方式以人工进行为主,信息化、智能化技术引入较少,人力成本消耗高,不利于先进经验的扩散。在人工进行的教育学习中,通常又以“说教”为主,采用“我说你听”“我命令你服从”的强制灌输模式,教育学习的双方之间缺乏互动性。同时,现阶段的线上教育多是通过微信、在矫通App进行,利用抖音、快手等新媒体录制专题教育学习视频欠缺。除部分地区通过“狱地”合作建立警示教育基地外,难以对社区矫正对象开展体验“高墙内外”差别的沉浸式教育,难以达到“矫其行,正其心”的教育目的。

形式单一、内容枯燥、强制灌输,忽略社区矫正对象真实需求的教育学习方式,不仅使社区矫正对象产生厌倦情绪和应付心理,而且“导致教育学习效果的真实性、适应性和持续性难以确定”。[1]

(四)教育学习组织力量薄弱

如前所述的统计,S省列管的社区矫正对象45,636人,而履职教育学习的一线社区矫正工作人员,含受委托司法所从事社区矫正工作人员、选派的监狱(戒毒)民警,共计4016人,工作人员与矫正对象配比为1:11。教育学习主要由受委托的司

[1] 戴艳玲:《社区服刑人员教育矫正在探索中前行》,载《犯罪与改造研究》2017年第9期。

法所组织，司法所在多数地方为“一人所”且身兼9项职责，为此，组织教育学习在司法所显得力不从心。教育学习涉及法学、教育学、心理学、社会学、犯罪学、信息技术等多学科知识，而S省社区矫正队伍构成以法学居多，具备教育学、心理学、社会工作专业等教育背景的仅175人，占比太小，导致专业能力滞后。虽然司法助理员在入职时有短暂的“以会代训”式培训，但其他时间的业务培训流于形式。人手不足，权责失衡，基于追责与风险的恐惧，不少人选择换岗，年轻人一旦取得法律职业资格即去往检察、法院等其他部门；年龄偏大的留了下来，但知识结构老化，难以提供专业的教育学习。总体而言，“人少、不专”的社区矫正教育队伍难以适应当前社区矫正教育学习要求。不符合党的十八届四中全会提出的“推进政法队伍专业化、职业化、正规化建设”要求。

（五）教育学习效果缺乏评价体系

教育学习涉及心灵的扶正，关涉社区矫正对象的行为养成与心理矫治是否达到预期效果。但当前尚缺失一个较为相对客观可行的评估指标体系。一般意义而言，教育学习的评估，包括教育学习工作质量评估与教育学习效果评估。对于前者，目前全国均无一个指标评估体系的设计。针对教育学习效果的评估，尽管国内一些地方在尝试探索，但评估指标体系除考察重新犯罪率之外，仍未形成统一的看法。导致如何组织教育学习、如何评估教育学习效果在不同省份，乃至同一省份的不同区县均不尽相同。

三、S省社区矫正对象教育学习体系的构想

基于前述社区矫正教育学习存在的问题，在已经基本实现“管得住”的境况下，如何实现“矫得正”，探索一条适合西部农村大省的社区矫正教育学习之路，有着重大理论意义与应用价值。为此，课题组对S省社区矫正对象教育学习内容作如下设计，力图摒弃以往“一锅烩”的教育学习模式，由“大水漫灌”向“精准滴灌”转变，全面提升社区矫正教育学习的精准度。同时，整合社会资源构建预防和减少犯罪的共建、共治、共享新格局。

（一）教育学习的总体思路

为适应《社区矫正法》施行后教育学习的新形势，践行分类矫正、因人施教理念，为谱写中国式现代化发挥社区矫正力量，以全方位重塑社区矫正对象的人生观和价值观，实现更高质量的回归，拟推进、实施“分段分类递进式菜单化选学”的教育学习方案。

所谓分段教育,是指将教育学习过程分为入矫教育、常规教育和解矫教育三个阶段依次推进。其特点是将教育学习与监管相结合,重在抓普遍规律。

所谓分类教育,是指根据社区矫正对象的矫正类别、犯罪类型、年龄与性别等情况,结合其个体特征、日常表现而实施的专项教育。譬如,依据矫正类别,将社区矫正对象分为管制犯、缓刑犯、假释犯与暂予监外执行罪犯。依据犯罪类型,将社区矫正对象划分危害国家安全罪、危害公共安全罪等十类罪犯。依据年龄与性别,将社区矫正对象分为未成年社区矫正对象、女性社区矫正对象、老年社区矫正对象;依据犯罪手段,将社区矫正对象划分为暴力犯罪与非暴力犯罪,等等。在前述划分的基础上,还可以作二次乃至三次分类,诸如,将危害公共安全罪社区矫正对象细分为交通肇事类、恐怖活动类、涉枪犯罪类、责任事故类等。将交通肇事类矫正对象再次细分为危险驾驶、交通肇事、妨害安全驾驶等类别。不同类型犯罪的社区矫正对象应采用不同的教育学习内容与方法,以增强教育学习的精准性与实效性。

对罪犯实施分类教育,是罪犯改造的普世规律。何为分类矫正?20世纪70年代美国矫正协会将其定义为“是一种给予罪犯不同的矫正活动分配,以提供最有效的、适应罪犯需要的矫正活动方式”,其目的在于“强化罪犯管理的科学性和提高罪犯矫治的针对性”[1],使其恢复正常的社会生活。此处的分类矫正,包含了分类教育。

在犯罪学领域,通常将犯罪人分为四类:理性犯罪人、病理犯罪人、心理犯罪人、环境犯罪人。对于不同类型的犯罪人,教育矫正需要差异化、类别化:对于理性犯罪人需要设计刑罚阶梯,让其感受到犯罪的得不偿失;对于病理犯罪人,更需要的是药物治疗和行为矫治;对于心理犯罪人则需要的是有针对性的心理危机干预与治疗;针对环境犯罪人则需要训练其应对和摆脱恶劣环境,正确选择行为方式的能力。不同类别的罪犯处遇,折射出一个国家社会文明与法治的发达程度。

在社区矫正领域,罪刑均衡、刑罚个别化以及教育差异化原理,为实施分类教育提供了理论依据。罪刑均衡,是指刑罚的轻重,应当与犯罪分子所犯罪行和承担的刑事责任相适应。刑罚个别化包括制刑个别化、量刑个别化、行刑个别化。刑罚个别化,更重要的是行刑个别化。因为在法的视野里“平等并不反对区别对待”,而“更多的是为区别对待提供标准和界限,以很好地确保平等”。[2] 我国刑法在行刑

---

〔1〕 孙晓雳编著:《美国矫正体系中的罪犯分类》,中国人民公安大学出版社1992年版,第3页。

〔2〕 卓泽渊主编:《法理学》(第2版),法律出版社2000年版,第250页。

环节规定了多种行刑制度,例如缓刑制度、减刑制度、假释制度,同时也设置了多样化的行刑方式,例如监外执行以及收监执行。面对行刑制度和行刑方式选择的多样性,必须根据被执行人"年龄、性别、性格特征、生理状况、犯罪性质、犯罪严重程度、人身危险性等"[1],确定给予其不同的行刑处遇,即实现行刑个别化。

人的心理活动与行为特点存在个体差异。因材施教被认为是应对个体差异的有效方法。为此,依据一定标准对社区矫正对象分类,并据此施以个性化教育是当今欧美国家的普遍做法,[2]极大地提高了社区矫正的执行效率。

对社区矫正对象实施分类教育,也是罪犯人权保障之需要。在1955年通过的联合国《囚犯待遇最低限度标准规则》对罪犯个别化处遇做了具体规定,如该规则第66条规定:"应该照顾到犯人社会背景和犯罪经过、身心能力和习俗、个人脾气、刑期长短。出狱后展望,而按每一个囚犯的需要,使用一切恰当的办法,其中包括教育、职业指导和训练、社会个案调查、就业辅导、体能训练和道德性格的加强,在可能进行宗教照顾的国家并包括这种照顾"。[3]

所谓递进式,是指基于教育学的循序渐进原理,对教育学习分阶段逐步推进,每一阶段教育学习目标各有侧重。诸如,法治教育虽然在入矫教育、常规教育、解矫教育三个阶段均存在,但内容有侧重。入矫教育阶段侧重于通过法治教育助其认罪悔罪;常规教育阶段的法治教育,侧重于社区矫正对象的行为养成,助其遵守行为规范;而解矫教育阶段的法治教育侧重于警醒未来。

所谓菜单式选学,是指将每一章节的教育学习内容划分为规定必学与灵活选学。在每章的学习内容、典型案例、学习思考、拓展学习内容中均标注出"选学"部分。

(二)教育学习的内容设计

实施"分段分类递进式菜单化选学",不仅要有理论认知、框架设计,更需要有具体的实施方案和落实、落细的具体举措。为此,我们将教育学习内容设计如下。

1. 实施分段教育

遵循教育学的循序渐进原理,将教育学习的过程设定为入矫教育、常规教育和解矫教育三个递进阶段。

---

[1] 马克昌主编:《刑罚通论》,武汉大学出版社1999年版,第508页。

[2] 参见张学超、王宏玉:《我国社区服刑人员的分类实践及完善建议》,载《中国人民公安大学学报(社会科学版)》2013年第6期。

[3] 郭建安:《联合国监狱管理规范概述》,法律出版社2001年版,第203~204页。

入矫教育阶段的目标是明身份,以认罪悔罪为主。教育学习的内容包括社区矫正基本知识教育、认罪服法教育、悔罪自新教育、身份意识教育。

常规教育阶段的目标是重熏陶,以规范行为为主。教育学习的内容包括:形势政策教育、思想政治教育、法治教育、行为规范教育、职业技能教育、生活能力教育。

解矫教育阶段的目标是防再犯,以回归社会为主。教育学习内容包括期满警示教育、形势政策教育、社会适应教育、心理健康教育。

2. 实施分类教育

依据教育学的因人施教、以理服人、因地制宜等原则,在前述分段教育依次推进的同时,根据下列标准,随时进行专项教育。分类标准如下。

(1)矫正类别

依据现有法律规定的矫正类型,将所有社区矫正对象分为管制犯、缓刑犯、假释犯、暂予监外执行犯四类。不同类别实施差异化教育学习。

(2)犯罪类型

根据犯罪类型,将教育学习划分为妨害社会管理秩序罪、危害公共安全罪、侵犯财产罪、破坏社会主义市场经济秩序罪、侵犯公民人身权利罪、贪污贿赂罪、渎职罪、危害国家安全罪等类别,不同犯罪类型的矫正对象应侧重不同内容的教育学习。例如,针对危害公共安全罪的矫正对象,应注重引导其遵守公共行为规则;针对侵犯财产罪的矫正对象,应警醒其通过合法经营与诚实劳动获取财富;针对贪污贿赂犯罪的矫正对象,则应侧重教育其树立正确的权力认知。

(3)常见罪名

根据前述数据统计的S省高频常见具体罪名情况,将触犯某个常见具体罪名的矫正对象归为一类,不同类别实施差异化教育学习。诸如,触犯危险驾驶罪的,应以交通规则认知教育为核心。触犯开设赌场罪的,应以树立正确的金钱观、财富观教育为中心,时刻警醒:君子爱财,取之有道。触犯诈骗罪的,应首先矫正其道德偏差。针对参与缅北电诈的社区矫正对象,应告诫境外不是法外,犯罪必将受到严惩。对于触犯帮信罪的,应教育其明晰出租、出售“两卡”的法律风险与刑事责任,特别是网络兼职、微信跑分蕴涵的法律风险,切忌成为违法犯罪“帮凶”,正确理解“技术中立”,不让自己的热心肠变成他人的“替罪羊”。

(4)年龄与性别

依据矫正对象的年龄与相别,将教育学习分为未成年社区矫正对象、女性社区矫正对象、老年社区矫正对象三类。

针对未成年社区矫正对象具有的叛逆性、结群性、可塑性强,而控制力、判断力、社会约束性差等特点,应坚持教育、感化、挽救原则,注重亲情感化、帮助其修复家庭关系。教育学习内容的选择,应坚持道德教育以塑造社会品格为主,法治教育以尊崇规则为主,心理教育以培养健康人格为主,职业技术教育以学习生产技能为主。针对女性社区矫正对象具有的脆弱、孤独、自卑、抑郁等特点,坚持感化教育与感性相结合,个别教育与家庭教育相结合原则。教育内容应注重女性生理、心理知识,加强伦理道德和法纪教育。开展诸如烹调、缝纫、裁剪、理发、美容、插花等适合女性身心特点的职业技能教育。开展心理健康教育,帮助其纾解心理,以积极心态应对挫折与困境。基于老年社区矫正对象身体机能老化、性情固执、敏感多疑、自尊心强等特点,应注重个别教育,从生活细节入手,培养健康向上心态,重视引导其亲属的规劝工作。

(5)民族地区的教育学习

"法律最终要和居民的宗教、性癖、财富、人口、贸易、风俗、习惯相适应。"[1] S省不仅有全国第二大藏区和最大的彝族聚居区,同时还有多个其他少数民族。为此,应结合民族政策、宗教信仰,探索具有民族特色的个性化教育学习模式。如,彝族地区可以利用家支力量促使矫正人员的自我约束与自我规范;可以发挥彝族社会"地方精英"的作用,吸收部分"德古"[2]和"毕摩"[3]参与教育学习活动。在藏区,可以充分利用活佛及寺庙的影响力,让其参与教育学习活动。

(三)教育学习的方式

教育学习方式上应当坚持多元化、多样化。首先,应坚持传统教育学习手段与现代教育学习手段的结合,充分利用线上资源,借助影像资料、网络媒体,以"互联网+""智慧矫正"为抓手,突破时间与空间限制,形成"学、练、用"三位一体教育学习模式,构建全方位、多层次、多领域的特色化教育学习模式。其次,应坚持个别教育与集中教育相结合。分类教育包括分类的集中教育与分类的个别教育。集中教育的形式不拘泥于集中学习,还应包括实地参观、现身说法、典型案例通报等形式。个别教育可以通过通信联络、个别谈话、家庭走访、心理矫治、职业技能培训、法律援助、临时性救助等形式开展。最后,可以充分利用本地资源,打造本地教育学习的特色品牌。

---

〔1〕［法］孟德斯鸠:《论法的精神》(上册),张雁深译,商务印书馆1963年版,第7页。

〔2〕"德古",是彝族中有文化、有知识、品德高尚,专事民间纠纷调解的中间人。

〔3〕"毕摩"是彝语音译,是通晓古彝文、彝族民间宗教仪式活动的主持者和组织者,是彝族宗教和信仰的代表人物。

诸如,利用本地的红色资源、传统文化,引导社区矫正对象学习先烈,重塑人生。

四、社区矫正对象教育学习的保障建议

为保障前述"分段分类递进式菜单化选学"模式的顺利推进,需要一定的保障条件做支撑,以便于社区矫正工作人员组织教育学习时脑有思路、心中有数、手中有招。

(一)提升社区矫正工作人员专业能力素质

首先,应强化社区矫正"恢复性"与"惩罚性"两重属性的认识,树立教育与监管并重的理念。工作中应自觉做到:既要管住人,更要管住心;既要执行刑罚,更要人文关怀;既要威慑,更要感化。其次,应不断提升社区矫正工作人员的业务水平。通过自身不断学习,提升职业素养与能力,适应中国式社区矫正现代化要求。此外,需要建立系统的、常态化的、全覆盖的社区矫正工作人员培训机制。除入职培训外,每年应有一定的专项经费用于业务培训,以实现岗位练兵常态化、素质提升长效化。

(二)统筹资源,加强三类基地建设

社区矫正机构应当充分挖掘当地资源,全力推进教育基地、就业基地、公益活动基地等"三类基地"建设。可以通过与本地企业事业单位合作,或者政府购买服务等方式引入社会力量,加强"三类基地"建设。诸如,在醉驾较多的市、县设立失驾人员教育基地;在红色资源较多的市、县建立爱国主义教育基地;在破坏生态环境犯罪较多的市、县,设立生态修复基地,并作为社区矫正对象的公益活动基地。

(三)推动专业社会力量参与

社会参与性是社区矫正本质特征之一。犯罪发生在社区,以社区的力量与资源来协助犯罪者复归,是罪犯矫正更有力的举措。[1] 社会力量以平等主体身份给予社区矫正对象人文关怀与帮教,更易于被社区矫正对象接受,对预防社区矫正对象重新犯罪不可或缺。为此,应通过孵化、培育社会组织,并通过政府购买服务、健全补偿激励机制等方式,让有偿服务及时跟进、志愿服务供给持续,构建"政府主导、专业介入、社会参与、群众协同"的教育学习新格局。

---

〔1〕 参见连春亮:《第四届海峡两岸暨香港澳门社区矫正论坛综述》,载《犯罪与改造研究》2018年第1期。

（四）充分发挥智慧矫正中心的功能作用

通过财政预算建立标准化、智慧化的区（县）社区矫正中心，作为教育学习阵地，严格按照司法部标准规范设置三区十八室，以提升教育学习效能，推动教育学习的智能化。

结 语

正如德国刑法大师李斯特所言："再社会化刑罚的执行应注重社会教育"。[1]社区矫正工作人员通过组织教育学习，借此消除社区矫正对象的再犯罪因素，激活其内心善意，恢复良知，重新做人，这是社区矫正的核心和逻辑起点，即"惩罚为恢复，监督为回归"。

如何让社区矫正对象实现"浴火重生"，如何助其反思过去并为其走向新生指点迷津，在已基本实现"管得住"的语境下，无疑亟待设计"矫得正"的问题。尽管现行的教育学习还缺乏体系性规划与具体操作流程设计，幸好教育学习的方向明确，前景不言自明，否则，如果根本不知道道路会导向何方，我们就不可能智慧地选择路径。正如卡多佐所言："现行的规则和原则能确定我们目前的位置、航向以及经纬度。过夜的小旅馆绝非行程的目的地。法律，就像一个旅行者，必须准备翌日的旅程。它亟须一个成长的原则。"[2]相信经过一定时期探索与创新，社区矫正教育学习一定会助推"中国之治"，在国家的犯罪治理体系与治理能力现代化中发挥重要作用。

---

[1] [德]李斯特：《德国刑法教科书》，徐久生译，法律出版社 2006 年版，第 9 页。
[2] [美]本杰明·卡多佐：《司法过程的性质》，苏力译，商务印书馆 1998 年版，第 63 页。

论帮助信息网络犯罪活动罪的司法认定与矫正路径

尤　美*　刘秀明**

摘　要:《孤注一掷》的热映侧面映衬出当前电信网络诈骗频发的现状,司法实务当中,“帮信罪”作为电信网络诈骗的相伴罪名,究其近年来的高发原因,与其在实务认定中入罪标准不明晰、技术中立界定不清、与相关罪名区分模糊不无关系;在社区矫正领域,由于该罪涉及特殊犯罪主体,如近来大学生群体涉罪率逐年攀升,有必要结合当前的司法背景以及帮信罪的矫正策略,完善网络犯罪的治理体系,创新矫正模式,实现帮信罪矫正路径的优化,从而帮助涉帮信罪人员的教育矫正,促进其实现再社会化。

关键词:帮助信息网络犯罪活动罪;司法认定;教育帮扶

引　言

狄更斯曾用“这是一个最好的时代,也是一个最坏的时代”来批判英国工业资本主义过渡时期,此话用于当今也可以深刻地描绘出互联网时代的利弊。截至2023年6月,我国网民规模达10.79亿人,较2022年12月增长1109万人,互联网普及率达76.4%。[1] 互联网与各行业深度融合促进了当前各类网络犯罪乘技术之风的盛行。自2019年最高人民法院、最高人民检察院《关于办理非法利用信息网络、帮助信息网络犯罪活动等刑事案件适用法律若干问题的解释》(以下简称《网络

* 作者单位:四川轻化工大学法学院。

** 作者单位:四川轻化工大学法学院。

〔1〕 参见《第52次〈中国互联网络发展状况统计报告〉》,载中国互联网络信息中心网,https://www.cnnic.cn/n4/2023/0828/c88-10829.html。

犯罪司法解释》)[1]出台以来,帮助信息网络犯罪活动罪(以下简称帮信罪)的适用数量便急剧上升。以S省2023年第2季度列管社区矫正对象涉罪现状为例,截至2023年第二季度结束,S省列管社区矫正对象人数共计45,636人,其中,因各类罪名入矫的人数分布情况如图1所示。

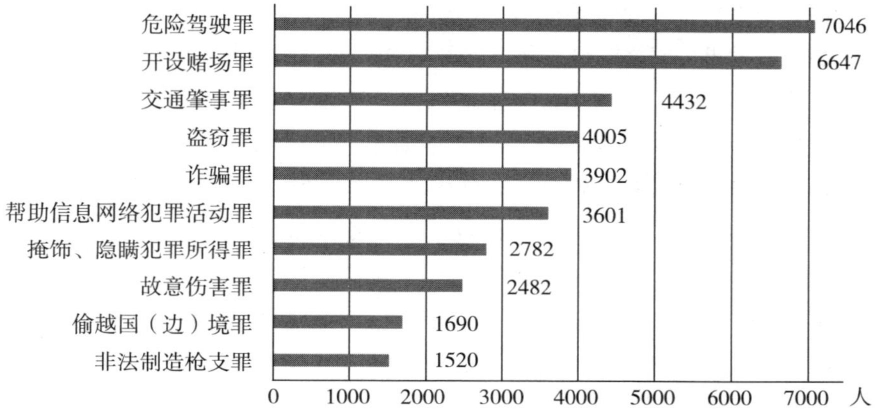

图1 S省因各类罪名入矫人数分布情况

从图1可以看出,因涉嫌帮信罪而入矫的人数达到了3601人,排在了S省列管社区矫正对象人数的第六位,究其原因,不难发现这与2019年发布的《网络犯罪司法解释》密切相关,而2020年10月10日国务院召开打击治理电信网络新型违法犯罪工作部际联席会议[2]随后展开的"断卡"行动,使2021年帮信罪案件的新一轮指数增长。面对当前涉嫌帮信罪入矫人数不断上升的形势,对于帮信罪的理论与实践研究就具备了较强的针对性以及较大的应用价值。

一、帮信罪之关键要素分析

从《刑法》第287条[3]规定的帮信罪的客观行为方式看,该罪在实践中通常表现为提供网络技术支持或支付结算等,行为主体在当前网络时代多为网络服务提

[1] 参见张艳:《支付结算型帮助信息网络犯罪活动罪认定中的争议问题》,载《中国检察官》2022年第8期。

[2] 参见赵阿琼:《预防大学生涉帮助信息网络犯罪活动罪对策研究》,载《宁夏师范学院学报》2022年第12期。

[3] 明知他人利用信息网络实施犯罪,为其犯罪提供互联网接入、服务器托管、网络存储、通信传输等技术支持,或者提供广告推广、支付结算等帮助,情节严重的,处三年以下有期徒刑或者拘役,并处或者单处罚金。

供商,故对其影响应辩证看待。正常经营交易行为可以促进网络技术的进步,而利用其为网络犯罪提供帮助的行为则可能构成犯罪,故对帮信罪的处罚范围应仔细加以辨认,并对其处罚的界限予以明晰。

(一)关于中立帮助行为的定性问题

帮信罪要求行为人介入了他人的网络犯罪行为,即在客观上具有激励他人实施网络犯罪的效果。网络时代诸如设立网站、接入互联网、托管服务器等技术行为习以为见,单从外观而言,此类行为常被认定为日常业务行为,但实践中该行为又极易被利用于从事网络犯罪活动,为实施网络犯罪提供技术空间。此类行为虽外观无害但又有可能具备犯罪倾向,我们常将其界定为“中立帮助行为”。

理论界对于“中立帮助行为”的争议集中在其可罚性之上,目前存在全面处罚说和限制处罚说两种学说,并以限制处罚说为主流。[1] 德国学者克莱在其论著《德国刑法教科书》中支持全面处罚说,主张全面处罚中立帮助行为可以避免出现处罚空隙,但由于该说限制公民的自由逐渐不被支持。限制处罚说成为学界主流,并根据主客观划分不同阵营。

我国学者大部分支持客观说,并将其细化为“职业相当性说”、“客观归责说”和“利益衡量说”等学说。陈璇教授支持职业相当性说,认为该说能够为判断中立帮助行为可罚与否提供具体标准。周光权教授则支持客观归责说,认为应当通过否定中立帮助犯的客观不法构成要件来限制处罚范围,如从中立行为是否制造,不法危险是否增加、是否被实现等角度考虑。[2] 陈洪兵教授则主张利益衡量说,认为只要行为人不违反相关法律、法规和行业规范的要求,就不具有帮助行为性。[3]

本文认可张明楷教授的主客观混合说,即折中说。他在《刑法学》一书中指出主观说可能会导致客观上缺乏因果关系的帮助行为也成立帮助犯,客观说具有一定的合理性,但是没有理由认为具有一定职业的人可以为犯罪提供帮助却不成立帮助犯。因此,只有综合考虑主客观因素,才能为中立帮助行为树立可罚性标准。[4] 张明楷教授曾在著作中认为并非所有的中立帮助行为皆为可罚行为,只有情节严重且行为人对情节严重的不法具有责任时,中立帮助行为才成立犯罪。因

[1] 参见王赤岸:《网络中立帮助行为的处罚边界研究》,华东政法大学2020年硕士学位论文,第13页。

[2] 参见周光权:《网络服务商的刑事责任范围》,载《中国法律评论》2015年第2期。

[3] 参见陈洪兵:《论中立帮助行为的处罚边界》,载《中国法学》2017年第1期。

[4] 参见张明楷:《刑法学》(第6版),法律出版社2021年版,第1384~1385页。

此,在探讨帮信罪中提供技术帮助行为时,在逻辑上要明确技术中立不影响提供技术行为的可罚性,任何技术都有可能被用于违法犯罪,主张纯粹的"技术中立"并无决定其刑事可罚性的意义,以技术在具体场景的应用情况,结合行为人的主客观因素综合考察提供技术行为的可罚性才是判断行为是否构罪的正确选择。

(二)关于"情节严重"的认定问题

"情节严重"作为帮信罪的入罪要件,对其进行界定的规范较多,如 2019 年出台的《网络犯罪司法解释》,就规定了六种认定的具体情形外加一个兜底规定〔1〕,解决了帮信罪部分行为的入罪标准问题,但对于某些行为依旧界定模糊,后《办理电信网络诈骗适用法律意见》第 9 条又补充规定了"其他情节严重的情形"两种类型〔2〕。

2022 年 3 月 22 日,最高人民法院、最高人民检察院与公安部联合发布了《关于"断卡"行动中有关法律适用问题的会议纪要》(以下简称《会议纪要》)〔3〕,对符合其中第 4 条情形的按情节严重进行处理。显然,《会议纪要》主要是为了弥补因司法解释粗糙导致的帮信罪入罪门槛较低的问题。〔4〕然而,现存的司法解释对情节严重采用兜底规定,对认定标准机械列举"三个以上""二十万元""五万元"等条件,本质上忽视了行为人本身主观心理、客观方面以及个人情状等,不仅使规定浮于表面,也导致帮信罪的口袋化泛滥适用。

故在认定情节严重时,除了要结合相关文件规定以及行为人对他人信息网络犯罪的明知程度、行为次数、流水金额、违法所得金额、被帮助对象数量和是否再犯或者曾受行政处罚等因素综合认定,在涉"两卡"案件中,还应结合前款规定准确判断是否属于情节严重,避免仅依据涉案银行账户、支付账户、电话卡、物联网卡、互联网账号等的数量或者银行账户、支付账户的流水金额认定构成犯罪。

---

〔1〕《网络犯罪司法解释》第 12 条第 1 款规定:"明知他人利用信息网络实施犯罪,为其犯罪提供帮助,具有下列情形之一的,应当认定为刑法第二百八十七条之二第一款规定的'情节严重':(一)为三个以上对象提供帮助的;(二)支付结算金额二十万元以上的;(三)以投放广告等方式提供资金五万元以上的;(四)违法所得一万元以上的;(五)二年内曾因非法利用信息网络、帮助信息网络犯罪活动、危害计算机信息系统安全受过行政处罚,又帮助信息网络犯罪活动的;(六)被帮助对象实施的犯罪造成严重后果的;(七)其他情节严重的情形。"

〔2〕收购、出售、出租金融账户 5 张(个)以上或者通信账户 20 张以上。

〔3〕最高人民法院刑事审判第三庭、最高人民检察院第四检察厅、公安部刑事侦查局:《关于"断卡"行动中有关法律适用问题的会议纪要》第 4 条规定,"出租、出售的信用卡被用于实施电信网络诈骗,达到犯罪程度,该信用卡内流水金额超过三十万元的"。

〔4〕参见刘艳红:《帮助信息网络犯罪活动罪的司法扩张趋势与实质限缩》,载《中国法律评论》2023 年第 3 期。

(三)关于两类常见主体的涉案现状

帮信罪的实践案件中常涉及两类主体:一类是实施技术支持,保障支付结算或USDT[1]兑换行为的技术人员;另一类是提供银行账户或实施转账行为的大学生,故下文对二者进行涉案分析。

实践当中技术人员的业务行为十分广泛,如何界定其技术行为关乎其是否构罪。实务当中,电信职工杨某明知行为人为实施电信网络诈骗申请安装虚假宽带时,依旧借助假身份证为其报装、维护。[2] 其主观上明知,客观上又违反了相关行业规范,丧失了中立帮助行为性质,成立可罚的帮助犯[3];诸如此类的还有提供服务器托管、网络存储、通讯传输等,因此,判断技术人员是否构罪,除了看其是否明知以外,关键在于看其行为本身是否违反了相关规定、是否违反其必要的审慎义务。实践中提供支付结算帮助而被认定为帮信罪,往往是因其帮助行为本身违反了金融法等相关法律法规或者行业规范,如通过伪造营业执照申请微商账号用以出售助他人支付结算,向他人出售非法期货交易软件、微信号,被招募从事网络“套路贷”的电话催收和平台推广等。

关于涉罪的另一类主体大学生,2021年6月21日最高人民检察院、教育部联合印发了《在校学生涉“两卡”犯罪典型案例》(以下简称《学生典型案例》),专门对在校学生涉“两卡”帮信罪情形做了细化描述。案例印发前,有110名学生因出卖自己的银行卡而被判处刑罚,其中56名学生被判处实刑,“两卡”典型案例发布表现了司法机关对大学生群体的特别关注。[4] 本文亦通过检索中国裁判文书网,以2019—2023年大学生涉帮信罪的生效裁判文书为样本,对大学生涉罪情况进行梳理。从2019年1月1日至2023年11月30日,笔者在中国裁判文书网中,以“全文:大学生”、“案由:帮助信息网络犯罪活动罪”、“裁判日期:2019-01-01 TO 2023-11-30”及“文书类型:判决书”为条件检索,共获得刑事裁判文书89份,通过分析其涉案行为类型,发现其大多为提供支付结算的帮助行为。例如,在涂某通、万某

---

[1] USDT是Tether公司发行的一种数字货币,又称泰达币。Tether公司承诺USDT与美元可以1:1兑换,即Tether公司每发行一枚USDT币,公司账号就会存入1美元作为保障金。基于USDT币种的稳定性,目前基本主流的虚拟货币交易将作为结算货币。

[2] 参见广西壮族自治区宾阳县人民法院刑事判决书,(2016)桂0126刑初149号。

[3] 参见陈洪兵:《检视我国新型信息网络犯罪立法与适用》,载《广西大学学报(哲学社会科学版)》2022年第2期。

[4] 参见赵阿琼:《预防大学生涉帮助信息网络犯罪活动罪对策研究》,载《宁夏师范学院学报》2022年第12期。

玲帮助信息网络犯罪活动一案中〔1〕,涂某通明知他人利用信息网络实施犯罪,为牟取非法利益,长期收购银行卡提供给他人使用,后其与万某玲通过兼职认识后,先后收购了万某玲的3套银行卡,并让万某玲帮助其收购银行卡。万某玲为牟利,在明知银行卡被用于信息网络犯罪的情况下,以亲属开淘宝店需要用卡等理由,从4名同学处收购8套新注册的银行卡提供给涂某通,涂某通将银行卡出售给他人,被用于实施电信网络诈骗等违法犯罪活动。经查,共有21名电信网络诈骗被害人向万某玲出售的上述银行卡内转入人民币207万余元。〔2〕

分析上述大学生的犯罪原因,大多是由于大学生群体年龄不大、缺乏社会经验且没有独立经济来源,加之其法律意识淡薄、贪图小利,在所谓"亲朋好友"的引诱、教唆下出租、买卖手机卡和银行卡,或者在寻找大学生兼职等途径中不知不觉步入贩卡团伙预设的非法轨道,沦落为不法分子的"工具人"或"卡农",最终导致其触犯帮信罪名。〔3〕

二、帮信罪的司法认定

帮信罪的司法认定存在较多争议,如对于主观"明知"解读不一,与竞合罪名的区分标准模糊等。结合当下"断卡"行动严打"两卡"犯罪的刑事背景,下文便以"两高一部"相关会议纪要为依据,着重分析实践中关于帮信罪的司法认定现状。

(一)主观"明知"认定

实践中对"明知"进行认定常分为以下类型:一是根据被告人为他人实施网络犯罪所提供帮助的内容,推定被告人主观知道或者应当知道帮助对象实施的是犯罪行为。如杨某犯帮信罪一案中,法院根据被告人开发的网络贷款软件设有登录障碍,造成贷款人逾期还款的事实,肯定被告人知道或应当知道购买该软件的网贷公司实施的是犯罪行为〔4〕。二是根据被告人供述,证实被告人知道他人利用信息网络实施犯罪,常见于被告人认罪认罚案件中。如邓某帮助信息网络犯罪活动案中,被告人承认"明知"他人利用网络犯罪仍提供了管理卡农、招募下级等支付结算

---

〔1〕 最高人民检察院和教育部联合发布5个在校学生涉"两卡"犯罪典型案例之一。

〔2〕 参见杜洋:《严防校园电诈犯罪"工具人"变"卡商"》,载《法治日报》2021年6月24日,第3版。

〔3〕 参见陈家琪、许昆:《涉"两卡"类帮助信息网络犯罪案件特征及防控——以底端"卡农"为视角》,载《河北公安警察职业学院学报》2022年第4期。

〔4〕 参见河南省新野县人民法院刑事判决书,(2020)豫1329刑初179号。

类帮助。[1] 三是在判决书中直接言明被告人“明知”,不谈“知道或应当知道”的问题。如湖南某法院在判决书中直接写到,被告人“明知”他人利用网络实施犯罪,仍为其提供帮助,其行为已构成帮助信息网络犯罪活动罪。[2] 四是使用“明知可能”,如郝某涉帮信罪的一审判决书写道,被告人“明知”开办的银行卡可能被用于实施电信网络诈骗等犯罪行为[3]。实务辩护中,行为人是否“明知”往往成为辩护热点,法院最终定罪也需要认定行为人是否符合主观“明知”。[4]

因此认定“明知”时,不能仅依据行为人的主观供述进行判断,更需要结合行为人的行为特征和行为的具体场景对供述的真实性和辩解的合理性进行审查,例如,对于行为人提出为了申办贷款提高信用卡额度而给朋友或熟人刷流水的辩解,可重点审查行为人是否具有办理贷款的现实需求、是否具有申请办理的实际行为、是否具有跨地域流动、使用即时通讯工具销毁通讯记录等异常行为表现、是否为办理贷款支出合理费用等方面,综合认定其是否具有帮信罪的主观明知。

(二)帮信罪与上游共犯的区分

《会议纪要》在办理涉“两卡”犯罪案件中,主要根据行为人的主观明知内容和实施的具体犯罪行为确定其行为性质,而在司法裁判当中,是否构成上游犯罪的共犯,前提要看行为人主观上是否“明知”并为其提供帮助。实务当中认定上游共犯,首先,审查的是行为人对所帮助犯罪行为的认知程度,若行为人片面、单方明知上游犯罪性质,后加以实施网络帮助行为的,构成上游犯罪共犯;主观上基于完全概括故意实施的帮助行为成立帮信罪。[5] 从行为性质看,行为人对其“帮信行为”的违法性通常有概括认识;从行为对象看,“帮信行为”呈“一对多”“多对多”的特点,行为人事先难以明知行为对象;从行为结果看,前述项的不确定,其对行为结果必然存在不确定认识,故帮信罪明知属于完全概括故意;而上游共犯的行为人对于三者其一必有确定认知,片面、单方明知上游犯罪性质是网络共犯的主要犯罪形态。

其次,重点审查双方意思联络和行为联系的紧密程度。在帮信罪中,行为人与被帮助的犯罪分子之间联系相对松散、不固定,其行为与所帮助的诈骗行为之间并

---

[1] 参见浙江省杭州市临安区人民法院刑事判决书,(2021)浙0112刑初468号。

[2] 参见湖南省株洲市荷塘区人民法院刑事判决书,(2022)湘0202刑初104号。

[3] 参见河南省唐河县人民法院刑事判决书,(2020)豫1328刑初544号。

[4] 王晓、崔欣竹:《帮助信息网络犯罪活动罪中“明知”的认定》,载《北京邮电大学学报(社会科学版)》2023年第6期。

[5] 参见张艳:《支付结算型帮助信息网络犯罪活动罪认定中的争议问题》,载《中国检察官》2022年第8期。

没有形成相互作用、相互促进的紧密联系。而共犯案件中,其联络相对紧密、固定,联络内容也相对具体,往往体现为事前通谋或形成长期稳定的配合关系,双方行为之间更加紧密,形成一个相互配合、相互作用的整体。

(三)帮信罪与“掩隐罪”的区分

我国司法实践对帮信罪的认定较为随意,通常忽视其与关联犯罪的竞合。“两卡”案件中行为人多以为他人提供银行卡、面部识别数据等方式为上游犯罪提供帮助,多造成帮信罪与“掩隐罪”竞合的情形。若不对二者进行辨析便无法准确适用本罪。实务当中,行为人以收购、出租、出售本人或他人银行卡、资金账户等方式为转移支付资金的行为提供帮助,又同时实施了转款、提现等行为时,两者才产生竞合关系。

根据2021年《关于办理电信网络诈骗等刑事案件适用法律若干问题的意见(二)》第11条,掩隐罪对行为方式强调转移资金行为的完成,而帮信罪的典型行为包括为上游犯罪提供支付结算、广告推广或其他技术支持等帮助。“两卡”案件中,二者行为虽存在竞合,但事实上依旧具有相对的独立性,对于行为人仅提供银行账户、支付账户,未实施转账或提供刷脸等实名验证配合转账的,较为一致认定为帮信罪;对于提供银行账户,支付账户后,又实施转账或提供实名验证协助转账的,特别是通过提供实名验证协助配合他人转账的,可重点从行为、资金、获利、既往经历的异常性等综合判断行为人及其行为的异常性,进而判断行为人主观上是否具有掩隐罪的“明知”。

近年来,随着各地关于帮信罪的实务开展,对于帮信罪与掩隐罪的区分也在实践中愈加明晰,如2023年山东省《关于办理帮助信息网络犯罪活动案件有关法律适用问题和证据标准的座谈会纪要》提出,对于帮信罪与掩隐罪在实践当中区分时,对于出售、出租本人信用卡,又提供转账取现等服务,要结合行为人的认知能力、既往经历、交易对象等,通过分析信用卡内资金流动的异常性、金融机构、非银行支付机构的提醒警示、行为的异常性以及行为人获利情况等情形,结合行为人的供述,综合认定其主观上是否明知转移的资金系犯罪所得;而掩饰、隐瞒犯罪所得的数额应以实际查实的行为人转移的犯罪所得数额为限,对于未查明的不明流水资金不宜纳入认定范围。行为人协助、配合组织者转移赃款,在犯罪过程中起次要和辅助作用,依法可以认定为从犯。在其掩饰、隐瞒犯罪所得数额达到量刑第二档时,可以根据其从犯的地位作用,依法从轻减轻处罚,确保罪责刑相适应。

三、涉帮信罪之社区矫正路径

贝卡利亚曾在其论著《论犯罪与刑罚》中指出刑罚目的重点不在于惩罚,而在于预防,这里的预防包含特殊预防。[1] 实践中涉帮信罪,基于帮信罪的轻罪性质,司法实务中此类犯罪行为人大多被判处缓刑而进入社区矫正,如何帮助涉帮信罪之矫正对象重新融入社会,防止其再犯罪,在网络空前活跃的当前需要一个严密的矫正策略与路径,从而通过监督管理与教育帮扶,帮助社区矫正对象顺利回归社会,更好地实现刑法的教育目的。

实践当中涉帮信罪人员大多为20岁至50岁的青壮年男性,承担着社会大部分的生产建设,其刑事治理若一味地坚持严打,无疑会产生较大的社会成本。然受传统执法观念"重打击轻保护、重实体轻程序"的影响,逮捕强制措施被严重普遍化、常态化。降低逮捕率和羁押率即是宽严相济刑事政策在司法领域的具体化,也是轻罪治理体系的必然要求。[2]

(一)清朗网络,加强对涉罪社区矫正对象的监督管理

随着互联网技术的不断深入发展与融合,网络空间也在不断地发展壮大。然而技术本身的进步不代表着技术使用者的进步,如网络暴力、网络淫秽、网络诈骗现象依旧层出不穷。依据最高人民法院相关调研报告显示:帮信罪案件数量已跃居各类刑事案件第三位。仅近几年因电信网络诈骗受害的人数便是数不胜数。加强对涉罪人员的监督管理,便要加强对于网络的监督管理,牢记网络空间不是法外空间。

互联网为各个行业带来了巨大的机遇和挑战,社区矫正教育更是如此。社区服刑人员与狱内服刑人员相比,其最大的区别就是非监禁性,服刑人员不脱离原来的工作学习场所,可以继续原来的工作和学习,这是刑罚人道化的集中体现,但同时也给社区矫正带来了极大的困难。[3] 涉帮信罪而进入社区矫正人员,倘若不对其电子设备进行监督管理,大部分由于原有的犯罪心态尚未矫正,加之犯罪工具如手机、电脑的易获得性,大部分容易重新走上犯罪的道路。

---

[1] 参见[意]切萨雷·贝卡利亚:《论犯罪与刑罚》,黄风译,中国法制出版社2022年版,第132~133页。

[2] 参见李慧怡:《帮助信息网络犯罪活动罪司法办案难点与思路》,载《辽宁公安司法管理干部学院学报》2023年第1期。

[3] 参见芦麦芳主编:《社区矫正教育》,法律出版社2016年版,第120页。

因此对该类人员进行监督管理，首先是监督其上网空间，既是为了防止其接触相关的犯罪信息与网络平台，又是为了防止其利用网络终端再次实施帮信行为；其次便是进行网络空间的治理，环境蕴含着大部分犯罪的诱因，加大对网络空间的监管力度，不断取缔违法的跑分平台、派单群聊，不仅可以塑造良好的网络环境，还可以促进涉罪人员重新融入社会；最后是清朗网络，不仅局限于网络诈骗平台，其他违法平台也要及时依法取缔，截断其复杂的网络犯罪链条，提高网络空间的透明度，从而促进网络技术的良性发展，使涉罪社区矫正对象的技术手段向好发力，涉罪大学生的犯罪思维向好转变。

（二）技术人员个别化矫正策略

首先，在“帮信”案件当中，对于技术人员实行社区矫正，不能仅依靠传统矫正策略，在当前监狱矫正过程中，对老弱病残犯、职务犯、暴力犯等实行三分原则，但对涉网络类罪犯群体尚无分押分管，其分类存在一定主观盲目性、形式随意性，从而影响分类教育效果。“帮信”案件中的技术人员，部分属于高智商犯罪团伙，且涉及资金巨大、影响范围广大，如采用混押、混管的办法无法触动此类罪犯的深层次犯罪意识，难以收到应有效果。因此，根据此类罪犯的犯罪特点，可以采用集中关押、单独编队、定期评估、动态流转的方式对其进行个类化监督矫正，同时可以围绕其犯因性问题和矫正需求，推广个案矫正、心理矫治等专业技术，通过心理矫治，使有潜在心理危机发展倾向的罪犯，提前适应监狱环境，提高其自控能力，消除导致个人犯罪或者再次犯罪的人格缺陷和各种消极心理，促使其心理健康、认知正常、行为达标，集中矫正其犯罪心理，提升教育矫正的效率。

其次，在行为方面可以加强技术引导，如通过劳动，发挥其劳动矫治功能。网络型罪犯常年从事非体力劳动，对体力劳动缺乏体力认识，入矫后内心惧怕逃避劳动，对此可以组织其规律参与劳动，让其在规范劳动中改造思想、约束行为，树立正确的劳动观念，同时完善劳动报酬制度，让劳动态度好、产品质量高的罪犯感受到劳动价值，提高劳动改造的积极性，使其在劳动矫正过程中树立正确劳动观念，以此引导网络技术精通人员正确发挥网络技术特长。

（三）针对大学生矫正路径

帮信罪相较于传统暴力型犯罪，主体大多为低龄、低学历、浅阅历人群，虽法律意识淡薄，但往往到案后认罪认罚率较高，再犯可能性较低，人身危险性较弱。当前在校大学生涉嫌帮信罪较多，与已就业的矫正对象相比，其主要依赖于家庭与学校的控制管理，对其采取非羁押措施更能体现教育为主、惩罚为辅、惩教结合的方针,更好地帮助其回归正常学习与生活。

首先,对于在校大学生,要重视家庭、学校、社区和矫正机构各方主体的多方联动,发挥其在大学生教育帮扶上的主体作用,在当前社会公众对社区矫正认知度低和参与积极性不足的现状下,应当强调家庭和学校的作用。作为在校生最为重要成长环境,家庭和学校对大学生的社区矫正中具有不可替代的作用,社区矫正机构应当密切家庭、学校与大学生之间的联系,让在校生感受到来自社会、家庭和学校的关爱和教导,从而帮助其纠正错误的观念,树立正确的人生观和世界观,促使其更好地实现再社会化。[1]

其次,应在大学生的日常教育中加强思想政治教育,引导大学生树立正确的劳动价值观。针对当前大学生涉案率不断上升的新状况,高校更应当予以高度重视,从各个方面采取措施净化校园环境,抵制、消除可能引发犯罪的不良氛围,重视对学生的道德建设,在加强课堂理论学习的同时,加入实践类课程,通过榜样教育和警示案例,引导大学生树立起正确的劳动价值观,彻底摒弃通过兜售个人信息、银行卡,动动手指转发信息就能创造财富的幻想;在大学生就业指导中,要加强对大学生兼职、就业、创业的相关指导以及招聘平台的监管,有针对性地进行就业法律培训,让大学生了解在我国劳动法律体系中,劳动关系界定、风险责任分配等一系列法律问题,引导学生增强辨别能力和防范意识,学会在就业与兼职中,甄别非法企业,规避就业兼职的陷阱。

最后,司法机关在司法过程中要充分发挥司法能动性,突出刑法的矫治功能,不仅要贯彻惩罚与教育相结合的原则,严厉打击校园犯罪的同时充分考虑到大学生的心理特征与矫治需要,还要加强案前和案后的综合治理,落实"谁执法谁普法"的普法责任制,与辖区内学校建立合作关系,利用"法治副校长""送法进校园"等活动,深入开展校园法治宣传,对案件数量增涨剧烈的帮信罪,有针对性地对大学生进行专题普法活动,帮助大学生在案件发生前保持警觉性。

结 语

当今世界,数字网络技术迭代加速,涉网络犯罪日益增加,亟须调整我国当前网络犯罪司法治理方式,探究涉网络犯罪罪犯改造规律,创新矫正技术手段,依托数字平台建立系统完善的涉网络犯罪行为矫正治理体系。司法实务当中,对帮信

---

[1] 参见章群:《在校生社区矫正对象的矫正方式探讨》,载《宜宾学院学报》2020年第9期。

罪进行司法认定时，不仅要明确界定“中立行为”、明晰“情节严重”限度，还要采用量化标准，结合利益衡量原则，以此为基划定刑法规制的界限，在既有司法解释基础上结合各种指标进行实质判断。刑法处罚具有应罚性，不能只看形式要件达到规定便予以定罪，更应从实质要件出发，构建轻重有序、责任有别的实质入罪、出罪通道。[1] 对于涉网罪犯的矫正，要坚持在“大矫正观”指导下，充分应用犯罪学、刑法学、监狱学、社区矫正学等各方理念，从而更好地指导和制定矫正对策，再创刑事执行新模式。

---

〔1〕 参见刘艳红：《帮助信息网络犯罪活动罪的司法扩张趋势与实质限缩》，载《中国法律评论》2023 年第 3 期。

社区矫正对象感恩意识与悔罪感、亲社会行为的关系研究

何　玲* 陈支那** 胡　洁***

摘　要:感恩教育一直是社区矫正工作中重要的思想教育活动。但目前对社区矫正对象感恩倾向产生的积极结果的实证研究还较少,所以难以明确感恩教育的矫正效果。基于此现实及理论需要,本研究运用感恩问卷、悔罪感指标及亲社会行为问卷调查了247名社区矫正对象以探索他们的感恩倾向与悔罪感及亲社会行为之间的关系,尤其是悔罪感在感恩倾向与亲社会行为之间的中介作用。结果表明,感恩、悔罪感及亲社会行为两两之间均呈显著正相关。感恩倾向不仅能直接正向预测亲社会行为,还能通过悔罪感间接作用于亲社会行为,所以,社区矫正对象的悔罪感在感恩倾向与亲社会行为之间起部分中介作用。本研究为司法单位认识与评估感恩教育及训练项目的矫正效果提供了有用的实证信息。

关键词:感恩;悔罪感;亲社会行为;中介作用;社区矫正对象

引　言

据中国新闻网报道,截至2019年12月底全国司法单位已累计接收社区矫正对象478万人,正在列管的有126万〔1〕。帮助社区矫正对象积极接受教育监管以便重新回归主流社会是社区矫正工作的重要任务和内容。为此,司法单位不仅向矫正对象开展文化教育、技能教育,还开展重要的思想教育,如感恩教育,以促进社区

---

* 作者单位:四川省宜宾学院教育学部。

** 作者单位:四川省宜宾学院教育学部。

*** 作者单位:四川省宜宾学院教育学部。

〔1〕 参见《司法部:全国累计接受社区矫正对象已达478万》,载中国新闻网2019年12月28日,https://baijiahao.baidu.com/s?id=1654135982227717586&wfr=spider&for=pc。

矫正人员弃恶向善。有效的思想教育矫正项目有利于引导社区矫正对象从“被动服从、消极应付”向“自觉接受、自愿改造”转化[1]。虽然司法单位对服刑人员进行感恩教育已开展多年,并一直持续进行着[2],但目前对社区矫正对象感恩倾向可能产生的积极结果(如对亲社会行为的促进与悔罪感的激发)探索还不够,这在一定程度上限制了司法单位准确认识及评估感恩教育的矫正效果。

亲社会行为是指一切有利于他人或社会的行为[3]。感恩的道德情感理论[4]指出,感恩具有激发个体亲社会行为的道德动机功能。对其他非社区矫正对象群体的研究表明,感恩能显著正向预测个体的亲社会行为[5],感恩倾向越高的个体亲社会行为越多。另外,在纵向研究、实验设计及文献元分析中也发现了感恩与亲社会行为之间的预测关系。Yang 等人[6]对青少年的一项纵向研究发现,第一年的感恩水平能显著正向影响第二年的亲社会行为,第二年的感恩对第三年的亲社会行为依然保持这种影响。另一项纵向研究也发现[7],感恩增长预测了 4 年内亲社会行为的增加。还有一些研究者将被试分配到不同的实验条件以研究感恩对个体助人行为的影响[8],结果表明,即使需要自己付出较多的努力,感恩组的被试比娱乐状态组及中性组的被试给恩人提供更多帮助。在另一项分配任务实验中,感

---

〔1〕 参见伍晋:《社区服刑人员的再犯罪预防》,载《人民检察》2017 年第 10 期。

〔2〕 参见湖北省黄石市司法局:《湖北省黄石市组织社区服刑人员开展“感恩与回报一日公益行动”活动》,载《人民调解》2011 年第 2 期;徐兆阳:《江苏省方强劳教所开展“感恩教育”的实践与思考》,载《犯罪与改造研究》2007 年第 11 期。

〔3〕 参见汤明、李伟强、刘福会、袁博:《内疚与亲社会行为的关系:来自元分析的证据》,载《心理科学进展》2019 年第 5 期。

〔4〕 See Mccullough M. E. , Kilpatrick S. D. , Emmons R. A. , Larson D. B. , *Is Gratitude a Moral Affect*?, Psychological Bulletin, Vol. 127:2(2001).

〔5〕 See Barnett M. D. , Van Vleet S. C. , Cantu C. , *Gratitude Mediates Perceptions of Previous Generations' Prosocial Behaviors and Prosocial Attitudes Toward Future Generations*, The Journal of Positive Psychology, 2019. See Kim H. & Qu H. , *The Mediating Roles of Gratitude and Obligation to Link Employees' Social Ex-Change Relationships and Prosocial Behavior*, International Journal of Contemporary Hospitality Management, Vol. 32:2(2020).

〔6〕 See Yang Y. , Kong X. J. , Guo Z. , Kou Y. , *Can Self – compassion Promote Gratitude and Prosocial Behavior in Adolescents? A 3 – year Longitudinal Study From China*, Mindfulness, Vol:12(2021).

〔7〕 See Bono G. , Froh J. J. , Disabato D. , Blalock D. , McKnight P. , Bausert S. , *Gratitude's Role in Adolescent Antisocial and Prosocial Behavior: A 4 – year Longitudinal Investigation*, The Journal of Positive Psychology, Vol. 14:2(2019).

〔8〕 See Bartlett M. Y. & Desteno D. , *Gratitude and Prosocial Behavior: Helping When it Costs You*, Psychological Science, Vol. 17:4(2006).

恩组被试比对照组被试将更多的钱分配给施恩者[1]。另外,Ma[2]等人对65篇相关文献进行元分析后发现,感恩与个体增加的亲社会性确实存在联系,两者之间的相关达到了中等程度。何慧[3]等对国内外文献的元分析也发现了类似的结果。从以上多种研究可以看出来,感恩对亲社会行为的影响不仅具有普遍性还具有一定的持久性。

悔罪是指犯罪者对自己罪行的自责和悔恨以及改恶从善的意愿[4]。对服刑人员加强感恩思想教育,旨在培养他们的感恩倾向,激发内心的悔罪表现,因此很有必要探明感恩与悔罪之间的关系。但遗憾的是,目前并没有感恩与悔罪相关的直接的实证研究,只能通过间接的方式(如通过其他变量——内疚)对二者之间的关系进行有限的认识。王立峰认为悔罪的道德来源是个体的内疚感[5],过去的研究已确认,感恩与内疚呈显著正相关[6]。对个体进行感恩干预后,感恩组被试的内疚得分明显高于对照组[7],感恩能引发个体更强烈的内疚感[8]。另外,内疚也与个体的多种亲社会行为有正相关关系。内疚可以普遍且稳定地影响个体的合作行为[9],还可以促进居民节能行为的发生[10]。为减轻内疚给自己带来的痛苦与

---

[1] See Tsang J – A, *Gratitude and Prosocial Behaviour: an Experimental Test of Gratitude*, Cognition and Emotion, Vol. 20:1(2006).

[2] See Ma L. K., Tunney R. J., Ferguson E., *Does Gratitude Enhance Prosociality?: A Meta – Analytic Review*, Psychological Bulletin, Vol. 143:6(2017).

[3] 参见何慧、王影、李伟强、袁博:《感恩与亲社会行为的关系:来自元分析的证据》,载《心理技术与应用》2018年第7期。

[4] 参见高永明:《论刑事忏悔的量刑影响》,载《上海政法学院学报(法治论丛)》2016年第3期。

[5] 参见王立峰:《论悔罪》,载《中国刑事法杂志》2006年第3期。

[6] See Haka F., *Children's Attributional Style and Socio – Demographic Factors as Predictors of Shame & Guilt Proneness and Gratitude in Middle Childhood*, Journal of Humanities and Cultural Studies R & D. See Han J – Y, Kim J – M, Kim J – J, *The Mediating Role of Gratitude in the Influence of Children' and Adolescents' Empathy and Guilt on Helping Behavior*, Journal of Families and Better Life, Vol. 30:6(2012).

[7] See Walsh L. C., Armenta C. N., Itzchakov G., Fritz M. M., Lyubomirsky S., *More Than Merely Positive: The Immediate Affective and Motivational Consequences of Gratitude*, Sustainability, Vol. 14:14(2022). See Layous K., Sweeny K., Armenta C., Na S., Choi I., Lyubomirsky S., *The Proximal Experience of Gratitude*, PLoS One, Vol. 12:7(2017).

[8] See Titova L., Wagstaff A. E., Parks A. C., *Disentangling the Effects of Gratitude and Optimism: A Cross – Cultural Investigation*, Journal of Cross – Cultural Psychology, Vol. 48:5(2017).

[9] 参见郝娜、崔丽莹:《补偿他人还是保护自己? 内疚与羞耻情绪对合作行为的影响差异》,载《心理科学进展》2022年第7期。

[10] 参见史梦茜:《同群生活情境下内疚干预对居民节能行为的影响机制研究》,中国矿业大学2021年硕士学位论文,第58页。

难受,个体在医疗众筹中有更强的捐赠意愿[1]。内疚对亲社会行为的影响也发生在虚拟网络上,越是感到内疚的人越会在网络上为他人提供帮助[2]。对过去文献的总结可以作出一个合理的推测,内疚(悔罪感)可能是感恩与亲社会行为的一个中介变量。为了更贴合对社区矫正对象的思想教育与矫正,本研究更倾向使用悔罪感这一适用于特殊对象(服刑人员)的变量,而不选择适用对象具有较强普适性的内疚感。因此,本研究将探索悔罪感在社区矫正对象的感恩倾向与亲社会行为之间的中介效应,也即同时检验感恩与矫正对象的消极情感(悔罪感)及积极行为(亲社会行为)的相互关系,从而为司法单位准确认识及评估感恩教育的矫正效果提供有用信息。

一、研究方法

(一)研究对象

本研究采用方便取样方法选取四川省某市 250 名社区矫正对象为研究对象。收回问卷 250 份,有效问卷 247 份,有效率为 98.8%。男性矫正对象 187 人(75.7%),女性矫正对象 59 人(23.9%),1 人性别资料未填写(0.4%);最小年龄 19 岁,最大年龄 78 岁,平均年龄 35.15 ± 11.04 岁,另外有 5 人未填写年龄;没上过学的矫正对象 3 人(1.2%),上过小学的 36 人(14.6%),上过初中的 103 人(41.7%),上过高中或中专的 65 人(26.3%),上过大专的 34 人(13.8%),本科及以上学历的 4 人(1.6%),2 人未填写学历资料(0.8%)。

(二)研究工具

1. 感恩

使用 McCullough 等人[3]编制的感恩问卷测量社区矫正对象的感恩倾向,该问卷由 6 个项目构成,其中项目 3 与 6 为反向计分题。为防止社区矫正对象因顾虑而全选中间项产生趋中效应,本研究对该问卷采用 6 点计分,1 =“非常不同意”,6 =“非常同意”。感恩总分越高,表明社区矫正对象的感恩倾向越强或者感恩水平越高。

---

[1] 参见张星、陈梓榆、肖泉:《医疗众筹慈善诉求的信息表达对个体捐赠的影响》,载《管理科学》2021 年第 5 期。

[2] 参见吴鹏、范晶、刘华山:《道德情绪对网络助人行为的影响——道德推理的中介作用》,载《心理学报》2017 年第 12 期。

[3] See Mccullough M. E., Emmons R. A., Tsang J. A., *The Grateful Disposition: A Conceptual and Empirical Topography*, Journal of Personality and Social Psychology, Vol. 1(2002).

2. 悔罪感

本研究中社区矫正对象的悔罪程度将采用陈娜[1]翻译的Thurman[2]的7个悔罪指标进行测量。7个指标分别测量了犯罪者对自己罪行的“合理化”,如对犯罪责任、伤害、被害人的否认等。指标采用两点计分,在本研究中0表示“同意”,1表示“不同意”。7个悔罪指标的总分越高,则表明社区矫正对象的悔罪程度越高。

3. 亲社会行为

选用Carlo与Randall[3]亲社会倾向测量中的利他行为维度(根据本研究对象的特性对题目进行了一定的修改)对社区矫正对象的亲社会行为进行调查。该维度共5个题目,5点计分,1 =“非常不像我”,5 =“非常像我”。总分越高表明社区矫正对象的亲社会行为表现越好。

(三)程序及数据处理

先告知社区矫正对象本研究的研究目的、匿名作答及答案保密等事项,征得矫正对象同意后再让其参与本次调查。对年龄大或者文化程度低而无法很好理解题目的矫正对象则由司法工作人员带领逐题填写,回答结束后当场收回问卷。本研究先采用SPSS 26对本次调查收集到的数据进行描述性统计分析及相关分析,然后采用PROCESS v3.5对数据进行中介效应检验。

二、结果

(一)描述性统计及相关分析

由表1可知,社区矫正对象的感恩倾向与悔罪感较好,亲社会行为表现要差一点(得分只比中间值3高一点)。对3个变量进行相关分析发现,感恩、悔罪感及亲社会行为两两之间均呈显著正相关。

---

〔1〕 参见陈娜:《社区服刑人员悔罪程度及影响因素实证研究——基于上海的问卷调查》,载《法学论坛》2016年第5期。

〔2〕 See Thurman Q. C. ,*Deviance and the Neutralization of Moral Commitment*:*An Empirical Analysis*,Deviant Behavior, Vol. 5(1984).

〔3〕 See Carlo G. ,Randall B. A. ,*The Development of a Measure of Prosocial Behaviors for Late Adolescents*,Journal of Youth and Adolescence, Vol. 31:1(2002).

表 1　各变量的描述性统计与相关分析

变量	M	SD	1	2	3
1 感恩	4.856	0.762	1		
2 悔罪感	0.956	0.112	0.139*	1	
3 亲社会行为	3.852	0.797	0.439**	0.321**	1

注：$^{*}p<0.05$，$^{**}p<0.01$。

（二）悔罪感的中介作用

悔罪感在感恩与亲社会行为之间的中介效应检验结果显示在表 2 中。社区矫正对象的感恩能显著正向预测悔罪感（$\beta=0.139$，$t=2.203$，$p<0.05$）；同时，悔罪感能显著正向预测亲社会行为（$\beta=0.265$，$t=4.776$，$p<0.001$），因此，悔罪感在感恩与亲社会行为之间起着中介作用。不过，在中介变量悔罪感对亲社会行为预测作用显著的同时，自变量感恩对因变量亲社会行为的预测作用依然显著（$\beta=0.402$，$t=7.240$，$p<0.001$），该结果表明社区矫正对象的悔罪感在本研究中的中介效应属于部分中介，即感恩→悔罪感→亲社会行为这一路径只能部分解释社区矫正对象的亲社会行为，亲社会行为的其余部分则由感恩直接进行解释。

表 2　悔罪感在感恩与亲社会行为之间的中介作用

预测变量	模型 1（亲社会行为）		模型 2（悔罪感）		模型 3（亲社会行为）	
	β	t	β	t	β	t
感恩	0.439	7.65***	0.139	2.203*	0.402	7.240***
悔罪感			0.265	4.776***		
R^2	0.193		0.019		0.262	
F	58.528***		4.851*		43.276***	

注：$^{*}p<0.05$，$^{***}p<0.001$；模型中各变量均经过标准化处理之后带入回归方程。

利用 Bootstrap5000 次自助抽样方法检验悔罪感中介效应显著性的结果见表 3。感恩→悔罪感→亲社会行为路径的 Bootstrap95% 置信区间为[0.004，0.070]，区间不包括 0，表明悔罪感在感恩与亲社会行为之间的中介作用显著。另外，感恩→亲社会行为的直接效应为 0.402（占总效应的 91.6%），而感恩→悔罪感→亲社会行为的间接效应为 0.037（仅占总效应的 8.4%），直接效应明显大于间接效应。所以，社区矫正对象的悔罪感在感恩与亲社会行为之间只起着部分中介的作用。具体而言,社区矫正对象的感恩不仅可以直接作用于亲社会行为,还可以通过悔罪感间接影响亲社会行为,不过这一中介路径只能解释社区矫正对象很少部分的亲社会行为,绝大部分的亲社会行为是由感恩解释的。

表3　中介效应显著性检验的Bootstrap结果

效应类型	效应值	Boot 标准误	Boot 90% CI		相对效应
			下限	上限	
总效应	0.439	0.062	0.312	0.559	
直接效应	0.402	0.066	0.295	0.510	91.6%
间接效应	0.037	0.020	0.004	0.070	8.4%

三、讨论

(一)感恩与亲社会行为之间的关系

社区矫正对象的感恩对亲社会行为有显著正向预测作用,表明感恩水平越高的社区矫正对象越有可能对他人提供亲社会行为,这与之前两个变量关系的研究结果一致[1]。因此,本研究验证了情感道德理论中感恩的道德动机功能[2]。当社区矫正对象认为周围人对自己的帮助纯粹是为了自己的福利时,便会产生感恩情绪,基于人际交往中的互惠规则,于是产生了回报他人的动机及行为。简言之,感恩的激励价值促进了社区矫正对象亲社会行为的表现。另外,对感恩的认知偏向机制研究发现[3],高感恩特质的人更喜欢注意积极意义事件,对模糊事件也多做积极解释。所以,高感恩的社区矫正对象即使自己正在接受监管与教育,依然能以积极的态度对待他人对待生活。高感恩社区矫正对象的认知偏向更有可能使他

〔1〕 See Barnett M. D. , Van Vleet S. C. , Cantu C. , *Gratitude Mediates Perceptions of Previous Generations' Prosocial Behaviors and Prosocial Attitudes Toward Future Generations*, The Journal of Positive Psychology, 2019. See Bono G. , Froh J. J. , Disabato D. , Blalock D. , McKnight P, Bausert S. , *Gratitude's Role in Adolescent Antisocial and Prosocial Behavior: A 4 – Year Longitudinal Investigation*, The Journal of Positive Psychology, Vol. 14:2(2019).

〔2〕 See Mccullough M. E. , Kilpatrick S. D. , Emmons R. A. , Larson D. B. , *Is Gratitude a Moral Affect?*, Psychological Bulletin, Vol. 127:2(2001).

〔3〕 参见杨伟刚:《特质感恩与状态感恩的认知偏向机制研究》,陕西师范大学2016年博士学位论文,第76页。

们注意到他人需要帮助的处境，所以更有机会和意愿为他人提供亲社会行为。除此之外，原本社区矫正对象在生活中容易因为自己的特殊身份遭到他人排斥，但是高感恩倾向的个体因为非常看重并感激他人对自己的帮助，所以能建立良好的人际关系，得到他人的接纳和社会支持〔1〕。而被他人支持的社区矫正对象有足够的物质与心理资源为处于困境的人提供帮助，展现亲社会行为。概括而言，高感恩倾向的个体既有一定强度的道德动机又有特有的认知条件及足够的资源为他人提供亲社会行为，这是感恩水平高的社区矫正对象表现出较多亲社会行为的主要原因。

（二）悔罪感在感恩与亲社会行为之间的部分中介作用

本研究通过中介效应检验发现，悔罪感在感恩与亲社会行为之间起部分中介作用，这说明社区矫正对象的感恩倾向不仅可以对他们的亲社会行为产生直接作用，还能通过悔罪感这一中介变量实现间接影响。换言之，感恩可以通过激发个体的悔罪感进而促进他们亲社会行为的产生。一方面，社区矫正对象是接受非监禁教育的服刑人员，亲人及朋友可能受到服刑人员这一特殊身份的牵连，如亲人朋友被周围人看不起或排斥等。高感恩倾向的社区矫正对象可能由此将自己视为家庭的负担而产生内疚感〔2〕，进而对造成自己服刑人员这一身份的违法犯罪行为产生深深的悔恨，悔罪感较强。另一方面，高感恩倾向的个体往往具有较强的共情能力〔3〕。当违法犯罪行为发生后，面对自己造成的损失及对他人的伤害，社区矫正对象在共情的作用下，会产生相应的痛苦。这些痛苦会促使社区矫正对象认真反思自己给他人及社会造成的伤害，并内化为对这些伤害的自责，从而产生较高的悔罪感。悔罪是指犯罪者对自己罪行的自责和悔恨，其道德来源是个体的内疚感——一种知道或者认为自己做了坏事或错事而引起的很不好的感觉〔4〕。内疚

〔1〕 参见张庆吉、涂叶满：《感恩对制造企业员工心理幸福感和社会支持的影响》，载《中国职业医学》2017年第6期。

〔2〕 See Titova L., Wagstaff A. E., Parks A. C., *Disentangling the Effects of Gratitude and Optimism: A Cross-Cultural Investigation*, Journal of Cross-Cultural Psychology, Vol. 48:5(2017).

〔3〕 See Kim G. Y., Wang D. C., Hill P. C., *An Investigation Into the Multifaceted Relationship Between Gratitude, Empathy, and Compassion*, Journal of Positive Psychology and Wellbeing, Vol. 2:1(2018). 参见丁凤琴、宋有明：《感恩与大学生助人行为：共情反应的中介作用及其性别差异》，载《心理发展与教育》2017年第3期。

〔4〕 See Piquero A. R., "*No Remorse, No Repent*": *Linking Lack of Remorse to Criminal Offending in a Sample of Serious Adolescent Offenders*, Justice Quarterly, Vol. 34:2(2017).

往往给社区矫正对象带来痛苦与不安。过多的内疚还会使人产生过分的自责[1],甚至导致严重的抑郁症状[2],萌生自杀的念头[3]。为了消除或减少这些痛苦,社区矫正对象可能做出补救行为以挽回自己的错误,如道歉、赔偿等。汤明等人[4]的元分析支持了这一点,他们发现内疚与补偿行为存在中等强度的正相关。所以,悔罪感强的社区矫正对象为了减轻悔罪感带来的内心痛苦更可能表现出亲社会行为。概括而言,感恩倾向高的社区矫正对象在自责自己成了家庭负累、在共情被害人产生相似痛苦感受的影响下,对自己的违法犯罪行为产生了强烈的悔罪感。为了减轻伴随痛苦与自责的悔罪感这一负面体验,社区矫正对象努力表现出亲社会行为作为对自己过错行为的补救。

四、研究启示

本研究检验了社区矫正对象感恩与悔罪感及亲社会行为之间的关系,为社区矫正感恩教育的开展提供了有用信息。首先,应继续对社区矫正对象开展感恩教育活动。本研究结果表明,感恩既能有效激发社区矫正对象的悔罪感,同时也能促进他们亲社会行为的产生。这说明对社区矫正对象实施感恩教育提升他们的感恩水平,可以帮助他们同时产生心理(悔罪感)和行为(亲社会行为)上的积极改变。其次,感恩教育活动应注意系统性。感恩教育活动不能只注重项目多、内容新,更要注重各个活动内在之间的系统性,符合由感恩到报恩的心理机制。感恩的心理机制由知恩——感恩——报恩的反馈这一系列过程构成[5]。一些司法单位的感恩教育活动可能较为关注社区矫正对象感恩的激发以及报恩实践活动的参与,但教育效果却不理想。原因可能是忽视了引导矫正对象对他人恩惠的识别及认知。一些矫正对象总是将别人对他的辛苦付出视为理所当然,自然难以产生真正的感恩之心。因此在感恩教育过程中,有必要根据感恩产生的心理机制对社区矫正对象进行一些特殊的认知训练,如归因训练,引导社区矫正对象将自己的收获与进步

[1] 参见郝娜、崔丽莹:《补偿他人还是保护自己?内疚与羞耻情绪对合作行为的影响差异》,载《心理科学进展》2022年第7期。

[2] 参见王文超、伍新春、余青云:《幸存者内疚对抑郁的影响:反刍的中介作用》,载《华南师范大学学报(社会科学版)》2020年第4期。

[3] See Kealy D., Treeby M. S., Rice S. M., *Shame, Guilt, and Suicidal Thoughts: The Interaction Matters*, The British Journal of Clinical Psychology, Vol. 60:3(2021)

[4] 参见汤明、李伟强、刘福会、袁博:《内疚与亲社会行为的关系:来自元分析的证据》,载《心理科学进展》2019年第5期。

[5] 相关内容,参见魏晓华:《中国人的报恩心理研究》,南京师范大学2008年硕士学位论文。

归因于他人的非功利性的辛苦付出且他们有责任回报对方。另外,根据感恩的道德强化功能[1],一个人在向他人提供帮助后得到感谢,在将来才更有可能继续表现道德行为。因此,在以后的感恩教育活动中,也要重视社区矫正对象报恩后的反馈这个环节,以促进社区矫正对象持续性的感恩报恩行为。

---

〔1〕 See Mccullough M. E. , Kilpatrick S. D. , Emmons R. A. & Larson D. B. , *Is Gratitude a Moral Affect*?, Psychological Bulletin, Vol. 127:2(2001).

论未成年社区矫正对象心理矫治体系的构建*

师玮玮**

摘　要：随着《社区矫正法》的施行，在未成年社区矫正对象中开展心理矫治工作，具有科学的理论根据和一定的实践基础。深化对未成年矫正对象心理矫治的认知，定位心理矫治项目在未成年人社区矫正工作中的地位和作用，探讨制度建构和保障措施的具体化，以期完善未成年矫正对象心理矫治体系的构建，促进未成年矫正对象最终的矫治和回归。

关键词：未成年人；社区矫正；心理矫治；《社区矫正法》

《社区矫正法》在第7章"未成年人社区矫正特别规定"中明确了未成年矫正对象的特殊性。依据个别化矫正的要求，未成年人社区矫正需要制定相应矫正方案和矫正项目，特别是在未成年矫正对象的人格培育上，充分彰显专业化和精细化。

心理矫治的理念与未成年人社区矫正需求具有极高的契合性，在当前的实践中尚存在一些具体操作执行层面的问题，如未成年矫正对象的心理矫治工作应该如何认识、如何设置，社区矫正人员在心理矫治工作中的地位和作用怎样、心理矫治的范围和深度的边界如何确定、心理矫治效果如何控制等。对构建未成年矫正对象心理矫治体系进行研究，有助于未成年人社区矫正工作的开展。

一、未成年社区矫正对象心理矫治的内涵

未成年矫正对象存在心理问题较为普遍。有心理问题的未成年矫正对象的犯罪易感特质是他们成为再犯的重大隐患。未成年矫正对象的心理矫治，是根据未

---

*　基金项目：本文系河南省教育厅2019年人文社会科学研究项目"未成年社区服刑人员心理矫治研究"（2019－ZDJH－502）的研究成果。

**　作者单位：河南司法警官职业学院。

成年矫正对象的心理特征及存在的心理问题所进行的有针对性的心理矫治措施，实务中一般将其分为心理咨询与心理治疗两大类，着重于干预和矫正。[1] 未成年矫正对象的心理矫治可以根据社区矫正中心未成年人数量、心理矫治需求开展“一对一”个别化工作和10人以下的团体工作。

从本质上说，社区矫正是刑罚的一种，但有别于成人本位与社会秩序优先的“惩罚主义”理念，未成年人社区矫正理念以“柔性化”的社会关护理念为主，[2]“柔性化”社会关护理念的理论基础在于国家亲权、儿童利益最大化及教育刑理念。[3] 某市调查数据显示，83名再犯未成年人中，近半数被判为社区矫正，但是矫正效果并不理想，再次犯罪率较高。[4] 在对未成年矫正对象的认知上，他们在犯罪关系中不是一个单纯的加害者，同时也是受害者。相对于成年人，未成年矫正对象涉罪本身带有一些环境因素。[5] 如何看待未成年矫正对象，是“罚罪”还是“治病”，即以惩罚行为为中心还是以塑造身心健康的人为中心，既体现在社区矫正中心的管理设置上，也直接决定了未成年矫正对象在社区矫正过程中的体验和矫正效果。心理矫治将未成年矫正对象更多地放在“病人”的位置上，从理念上和思维上重新定位了未成年矫正对象的特殊性，聚焦于未成年矫正对象精神和心灵的成长，补偿和修正其早期心理发展可能存在的问题，为其反社会性的需求表达提供修复的环境，使其有力量度过自己的漫长人生，真正达到预防再次犯罪的目的。

二、未成年社区矫正对象心理矫治体系的构建

（一）未成年矫正对象心理矫治项目体系的构建

1. 明晰心理矫治项目的专业作用。《社区矫正法》要求将未成年人与成年人区分进行矫正，但目前我国缺乏适合未成年矫正对象身心发展的特定项目，大部分矫正项目和成年人无异。调查显示，未成年人社区矫正工作未能广泛发动家庭引导，

---

〔1〕 参见李如齐、葛祥龄、董厚坤：《试析社区矫正心理矫治工作的理论基源》，载《前沿》2011年第23期。

〔2〕 参见谭祎瑶：《理念再定义与程序衔接：未成年人社区矫正的路径优化探析》，载《郑州航空工业管理学院学报（社会科学版）》2021年第2期。

〔3〕 参见廖炜、李林蔚：《〈社区矫正法〉视野下未成年人“柔性”矫正实践路径探究》，载《法制与社会》2020年第32期。

〔4〕 参见傅跃建、傅俊梅：《未成年人社区矫正的若干思考——以J市检察机关办理的未成年人再犯罪案为样本》，载《上海法学研究》2019年第18卷。

〔5〕 这里的“环境”指的是在未成年矫正对象的人格成长中起到重要塑造作用的家庭与社会环境。

矫正项目流于形式,[1]社会力量支持力度有限。[2] 心理矫治项目基于未成年矫正对象个人的年龄、心理特点、发育需要、成长经历、犯罪原因、家庭监护、教育条件等情况开展周期性系统化的工作,能够充分利用心理技术的专业性、科学性和可操作性达到未成年矫正对象的"个别化"要求,有效弥补未成年人矫正项目方面的不足。同时,心理矫治项目有利于提升未成年矫正对象的身心发展水平,维护其情绪状态的成熟和稳定,促进法治道德教育与学业知识教育等其他未成年人社区矫正项目的开展。

值得注意的是,《社区矫正实施办法(征求意见稿)》将心理矫治归于"教育矫正"条目中,以"根据社区矫正对象的心理健康状况,对其开展心理健康教育、实施心理辅导"[3]进行描述。"心理辅导"在内涵和外延上与心理咨询、心理治疗又相互重叠,区别在于心理辅导多用于学校,工作对象为中小学生,遇到学生问题超出心理辅导的内容需要临床诊断时,就要及时转介,其核心作用是对来访学生需不需要转介有一个起码的判别。[4] 心理辅导不能等同心理矫治,需明晰心理矫治项目的专业作用。

2. 制定心理矫治项目实施办法。心理矫治项目具有独特的专业作用,应与法治道德教育、技能培训等项目并列。有关数据显示,2005—2015 年的未成年社区矫正对象占社区矫正对象总数平均为 3.8%,[5]2019 年我国某省 4 个城市的数据调查显示未成年矫正对象占总数的 0.57%—1.15%,未成年矫正对象人数从数量上为个别化心理矫治项目开展提供了现实基础,实施办法可依据可行性规定心理矫治以个别化心理矫治形式开展,从项目类别、实施目的、实施主体、实施对象、实施形式、实施原则等方面予以规范。其中,从项目类别上,有学者将未成年人社区矫正项目设计为层级结构,将家庭关系、社会交往、情绪控制类矫正归于必要的矫正

[1] 参见余欣:《A 市 B 区未成年社区矫正对象矫正实践调研报告》,西南大学 2020 年硕士学位论文,第 1 页。

[2] 参见王琪:《青少年个别化社区矫正面临的问题与解决措施》,载《临沂大学学报》2021 年第 1 期。

[3] 详见《社区矫正实施办法(征求意见稿)》第 43 条。

[4] 参见汤梅:《论心理咨询与心理治疗和心理辅导的联系与区别》,载《中国心理卫生杂志》2006 年第 3 期。

[5] 参见吴宗宪:《论未成年人社区矫正中的心理学工作》,载《预防青少年犯罪研究》2018 年第 1 期。

项目层级。[1] 这些项目究竟是从社会层面帮扶还是从心理层面干预，由谁来具体实施，矫正项目目的和效果如何评估管理，心理矫治项目是否囊括心理讲座等心理教育活动、心理游戏类心理体验活动等具有宣传普及功效的活动等问题应通过心理矫治项目实施办法予以明确。从实施主体上，实施办法应明确心理矫治项目的实施主体究竟应具有怎样的资质条件。

3. 明确心理矫治人员必须是未成年人社区矫正小组成员。心理矫治本身的出发点是改变和调节未成年矫正对象心理结构的薄弱环节，帮助其强化正常的人格结构，不断提高适应社会的能力，从而促进最终矫正目标的达成。调查显示，在未成年人社区矫正实务中，参与主体范围远超过法律的规定，各主体间权责不明、地位不清，而在具体的执行部门，存在队伍不稳定，人员紧缺的现象。[2] 依据《社区矫正法》相关内容，心理矫治人员把握未成年人动态，能够客观准确评估未成年人身心状态，可以明确其必须成为未成年人社区矫正小组成员，承担或参与矫正活动，形成矫正力量。心理矫治人员可以通过矫正小组和其他社区矫正项目相互沟通，提供有参考价值的意见与建议，以达到未成年矫正对象利益最大化。在年龄阶段上，未成年矫正对象处于心理危机爆发的危险期，身份认同、身体发育、亲密关系发展及个人成就欲望等一系列心理发展需求和现实事件极易对其心理状态产生冲击，心理矫治人员可以对其心理危机状态起到评估、干预和支持的作用，为专业心理危机干预服务的对接提供便利。

（二）适应未成年矫正对象需求的心理矫治制度体系构建

1. 构建“部分强制性”制度。《社区矫正法》“特别规定”并未强制要求未成年矫正对象进行心理矫治。然而，审视我国未成年人教育领域，从小学到高中，都已硬性要求配备心理健康中心及心理咨询老师。美国康复主义理念下未成年人社区矫正措施极具个性化特色，但非强制性是其最大的不足，[3] 限制了其矫正效果。未成年矫正对象的犯罪行为本身就是问题心理的外显，强制性心理矫治其实是适宜的。心理矫治的“强制性”制度，是指在对未成年矫正对象参加心理矫治上具有强制性。这一制度首先建立在未成年矫正对象自身需求特点上，心理咨询有自愿性

---

〔1〕 参见陈清霞：《我国未成年犯社区矫正项目之体系建构与实施路径》，载《福建警察学院学报》2020 年第 1 期。

〔2〕 参见自正法：《涉罪未成年人社区矫正的实证考察与治理路径》，载《西南民族大学学报（人文社会科学版）》2020 年第 10 期。

〔3〕 参见苏春景、赵茜：《康复主义之下的美国罪错少年社区教育矫正》，载《比较教育研究》2020 年第 5 期。

原则,但未成年人尚未在人格、经济等方面真正独立,且由于未成年矫正对象的身份特殊性,应考虑给予经评估为必须进行心理矫治的未成年矫正对象一定的强制性动力。这样的好处是家庭的配合更积极,避免一些对心理矫治不了解的矫正对象监护人或未成年个人对于心理矫治工作的误解或犹疑,对于较被动的矫正对象监护人及其本人,也减小了其考虑和决定压力。对于有主动求助意愿但因经济困难无法负担市场中高价心理咨询的未成年矫正对象也提供了有效的帮助。"强制性"制度也适合目前我国未成年人社区矫正工作有效矫正体系和机制尚不成熟的现状。相较于成年社区矫正对象,未成年社区矫正对象触犯重罪(最低刑罚为3年以上有期徒刑犯罪)比例较高,[1]社区矫正是挽救的契机,由社区矫正机构承担强制性意图,降低了未成年矫正对象的家庭张力和心理矫治中的咨访关系张力。"强制性"制度也便于社区矫正机构进行社会力量的持续汇集,保证政府购买的连续性及对心理矫治效果的控制。"部分强制性"中的"部分"指的是工作方式、工作强度和工作时间的灵活性。考虑到过分的强制容易引起未成年矫正对象的抵触心理,在强制性制度的操作处理上,可以使用部分强制的方法,如可以采取前几次强制、后面自主的搭配,前几次的强制也可以是带有奖励性质的隐性强制。这样的"部分强制性"制度有利于未成年矫正对象对心理矫治工作有真正的感受和认知,通过体验和匹配,一旦心理矫治关系建立顺畅,后面的工作就较容易开展。同时,部分强制性制度通过前几次的心理矫治工作能够更精准地对未成年矫正对象进行进一步专业评估,便于评估和调整未成年矫正对象社区矫正的节奏与强度。如果是通过政府购买的心理矫治服务,其解矫后如有相关需要还可以自主联系自己的心理矫治人员,这不仅给未成年矫正对象打开了干预和改变的大门,也为其提供了后续帮助可能性。

2. 构建"长期系统性"制度。"长期系统性"制度是指尊重心理矫治的科学性、专业性和连续性,保证其有效性。未成年矫正对象的心理矫治工作是一个需要长期坚持、具有反复性的过程,研究表明长期持续性系统性的心理治疗对于再犯率降低有显著效果。[2] 不同的心理矫治方式可能在持续时间要求上不同,但每种方法或流派大都有初期评估与关系建立、中期发展与结案三个自然发展阶段,"长期系统性"制度与未成年矫正对象匹配的矫治方法的实施设置,以矫治效果进行反馈评

[1] 参见彭佳成:《未成年社区矫正犯罪治理与预防策略分析——社会经济与家庭状况为考察因素》,载《预防青少年犯罪研究》2020年第1期。

[2] 参见陈珊、周龙梅、张宇:《未成年社区矫正对象心理矫正机制构建——基于循证系统评价的分析》,载《西华大学学报(哲学社会科学版)》2020年第2期。

审，在实践中摸索未成年矫正对象心理病理特点及最佳心理矫治系统性设置。“长期系统性”制度可以兼容对未成年矫正对象监护人或抚养环境的干预。李玫瑾教授认为，社会中人的问题可归结于早年，而早年的问题可归结于家庭，未成年人犯罪多与其早期家庭教养有关，不正当教育方式如冲突、虐待、控制、漠视、溺爱等，会导致未成年人的心理问题，从而极易诱发未成年人犯罪现象的发生。〔1〕未成年矫正对象的违法根源与其监护抚养人及家庭环境、教养方式关系紧密，但其犯罪年龄多在14岁至18岁，早期家庭关系甚至抚养人多有变化，有些家庭通过未成年矫正对象的违法行为会有一定的反思和改变，但想要化解未成年矫正对象在人格形成早期的心理问题，除了要遵守青少年心理咨询工作设置的例行的家庭访谈之外，建议强制其父母或者其他监护人接受一定时限亲职教育。〔2〕在亲职教育中可以根据情况介入家庭系统心理咨询，帮助未成年矫正对象与家庭建立新的情感联结，从根源化解部分家庭问题，为未成年矫正对象本人心理矫治提供支持。《社区矫正法》规定，“未成年社区矫正对象在社区矫正期间年满十八周岁的，继续按照未成年人社区矫正有关规定执行”。这一规定也有利于“长期系统性”制度的构建，人格的改良往往是一个漫长而具有挑战性的任务，对未成年矫正对象开展长期、连续、稳定的心理矫治工作，有利于从人性的根本层面达成矫正任务目标。

（三）符合心理矫治工作设置的保障体系构建

1. 以第三方心理服务机构介入为主导，创新社会力量参与机制。我国社区矫正机构很早就开始与社会上的心理学专门机构进行合作，如聘请心理学专业人员、以政府采购的方式向社会招标“心理矫正服务”等尝试，〔3〕但在具体开展过程中，保障措施不足、财政支持细则不完善、程序繁杂或困难重重等问题，往往使实践单位的尝试无疾而终，未能开展连续、深入和系统的心理矫治工作。未成年矫正对象的具体心理矫治工作适宜以第三方心理服务机构介入为主导。首先，由具有社区矫正工作人员身份的矫治人员进行心理矫治，会面临双重关系的伦理困境。其次，让主业为社区矫正的工作人员开展心理矫治工作具有太大的专业挑战。再次，设置不稳定的心理矫治可能造成二次伤害或引发来访者被抛弃感等副作用。最后，未成年矫正对象的心理矫治是一项系统、长程、有效果要求的工作，具有合作性质

---

〔1〕参见彭佳成：《未成年社区矫正犯罪治理与预防策略分析——社会经济与家庭状况为考察因素》，载《预防青少年犯罪研究》2020年第1期。

〔2〕参见王贞会、范琳：《涉罪未成年人强制亲职教育制度构建》，载《青少年犯罪问题》2017年第3期。

〔3〕参见吴宗宪：《论未成年人社区矫正中的心理学工作》，载《预防青少年犯罪研究》2018年第1期。

的公益组织或小型非营利机构开展矫治工作,会导致承担方不堪重负或矫正机构不便管理而使心理矫治最终流于形式。因此,社区矫正专业人员应着重心理矫治项目接洽、矫治效果评估等关键环节的衔接和管理工作,制定和完善购买服务相关财政支持细则。以第三方心理服务机构介入为主导,未成年矫正对象能够通过在社区矫正期间得到心理矫治体验,矫正期满后遇到人生问题也能求助第三方心理服务,可以在社会层面达到多赢的局面。随着社会的发展,设置未成年社区矫正心理矫治师专职岗位,创新社会力量的参与方式,提供通达的途径让有心理矫治专业资质的社会力量参与到未成年矫正对象的心理矫治工作中来,有利于保障未成年矫正对象的心理矫治顺利进行。

2. 建立心理矫治评估反馈系统与长时跟踪机制。通过成熟的心理测验或调查量表,对未成年矫正对象的人格特点、人身危险性等静态特征进行评估,能够快速准确地对未成年矫正对象进行分类矫正提供有效的参考。但未成年矫正对象是否参加心理矫治,参加什么类型的心理矫治,参加的心理矫治效果是否达到预期,需要通过未成年矫正对象心理状态评估、心理矫治需求评估和心理矫治效果评估的结果来制定和调整具体的心理矫治方案。科学的心理矫治评估反馈系统,应具有动态性和精准性。每一次工作,每一时期的工作,心理矫治人员都要有相应的评估。对所犯罪行偏重、所处人生阶段存在危机的未成年矫正对象,阶段性动态的危险性评估必须常态化、规范化,心理危机干预要科学、及时和有效。心理矫治的效果评估应由未成年矫正对象本人、其重要关系人、心理矫治人员、矫正小组组长等进行自评、他评,形成科学客观的心理矫治效果评估报告,不应简单"填表—算分"。科学地进行指标分类与选取,一些评估指标应能在统计学上具有长期比较意义。社区矫正机构对于心理矫治目标是否达成的评估应不仅有短期评测,还要有长期跟踪评测,有利于评估心理矫治的长期效果,并对未成年矫正对象心理健康稳定性起到一定作用。也可以请专业且中立的第三方评估机构对这些已经完成或正在进行的心理矫治工作进行评估,建立科学的评估反馈系统。综上,我国社区矫正工作正在不断本土化的进程中,科学、系统的未成年人心理矫治工作还需要各方面的磨合,例如可以通过视频咨询、定制 App 等"互联网 +"的信息化技术实现网络手机自助或程序性帮助,逐步使未成年矫正对象矫治需求分类、心理矫治方法判别、心理矫治服务质量评估更加精准化和生态化。结合未成年矫正对象的身心特征,构建明确具体、有操作性、科学的心理矫治体系,营造支持性环境,最终为教育、挽救服务,帮助所有未成年矫正对象的矫治和回归。

中华优秀传统文化融入社区矫正教育的路径探析*

聂　瑶**

摘　要:中华优秀传统文化中的“人”文化、“和”文化与“德”文化对推进社区矫正工作现代化发展具有促进作用。将中华优秀传统文化融入社区矫正教育之中,有利于发挥文化对社区矫正对象改造的独特价值。目前,中华优秀传统文化融入社区矫正教育面临着传统文化教育流于形式、体系建设不足、传统文化融入保障缺失的问题。对此,应当通过探索具有时代价值的传统文化教育内容、运用现代化的教学方式、充分挖掘地方特色文化,以丰富传统文化教育内容与方式;通过建设传统文化教育落实的长效机制、建设专业化的传统文化教育矫正队伍,以加强传统文化教育体系建设;通过构建合理的传统文化教育经费保障体系、科学的传统文化教育制度保障体系,以建设传统文化融入保障机制。

关键词:中华优秀传统文化;社区矫正;教育矫正;传统文化教育

以促进社区矫正对象顺利融入社会为目的的社区矫正包含丰富的内容。其中,教育矫正是社区矫正工作的中心任务,是社区矫正的核心。〔1〕罪犯在社区中服刑,与社会接触更加密切,若矫正质量差、改造效果不佳,将会对社区产生直接影响。此时,针对社区矫正对象的教育尤为重要,只有加强对其道德、法治的教育,纠正社区矫正对象的不良思想和行为恶习,才能帮助其实现改造,真正成为守法

---

* 基金项目:四川省高等学校人文社会科学重点研究基地项目“社区矫正社会调查评估完善问题研究”(SQJZ2020-06)阶段性研究成果。

** 作者单位:西北政法大学刑事法学院。

〔1〕 参见司法部预防犯罪研究所课题组、高贞:《我国社区服刑人员教育矫正的探索与实践》,载《中国司法》2016年第4期。

公民。

中华优秀传统文化是中华民族千百年历史和实践的智慧结晶,是增强中华民族文化自信的根本血脉,是中华民族发展至今的根基。[1] 中华优秀传统文化具有民族性和创新性的特点,其内涵随着时代的变迁逐渐丰富,其中包含可供借鉴的治国理政思想,能够为社区矫正教育工作的发展提供不竭营养。将中华优秀传统文化融入社区矫正教育中,是实现"中国式"教育矫正工作现代化的关键一环。开展传统文化教育,重点在于利用"思想是行动的先导"这一优势,帮助社区矫正对象将优秀传统文化内化于心、外化于行,改变社区矫正对象的错误心理。时至今日,中华优秀传统文化对于社区矫正教育仍具有历久弥新的时代价值,更应当克服融入存在的问题,充分发挥中华优秀传统文化对社区矫正对象改造的积极作用,实现中华优秀传统文化在社区矫正教育领域的创造性转化、创新性发展。

一、中华优秀传统文化融入社区矫正教育的时代价值

中华优秀传统文化具有思想道德文化的本质。利用文化实现对社区矫正对象的教育和改造,能够发挥文化潜移默化的熏陶和约束的作用。中华优秀传统文化内涵丰富,其中的"人"文化、"家"文化和"德"文化,对于规范社区矫正思想,改造社区矫正对象的价值取向、思维模式、行为方式具有重要的时代价值。

(一)"人"文化的重要价值

中华优秀传统文化中的"人"文化即内含人文精神思想的论断,集中体现为传统的民本思想,民本思想是中华民族久经磨难而又生生不息的核心动力。从"民为邦本,本固邦宁"到"民为贵,社稷次之,君为轻",再到"为国者,以富民为本,以正学为基",民本思想成为中华优秀传统文化的一大特色与亮点,成为中华民族基本精神的主要内涵之一。[2] 又如孔子提出"因材施教"的教育思想,以学生的个性与发展需要为本位开展教育,同样是"人"文化的重要内容。所谓"得道者多助,失道者寡助",以人为本思想的价值不仅在中国古代的朝代更迭交替中得到印证,近代以来数次革命与改革也无一不在检验"民为邦本"思想的科学性,如孙中山提出了"三民主义",中国共产党"全心全意为人民服务"的宗旨及群众观点和群众路线的贯

---

〔1〕 参见程尤秀:《文化自信视域下中华优秀传统文化的当代价值及传承策略》,载《汉字文化》2021年第24期。

〔2〕 参见谢丽芳:《习近平中华优秀传统文化观的三维析论》,载《内蒙古大学学报(哲学社会科学版)》2021年第4期。

彻。中国共产党带领中华民族迎来了从站起来、富起来到强起来的伟大飞跃，昭示着“民本”思想的正确性。在今天这样一个新的历史时期，“民本”思想仍具有独特的价值。

传统的“人”文化映射到现代社区矫正工作之中，集中体现在两个方面：一是以社区矫正对象为中心，坚持以塑造完整健全的“人”为出发点和落脚点，将社区矫正教育重点放在社区矫正对象的改造上。现阶段，社区矫正机构存在“重监管，轻矫正”的做法，社区矫正执行好坏以“脱逃率”“再犯率”评价，高度强调社会安全反而忽视了对矫正对象的矫正，不符合改造的实质要求。[1] 社区矫正对象的主体地位不容忽视，开展社区矫正教育最终应当落实到社区矫正对象的改造上，只有社区矫正对象顺利改造、回归社会，才能实现社区矫正改造“人”的目标。二是坚持因人施教、因材施教，发挥主体性，实现分类管理和个别化矫正。《社区矫正法》第 36 条第 2 款规定：“对社区矫正对象的教育应当根据其个体特征、日常表现等实际情况，充分考虑其工作和生活情况，因人施教。”[2] 依照教育规律，由于个人生活经历、性格特点的不同，对教育教学的内容需求也不尽相同。社区矫正对象的教育矫正既有共性也有个性，社区矫正教育应当把握其中的个体差异，又应当以共同教育需求为基础，将具有针对性与具有普遍性的两方面的教育矫正方案共同推进，为顺利矫正打下基础。优秀传统文化与社区矫正的融合发展，以矫正对象改造为出发点，注重个体差异，有助于增强社区矫正教育的工作实效，实现社区矫正特殊预防的刑罚目的。[3]

（二）“和”文化的重要价值

“和谐”思想是对中国社会影响最为深远的传统思想。“和”意为万物和谐，“和”文化从崇尚“天人合一”，到“协和万邦”，延伸至人与人之间的和谐、人与社会之间的和谐和人与国家之间的和谐，讲求“和而不同”，即多样性的统一。“尚和合”的思想也体现在诸子百家的核心思想之中，如孔子主张“君子和而不同”，墨子主张“兼爱”“非攻”，庄子讲“天和”“人和”。中国优秀传统法律文化中，也包含追求和谐、调处息争的法律思想，在司法审判中调处争端，从根本上解决纠纷，避免矛盾再

---

〔1〕 参见白海娟：《论教育矫正的困境与出路》，载《西部学刊》2020 年第 11 期。

〔2〕 《社区矫正法》第 36 条第 2 款。

〔3〕 参见张旭光：《优秀传统文化融入社区矫正：价值、困境及路径》，载《山西高等学校社会科学学报》2021 年第 9 期。

次发生,追求无讼与和谐。[1] "和"文化影响广泛,时至今日,"和谐"思想已经成为社会主义核心价值观的重要组成部分。不仅如此,"和谐"思想也被广泛用于生态治理之中,将"天人合一"融入生态保护思想之中,追求人与自然和谐共生,指导绿色、协调、可持续发展的实现。

"和"文化与社区矫正具有内在同一性。社区矫正以人性关怀为立足点,最终目的是帮助罪犯顺利融入社会。"和"文化中追求包容与和谐的思想,与社区矫正的目的不谋而合。[2] 社区矫正对象再社会化的目的和关键在于帮助其融入社会,罪犯进行社区矫正需在社区中执行,与社会之间的联系更加密切,与社会公众的联系也相应增强。社区矫正的开展,离不开社区与社区居民的支持,也离不开社区矫正志愿者的参与。然而,将罪犯放置在社区中服刑,对社区中的其他居民,甚至社会公众而言,容易产生排斥、歧视、反感的心理。"和"文化是化解矛盾、追求平衡的重要思想,要求人与人交往时以和为贵,既约束社区矫正对象,同时也规范社区居民的言行。"尚和合"文化的融入,有助于平衡罪犯再社会化改造与社区安宁不被破坏的矛盾,形成宽容、和谐的社会风气,提高社会的理解与包容,调动社区矫正志愿者参与的积极性,化解社区矫正中潜在的问题。社区矫正的顺利进行,需要社会公众克服对在社区中服刑的罪犯的不安与恐惧,接纳并包容其在社区环境中进行改造,积极为社区矫正对象营造一个良好的矫正环境。

(三)"德"文化的重要价值

"德"是指内在的品德修养,注重人的教化和自我约束,价值在于提升人的道德素质。中华传统美德影响个人的价值取向和行为方式,是直接作用于人观念的塑造和未来发展的重要内容。作为中华优秀传统文化的重要组成部分,传统美德中许多内容在今天焕发出新的生机,应当被社区矫正所吸纳。第一,有关正确的人生观培养的传统美德。传统美德中包含许多有利于塑造正确的人生观的思想,如培养奋斗、进取精神的论断与诗句:《周易》中的"天行键,君子以自强不息";《荀子·劝学》中的"锲而舍之,朽木不折,锲而不舍,金石可镂"。又如塑造诚实守信精神的论断:《墨子·修身》中的"言不信者行不果";《孟子·离娄上》的"不以规矩,不能成方圆"。再如强调及时反省自身、做到知错就改的论断:《周易·益》中的"见善则

〔1〕 参见白贤:《中华优秀传统法律文化的核心精神、当代价值及现代转化》,载《华夏文化》2023年第2期。

〔2〕 参见张旭光:《优秀传统文化融入社区矫正:价值、困境及路径》,载《山西高等学校社会科学学报》2021年第9期。

迁,有过则改”;《论语·学而》中的“吾日三省吾身:为人谋而不忠乎?与朋友交而不信乎?传不习乎?”第二,有关正确的价值观塑造的传统美德。在中国传统文化的价值取向中,“公义战胜私欲”是中国传统道德的根本要求。[1]“君子喻于义,小人喻于利”,在面对金钱、利益的诱惑时,树立正确的利益观,减轻功利主义,有助于我们做出有关是非善恶的正确抉择。在经典的名篇、诗句之外,也有许多值得反复学习的神话、寓言故事,帮助我们更好地理解人应当具备的优良品德,并潜移默化地影响我们的思想和行为。许多经典诗文、神话、寓言成为中小学语文教育、思想品德教育教材的组成内容,被广泛地学习与传播。

“德”文化中有关人生观、价值观塑造的内容是社区矫正教育的重点。社区矫正对象是实施了犯罪行为的罪犯,错误的人生观、价值观导致其在面对内心冲动时无法做出正确的抉择,以致误入违法犯罪的歧途。社区矫正对象回归社会需求高,将“德”文化相关内容融入社区矫正教育中,使传统美德成为思想教育中观念教育的组成部分,一方面有助于帮助社区矫正对象认识到自己犯罪行为的错误,树立正确的改造思想,端正矫正态度。另一方面有助于矫正对象形成道德自觉,重新树立正确的三观,实现思想改造,使其顺利回归社会。

二、中华优秀传统文化融入社区矫正教育的现实困境

文化具有潜移默化的价值引领作用,中华优秀传统文化中的“人”文化、“和”文化与“德”文化的继承与发展,对新时期实现社区矫正教育现代化具有独特的价值。由于受到多重因素的制约,中华优秀传统文化教育融入仍面临诸多现实困境。

(一)传统文化教育流于形式

中华优秀传统文化融入社区矫正教育存在片面化、单一化的倾向,传统文化教育流于形式。首先,传统文化教育内容不丰富。中华优秀传统文化历史悠久、内涵丰富,包括文学戏剧、琴棋书画等形式各异的内容。然而,社区矫正中中华优秀传统文化教育存在将传统文化教育等同于思想道德教育的错误倾向,缺乏对优秀传统文化的全面认识。例如,其他社区矫正中“文化矫正”碎片化、单一化问题凸显,缺乏丰富多彩的中华经典传统文化因素,没有充分挖掘和利用其他形式的文化资

[1] 参见张阳:《中华优秀传统文化的当代教育价值及其实现》,载《思想政治教育研究》2015 年第 3 期。

源。[1] 其次,传统文化教育方式单一。传统文化教育面临的教育方式单一的问题来源于教育矫正原有的困境。目前,教育矫正工作,不论是集体教育,还是分类教育和个别教育,主要的方式还是灌输式和教导式的,"你说我听""你教我做""你要求我照办"的教育矫正工作方式具有相当的普遍性,"教育"的双方之间缺乏互动性。[2] 最后,对中华优秀传统文化的重视程度不足。社区矫正实践中存在的传统文化教育内容不丰富、教育方式单一的问题,根源在于社区矫正教育对中华优秀传统文化教育的不重视,没有真正认识到中华优秀传统文化的独特作用和优势价值,导致优秀传统文化教育成为"走过场"的做法,传统文化教育浮于表面,逐渐形式化。

(二)传统文化教育体系建设不足

实现社区矫正对象的顺利改造需要深挖中华优秀传统文化的精神,也需要有效落实中华优秀传统文化的效用,然而,中华优秀传统文化融入社区矫正教育的体系建设有所缺失。教育矫正中对中华优秀传统文化教育缺乏系统的、整体的设计与规划,教育内容过于零碎,对内容的选取和课程的设置没有进行科学合理的分析和研判。[3] 具体体现在:一是教育矫正缺少供中华优秀传统文化教育落实的专门教材。在缺少教材的情况下,教学主体选择教育内容的自主性大,教学质量很大程度上依靠教学主体的水平,易导致传统文化教育失去其原有价值。与此同时,社区矫正中的传统文化教育内容缺少统一性,不同地区教育矫正差异加剧。二是传统文化教育矫正课程整体设置缺失。传统文化教育并非一蹴而就,传统文化课程的设置也应当具有体系性、科学性。课程设置整体性的缺失,意味着教学内容失去灵活性和针对性,无法做到依据矫正对象的共性和个性合理安排传统文化课程,无法遵循人的再社会化规律与教育教学规律科学地实施优秀传统文化教育。三是传统文化教育矫正师资队伍建设落后。中华优秀传统文化的学习缺少经过系统学习或培训的高素质、专业化力量参与。现阶段,大部分社区矫正机构开展传统文化教育的授课主体大多是基层司法所的工作人员、社区工作人员或者社区志愿者,缺少系统地学习传统文化并且固定承担教育任务的师资队伍,与此同时,社区矫正对象的

---

[1] 参见康德柱、毋杰华、吕明凤:《着力构建"文化矫正"体系的实践与思考》,载《中国司法》2019年第8期。

[2] 参见戴艳玲:《社区服刑人员教育矫正在探索中前行》,载《犯罪与改造研究》2017年第9期。

[3] 参见杨子沄:《中华优秀传统文化融入社区矫正教育探索》,载《社区矫正理论与实践》2023年第2期。

文化水平参差不齐，更加考验授课主体的专业能力，对授课主体的专业性提出更高的要求。

（三）传统文化融入保障缺失

中华优秀传统文化融入社区矫正教育缺少经费、制度保障机制。第一，中华优秀传统文化教育缺少经费保障。在社区矫正教育中引入中华优秀传统文化，既要建设传统文化教育体系，编写专门教材、设置科学化的课程、建设高素质的师资队伍，又要为传统文化教育提供充足的现代化资源，包括现代化的设施设备、现代化的教育场所等，这些都需要大量的资金支持。虽然政府按社区矫正对象每人每年预算一定的工作经费，但远远不能满足监督管理、教育帮扶等各项矫正工作的需求。〔1〕第二，中华优秀传统文化教育缺少制度保障。中华优秀传统文化融入社区矫正没有具体法律条款和政策规定，致使中华优秀传统文化教育在教育矫正中未能真正建立起常态化的运行机制。另外，制度保障的缺失造成了教育落实的内容与程序不统一、不规范，仅依靠有关中华优秀传统文化传承发展的政策或仅依靠《社区矫正法》对于思想教育宏观性的规定，实际操作困难，容易出现执行的偏差。同时，制度保障的缺失导致传统文化教育实践中探索出的具有共性的有效措施不能被及时通过制度化手段固定下来，不利于中华优秀传统文化融入社区矫正教育的可持续发展。

三、中华优秀传统文化融入社区矫正教育的路径探索

中华优秀传统文化是社区矫正的手段、措施和支撑，更是社区矫正的工作目标、矫正内容和价值引领。〔2〕社区矫正教育中应当重视并运用中华优秀传统文化，解决中华优秀传统文化融入社区矫正的现实问题，使其引领作用与导向功能得到充分、切实、有效的发挥，为社区矫正提供坚实的文化支撑。

（一）丰富传统文化教育内容与方式

1. 探索具有时代价值的传统文化教育内容

首先，要充分挖掘具有实现改造价值的中华优秀传统文化，融入教育矫正课堂。对待传统文化要坚持“扬弃”的思想，对待需要融入社区矫正教育之中的中华优秀传统文化内容也要有选择的进行。在中华优秀传统文化融入社区矫正教育

---

〔1〕参见张旭光：《优秀传统文化融入社区矫正：价值、困境及路径》，载《山西高等学校社会科学学报》2021年第9期。

〔2〕参见连春亮：《我国社区矫正制度的“内卷化”及其破解之道》，载《犯罪研究》2020年第6期。

中,修身应该是根本,要立足于社区矫正对象改造的实际需要,充分发挥文化的熏陶与教化功能,助力社区矫正教育价值目标的实现。要利用好"人"文化、"和"文化与"德"文化的时代价值。坚持以"人"文化指导社区矫正教育工作的开展,以社区矫正对象为中心,把握共性与个性,因材施教、因人施教。坚持"和"文化的宣传与教育,既规范社区矫正对象在社区中的行为,同时呼吁社区居民积极参与到社区矫正志愿活动之中。坚持"德"文化的渗透,利用其中有助于塑造人生观、价值观的经典思想,通过课堂或实践活动的形式传递给社区矫正对象,既可以帮助其形成自我反省、自我教育的意识,提高其参与改造的主动性,同时有助于其树立进取精神、是非观念,顺利回归社会。

其次,要树立对中华优秀传统文化正确的认知,将形式多样的传统文化融入社区矫正教育之中。丰富中华优秀传统文化教育的内容与方式,首要前提是树立对中华优秀传统文化科学的认识。要明确中华优秀传统文化的地位与价值,中华优秀传统文化作为国家和民族发展的根本,影响着每一个中国人的精神世界以及思维形式。[1] 要明确中华优秀传统文化教育不只是局限于思想道德层面,并非只有诸子百家的思想是传统文化,应当充分利用文化的多元化、多样性特质,帮助社区矫正对象完成改造。传统文化教育应当充分利用形式丰富的不同文化内容开展教育,如开设琴棋书画兴趣课堂,或利用民俗文化开展学习,或利用非物质文化遗产开展学习,发挥"艺术矫治"的作用。[2] 在培养矫正对象兴趣爱好的同时,利用包含的文化底蕴和学习带来的文化熏陶,帮助社区矫正对象沉静心灵,实现潜移默化的改造。

2. 运用现代化的教学方式

首先,优秀传统文化教育要充分利用现代化的科技手段。实现中华优秀传统文化创新性融入社区矫正教育中应当充分利用社会资源,运用现代化的科学技术创新教育的方式。一方面,中华优秀传统文化教育线上线下要共同发力,构建全方位、多角度的线上教育平台体系。要打造线上传统文化教育精品课堂,采取网课、网上参观、网络会议等方式,既节省了资金费用,又提高了教育矫正的灵活性。同时,要充分运用大数据的优势,利用互联网发现地域文化、民族文化中具有改造借

[1] 参见李根芹、白新芳:《中华优秀传统文化的当代价值与传承发展探究》,载《文化创新比较研究》2021年第22期。

[2] 参见刘静巍、刘文臣:《新时代矫正领域引入中华优秀传统文化的创新应用》,载《中国监狱学刊》2020年第3期。

鉴意义的优秀传统文化教育的内容或做法，并将之运用到自身教育内容与方式的建构之中。另一方面，要充分利用科技发展的成果，加强社区矫正机构在建设传统文化教育平台时彼此之间的联系，实现社区矫正教育资源共享，为充分利用中华优秀传统文化改造社区矫正对象提供保障。

其次，优秀传统文化教育要转变"灌输式"的教学方式，实现他我教育与自我教育的有机结合。被动式地接受优秀传统文化教学容易让社区矫正对象产生抵触心理，最终阻碍传统文化教育改造效能的发挥。一方面，要探索形式多样的他我教育方式，包括理论教育形式、实践锻炼形式与榜样示范形式。[1] 在常规教育之外，广泛开展专题讲座、实地考察参观、先进典型汇报等活动，丰富传统文化教育的形式。另一方面，推进社区矫正对象自我教育的发展。在开展中华优秀传统文化教育时，要注重提高自我修养与自我反省意识相关内容的传授，在传统文化教育过程中，可以阶段性地开展社区矫正对象自我评价活动，及时检验学习成果，督促其发现并改正错误思想与行为。

3. 充分挖掘地方特色文化

社区矫正引入中华优秀传统文化，应当充分挖掘地方特色文化。带有地域特色的传统文化一般为特定区域的人所接受、认同和尊崇，并与当地的风俗习惯相契合，在中华优秀传统文化教育中加以利用，有利于提高社区矫正对象的接受程度和传统文化教育的实际效能，为传统文化教育提供更为丰富的资源。许多地方在推进社区矫正工作中积极探索，将传统文化精髓融入道德教育的内容，例如陕西省司法厅组织社区服刑人员开展"日行一善、以善养德"主题教育活动，[2] 又如宁波市司法局深挖本地阳明文化、慈孝文化、商帮文化等特色文化元素并将其融入社区矫正体系建设。[3] 中华优秀传统文化教育应当尊重并吸收地方特色传统文化中的合理成分，从中汲取营养，切实研究地域内的历史文化、名人逸事、民俗风情等具有生命力和合理的部分进行提炼总结，并与进行的教育矫正主题有机结合。[4]

---

〔1〕 参见梁栋：《思想政治教育视域下的社区矫正教育研究》，西北工业大学 2019 年博士学位论文，第 170 页。

〔2〕 参见司法部预防犯罪研究所课题组、高贞：《我国社区服刑人员教育矫正的探索与实践》，载《中国司法》2016 年第 4 期。

〔3〕 参见《特色传统文化赋能社区矫正》，载《人民调解》2023 年第 6 期。

〔4〕 参见刘静巍、刘文臣：《新时代矫正领域引入中华优秀传统文化的创新应用》，载《中国监狱学刊》2020 年第 3 期。

(二)加强传统文化教育体系建设

中华优秀传统文化教育旨在通过规范社会秩序和规制主体行为进而推动社会主体养成健全的人格品性和合格的道德品性。[1] 中华优秀传统文化融入社区矫正教育并非片段式、碎片化地融入,而是需要联系时代背景与矫正的实际情况,对教材的编写、内容的选取、课程的设置以及师资力量的建设进行科学、周延、成体系的展开。

1. 建设传统文化教育落实的长效机制

中华优秀传统文化融入社区矫正教育是一项长期工程,需要建设传统文化教育落实的长效机制。首先,开展传统文化教育具体教材研究。在充分挖掘具有实现改造价值的中华优秀传统文化的基础上,将经过论证、检验的传统文化精心编写成体系化的教材。一方面,要注重传统文化与现代思想的结合。在编写传统文化教材时,要树立起古今联系的意识,在论述优秀传统文化理论时可以以现代思想、理论或具体事例予以佐证,在开展法律、时事政治教育时也可以引经据典,帮助社区矫正对象更好地吸收教育内容。另一方面,要注意教材编写的方式。在教材编写中,需要将晦涩难懂的传统文化转变为生动形象、通俗易懂的用语与内容,注重图文结合、理论与叙事相结合。同时,要注重教材内容的内在逻辑,将人生观塑造与价值观塑造进行简单划分,同时要注重所要教授的内容之间的递进关系,由浅入深、从易到难,帮助社区矫正对象更好地理解,顺利树立起正确的传统文化观念。

其次,设置科学化的传统文化课程。科学化指对于工作规律的深刻把握,关系到理念、体制、机制、路径、方法、技术的系统设计、要素组合。[2] 科学化传统文化课程的设置需要建立在对社区矫正对象改造规律和教育规律的把握之上,需要以全局的视野、系统的观点看待传统文化课程的设置。传统文化课程的设置应当遵循理论与实践相结合的原则,既要包含理论知识的学习,也要通过多元化的实践课堂丰富课程内容,如组织参观传统文化教育基地、组织传统文化知识比赛、组织参与志愿服务活动等,增强课堂的互动性,让社区矫正对象在实践中亲身感受中华优秀传统文化的魅力。除此之外,传统文化教育的开展可以充分利用社会资源,例如依托传统节日展开与节日相关的传统文化教育,让社区矫正对象在日常生活中也能直观感受到传统文化的影响。传统文化课程的设置,应当以塑造社区矫正对象的

[1] 参见杨玢:《中华优秀传统文化认同的理论视域》,载《理论导刊》2018年第3期。

[2] 参见张晶:《弘扬优秀传统刑罚执行文化 推进监狱治理现代化》,载《犯罪与改造研究》2018年第11期。

道德品质为本位，以改造为首要任务，因此，传统文化课程应当以着力塑造思想品德的国学经典课程为基础，以实践课程、社会帮教课程为补充。

2. 建设专业化的传统文化教育矫正队伍

首先，加强传统文化教育专业化师资力量建设。专业化的矫正队伍是深化社区矫正制度的保障。[1] 要建设一支业务能力过硬的师资队伍，为中华优秀传统文化教育提供支持。一是大力引进具有传统文化专业知识的人才进入教育矫正工作队伍之中。二是需要加强社区矫正教育工作者的培训，为社区矫正教育工作者进行全面、系统、有效的传统文化知识培训和教育教学培训，并对培训成果进行检验。在社区矫正教育工作者工作期间，要定期开展培训和评比，保证其教育教学的方式和内容符合改造的需求和现实的要求。

其次，吸引具有传统文化知识的志愿者参与社区矫正教育。社区矫正离不开对社会资源的利用，传统文化教育也应当广泛吸纳社会力量参与到教育矫正中来。要加大社区矫正的宣传力度，充分利用新闻媒体的力量，扩大对教育矫正中引入中华优秀传统文化教育的宣传，提高民众对社区矫正的认可度，进而扩大社区矫正志愿者的群众基础。同时，宣传要有针对性。社区矫正机关在开展宣传活动时，可以将宣传阵地选择的目光更多着眼在高校、中国传统文化相关协会、传统文化专门网站，有针对性地吸引和鼓励具有专业知识和能力的民众参与到中华优秀传统文化教育之中，最大限度地发挥宣传的良性作用。需要注意的是，在吸纳具有相关专业知识的社区矫正志愿者参与传统文化教育工作时，要充分考虑志愿者自身的差异性，根据其所擅长的技能与专业优势安排工作，并且鼓励志愿者尽可能长时间参与到教育矫正之中。[2]

（三）建设传统文化融入保障机制

中华优秀传统文化融入社区矫正教育是一项需要长期坚持的系统性的工作，要实现中华优秀传统文化融入社区矫正教育的稳定化、常态化，需要为传统文化教育搭建起全面的经费保障、制度保障机制，助力传统文化教育运行机制与模式的建立，推进传统文化教育工作深入发展。

1. 构建合理的传统文化教育经费保障体系

首先，要为传统文化教育提供充足的经费保障。教育矫正工作涉及的成本相对较高，教育工作的开展需要充足的资金作为后盾支撑。一方面，将开展传统文化

---

〔1〕 参见张凯：《检视与推进：我国社区矫正制度深化路径之探讨》，载《河北法学》2017 年第 2 期。

〔2〕 参见吴宗宪主编：《刑事执行法学》（第 3 版），中国人民大学出版社 2019 年版，第 299 页。

教育的经费作为社区矫正日常经费的一部分,给予中华优秀传统文化教育开展的资金保障。政府要将社区矫正经费纳入财政预算,结合社区矫正工作每年度开展的实际支出情况做出经费计划,并且灵活应对可能存在的额外支出,承担教育矫正经费来源的主要责任,建立正式的经费保障体制。[1] 另一方面,传统文化教育可以吸收社会资助,在开展相关宣传的同时接受募捐,拓宽筹资机制,以此作为教育开展的流动资金。社区矫正工作的经费保障建设也可以借鉴西方国家的发展经验,引导社会资本流入矫正工作过程中,既有利于社会资本高效运转,又开拓了社区矫正的资金来源。[2]

其次,切实加强传统文化教育经费应用的管理与监督。社区矫正机关应当提前做出经费使用计划,控制传统文化教育在合理预算幅度内开展。同时,社区矫正机关应当对资金的使用主体、审批流程、数额限制等内容进行管理和规定,并且将每一年度传统文化教育支出记录在册,既是作为下一年度预算拨款的合理依据,又可以方便接受查阅和监督。政府的财政部门应当强化对资金分配、流向、适用情况的监督与管理,定期查阅社区矫正机构资金支出记录,对教育矫正资金支出形成更加科学的宏观把握。[3] 通过加强对传统文化教育经费应用的管理与监督,确保资金能够精准落实到教育矫正建设中的各个环节,真正为传统文化教育在社区矫正中价值的实现做出贡献。

2. 构建科学的传统文化教育制度保障体系

首先,做好传统文化教育的顶层设计。运用法治思维理顺社区矫正工作思路是当下社区矫正工作实现规范化转型和升级的前提和基础。[4] 构建科学的传统文化教育制度保障体系,必须坚持运用法治化思维做好顶层设计,确认中华优秀传统文化教育的初心与目的,使之回归到改造罪犯上。要做好传统文化教育的顶层设计,需要在现有的社区矫正法律法规基础之上为其提供具有效力的规范依据。如将对社区矫正对象的“中华优秀传统文化教育”写入《社区矫正实施办法》,明确其在教育矫正内容中的地位,或将中华优秀传统文化教育的主体、流程、内容以及课程等内容写入各省市社区矫正实施细则中,明确开展传统文化教育的各个环节。通过将中华优秀传统文化教育制度化、法律化,突出中华优秀传统文化融入社区矫

[1] 参见徐太军:《“红色文化”融入社区矫正教育探析》,载《犯罪与改造研究》2023年第12期。
[2] 参见姜智颖:《当前农村社区矫正存在的困境和对策》,载《农村经济与科技》2021年第12期。
[3] 参见徐太军:《“红色文化”融入社区矫正教育探析》,载《犯罪与改造研究》2023年第12期。
[4] 参见尹露:《中国特色社区矫正的功能定位与进路选择》,载《河北法学》2018年第10期。

正教育中的逻辑本质在于以文化人、以文育人，强调传统文化的地位与价值，为中华优秀传统文化教育的有序开展提供强有力的制度保障。

其次，设计传统文化教育的总体框架与具体内容。在顶层设计的指导下，进一步设计传统文化教育的总体框架和具体内容，对于将传统文化教育落到实处具有必要性。传统文化教育总体框架的设计包括传统文化教育的教育主体、教育对象、传统文化教育的内容、传统文化教育的课程设置以及传统文化教育开展流程等宏观性的规定。传统文化教育的具体内容的设计则是在总体框架规定之内进一步明确细节性的内容，例如说明师资队伍中不同身份的教育主体各自在授课内容与责任方面的不同、提示多元化授课方式的选择、明确传统文化教育经费的申请与批准等内容。构建科学的传统文化教育制度保障体系应当结合传统文化教育的目的与特点，既在宏观上给予指导，也在微观上进行精细化设计。

社会力量参与研究

社区矫正中的社区参与研究
——以泸州市江阳区 K 街道为例*

王先伟** 陈士勇***

摘 要：本文以泸州市江阳区 K 街道为研究对象，采用文献研究法、参与式观察法等研究方法，对 K 街道社区矫正中的社区参与情况进行了分析考察。研究发现，K 街道社区矫正中的社区参与存在司法所工作人员力量受到牵制、基层群众自治性组织缺乏专业性、社区矫正志愿者缺乏组织性、社区社会组织参与深度不足、社区居民参与意识薄弱等问题。针对上述问题，并结合当地的地方特色，针对性地提出优化建议。

关键词：社区矫正；社区参与；K 街道

一、概念界定

社区参与是一个涵盖广泛领域的概念，其深度和重要性在社会政治、经济、文化和社会事务中不容忽视。这个概念涉及多层次的参与主体，包括社区居民、政府组织、基层自治组织、企事业单位、社会组织等，每个层面都有其独特的作用和意义。首先，社区参与是宪法和法律所赋予的权利和义务。在民主社会中，公民有权参与社区事务的管理和决策，这是维护自身权益的重要途径。政府组织在这一过程中扮演着关键角色，通过提供政策框架和法律支持，促进了社区居民的合法参与。政府与社区居民之间的互动是社区参与的核心，政府的职责是确保社区的权益得到充分保障，并通过合理的政策来推动社会福利的发展。其次，基层自治组织

---

* 基金项目：本文系四川社区矫正研究中心一般项目“社区矫正中居民参与问题研究”（项目编号：SQJZ2018－10）阶段性研究成果之一。

** 作者单位：西南医科大学马克思主义学院。

*** 作者单位：西南医科大学马克思主义学院。

在社区参与中也具有重要地位。这些组织代表了社区居民的利益,通过组织和协调社区事务,为居民提供平台来提出意见和建议。基层自治组织的建设和发展有助于提高社区的自治能力,使社区事务更加透明和有效。最后,企事业单位也应积极参与社区事务。企业在社区中扮演了经济发展的关键角色,他们不仅可以提供就业机会,还可以通过社会责任项目来支持社区发展。企事业单位与社区的互动可以促进社会经济的可持续增长,提高居民的生活质量。

此外,社会组织在社区参与中具有特殊的作用。它们通常是由志愿者组成的,关注特定社会问题,如教育、环境保护、健康等。社会组织的存在可以解决政府资源不足的问题,为社区提供各种支持和服务。通过社会组织的积极参与,社区的福利和发展可以得到更全面的关注和改善。特别是在社区矫正领域,社区参与具有关键背景和性质。社区矫正是一项重要的司法活动,旨在帮助罪犯重新融入社会。社区作为矫正的关键场域,必须依赖社区资源的广泛参与。社区不仅是罪犯完成矫正和回归社会的平台,还是社区矫正的前提和基础。社区参与在这一过程中具有辅助性质,由司法部门主导,但仍然需要各个参与主体的积极参与。

社区居民可以提供支持和监督,政府组织可以提供法律支持和资源,社会组织可以提供康复和职业培训等服务。[1] 根据既往研究,可以将"社区矫正中的社区参与"定义为:在社区场域内的各个参与主体通过一定的组织或渠道依法参与社区矫正过程,以促进社区矫正目标达成的社会实践活动(以下简称社区参与)。它是社区矫正成功的关键因素之一。社区参与不仅有助于矫正过程的有效推动,还有助于社区的治理和社会的稳定发展。通过社区居民的参与,社区可以更好地理解和满足居民的需求,从而提高社区的生活质量。而社区矫正的成功也将有助于降低犯罪率,保障社会的安全稳定。

二、泸州市江阳区K街道社区矫正中社区参与的情况

江阳区K街道在社区矫正实践中,借鉴"枫桥经验"中的"5+1"模式,这一模式缘起于浙江省诸暨市枫桥镇,涉及多个不同的参与主体,以确保社区矫正的顺利实施。从过程来看,在社区服刑人员成功进行矫正之后,由司法所领导负责,根据每个矫正对象的情况,及时建立了一个矫正小组。该小组由街道司法所的工作人员担任组长,而矫正对象所在的村(社区)、学校或企事业单位的相关人员则担任副

〔1〕 参见曹维维、周忠霞、张琳琳:《社区矫正法律监督问题实证研究——以A市社区矫正法律监督工作为例》,载《法制与经济》2021年第2期。

组长。此外,家庭成员和其他相关人员可作为普通组员加入矫正小组。[1] 因此,K街道的社区参与主体包括了多个层面的参与者,如基层组织机构、基层群众性自治组织、社区居民、社区社会组织以及社区矫正志愿者等。这些多样化的参与主体共同合作,以确保社区矫正工作的成功实施。这一模式的灵活性和多元性有助于更好地满足不同情况下的需求,提高了社区矫正的效果。

(一)基层组织机构

司法所是司法行政机关中最基层的组织机构,通常设立在街道或乡镇一级。其主要职责包括辐射整个乡镇或街道辖区内各社区的社区矫正中的社区参与工作,这需要依托司法行政机构的指导和协调。为完成这一任务,K街道司法所定期组织各社区(村)召开社区矫正工作例会,与各参与主体共同研究并贯彻上级部门发布的有关社区矫正工作的方针、政策。与此同时,K街道司法所每季度还得负责总结辖区内社区矫正的工作情况,及时协调处理问题,并预判潜在风险,以便制订下一季度的工作计划。除此之外,K街道司法所还需承担对本辖区内拟适用监外执行犯罪人员的相关调查评估工作,包括接收、宣告、方案制定、风险评估等,以及解矫管理。同时,司法所需要指导并协同社区内其他参与主体,对矫正人员进行日常监督管理,包括档案整理与更新、请销假与外出监督管理、居住地变更审批、矫正活动组织等工作。然而,目前K街道司法所面临着人员和专业水平受限的挑战。仅有一名专项编制人员和一名协理员,且缺乏社会工作者执业证书,这导致在参与矫正工作时主要以监督管理为主,并需要进一步加强社会工作知识的培训和应用,特别是在教育帮扶方面。尽管资源有限,司法所仍致力于履行其使命,确保社区矫正工作得以有效开展,以维护社区的安全和稳定。

(二)基层群众性自治组织

基层群众性自治组织在社区矫正中扮演的角色至关重要,如居民委员会或村民委员会,它们依据城市和农村社区的地理范围而设。这些组织的任务不仅包括确认矫正人员是否居住在社区辖区内,还要核实是否存在不当行为,及时反馈问题并采取纠正措施,以防止不良影响扩散。[2] K街道将村(居)委会的干部纳入社区矫正小组,并颁发聘书,让他们积极参与到社区矫正这一过程中,充当社区矫正负责人。同时,村(居)社区矫正工作站设在村(居)委会,负责管理社区服刑人员,包

---

[1] 参见谢超:《我国社区矫正现状及立法建议》,载《法学杂志》2017年第11期。

[2] 参见耿燕君、李盼盼、赵中阳、丁艺:《论当前我国社区矫正存在的问题与对策——以G省Y市社区矫正试点情况为对象的分析》,载《法制博览》2017年第21期。

括登记信息和了解各种数据。他们定期走访矫正人员,监督管理,进行考核评估,并每半个月向K街道司法所报告矫正人员的最新情况。在紧急情况下,村(居)社区矫正工作站会及时上报问题,以确保社区矫正工作的有效运行。这一系列措施有助于维护社区的和谐稳定,同时也促使矫正人员更好地融入社会生活。

(三)社区矫正志愿者

社区矫正志愿者是一群无私奉献的自愿者,他们利用自己的宝贵空余时间和专业技能,为社区矫正人员提供广泛的支持与帮助。[1] 尽管目前,K街道尚未建立有组织的志愿者队伍,但现在的这个队伍主要由村(居)委会干部和退休党员组成,总人数超过十位,他们自发地投入了社区矫正工作。这些矫正志愿者采取了一对一的方式,与社区矫正人员建立密切的关系,进行定期的走访。通过亲切的上门谈话,他们深入了解社区矫正人员的生活状况,时刻关注问题的出现,提供即时的建议和帮助,或者将问题及时上报给K街道司法所,确保问题能够得到妥善解决。除了日常关怀之外,社区矫正志愿者还积极参与矫正人员的社区服务活动。他们承担安全巡逻、治水巡河等矫正任务,为社区的安宁和整洁贡献了积极力量。这些志愿者的无私奉献精神不仅丰富了社区矫正工作的内涵,也为社区带来更多关心和温暖,共同营造了一个更加和谐、安全的社区环境。

(四)社区社会组织

社会组织是一种不以营利为目的的独立实体,它们在政府行政体系之外提供公益性服务。在广义上,参与社区矫正的社会组织包括各种类型的组织。[2] 然而,在K街道,参与社区矫正的组织主要以社会工作者组织为主,他们通过政府购买服务的方式承担帮教和服务工作,签订合同接受委托。K街道司法所与西南医科大学心理咨询团队建立了伙伴关系,他们主要负责K街道辖区内社区矫正人员的心理测评与心理矫正工作。这一组织每一季度就会为社区矫正人员进行一次心理咨询评估,旨在监测他们的心理健康状况,并及时反馈其偏差行为的矫正情况。合作的目标是为在矫正过程中出现心理问题的社区矫正人员提供专业的心理咨询服务,以促进他们能够顺利恢复并重新融入社会。这项工作对于社区矫正的成功至关重要,因为它有助于解决个体的心理障碍,减少再犯的风险,同时也提供了一种积极的方式,帮助他们更好地融入社会。

---

〔1〕 参见田兴洪:《社区矫正中的社区参与模式研究》,法律出版社2017年版,第158页。

〔2〕 参见蒋晓宇、田兴洪:《试论我国社区矫正中的社区参与模式的行动机制》,载《知识经济》2018年第10期。

(五)社区居民

社区矫正是一项重要的社会工作,它要求我们深入了解社区居民的生活,特别是社区矫正人员及其亲属、朋友和邻居的相关情况。在中国传统的人际关系中,通常以“己”为中心,但社区矫正需要建立更加密切的关系,因为社区矫正人员的核心人际关系可以监督他们的日常生活,更容易获得矫正人员的信任,从而更好地进行帮扶与矫正。[1] 此外,社区居民的积极参与也有助于社区矫正人员更好地融入社会,被所在社区接纳。然而,在K街道,由于多种因素,如文化程度、家庭观念等的影响,大多数矫正人员的家庭参与度较低。因此,在社区矫正工作中,需要特别重视建立矫正小组,包括社区矫正人员的亲人、朋友,以及具有一定说服力的管理人员,他们的参与可以增强社区矫正的效果。在审前社会调查中,调查人员走访矫正对象的家庭,了解其家庭背景和亲属情况,这有助于制订更有效的矫正计划。此外,社区矫正对象入矫时,通常会成立矫正小组,将该亲属列为社区矫正监护人,并签订监护责任书,以确保他们在矫正过程中发挥积极的作用。通过这些措施,我们可以更好地促进社区矫正人员的成功复社,实现社会的和谐与稳定。

三、社区矫正中社区参与存在的问题

(一)司法所工作人员力量受到牵制

街道、乡镇司法所在社区矫正领域扮演的角色至关重要,它们不仅是直接执行社区矫正任务的主体,还承担了日常管理工作的繁重任务。社区矫正是司法所众多职能中的一个组成部分,而司法所早已有着复杂而烦琐的传统工作职能,包括法律咨询、民事纠纷解决等。因此,社区矫正工作不可避免地需要足够的工作人员来处理各项事务,这包括了监督、指导和跟踪矫正对象的进展,协助其重新融入社会等工作。[2] 这些任务的复杂性和多样性,使司法所在社区矫正工作中面临着巨大的挑战。社区矫正的各项活动必须经过司法所的确认和监督,司法所在社区矫正中扮演着主导的角色。当前,K街道司法所只有有限的在编人员,而这些工作人员往往身兼数职,不仅需要负责社区矫正工作,还要具有其他职责,如法律咨询、民事纠纷解决等。这使他们的工作负荷巨大,难以为社区矫正工作提供足够的时间和精力,从而影响了社区矫正工作的质量和效率。由于社区矫正工作的多样性,需要

---

〔1〕 参见田兴洪、周艳红、郭健:《社区矫正中的社区参与模式研究》,载《湖南社会科学》2014年第6期。

〔2〕 参见田兴洪:《社区矫正中的社区参与模式研究》,法律出版社2017年版,第124页。

为不同矫正对象提供个性化的支持和服务,包括心理辅导、职业培训、社会融入等方面的工作。然而,由于工作人员不足,K街道司法所往往难以满足这些不同需求的矫正对象的要求。这可能导致一些矫正对象未能得到适当的关注和支持,影响了他们的社会复原和再融入社会的机会。除了工作人员不足外,K街道司法所还面临着资金支持不足的问题。社区矫正需要投入大量资源,包括将资金用于培训、设备采购、矫正计划的执行等方面。然而,由于缺乏足够的资金支持,K街道司法所难以提供必要的资源来满足社区矫正工作的需求,这限制了社区矫正工作的发展和提高专业性的可能性。此外,K街道司法所的工作开展受到街道办事处的限制,需要与其他中心工作协调和配合,这也对社区矫正工作的推进产生了一定的阻碍。这一状况进一步削弱了社区矫正工作的效力,导致一些问题难以得到妥善处理。

(二)基层群众性自治组织缺乏专业性

我国的村(居)委会在社区矫正工作中呈现出一系列特点和挑战。首先,这些村(居)委会的工作具有明显的行政色彩,社区治理存在"大政府、小社会"的现象,因此基层群众性自治在很大程度上依赖于政府行政框架的支持和指导。[1] 其次,居委会、村委会与街道办事处之间存在明显的上下级关系,因此它们需要承担街道办事处交付的各种任务,这增加了工作的复杂性。以K街道为例,村(居)委会每天的工作异常烦琐,但村委干部的人数却相对有限,其中与K街道司法所签订协议的社区矫正工作者只有1名。这名社区矫正工作者不仅需要处理村(居)委会的日常事务,还需要履行监管禁毒、调解等多项职责,这使他难以充分参与社区矫正人员的教育和帮扶工作,影响了K街道社区矫正工作的深入展开。此外,K街道对于培养专业化的社区矫正工作人员的意识较为薄弱,多数社区矫正工作者并非专业人员,缺乏相关资格证,专业性存在不足。这意味着K街道的社区矫正工作可能受到专业知识和技能的限制。从现实来看,村委干部在社区中具有较高的话语权,这有利于提高规劝效果。由于他们对社区矫正人员的个人及家庭情况较为熟悉,能更好地理解和支持矫正对象。然而,基于熟人情面的因素,也可能导致村委干部在监管社区矫正人员方面疏漏上报,使监管工作流于形式。

(三)社区矫正志愿者缺乏组织性

社区矫正志愿者队伍是社区矫正体系中非常重要的一部分,他们的参与可以有效促进矫正对象融入社会和回归社区。然而,当前K街道社区矫正志愿者队伍

---

[1] 参见蒋晓宇、田兴洪:《试论我国社区矫正中的社区参与模式的行动机制》,载《知识经济》2018年第10期。

面临一系列问题,这些问题需要认真思考和改进。首先,社区矫正志愿者队伍的人员结构较为单一。目前,志愿者队伍主要由村委干部和村内退休党员组成。这种人员结构的单一性可能会导致一些问题。比如:文化程度不齐可能会限制他们理解和应对矫正工作的多样性和复杂性,并且,队伍中缺乏专业人士的参与,这可能在处理一些特殊情况时造成专业知识的不足。其次,志愿者队伍缺乏明确的准入机制,志愿者水平未经筛选,大多数成员是被迫参与。这是一个值得关注的问题,因为志愿者的质量和积极性对社区矫正工作的成功至关重要。如果志愿者只是被迫参与,他们可能缺乏真正的参与意识和积极性,这可能会导致工作效率的下降。最后,志愿者对社区矫正活动的认知度较低,对所需参与的活动了解有限,缺乏服务主观意识和参与意识,这反映出志愿者的培训和教育不足。志愿者需要更多的信息和培训,以了解社区矫正的目标、方法和重要性。他们也需要培养服务主观意识,明白他们的工作对社区和矫正对象的意义。

(四)社区社会组织参与深度不足

在K街道,社会组织是通过政府购买服务的方式参与到社区矫正工作中,其主要职责就是负责社区矫正人员的心理健康评估。然而,由于心理咨询评估的专业性较高,导致该社会组织在参与内容上较为单一。在K街道的社区矫正工作中,受雇的社会组织一开始就是以"专家"的身份参与其中的,但因为没有相应的评价体系,也缺乏对社会组织工作开展情况的监测,所以很难对他们的工作效果和质量进行评估,导致很多工作最终流于形式。此外,在对社区矫正人员进行心理健康评估时,该社会组织通常只是让他们填写一些关于心理测试的量表,并没有与他们进行深度访谈和交流,这种单一的测试方式可能导致最终的测量结果出现一定程度的偏差。尽管该社会组织承接了K街道社区矫正人员的心理咨询工作,但总体而言社区矫正人员接受心理咨询的频率并不高。究其原因,一方面是由于社会组织会根据社区矫正人员每次测试的结果来决定其是否还需要接受心理咨询,使社区矫正人员陷于被动,很难主动参与;另一方面,则是因为社区矫正人员和社会组织的交流和沟通机会很少,再加上碍于情面往往不好意思主动提出心理咨询的诉求。

(五)社区居民参与意识薄弱

K街道的社区居民在参与社区矫正方面存在一系列问题,这些问题影响了社区矫正的有效性和社区安全。首先,社区居民的参与意识相对较薄弱,导致他们对社区矫正的理解有限。虽然大多数人对社区矫正有基本的了解,但仍存在一些误解和担忧。一些居民担心服刑人员会对社区安全构成威胁,这种担忧使他们对社区矫正持怀疑态度。此外,社区居民对社区矫正中的社区参与了解不足,缺乏参与社区矫正工作的意愿。他们可能不清楚如何参与或认为这不是他们的责任。这种态度限制了社区居民在社区矫正中的积极参与,影响了矫正工作的质量。在社区矫正人员的家庭成员、朋友和邻居方面,也存在监督不力等问题。虽然他们可能表面上表示支持矫正人员,但缺乏深入了解和监管。这种表面化的支持不足以确保矫正人员能够成功重返社会,因为他们需要更多的支持和监督来避免再次犯罪。另一个问题是社区矫正人员不愿将矫正情况告知亲友,存在心理隔阂。这可能是因为他们担心被社会排斥或受到歧视。这种隔阂阻碍了他们与亲友之间的沟通和支持,使矫正工作更加困难。此外,社区矫正人员在教育感化、行为矫正和社会性帮扶方面缺乏主动性和能力。他们需要更多的培训和支持来帮助他们重新融入社会,而社区居民的参与可以提供有力的支持。

四、社区矫正中社区参与的优化建议

(一)建立社区矫正工作人员有效激励机制

首先,建立社区矫正工作者的准入与考核机制。目前,社区矫正工作要求一定的专业知识和技能,因此,应该建立更为严格和科学的准入机制。这可以通过设立入职考试、面试以及背景调查等程序来实现。准入考核应该涵盖法律、心理学、社会工作等相关领域的知识,以确保工作人员具备必要的专业素养。此外,准入考核也应该包括道德伦理的评估,以确保工作人员具备高度的职业操守和责任感。其次,建设规范的运行制度体制对于提高社区矫正工作者的专业水平至关重要。这包括建立明确的工作流程、规范的案件管理和报告制度,以及有效的信息共享机制。这不仅可以提高工作的效率,还可以减少和降低工作中的错误和风险。[1] 此外,进行明确的职责和责任分工,确保每位工作人员都清楚自己的任务和目标。规范的制度体制有助于提高工作的质量和专业性。再次,内在激励和外在激励都可以有效提高社区矫正工作人员的积极性。内在激励可以通过提供持续的培训和职业发展机会来实现。工作人员应该有机会不断提升自己的专业技能和知识水平,以适应不断变化的社区矫正需求。外在激励可以包括奖金、福利和晋升机会。奖金可以根据工作绩效和成就来发放,从而激励工作人员更加努力地工作。提供福利,如健康保险和休假制度,可以改善工作人员的生活质量,提高他们的满意度。

---

〔1〕 参见耿燕君、李盼盼、赵中阳、丁艺:《论当前我国社区矫正存在的问题与对策——以G省Y市社区矫正试点情况为对象的分析》,载《法制博览》2017年第7期。

此外,提供晋升机会,让工作人员看到未来的职业发展路径,可以增加他们的职业动力。最后,建立薪酬等级与职务和级别的晋升挂钩的制度,可以激励工作人员更加积极地工作。这意味着工作人员在职务和级别的晋升上应该与其工作绩效和专业发展密切相关。此外,还应该建立职业晋级制度,为工作人员提供明确的职业发展路径,帮助他们规划未来。

(二)完善社区矫正志愿者参与机制

社区志愿者在参与矫正工作时具有显著的优势。首先,他们拥有平等的身份,能够与社区矫正人员建立更亲近的联系,有助于建立信任和友好的关系。其次,志愿者的亲和力使他们更容易与社区矫正人员建立良好的沟通,听取他们的需求和意见。最重要的是,志愿者具备尊重他人的能力,对社区矫正人员没有歧视或偏见。然而,目前社区矫正志愿者的招募存在一定问题。招募缺乏规范性,导致志愿者的文化程度和专业性难以保证,管理也相对松散。为了提高社区矫正志愿者的质量,有必要规范招募与注册流程,并建立准入机制和激励机制。这可以包括对志愿者进行专业背景的审核和培训,确保他们具备必要的专业知识和技能。同时,宣传和鼓励居民参与社区矫正志愿服务也是关键。向社区传达志愿服务的重要性,可以使参与过程更加人性化,有助于消除对社区矫正人员的固有偏见,提高社区的接受度。志愿者的选拔应考虑年龄、文化程度和行业领域的不同,以确保志愿者队伍的多样性和专业性。建立日常培训机制可以提高志愿者的服务素质与综合能力。最后,建立考核评价机制和激励机制是确保志愿者队伍的组织纪律和专业性的关键步骤。定期考核志愿者的参与情况,奖励积极参与者,同时对参与热情低下者进行再培训或要求其退出,可以提高志愿者队伍的整体素质,使他们更专业地参与社区矫正工作。[1]

(三)形成社会组织参与的良性竞争机制

社区矫正的性质决定了其对学科的综合性与专业化需求较高,从现实角度看,这就要求那些承接政府购买社区矫正服务的社会组织必须具备较高的专业化水平与服务能力。[2] 这些社会组织在社区矫正工作中扮演着重要的角色,它们提供着多样化的服务,包括心理辅导、职业培训、康复计划等,以满足不同罪犯的需求。此外,社会工作者也是社区矫正的关键环节,他们需要具备丰富的专业知识和经验,

〔1〕 参见周国强:《社区矫正公民参与机制研究》,江苏大学出版社2016年版,第69页。

〔2〕 参见吴宗宪:《论我国社区矫正的适用对象》,载《北京师范大学学报(社会科学版)》2017年第3期。

以有效地协助罪犯康复和融入社会。然而,目前的情况是,具备相关资质的社会组织数量极为有限,主要是因为社会组织的相关登记条例存在一定限制,比如限制同一行政区域内同类业务的竞争和分支机构设立。而这些限制可能阻碍更多社会组织参与社区矫正工作,限制了竞争与创新的空间,最终可能导致垄断现象。这种缺乏竞争的机制可能会导致社区矫正服务质量与效率下降,最终影响社区参与的效果。为了解决这一问题,我们需要采取一系列措施来促进良性竞争机制的建立。首先,引入竞争机制可以激励社会组织提供更高质量的服务。社会组织之间的竞争可以推动它们不断改进和创新,以满足罪犯和社会的需求。与此同时,政府和其他相关机构可以提供奖励和激励措施,以鼓励社会组织参与社区矫正工作[1]。其次,除了竞争机制之外,还需要支持培养专业性社会组织,这可以通过提供培训和资源支持来实现。专业性社会组织可以提供更高水平的服务,更好地满足罪犯的康复需求。另一个重要的方面是促进平等合作与竞争购买机制的形成。这意味着政府可以与多个社会组织建立合作关系,而不是依赖于单一组织。这样可以确保更多社会组织参与社区矫正工作,提供更多选择给罪犯和社会。同时,政府可以采取竞争购买的方式,选择最适合的社会组织提供服务,从而提高效率和服务质量。

(四)完善社会适应性帮扶平台

为了协助社区矫正人员成功重新融入社会,我们需要整合社区内的经济资本、社会资本和文化资本,以充实社会适应性帮扶内容。具体实施措施包括:首先,搭建生存性帮困辅助平台,协助那些生活困难的社区矫正人员申请经济支持,包括最低生活保障、困难补助、社会保险和医疗保险,以确保他们的基本生存资本,同时为无法获得救助的困难矫正人员提供临时性救助。其次,我们将组织支持性帮扶团队,整合社区内的社会资本,建立支持性社会关系网络,为矫正人员提供心理矫治、法律援助等方面的支持。最后,我们计划建设发展性帮扶平台,充分利用社区环境资源、文化资本和人才等社区资本,争取政府和民间力量的支持,为矫正人员提供就业创业指导、职业技能培训、再就学支持等帮助,以解决社会适应性帮扶内容不平衡的问题。[2] 这些措施旨在提供综合性的支持,协助社区矫正人员更好地适应社会,降低再次犯罪的风险,同时保障和促进社区的安全和发展。

---

〔1〕 参见蒋晓宇、田兴洪:《试论我国社区矫正中的社区参与模式的行动机制》,载《知识经济》2018年第10期。

〔2〕 参见郑惠:《温州市瓯海区社区矫正工作的问题及对策研究》,江西农业大学2017年硕士学位论文,第26页。

(五)提高社区文化的融入度

社区文化在社区内具有深刻的内在制约和价值影响。首先,社区文化有着独特的能力,能够激发居民对社区活动的认同感与归宿感。这种情感纽带有助于加强社区内群体的凝聚力和团结性,推动着人们积极参与社区事务。其次,社区文化对于社区矫正人员的融入社会过程至关重要。社区文化不仅提供了一个重要的社交平台,还传递着价值观念和规范,帮助矫正人员更好地适应社会生活。特别是,借助当地特有的文化资源,如孝文化,可以加强社区矫正人员的矫正效果。孝文化鼓励尊敬和关心家庭,这与矫正过程中建立积极社会关系的目标相一致。举例来说,以K街道为例,利用孝文化资源,倡导"依法矫正、文化育人"的监管帮教理念。通过制定和编写文化长廊参与社区矫正的实践规则与宣传标语,社区可以利用文化的力量来约束社区矫正人员的行为,鼓励他们积极参与社区活动,并在社会中找到属于自己的位置。这种融合文化矫正的方法有望取得良好的效果,对社区的整体发展和社会的稳定具有积极的影响。

专业社工参与宜宾市社区矫正工作的路径分析

王　洁*

2020年7月1日起,《社区矫正法》正式实行。《社区矫正法》共有九章六十三条,其中多项条文提及社会组织及社会工作。该法作为我国一项重要的法律,对符合条件的罪犯依法进行社区矫正,消除其可能重新犯罪的因素,有利于促使其在社会化开放环境下顺利回归社会,维护社会稳定。实现这一目标,离不开社会力量的广泛参与。而具有专业资质的社工和社会组织参与社区矫正,可以针对心理、行为、家庭关系、社会交往、就业谋生等普遍影响社区矫正对象正常融入社会的问题[1],采取有针对性的解决方案,运用专业方法修复矫正对象的社会能力,提高矫正工作效率。但是从目前宜宾市社区矫正工作的实际上来看,专业的社会工作者的参与相对较少,从国家治理的角度来看,社区矫正社会工作作为公共秩序维护过程中多元共治的重要组成部分已经得到法律保障。本文将从宜宾市社区矫正工作的实际出发,分析专业社工参与宜宾市社区矫正工作的路径。

一、宜宾市社区矫正机构设置和队伍建设

近年来,宜宾市在社区矫正机构设置和队伍建设方面,充分发挥社区矫正委员会牵头抓总、统筹协调作用,不断试点优化监管模式,运行有“队建制”“社区矫正服务中心”“片区制”等3种监管模式,着力构建“组织健全、制度完善、运行高效、协作配合”的社区矫正运行机制和探索打造“专职、专责、专业”的社区矫正执法队伍,探索破解长期困扰基层社区矫正工作的权责不匹配,执法人员“不足、不专、不精”的难题。

---

* 作者单位:四川省宜宾学院。

〔1〕 参见费梅苹、邓泉洋:《中国特色社区矫正社会工作服务体系研究——基于“社区矫正法”的要求》,载《社会工作》2020年第1期。

(一)"队建制"模式

"队建制"模式是由"大队＋中队"的配置,使队伍由原来的"机关型"队伍向"实战型"队伍转变,大队具有独立的工作权限,中队负责具体实施,队伍管理更加扁平化,缩短了案件周转路径。

以珙县为例,一是"片区化"组建矫正机构。积极争取县委编办,设立珙县社区矫正管理局,加挂珙县社区矫正执法大队牌子,根据"优化集中、方便管理、交通便捷、综合平衡"的原则,将全县乡镇划分为5个片区,组建5个社区矫正执法中队,实现了社区矫正"片区化"执法,"一体化"运行。二是"科学化"配备执法队伍。珙县社区矫正对象在册人数常年在300人左右,在保证各项司法行政工作正常运转下,按照1∶15的比例配置社区矫正执法队伍。其中社区矫正执法大队5人(3专2辅),设置大队长1名,副大队长1名,工作人员3名;社区矫正执法中队建制共16人(7专9辅),设置中队负责人5名,工作人员11名。三是"专职化"开展执法工作。将社区矫正工作和司法所其他行政工作区分,即由社区矫正执法中队专人、专业、专职承担社区矫正对象日常管理和执法工作,不再从事司法所其他司法行政工作,司法所其他司法助理员专职从事除社区矫正执法外的其他司法行政工作。

(二)"社区矫正服务中心"模式

以筠连县为例,一是在保留社区矫正管理局和社区矫正执法大队不变的基础上,新成立了社区矫正服务中心。为县司法局下属事业单位,正股级,设主任1名,核定事业编制2名。社区矫正服务中心设立的主要目的是解决因公务员编制数少,参与开展社区矫正工作的专业人员少的问题。划定的事业编制针对性地招录相关专业人员,专职专业开展社区矫正工作,极大提高了社区矫正工作的专业性和规范性。二是探索"队所联建"工作机制。司法所受县级司法行政机关和乡镇(街道)双重管理,除承担司法行政9项业务工作外,还要参与乡镇中心工作,人员不足、精力分散,社区矫正工作很难落实到位。为进一步做实做强县级社区矫正机构,在县社区矫正大队(局)下设社区矫正执法中队在司法所,由筠连镇司法所率先试点(筠连镇社区矫正对象占全县1/3以上),明确2名工作人员专职开展社区矫正工作,与开展司法所其他业务工作人员区分开,推动社区矫正工作队伍向专职化、专业化转型,形成上下协同、运行顺畅的的扁平化管理体系。三是设置社区矫治员,提高村(社区)参与度。为破解社区矫正管理"唱独角戏"难题,切实发挥社会工作者在基层社会治理特别是社区矫正工作中的独特优势,真正实现让社区矫正对象在村(社区)矫正中进行改造和回归社会的根本目标。筠连县司法局结合全县工作实际,积极探索社区矫正对象管理新模式——“社区矫治员”制度,在村(社区)两委班子中推选符合讲政治、责任强、晓村情、懂法律、善说理、能保密等“六大标准”的人员担任社区矫治员,建立“县—乡(镇)—村(社区)”三级社区矫正管理工作联动体系,实现全县172个行政村(社区)分别配备1名社区矫治员,协助社区矫正中队开展社区矫正相关工作。

(三)“片区制”模式

“片区制”模式主要为制度建设,实施精细化管理,实现工作规范化。主要是在长宁县、兴文县推行试点。一是由县编办正式行文将县司法局内设股室“社区矫正管理股”更名为“县社区矫正管理局”,加挂县社区矫正执法大队牌子,两块牌子一套人马,作为县级社区矫正机构,行使全县社区矫正刑事执行权。二是结合各地实际情况,优化调整乡镇司法所,探索整合力量实施司法所片区(社区矫正执法中队)联动机制,按照区域相邻、便于管理的原则,由县司法局出文,依托中心镇,设立社区矫正执法中队,每个中队辖3—4个镇作为大队下属机构,负责辖区内社区矫正工作。三是积极争取支持,充实辅助人员力量。县司法局积极争取县政府支持,通过购买服务方式,弥补人员不足短板。其中,长宁县设立4个社区矫正执法中队(片区司法所警务联动),每个中队辖3—4个镇作为大队下属机构,已招聘9名司法辅助人员充实社区矫正队伍,负责辖区内社区矫正工作;兴文县司法局核定政法专项编制38人(缺编8人),从事社区矫正工作人员19人(其中社区矫正机构工作人员3人,监狱派驻民警1人,三个片区执法中队司法助理员8人,司法辅助人员7人),管理在矫社区矫正对象221人。

二、宜宾市社区矫正发展目前存在的问题

随着经济社会发展、刑罚轻缓化的趋势,全市社区矫正对象数量逐年递增,监督管理、教育帮扶与执法人员力量不足的矛盾正日益凸显。一是社区矫正机构设置上还需完善。实施“队建制”和“片区制”试点县的县委编办虽然批准设置了社区矫正管理局(县社区矫正执法大队),但未批复下设执法中队,在执法上尚存在主体资格不明确的问题。二是人员力量不足。目前施行的“片区制”改革试点,仅是从缓解人员力量不足问题角度探索的权宜之计,没有从根本上实现专业专职专责预期,没有与司法所其他业务工作相剥离的人员,均是在司法行政部门内部调剂,一定程度上削弱了其他司法行政工作力量,专职专责进程不够。三是社区矫正工作经费仍然不足。各县(区)按照1400元/人/年的标准预算社区矫正工作经费,已多

年未予动态调整。四是多元参与程度不高。目前有关职能部门和社会群众对社区矫正工作还停留在知晓层面,缺乏必要而主动的支持,还未有效建立起社会广泛参与的制度机制,仍存在社区矫正机构单打独斗的局面。

三、专业社工参与社区矫正工作的基础

(一)社区矫正实践需要专业社工的参与

从对社区矫正的认识来看,其主要是包含两个方面的内容:刑罚执行和矫正罪犯。从社区矫正产生的渊源来看,是随着刑罚观念从“报应刑”向“教育刑”的转变而产生的,是恢复性司法理念的重要体现。《社区矫正法》的立法目的很重要的一点就是提高社区矫正质量,特别是教育矫正的质量。因此,在社区矫正工作中,监督管理是基础,教育帮扶是核心。对于教育帮扶的方式,《社区矫正法》第 40 条也明确提到了专业社工能够发挥的作用。

(二)专业社工能够帮助社区矫正工作目标的实现

从社会工作的价值观看,社会工作以平等、尊重、接纳、同理、案主需要、人的可改变性等为其基本工作理念,带有鲜明的人本主义取向,这与社区矫正人本内涵完全一致;而在功能上,社会工作以其预防、康复、发展三大功能被学者们称为社会的“润滑剂”,而实施社区矫正就是要恢复矫正对象的社会功能,使之实现自我发展,预防发展,实现社会的稳定,因而在功能上社会工作也与社区矫正具有内在的一致性。[1]

(三)专业社工作用于社区矫正是未来的发展趋势

《社区矫正法》实行以来,社会力量参与社区矫正工作力度进一步加大,截至 2023 年 7 月,全国共有 5.8 万名社会工作者参与到社区矫正工作,与立法前相比增长29.1% 。社会工作不是通常意义上的社会大众都能做的工作,而是针对人们的行为模式和社会功能进行改进的专业。实际上,任何人群服务专业,包括工、青、妇、老、残等群团组织,以及劳动保护、教育、公共卫生、司法矫正、社区建设等领域,只要涉及人群需求满足和行为模式改变,都需要社会工作专业来促进相关领域工作的专业化进程。实践中,上海、深圳、广州等发达地区也通过政府购买服务,引入社会工作者参与社区矫正,探索监督和矫正恢复相结合的综合模式。从理论和实践

---

〔1〕 参见杨敏、张艳荣:《社工在帮教服务中的资源链接者角色探索——以对一名社区矫正对象的帮教服务为例》,载《中国社会工作》2022 年第 21 期。

两个层面上来看,专业社工参与社区矫正在未来将成为全国普及的一种方式。

四、专业社工参与宜宾市社区矫正工作的路径分析

宜宾市通过积极地探索和实践,在优化社区矫正运行机制,打造社区矫正执法队伍以及探索破解长期困扰基层社区矫正工作的权责不匹配,执法人员“不足、不专、不精”的问题上有了明显的效果。然而监督管理的压力、教育帮扶的专业性与执法人员力量不足的矛盾仍然是长期性的问题。因此,作者在专业社工参与宜宾市社区矫正工作的路径方面有以下几个建议。

(一)结合“社区矫正服务中心”模式进行制度的整合

社区矫正的核心任务主要有对社区服刑人员的教育矫正、对社区服刑人员的监督管理和对社区服刑人员的帮困扶助三个方面,其中对社区服刑人员的监督管理属于社区矫正刑罚执行性质的工作,需要由有执法权的工作者来进行,其他两个方面,即教育矫正和帮困扶助,是社区矫正工作可以进行的。结合“社区矫正服务中心”模式,可吸纳专业社工队伍作为指导专家长期进驻社区矫正服务中心,参与制度的建设、工作人员的专业培训、社区矫治员的指导以及参与个案方案的分类指导等技术性工作,对该地区的社区矫正工作进行宏观性和系统性地参与和指导,提升工作的专业性和工作效率。

(二)结合“队建制”和“片区制”进行队伍的整合

从“队建制”的特点来看,每个大队相对比较独立,而中队的实战性较强,队伍管理偏向扁平化。而就“片区制”而言,虽然各“片区”相对独立,但又对“片区”之间的联动进行了尝试。因此专业社工仅参与宏观的制度建设和人员指导的工作相对困难。

因此,作者建议,一是从队伍建设方面看,社会工作者制度本身是一个系统,社区矫正社会工作制度也是如此。首先应该避免让专业社工成为万能的工作者,影响工作效率和工作效果。二是避免把社区矫正社会工作者纯粹看作是“社会力量”,从而使专业社工的作用发挥走向片面。由此建议,每个“大队”或者“片区”吸纳1—2名专业社工进行“业务指导”,重点在于个案矫正的方案设计与方案的跟踪调整。

(三)结合宜宾市社区矫正的整体情况构建社会治理共同体

相较于前面两种专业社工“嵌入式”的参与模式,构建社会治理共同体亦可以

看作是一个长期的发展性问题。[1] 在把社区矫正社会工作者定位为“社会力量”的大背景下,目前国内实行社区矫正社会工作制度的省市大多采用了政府购买服务的方式开展这项工作。而社会工作制度本身也是一个系统,专业社工不仅能够进入司法领域,任何需要社会工作者提供专业服务的领域,他们都可以发挥其作用,因而专业社工在参与任何领域的工作时,其必须具有相对的独立性。因此,这就在制度整合之间形成了交融与磨合。[2]

因此,社区矫正社会工作者如何在实际工作中把专业化的矫正社会工作落到实处成为一大难题。一方面,矫正社会工作者自身职责不明、定位不准,使其工作积极性受到影响;另一方面,由于矫正社会工作者自身专业能力的限制,以及基层政府对制度创新的认识和支持程度不一定完全到位的影响,使社区矫正社会工作者在具体的社会工作实践中,在环境融入、资源支持、制度支持、财政支持等方面都面临着巨大挑战。

由此可见,在系统整合的推进过程中,社区矫正社会工作与整体环境进行整合,构建社会治理共同体,也是专业社工参与社区矫正从“机械参与”到“有机结合”的“质”的转变。

---

〔1〕 参见储华林:《社区矫正社会工作的实践困境与路径优化》,载《西安建筑科技大学学报(社会科学版)》2022 年第 3 期。

〔2〕 参见熊贵彬:《综合管理模式:社区矫正二难困境“监管—恢复”的应对之策——兼论司法社会工作参与路径》,载王思斌主编:《中国社会工作研究》第 17 辑,社会科学文献出版社 2019 年版。

社区矫治员参与社区矫正的成效

——以四川省宜宾市筠连县为例

刘　星*

摘　要：社区矫治员是指为了更好地推进“六大标准”的社区矫正管理工作，在村（社区）两委班子精心挑选具备讲政治、责任心强、熟悉村情、懂法律、善于说理、能够保密的人员；社区矫治员制度旨在通过激励和支持，帮助解决“唱独角戏”中存在的问题，减轻基层矫正工作的负担，并充分利用基层干部的个人特长，促进社区矫正的有效实施。尽管社区矫治员制度的实施取得了一定的成效，但仍然存在许多挑战，如意识淡漠、能力有限、积极性不足，严重影响了其有效运行和社会矫正工作的质量。因此，本文将对此进行深入研究，并给出有效的解决方案。

关键词：社区矫正；社区矫治员；机制；基层参与社区矫正

随着《社区矫正法》的正式颁布实施，社区矫正工作得到进一步规范，但是实践中，管理对象人数逐年增加，人员流动频繁、结构复杂，基层专业工作人员数量紧张等局面，导致很多的社区矫正工作只能模板化，甚至简化。为了改变这一局面，宜宾市筠连县在加强社区矫正工作力度的同时也开始重视社区矫正执法队伍建设推进。在社区矫正工作推进中，社区矫正执法队伍是保障《社区矫正法》正确、完整实施的主要力量，研究村（社区）干部参与社区矫正执法队伍建设的成效不仅能够缓解基层矫正工作不断上升的压力，而且能够发挥社区干部参与社区矫正独特的“本土属性”优势，真正帮助社区矫正对象达到回归社会的根本目的。我们通过将问卷调查与实地考察相结合的形式进行了这项研究。首先，根据研究需求通过发放问

* 作者单位：四川省筠连县司法局巡司司法所。

卷的方式收集了大量的样本数据,以了解村(社区)干部参与社区矫正工作的看法及意见反馈。其次,在实地走访中,我们深入到不同地区的社区矫正工作现场进行了实地考察,并与当地的社区矫正工作人员进行交流沟通,以便更好地了解他们的实际工作开展情况以及村(社区)干部在实际参与社区矫正工作时的看法。

一、社区矫治员参与社区矫正的现状

随着社会治理的不断发展,社区矫正作为一种新型的社会管理方式逐渐得到广泛应用。而基层社区矫正工作的大量工作内容还需要依靠基层力量来协助进行。因此,社区矫正需要充分发挥村(社区)干部的作用,加强其对矫正工作的支持与协助。

(一)村(社区)干部队伍基本情况

近年来,随着村(社区)合并调整,目前我县范围内村组织结构由书记、副书记、会计、综合专干组成,社区组织结构由书记、副书记、综合专干组成。根据村(社区)规模分类,副书记、专干人数配置人数不同,但总体组织机构布局一致。

一方面,由于近年来国家相关政策文件的变化,各村(社区)的领导干部相继呈现出业务专业化和知识储备多元化的局面。另一方面,由于社会发展需要,当地政府引入职业化的管理方式,加强对人才的培养力度,不断提高基层领导干部的人才素养。两方面共同发力,为推进村(社区)干部参与社区矫正执法工作奠定了人才基础。

(二)社区矫治员参与社区矫正的主要做法

筠连县司法局根据《社区矫正法》第 12 条规定,积极探索“社区矫治员”制度,以更加有效地协助社区矫正机构推进社区矫正工作,并结合全县工作实际,制定出更加完善的社区矫正对象管理新模式,以期达到更好的矫正效果。

为了更好地推进“六大标准”的社区矫正管理工作,在村(社区)两委班子精心挑选具备讲政治、责任心强、熟悉村情、懂法律、善于说理、能够保密的人员担任社区矫治员,建立完善的社区矫正工作机制,制定社区矫治员参与社区矫正工作的评价标准,使社区矫正工作更加系统化、管理更加精细化、机制更加长效化,织密监管网,筑牢安全监管屏障,有效防止和减少社区矫正对象脱离社会管理,重新走上犯罪道路,以期达到更好的社会治理效果。

(三)社区矫治员参与社区矫正取得的成效

筠连县现在有 172 个村社区,172 名社区矫治员,实现村村全覆盖。自社区矫治员制度实施以来,全县社区矫治员积极参与1800余人次的社区矫正活动,及时发现和处理120余次安全隐患,主动与2300余人次的社区矫正对象沟通,有效监督社区矫正工作,未发生脱管漏管的情况,为基层社会治理提供了有力的支撑,为"第一道防线"社区矫正安全稳定提供了有力的保障。发挥"本土属性",全面提升管理质效。

1. 发挥本土属性,缓解矫正工作压力

社区矫治员从村(社区)当中选出,具有独特的"本土属性",能够充分发挥其贴近社区矫正对象日常生活、工作的优势,不仅能够实现"行知有踪、动知有迹、踪迹有痕",而且他们熟悉村(社区)人员具体情况,掌握村(社区)人员变化情况的一手信息,能够提升社会调查、日常监督、帮扶教育等工作的效率和信息的有效性。

2. 发挥本土属性,提高矫正工作质量

近年来,社区矫正对象逐渐呈现年轻化的特点,以筠连县X镇司法所为例,目前在册47人,35岁以下占比约60%。他们多为成年后便离开家乡,但从小在村(社区)成长过程中,村(社区)干部扮演着长辈的角色,深刻影响着他们的价值观,因此,让村(社区)干部参与社区矫正工作,矫正对象不仅从思想上接受程度较高,而且在日常矫正过程中更便于管理。

3. 发挥本土属性,促进矫正对象回归

筠连县司法局依据《社区矫正法》《四川省社区矫正实施细则》的规定,采取"双向发力"的措施,以期达到社区矫正的最终目标。一方面,矫正对象每月到村(社区)参与公益活动,根据村(社区)安排,积极完成公益活动任务,发挥个人公益属性,承担社会责任,不仅能为村(社区)减轻日常公益工作任务压力,也能在过程中强化矫正对象责任感,让全体居民更容易接受矫正对象,营造和谐、安定的生活氛围。另一方面,社区矫治员利用村(社区)资源,对身体、经济等方面存在特殊情况的社区矫正对象及其家庭协调落实捐资捐物、低保兜底、法律援助等帮扶措施,让社区矫正工作充分体现人性化、暖心化。

二、社区矫治员参与社区矫正存在的问题

在当前社会治理中,社区矫正作为一种新型的刑事司法方式逐渐得到广泛应用。而对于社区矫正工作的开展,离不开村(社区)干部的积极参与和支持。然而,目前仍然存在一些问题影响着社区矫治员参与社区矫正工作的实际质量。

(一)社区矫治员参与社区矫正的意识淡薄

社区矫正工作是系统性的工作,也是专业性的工作,因此,在进行社区矫正工

作的过程中,不仅需要司法行政部门专业的人员来负责,也需要村(社区)基层干部共同参与。然而,由于对社区矫正工作的认识不足以及社会资源有限等因素的影响,导致了村(社区)干部参与社区矫正过程中存在意识淡薄的问题。而且由于目前村委会功能尚不完善,社区功能也尚未健全,村(社区)干部群体对社区矫正工作缺乏基本的认知和理解,使他们无法接受犯罪人在村(社区)中接受社区矫正,甚至产生抵触情绪,这种情况严重阻碍了社区矫正对象融入社会的进程。

(二)社区矫治员参与社区矫正的能力欠缺

虽然近年来村(社区)干部组织流动性加强,呈现出业务专业化和知识储备多元化的趋势,但目前部分村(社区)干部仍然存在实际工作能力薄弱的问题,这一方面是因为社区干部理论学习不足,法律知识基础薄弱,对法律知识理论的理解与实际工作情况脱节。同时工作方式缺乏创新,谨慎求稳,对矫正对象存在刻板印象,不做更深入的思考,往往是机械化、套路化地开展工作。另一方面是因为部分村(社区)干部在实际工作中缺乏经验积累,缺乏实践操作的经验支持。因此,他们很难真正掌握矫正工作的方法论及技术手段,只做到了社区矫正工作的皮毛,难以有效地开展矫正工作。

(三)社区矫治员参与社区矫正的积极性不高

自 2003 年以来,中国的社区矫正工作取得了长足的进步,已经走过了 20 多年的发展历程。经过 20 多年的不懈努力,社区矫正基层参与已经成为社会矫正的重要组成部分,为社会矫正的实施提供了有力的支持。但是在我国,社区矫正对于部分基层干部以及群众仍是一种缺乏全面理解的事物,它通过一种部分开放的方式对罪犯进行改造、矫正,这与传统上实行的监禁刑罚方式截然不同,表面上看似乎是减轻了罪犯的刑罚,又加之目前对社区矫正在部分偏远山区的宣传还远远不够,基层工作存在繁杂、量大、人手不够等问题,导致很多社区矫治员对参与社区矫正工作产生了排斥心理。社区矫治员的参与积极性不高,回避、隔离,甚至是公开地排斥这些需要在社区矫正中得到帮助的人员。

(四)社区矫治员参与社区矫正的经费保障不足

经费不足是社区矫治员参与社区矫正工作的又一大阻碍。目前社区矫治员由村(社区)干部担任,一方面,基层本职工作量大且复杂,导致部分矫治员在面对社区矫正工作时往往缺乏足够的精力与资源,心有余而力不足。另一方面,更重要的是缺乏明确的经费保障制度。以筠连县 X 镇 H 村为例,H 村矫正人数为 12 人,占据 X 镇在矫人数的 25%,但目前仅有一位社区矫治员,由于缺乏明确的经费保障,矫治员在日常监管排查、公益活动开展过程中需要自己承担财务成本,这使矫治员在面对日常矫正工作如教育监管、公益活动开展等情况时出现简单化、模板化等问题,长此以往,社区矫治员参与社区矫正工作积极性不高,甚至产生抵触情绪,致使社区矫正工作质量大打折扣。

三、社区矫治员参与社区矫正存在问题的原因

社区矫治员参与社区矫正是一项重要的制度革新,但在实际过程中诸多因素影响着社区矫治员参与社区矫正的工作质量,通过对收集的数据以及实际走访了解的情况的具体分析,总结出了影响社区矫治员参与社区矫正的几方面原因。

(一)社区矫治员管理制度不健全

为了规范社区矫治员日常工作开展,目前已建立健全履职考核制度,由乡镇司法所和村(社区)党组织负责日常工作考核,量化奖惩,年底统一表彰履职表现突出的个人,对履职不到位者实行通报直至取消社区矫治员资格。但在日常管理过程中缺乏可参考、行之有效的管理制度。矫治员缺位,规定的监管责任落实不到位,导致矫正对象思想、行为得不到督促、教育,矫治员日常配合工作不积极、抵触等,类似的问题都缺乏制度保障。在日常工作开展过程中,以H镇G社区为例,社区矫治员工作态度积极,日常监管、配合到位,但对于具体的奖励措施施行仍存在疑虑,认为奖励方式单一、奖励内容贫乏、奖励对促进社区矫正的积极性不高。此外,由于社区矫治员数量有限且素质参差不齐,加之社会环境复杂多变,使社区矫治员工作的难度加大,需要进一步完善相关制度来加强社区矫治员的日常管理工作。

(二)社区干部队伍教育培训内容不完善

当前,社区矫治员主要由村(社区)主要领导干部担任,他们虽具备一定的法律知识储备,且经过多次的教育培训,但大多数社区矫治员在实际工作过程中仍然以经验主义、朴素价值观为主,导致在与矫正对象交流的过程中缺乏说服力。在2021年12月至2023年7月,通过调查(设置调查问卷)筠连县X镇、F镇、Z镇、M镇、H镇发现,针对培训内容,社区矫治员更加看重实践性强的课程,如实际操作技巧、日常交流等课程(详见表1)。

表1　关于课程内容占比的调研情况

调查镇	实际工作技巧、日常交流相关人数/人	总人数/人	比率/%
X镇	19	25	76
F镇	7	10	70
Z镇	7	11	63.6
M镇	15	22	68.2
H镇	6	11	54.5

(三)社区矫治员参与社区矫正激励机制不健全

由于现有的激励机制不健全,使社区矫治员的工作积极性提升受到影响。一方面,物质激励不足。社区矫治员作为基层社区矫正工作的重要组成部分,在实际开展社区矫正过程中缓解了基层司法所工作压力,为当地社会稳定贡献了力量,工作责任加大、压力也更大,但实际物质激励却十分贫乏甚至欠缺,社区矫治员的工作热情也大打折扣。另一方面,社区矫治员在帮扶矫正对象的同时,也为整个社区带来了安定、和谐,缓解了当地政府、公安部门等单位的基层负担,他们的付出值得肯定,然而这些贡献与付出往往得不到理解与支持,得不到公众的充分认可,缺乏相应的精神激励,这进一步打击了社区矫治员开展日常工作的积极性,导致其对社区矫正工作的投入度不高,甚至出现了一些明显抵触情绪。

四、完善社区矫治员制度的几点建议

结合社区矫治员制度存在的上述问题,笔者认为,在社区矫正工作中,仍需要解决以下问题。

(一)提升社区矫治员参与社区矫正工作法治意识

《社区矫正法》第12条明确规定,居民委员会和村民委员会应当积极配合社区矫正机构,共同努力实施有效的社区矫正措施。因此,让社区矫治员认识到自身应主动、积极配合参与社区矫正工作,是推进社区矫正工作的重要前提之一。为了更好地帮助社区矫治人员摆脱对重刑的偏见,提高他们的理解能力,我们需要加强他们的责任意识和使命意识,并培养他们对于社区矫正工作的主动性和积极性。通过系统性的课程教育,让社区矫治员深刻理解,社区矫正是国家刑事司法体系中必不可少的一环,也是实现人权、法治、文明的关键措施,它不仅能帮助服刑人员更好地适应社会,也能有效地推动社会的发展和稳定。因此必须加强对社区矫治员的培训和管理,以提高他们的工作质量,为社区矫正工作做出更大的贡献。

(二)健全社区矫治员参与社区矫正日常管理制度

社区矫治员是筑牢社区矫正工作安全稳定的“第一道防线”,是基层社区矫正工作的重要部分,因此明确、可操作性的日常管理制度尤为重要。目前由乡镇司法所和村(社区)党组织负责社区矫治员的日常工作考核,量化奖惩,但实际情况中,部分矫治员本就由村(社区)主要领导或副职领导担任,考核制度、过程、结果都存在不确定性,因此对于日常管理制度应由上级负责的独立部门进行制定、印发。一方面需要健全制度内容,涉及矫治员参与社区矫正工作的方方面面,如权责明确,工作主要开展要求,日常工作留存记录等。另一方面也要进行实际考量,通过实地走访了解,对比分析等方法,归纳出社区矫治员在实际开展工作的过程中存在的问题,针对性制定管理方案,确保可操作、易推行。

(三)丰富社区矫治员参与社区矫正激励机制

《社区矫正法》第7条规定,对在社区矫正工作中做出突出贡献的组织和个人,按照国家有关规定给予表彰、奖励。从法律层面规定了激励机制吸引各方社会力量的关注和参与。所以,应当针对不同的参与群体,建立符合实际情况的激励机制。如对参与社区矫正的社区矫治员可以根据《社区矫正法》第6条,向本级政府申请相关经费列支,提供一定的经济补贴,并且每年对其中的优秀人员进行表彰,以鼓励其继续积极参与工作。同时,对于那些在社区矫正中表现出色的人员,也可以进行事迹学习,并通过报纸、微信公众号等向全社会进行公布,提高社会认同感。

五、结论

在本次研究中,对村(社区)干部参与社区矫正队伍建设的情况进行了深入探讨。通过对相关文献和案例的研究分析,笔者认为村(社区)干部参与社区矫正队伍建设是一项非常创新且重要的工作,破解了社区矫正管理“唱独角戏”难题,切实发挥村(社区)在基层社会治理特别是社区矫正工作中的独特优势,真正让社区矫正对象在村(社区)矫正中实现改造和回归社会的根本目标,同时,也发现该工作存在一些问题和挑战。首先,村(社区)干部参与社区矫正队伍建设需要充分考虑其自身的特点和优势,明确相应的管理制度更能充分发挥村(社区)干部的优势。其次,对于不同类型的村(社区)而言,其培训接受方式可能有所不同,既要统筹全局,又要具有针对性,因人而异、因地制宜。最后,村(社区)干部参与社区矫正既需要保障物质激励机制，也需要充分的精神获得感、认可感。只有通过多项发力，才能保障社区矫治员创新制度行稳致远。

参考文献

[1]董立人:《新时代进一步提升社区矫正工作水平的思考》,载《犯罪与改造研究》2019年第5期。
[2]向玲莉、周茜:《论社会管理创新背景下社区矫正工作的路径》,载《河南司法警官职业学院学报》2013年第2期。
[3]张承安、程英:《社区治理之熵与治理的有效性提高》,载《湖南科技学院学报》2022年第1期。
[4]段凰:《社区矫正制度浅探》,吉林大学2006年硕士学位论文。

论监狱学专业学生组建社区矫正志愿者队伍困境及出路

——以"蓝太阳"社区矫正志愿服务队为例

陈珊葵 *　丘志聪**

摘　要:社区矫正志愿者,从一般志愿者中担负特殊使命,并作为一支重要的社会力量,在社区矫正工作中发挥着重要作用。当前,全国各地都积极探索社区矫正志愿者队伍建设新模式,但尚未形成全国系统性志愿者队伍组成模式,监狱学专业学生以其专业理论及实践素养、学校长年训练形成的严明纪律养成等优势,能够成为一支潜力巨大且服务优质的社区矫正志愿者队伍。当前,囿于志愿服务依据的细化、资金不足、社会支持系统不完善等问题,监狱学专业学生组建的社区矫正志愿服务队伍遭遇志愿服务瓶颈,亟须从法律法规完善、健全社会支持系统、资金加持等途径突破局限,以期推动社区矫正志愿服务事业的发展。

关键词:监狱学专业;大学生;社区矫正志愿者;队伍建设

《社区矫正法》的颁布实施为我国社区矫正工作提供了法律指引,其规定社区矫正工作坚持专门机关与社会力量相结合,这为明确社会力量参与社区矫正工作指明了方向。自2003年我国社区矫正试点工作开展以来,社会力量一直作为社区矫正工作队伍的组成部分,承担着社区矫正对象教育帮扶、普法、心理咨询等多项职责。而社区矫正志愿者,从一般志愿者中担负特殊使命,并作为一支重要的社会力量,在社区矫正工作中发挥着重要作用。

当前,全国各地都积极探索社区矫正志愿者队伍建设新模式,但尚未形成全国

---

* 作者单位:广西警察学院。

** 作者单位:广西团校。

系统性志愿者队伍组成模式,常见的社区矫正志愿者队伍构成通常有以下三类:一是司法局采用聘用制公岗人员进行辅助矫正工作,此为当前较多地区采用的模式,如新疆乌鲁木齐市沙依巴克区、广西北海市等;二是公开招募的各大院校青年志愿者,如广西青年志愿者彩虹桥行动,此项活动由广西壮族自治区司法厅、共青团广西区委每年联合开展,利用寒暑假时期按照户籍招募高校学生到户籍所在地社区提供志愿服务;三是高校师生自发组织的志愿者队伍,如浙江大学紫领志愿服务团队、广西警察学院"蓝太阳"社区矫正志愿者服务团队等。

一、监狱学专业学生建设社区矫正志愿者队伍优势

监狱学专业学生都具有较高法律职业素养及理论涵养,课程以社区矫正制度及监狱法学等相关课程为核心,具备社区矫正工作理论基础,结合公安院校人才培养特色,无疑是社区矫正志愿者队伍的重要补充。

1. 监狱学专业学生警务化管理模式有利于志愿者队伍的纪律养成

党的二十大报告中,明确我国社会主要矛盾是人民日益增长的美好生活需要和不平衡不充分的发展之间的矛盾,结合我国21世纪警务改革的需要,监狱学专业学生的培养要严格比照监狱人民警察招录标准及监狱工作需要进行。基于监狱工作环境及工作强度的特殊性,对于在校监狱学专业的学生,普遍应实行警务化管理模式。对于监狱学学生实行警务化管理工作,就是高校通过学习管理、训练管理、日常作息管理等方式,达到教育学生目的,并通过管理实现立德树人的目标。究其根本,即通过警务化管理模式,建设有着对党忠诚、服务人民、执法公正、纪律严明的预备警察队伍;通过一系列科学、完善、成体系的教育方法施加教育影响,促使学生政治觉悟、思想水平、业务素质与培养优秀监狱人民警察的目标达到高度契合。

2017年通过的《志愿服务条例》中第3条明确规定,开展志愿服务,应当遵循自愿、无偿、平等、诚信、合法的原则,不得违背社会公德、损害社会公共利益和他人合法权益,不得危害国家安全。2021年5月,由国家市场监督管理总局联合国家标准化管理委员会发布的《志愿服务组织基本规范》中提到了志愿者的条件,即为热心社会公益事业,具有志愿服务精神;具备参加志愿服务所需要的能力和素质。从这些规定中,都明确了志愿者的志愿服务精神及业务素质要求。这与警务化管理模式的设定目标具有一致性。而一直接受警务化管理模式培养的监狱学专业学生普遍具有较高政治觉悟及较高的业务素质,由其组建的志愿者队伍必然也具有较高的业务素质及志愿服务精神,具有组织性、纪律性,既便于对其队伍的管理,也便于

有效开展志愿服务工作。

2. 监狱学专业学生专业理论及实践素养具有天然的社区矫正志愿服务优势

其一,监狱学专业人才培养目标及要求与社区矫正志愿者培训要求具有一致性,监狱学专业学生天然具有相应的理论知识及实践技能。监狱学专业人才培养目标之一即培养学生具备扎实的基础知识与实践能力,能够综合运用监狱学基本理论、罪犯教育、罪犯心理矫治等专业知识,解决实际工作中的问题,提高工作效率,在实际工作中能更好地服务于社会的需求。这一目标的制定要求学生能够胜任监狱及相关单位的罪犯矫正工作,实现高素质应用型人才的转化。

在实践中,一名合格的社区矫正志愿者必须了解社区矫正制度、相关法律规定、罪犯管理教育、社区矫正工作实践及方法等方面的内容,这也是社区矫正志愿者培训的主要内容。参加社区矫正志愿服务的学生以大二、大三学生为主体,普遍已修完《社区矫正理论与实务》《罪犯教育学》等专业必修课程,对社区矫正制度、罪犯教育的内容已基本了解并经过校内外的课堂实训,理论学习及实践应用相对专业,天然符合社区矫正志愿者合格上岗要求,能够立即上岗,提供相对专业的社区矫正志愿服务,相较于其他相关专业如社会工作、法学等,更能提供针对社区矫正对象的社区服务,如参与审前调查评估、制定个性化矫正方案等,起到协助社矫执法人员、帮扶社矫对象的作用。

其二,监狱学专业学生专修课程中应用实践的需求为志愿工作增添动力。公安院校强调应用型人才的培养,要求监狱学专业能紧密结合地方特色,注重学生实践能力,培养应用型人才,从教学体系建设体系"应用"二字,其核心就是实践教学。而参与社区矫正志愿者服务,既帮助了矫正对象,又提高了学生的分析能力,理论联系实际解决具体问题的能力,这恰好是对学生实践能力的锻炼,将对矫正对象帮扶过程中发现的问题进行分析和研究,转化为自身的理念,这一过程非常有助于大学生的实践能力培养。这一实践需求无形为监狱学专业学生增添加入志愿服务动力,充分调动学生参与积极性,并能够推动实践服务的长效性、持久性。如"蓝太阳"社区矫正志愿服务队自2020年建立以来,学生队伍由最初的4人逐渐发展起来,并持续招新,学生参与积极性非常高,队伍力量也在不断壮大,为广西社区矫正志愿服务增添源源不断的动力。

3. 监狱学专业学生加入社区矫正志愿服务队伍能作为社工参与基层服务的重要补充力量

尽管基于全社会的普法宣传效应,公众或多或少都能对《社区矫正法》有基本认识,但社会对社区矫正对象的罪犯身份仍较为敏感,认同感并不高。从全国部分地区抽样调查,根据对从事社会工作的相关人员进行采访,了解到目前专职从事社会工作的人员主要分为三类。一是社会工作相关专业的学生在校期间参与社区志愿服务,但专门针对社区矫正对象的服务较少,主要以服务社区群众为主;二是社会工作专业学生毕业后在社工机构专门从事社工工作,这类学生人数较少,而毕业后专职从事社工专业的则屈指可数;三是其他专业学生或者是社会人士通过社会招聘或考证方式获取社工资格并到相应社工机构参与服务,此类人数占据社会工作人数的大部分,其提供社会服务的方式则由社工机构与民政部门、司法行政部门联合办公的形式开展,而合作形式则大于合作内容。并且,从总体来看,尽管国家加大了对社会工作的宣传力度,但社会民众对社会工作的认同感普遍不高,而由于社区矫正对象的身份较敏感,普通社工难以接触,真正参与社区矫正对象的社会服务更少,普通社工在社区矫正志愿服务工作中的参与度并不高,而监狱学专业学生组建社区矫正志愿服务队伍即能弥补这一不足。高校可以通过与社工机构协同,签订合作协议,由社工机构派发志愿服务任务,由学生组建的社区矫正志愿服务队执行任务,协商服务方式,建立帮扶关系,进社区提供服务。

二、"蓝太阳"社区矫正志愿服务队志愿帮扶模式分析

1. 团队简介

"蓝太阳"社区矫正志愿服务队以服务未成年矫正对象为初衷,由广西警察学院司法应用学院的师生发起,依托学校大学生创新创业训练计划项目立项而组建,由 2020 年的 4 名学生发展至 2023 年的 22 人,主要包括监狱学专业、司法警察学专业、社会工作专业学生。志愿服务队是在 2020 年春季建立,"蓝太阳"的"蓝"意为充满希望的青春,"未"爱铺路,太阳指引迷途少年返航。团队旨在打造一支由广西警察学院司法应用学院辐射广西高校的社区矫正志愿者队伍,在线上线下同时对未成年犯提供志愿服务活动,以南宁为中心向广西各地输送社区矫正志愿服务力量。能够切实解决当前社区矫正志愿者队伍力量不足、流动性大等问题。同时反哺学校,为对口专业学生提供实践平台。项目通过建立高校社区矫正志愿者服务平台,定期提供线上线下科普、咨询、帮扶、指导等志愿服务,以达到提供各类公益服务、送法进社区、情暖未成年犯的预期。

2. 团队服务概况

自 2020 年春季广西大学生创新创业训练计划项目"'一帮一'社区矫正帮扶"

立项以来,团队设置至今,目前主要是通过与南宁市青秀区社区矫正中心对接、参与百色市司法局的志愿帮扶宣传等方式提供诸如协助普法宣传、个别教育等的帮助。由于社区矫正中心有对未成年社区矫正对象涉及隐私保密的义务,团队至今未能向未成年社区矫正对象提供相应的服务,只能完成协助帮扶的简单工作。

3. 团队服务优势

其一,积累了较丰富的社区矫正志愿服务经验。由于广西警察学院司法应用学院为广西社区矫正研究会的会长单位,“蓝太阳”社区矫正志愿服务队充分利用这一优势平台,积极参与每年的年会召开、普法宣传、实地调研等。同时,志愿服务队的同学也积极参与学校组织的寒暑假“彩虹桥”志愿服务活动,积累了丰富的社区矫正实务经验和志愿服务经验。

其二,志愿团队成员以学生为主,更容易为未成年社区矫正对象提供志愿服务。《社区矫正法》第52条第2款规定,应当吸收熟悉青少年身心特点的社会力量加入社区矫正志愿服务,而“蓝太阳”社区矫正志愿服务队以大一、大二学生为主要成员,与要服务的对象年龄贴近,更易交流沟通。同时,志愿队配有指导教师,能够更好地为社区矫正志愿服务提供指导意见,把好志愿服务质量关口。

其三,团队成员的志愿服务积极性较高,志愿服务具有可持续性。“蓝太阳”社区矫正志愿服务队的学生普遍缺乏实务经验,且也非常渴求参与社区矫正实践。通过参与各种校外志愿服务,警院学生既能够将理论转换为实践,又能增长见识,故参与志愿服务积极性较高。团队应大学生创新创业项目而成立,学校为项目建设配有一定资金支持,项目建设具有持续性和长久性,能够长久地为社区提供志愿服务。

其四,志愿团队成员专业理论知识强、综合素质高,志愿服务的效果较良好。由于警校的政治性强、警务化管理水平高,学生普遍能吃苦耐劳,且政治思想端正向上,团队的思想教育基石稳固。同时,监狱学专业学生以《社区矫正理论与实务》为专业必修课程,加上校内外的实习实训,不仅具备专业的理论知识,在参与实际服务中也能快速上手,提供专业的志愿服务。

三、监狱学专业学生组建社区矫正志愿者队伍困境

1. 大学生社区矫正志愿服务相关法律依据有待细化

其一,缺乏统一的社区矫正志愿服务管理规定。2020年实施的《社区矫正法》第3条、第13条规定了鼓励社会力量参与社区矫正工作的做法,并明确专门机关与

社会力量相结合的要求。并在第25条第2款、第35条、第38条、第56条,从组成矫正小组、教育帮扶、未成年人社区矫正方面规定了关于社会力量参与矫正服务的相关职责。同年实施的《社区矫正法实施办法》进一步明确了司法行政机关推动社会力量参与社区矫正的职责。2017年实施的《志愿者服务条例》为当前全国志愿者服务工作提供了重要指引,各地也在此条例基础上规定了志愿者服务的具体工作,包括签订服务协议,明确志愿内容等。基于上述规定,大学生志愿者作为志愿服务群体之一,也应遵照执行,但由于社区矫正志愿服务较之普通志愿服务更为特殊,关于志愿者提供服务的要求也相对特殊。但就目前而言,关于社区矫正志愿服务的专门规定相对较少,大多是按照社会志愿服务的规定要求设置工作内容,几乎没有形成系统的针对社区矫正志愿服务的管理规定。志愿者参与社区矫正工作缺乏统一规范,将直接影响志愿服务的顺利开展,志愿服务效果大打折扣。笔者通过访问广西部分社会工作者了解到,大学生志愿者通过彩虹桥志愿活动、志愿服务站项目招募等方式参与志愿服务,暂且勿论所招募的大学生人数较少的问题,参与的大学生志愿者仅仅是配合社会工作者开展普法宣传、文件整理等简单工作,而诸如制定个案矫正方案、调查评估协助、矫治教育等较复杂、较重的工作,大学生志愿者并未参与其中,这其中有可能是由于志愿者无偿服务的身份,但更多的原因则在于缺乏统一的行为规范,导致大多数志愿者参与志愿服务流于形式,服务效果不明显。

其二,关于大学生志愿服务的权益保障制度不够细化。教育部于2015年发布了《学生志愿服务管理暂行办法》,对大学生参与志愿服务作了具体规定,并明确了关于志愿服务的条件保障制度,但条文仅仅涉及三条,仅仅明确了学校购买保险、物质保障的义务,对于志愿服务过程中的安全隐患规避及预防未作具体规定。而社区矫正志愿服务工作具有一定的人身危险性,如何做好安全防范是大学生参与志愿服务的前提,亟须出台详细的预防细则,如应急预案的制定、服务场地的安全隐患排查等,以确保大学生的人身安全。

2. 社会支持系统不完善

结合"蓝太阳"社区矫正志愿服务队的具体实践,受限于具体政策、保密义务的要求,其所应有的志愿服务作用未能充分发挥,这其中完善的社会支持系统则成为助推志愿服务功能发挥的关键因素。

其一,校内外志愿服务通道阻力大。在校的监狱学专业学生所在学校大多实行警务化管理模式,纪律严明,学生出入校门需要经过严格请假手续,学生自由提供志愿服务时间难以保障。

其二,基于社区矫正对象的身份特殊,为了实现精准志愿服务,需要高校与相关实务部门达成实践合作,并由实务部门提供指导及发布具体工作任务,但实践中,受限于具体政策及未成年人权益保护要求,志愿者很难接触到未成年社区矫正对象,更别提提供志愿服务。

其三,社会支持力量未能充分发动。目前,"蓝太阳"社区矫正志愿服务队成员仅限于监狱学专业学生及学生所在学院的授课教师,诸如社工、法学、管理学等相关专业学生未能加入志愿队伍,队伍学科构成单一。同时,志愿服务队未能充分发动社会支持力量,诸如司法体系、共青团、文联、妇联等相关社会组织及部门,队伍成员构成单一,没有很好地利用社区范围内的其他成员。

3. 志愿者队伍结构相对狭窄

从全国范围而言,现有的社区矫正志愿服务模式较为零散,缺乏足够的系统性。就"蓝太阳"社区矫正志愿服务队而言,成员主要以监狱学专业学生为主,成员的更替也主要是由不同年级的监狱学专业学生依靠传帮带的方式完成志愿服务,服务队的指导教师也由监狱学专业必修课程的两名授课教师增加至包含教育学、语言学的两名教师,除了能够针对社矫对象的身份提供简单的协助矫正服务外,完全不能够实现全方位的志愿帮扶需求。

目前,广西警察学院所开设的相关专业包括社会工作、犯罪学、信息安全等,学校教师构成上,既有法学类课程、监狱学类课程的授课教师,也有心理学类课程、公共基础课程的授课教师,多学科教学资源丰富,但皆未能够得到充分利用。社区矫正志愿者队伍结构与社区矫正工作的复杂性相比,相对狭窄,没有充分发挥公安院校其他学科专业师生的力量,例如社工专业学生、心理学教师、教育学教师等。

4. 学生被动式参与,缺乏对社区矫正志愿服务工作的系统性认识

参与社区矫正志愿者队伍的学生,大多是被动式的,可能是在教师带领指导下参与,可能是基于校团委发起的青年志愿服务活动而加入,或者是参与创新创业项目,且学生对社区矫正工作的认识普遍来自课堂,参与社区矫正实践也是基于课堂实践,对社区矫正志愿服务工作缺乏系统性认识。他们了解到社区矫正和帮教安置工作的一些共同点容易以偏概全,而对社区矫正与帮教安置工作的不同性质、不同特征、不同工作方式方法了解甚少。具体体现为两点:其一,部分学生缺乏对自身参与志愿角色的准确定位。相当一部分学生对自身的角色与帮教安置工作志愿者的角色不加区别认识模糊,对自身服务的领域和空间缺乏全面的了解和认识,认为自己的工作就是对矫正对象的困难和问题"帮扶"而对协助缺乏应有的认识和了

解。从实际工作表现和调查访谈的情况看,部分学生将社区矫正志愿服务与普通社区服务混为一谈,并认为社区矫正志愿者仅仅是为社区矫正对象提供帮扶,而忽视了自觉协助社区矫正机构对矫正对象进行监督考察、教育引导、组织相关活动等职责。其二,不能主动为志愿工作增加知识储备。由于学生是被动式参与社区矫正志愿服务,将其当做课堂任务看待,而忽视了一个合格的社区矫正志愿者需要了解刑法学、教育学、社会学、心理学、伦理学等专业的知识,并具备一定的专业技能和工作经验,在完成志愿服务后,并没有进行总结及反思,并不断提升综合服务水平。

5. 资金不足

提供相对理想的志愿服务,除了参与者的素质和数量外,还需要客观物质条件的加持。如前所言,学生被动式参与志愿服务,主要是基于教师指导或者是参与创新创业项目,而教师充分利用社会资源有限,学校的创新创业项目也仅是提供有限资金支持。我国大学生志愿者服务团队由学生所在高校发起组织,或基于大创项目的实施、或基于社团的活动需要,高校能给予的资金相对有限。此外,尽管根据《社区矫正法》中的相关规定,司法行政机关和社区矫正机构都有推动社会力量参与社区矫正志愿服务工作以及依法对社区矫正工作人员开展管理、监督、培训、落实职业保障的职责,但实际上,因种种原因,对志愿服务给予持续、有力的资金支持尚存一定的困难。一些相关的地方政府部门由于实务工作较多,分身乏术,也未能正确认识大学生志愿者参与社区服务对推动当地精神文明建设的重要性,因而在资金支持上的力度大打折扣,志愿者服务社区的内容、形式、影响力也必将受到影响。

如前所述,高校志愿者的资金来源一部分是基于社团活动经费,但这部分经费来源于学校给各大社团下拨的部门资金,大多资金发放还会根据参加人头比例配额。高校社团众多且活动也多,社区矫正志愿服务仅仅只是其中一项活动,且参与人数较少。就“蓝太阳”社区矫正志愿服务队而言,团队成员自 2020 年的 4 名发展到 2023 年上半年的 22 名。到了 2023 年 6 月,由志愿服务队成员组建发起的广西警察学院社区矫正社团正式成立后,截至 2023 年 10 月招新人数也仅为 50 人左右,人数在众多社团中比例相对较低,配额的资金数额相对较少。资金的有限,无疑将会大大打击大学生参与社区服务的积极性。但社区矫正志愿服务工作,除了需要学生利用课余时间到达各社区服务中心提供服务外,更需要建立线上志愿服务系统加持,此外还有组织社矫对象进行心理辅导,对社矫对象进行一对一帮扶,诸如此类都需要资金加持。在资金需求量较大和现有资金有限的矛盾下,社区矫正志愿服务工作难以为继,且效果并不理想。

6. 志愿服务专业性不强

其一,实务经验欠缺,缺乏相应的岗前培训,志愿服务综合能力弱。监狱学专业学生虽有专业知识,且也能利用专业优势参与相关的社区矫正工作实训,但仅仅停留在对实务部门职能的认识层面,社矫工作经验少、缺乏相应的岗前培训,综合矫正能力弱。从调查上看,参与志愿服务的学生欠缺相应的社矫实务技巧,社会交往能力较低,而高校和行政司法单位又没有组织相应的岗前培训,使志愿者面对突发情况往往无所适从。此外,学生由于社会阅历少,加之对社区矫正一线工作的认识不清,在开展社区矫正工作时往往容易出现“过而不矫”的现象。其二,参与形式单一、工作范围过小,未与社区志愿工作者进行有效对接。工作开展大多仅限于集中座谈、知识讲座等形式,工作方式相对单一,矫正效果一般。现阶段的社区矫正参与也仅限于基层司法所,尚未深入社区一线与社区矫正工作实现对接。同时,也未深入了解矫正对象生活的周围环境,对矫正对象的基本情况不能有效地认识,从而制约了志愿服务的针对性开展。

7. 志愿者管理制度不完善

目前,“蓝太阳”社区矫正志愿服务队仍处于初期阶段,队伍集中关注于如何招募更多成员以及提供更多志愿服务上,对于如何管理并没有作出详细规定。队伍成员也缺乏具体分工和对表现如何考核的要求,志愿者整体管理不到位。具体表现为:第一,缺乏志愿者管理规定的规章制度。现行参与模式都存在随机性高、稳定性差的特征,归根结底,在于未能形成有效的志愿者招募、管理、绩效考核制度,未能对志愿者进行有效的奖惩管理。同时,志愿者组织本身机构建设的滞后以及志愿者权利义务的不明晰,在突发问题面前往往无有效的规章制度进行规制,从而导致部分志愿者游离于组织之外的现象较为严重,志愿者组织管理不健全、规章制度不明晰,缺乏有效的奖惩管理机制。第二,志愿者招募条件和办法不够明确。大多数大学生志愿服务队伍基于被动式参与,招募的对象通常仅限于完成具体项目的成员,没有具体的招募条件和招募办法。第三,工作时间短、效率低,未能形成长期有效的帮教机制。现阶段,高校志愿者参与社矫工作主要集中在矫正执行阶段,在矫正预防以及结矫后长期帮扶等方面尚未形成有效的工作机制,从而在一定程度上削减了矫正工作的社会效应。在服务效率方面,由于缺乏相应的管理以及对社矫工作的不了解,使志愿者在有限的服务时间段内,还需要花一定的时间熟悉社区矫正工作,致使原本低下的社区矫正服务效率更加低下。

四、监狱学专业学生建设社区矫正志愿者队伍困境出路

1. 细化志愿服务相关条例,保障大学生基本权益

其一,健全法律法规,制定系统的社区矫正志愿服务规定。为促进大学生志愿者更好地参与社区服务,政府应给予相关的法律政策、医疗卫生和物资资金等多方面的支持。针对社区矫正志愿服务,制定系统性规定,健全的志愿服务法律政策应包括制定明确的法律法规、厘清高校和社区的权利,明确责任主体。在志愿服务的过程中,对大学生志愿者的责任和权利进行细化,通过法律法规的强制性、权威性为学生服务社区搭建长久有效的志愿服务平台。其二,明确志愿服务权责,保障志愿者权益的同时严格约束志愿者行为。应从法律法规行业管理的层面上明确志愿者应有的权利、义务、职责及相关待遇,维护他们的权益,保障他们的安全。同时,应规范大学生志愿者的职业道德,尊崇无私奉献的精神,本着"治病救心"的心态,在关心、爱护、帮助矫正对象的同时,教育他们为人之道,以道德规范约束自己,并以身作则为矫正对象示范。明确社区矫正志愿者的道德规范的同时也要强化工作纪律的约束。县(市、区)社区矫正机构和行业协会,应从社区矫正的法律法规、志愿服务应遵循的原则和行为规范、接受任务的具体要求、遇到问题的请示报告等方面作出明确规定,在行动中贯彻执行,执行结果与考核奖惩挂钩。

2. 完善志愿服务的社会支持体系,拓宽渠道壮大志愿者队伍范围

社区矫正志愿服务工作是一项综合性很强的工作。面对该项复杂的工作,为了能够充分利用高校教学资源,应当充分发挥校内外力量,建立联动协作机制,完善社会支持系统。

其一,畅通志愿服务通道。高校积极与相关实务部门、社会组织建立联动沟通机制,就学生社会实践达成合作意向,可以与志愿者签署保密协议,要求必须对矫正对象的个人资料保密,并由实践对口部门承担工作任务的培训指导。同时,呼吁社会组织给予志愿服务支持,可吸纳相关社会组织,如共青团、妇联、文联等工作人员作为校外指导教师,承担社会服务指导实践工作。

其二,充实志愿服务队伍。充分利用各二级学院师生资源,建设一支学科多元化的志愿者队伍。第一,扩宽大学生志愿者对象的招募范围,以监狱学专业学生为主体,同时考虑吸纳社会工作、犯罪学、信息安全等专业的学生,并邀请多学科课程授课教师参与志愿服务的指导工作。第二,除了发展在校学生志愿者外,还应当招

募社会中心理咨询室的专家,因为无论是他们的专业知识,还是经验都比在校学生要强。第三,充分利用校外合作单位资源,吸纳实务部门工作人员加入志愿服务的指导工作,同时与实务部门签订实践基地协议,既为志愿队提供实践平台,也能指导志愿队提供志愿服务工作。

3. 资金加持

其一,志愿服务队设立资金管理组,对现有资金进行专项管理。推动志愿服务团队的可持续发展,离不开对现有资金的科学管理。以“蓝太阳”社区矫正志愿服务队为例,当前团队的资金来源包括高校拨放的社团活动经费和省级大创项目立项经费。资金相对有限,而如何科学合理地使用需要由专门人员进行预结算的管理。根据团队成员的专业专长及兴趣特长,民主选举人员组成资金管理组,专人专管,合理使用。

其二,志愿服务队设外联组,负责募集更多资金。此时,可以设立专门的社区公用事业基金。通过促成实践基地建设及与司法行政部门沟通,推动司法行政部门对参与志愿服务工作的指导及支持,如学生向社区提供志愿服务的同时由社区矫正机构承担包车服务、餐饮服务等;调动企业和社会的积极性,通过投资、赞助和捐赠等多种方式广泛挖掘和吸收社会各类资源,提高志愿服务队获取社会资源、自我“造血”的能力,不断提升志愿服务的有效性和专业性。

4. 多渠道提升志愿者综合服务水平

其一,根据监狱学专业实践培养特点,引导学生深入社区一线,丰富志愿参与方式。一方面,提升学生理论结合实践能力。监狱学专业学生主修的专业课程中,包括《罪犯教育学》《矫治心理学》《个案矫正技术》《社区矫正理论与实务》等核心课程。此外,定期组织学生课后座谈,情境模拟演练,将志愿服务与相关课程实践教学相结合,将监狱实务部门的实践与社区调研实践进行比较与结合,结合志愿服务案例,交流实践心得,汇总工作方法,将所学理论知识与实践经验融合,做好矫正志愿服务知识储备。另一方面,组织学生定期深入不同的实务部门及社区进行调研实践。此处的深入实务部门是尚未与之建立实践协作关系的相关实务单位,需要学生所在学校尽可能多的发掘合作力量,如通过校友推荐、共建单位推荐等方式,不断扩大学生调研实践范围,以提供更多的社区矫正志愿服务机会。同时,社区志愿者具有丰富的志愿服务经验,组织学生与其实现对接,能全面把握社区及矫正对象的具体情况,通过联合社区开展节日关爱、就业帮扶、文化知识培养、社区劳动等形式,不断丰富社区矫正工作参与方式。并在了解矫正对象家庭情况及周围紧要邻居的看法的基础上，根据不同的矫正对象采用适当的介入原则，根据其自身要求采用不同的矫正方法。

其二，多途径推动志愿者技能培训方式多元化发展。一方面，成立志愿者岗前培训专班。根据大学生志愿服务特点及志愿服务目标，有针对性地设置岗前培训项目，应当包含提高志愿者谈话技能、协调社会关系技能、矫正风险评估技能、个案矫正技能、心理矫治基础等。借鉴各地志愿者相关管理规定，可设置如下社区矫正培训内容：(1)国家、省、市、区社区矫正工作文件和资料；(2)社会学、心理学、管理学等学科中与社区矫正工作相关的知识；(3)社区矫正工作志愿者工作流程；(4)学习与社区服刑人员电话联系或见面谈话工作方法。另一方面，依托高校学术交流前沿阵地，组织志愿者外出考察，参加学术交流会议，拓展学术视野。“蓝太阳”社区矫正志愿服务队所在的广西警察学院为广西社区矫正研究会的会长单位，监狱学专业授课教师为社区矫正研究会会员，负责每年广西社区矫正研究会年会的会务工作，能够与全国各地社区矫正工作及学术研究经验丰富的单位、高校等进行交流及合作。志愿服务队借此学术交流平台，既能拓宽视野，也能收集更多调研素材，丰富社区矫正志愿服务经验储备。

5. 完善社区矫正志愿者管理制度

其一，明晰志愿服务权责，建立健全志愿者考核评价制度。

一方面，明晰志愿服务权责，建档匹配服务对象。根据 2017 年发布的《志愿服务条例》第 22 条第 2 款的规定：“志愿者应当按照约定提供志愿服务。志愿者因故不能按照约定提供志愿服务的，应当及时告知志愿服务组织或者志愿服务对象。”由此可见，志愿者按照约定按时按需提供志愿服务是其义务。志愿服务也要讲究纪律和效率，大学生社区矫正志愿者和专职工作人员预约好服务时间后，如果大学生多次不能按时参加社区矫正志愿服务活动，应予以警告，警告无效的情况下即可取消其志愿者的身份。同时，也要为大学生社区矫正志愿者建立档案，详细记录大学生的基本情况、特长、服务记录，根据大学生的情况匹配类型最适合的社区服刑人员，使社区矫正志愿服务工作效率最大化。

另一方面，针对大学生志愿者群体特点，建立有效的物质保障和激励机制。在志愿者的管理中，激励志愿者的机制和方法是十分重要的，根据大学生的具体需求，可以设置简单的物质奖励或授予荣誉称号等精神奖励。借鉴广州的经验，在进行具体的考核评价工作中，要注意两点：第一，对招募合格的志愿者颁发聘任证书；第二，根据志愿者服务时间的长短、工作的态度和效果、矫正对象的反馈意见等进行定期考核评价，决定志愿者的流转去留，同时作为评选优秀志愿者的条件。此时，应充分考虑学生的学习需求，对于获得志愿者聘任的以及被评选为优秀志愿者的学生，应与其在校学习成绩挂钩，设置进阶式加分项目，激发学生志愿服务参与热情。

其二，做好志愿者安全保障措施。社区矫正的对象是管制、缓刑、假释、暂予监外执行的服刑人员，他们较一般的社会群体具有危险性。志愿者提供志愿服务时，不可避免会与之相接触，例如采取面对面的交谈形式等，具有一定的人身危险性。同时，志愿者提供志愿服务时还需要离开学校，校外的安全风险相对不可控，如交通乘车安全、食宿开销等难以保障。因此，服务单位应做好为志愿者购买人身保险的工作，并可采用包车接送、集体安排食宿等方式，进一步保障志愿者的人身安全，为志愿者的工作排除干扰。

五、结语

从全国志愿服务实践活动来看，大学生参与社区矫正志愿服务的数量相对较少，尽管监狱学专业学生具备相对专业的理论及实践素养，但参与社区矫正志愿服务的案例并不多。社区矫正志愿服务对社会力量的参与需求量大与实践中大学生参与矫正志愿服务人数比例少之间的矛盾，直接导致志愿服务人才资源的严重浪费和志愿服务不足的后果。当前监狱学专业学生参与社区矫正志愿服务面临的诸如法律法规不完善、资金不足、志愿服务专业性不强、管理制度不完善等的问题为我国社区矫正志愿服务事业平添阻力，亟须探索监狱学专业学生组建社区矫正志愿服务团队的有效性及可持续性机制。这从长远来看，既能向全国展示吸收优质社会力量参与社区矫正志愿服务的典型示范，也能达到助推我国志愿服务事业快速发展的显著效果。同时，也有利于当下现有志愿团队组织的科学合理构建，形成持久的服务社会合力，这也许正是“蓝太阳”社区矫正志愿服务团队不断求真务实，积极探索改进出路的意义所在。

参考文献

[1]许振奇:《湖北省社区矫正志愿者队伍状况调查与思考》，载《中国司法》2010年第1期。
[2]田兴洪:《我国社区矫正志愿服务风险防范的问题及对策研究》，载《社会科学家》2015年第1期。
[3]金博、刘发生:《新时代警察院校警务化管理优化路径探索》，载《江西警察学院学报》2022年第5期。

[4]陈景:《大学生参与社区矫正志愿服务研究——以河北省 B 市 S 高校为例》,载《法制博览》2017 年第 20 期。
[5]李苑:《大学生社区矫正志愿者队伍建设》,载《教书育人(高教论坛)》2018 年第 12 期。
[6]范贤聪:《法学专业学生参与社区矫正志愿者服务模式探析》,载《统计与管理》2015 年第 4 期。
[7]王英松:《公安院校法学专业建设社区矫正志愿者队伍研究》,载《法制博览》2020 年第 34 期。
[8]周九英:《广州市社区矫正工作模式探讨——以志愿者队伍建设为视角》,载广州市法学会编:《法治论坛》总第 19 辑,中国法制出版社 2010 年版。
[9]刘晓梅、刘晓雯:《加强社会力量参与未成年人社区矫正工作——以社会支持理论为视角》,载《预防青少年犯罪研究》2021 年第 5 期。
[10]浙江大学"紫领人才计划"课题组:《社区矫正志愿服务模式创新浅探——以浙江大学紫领志愿服务团队三墩实践为例》,载《观察与思考》2016 年第 5 期。
[11]顾文睿、张玲:《社区矫正志愿者队伍的现状调研——以新疆 A 市为例》,载《法制博览》2022 年第 28 期。

未成年人矫正研究

我国未成年人社区矫正制度的法律基础与完善研究

柏世强* 向平萍**

摘　要：社区矫正作为一种非监禁性的刑罚执行方式，旨在通过教育和帮扶，帮助犯罪未成年人重新融入社会，降低再犯罪率，由于其能够有效地避免监所内的交叉感染、“与世隔绝”导致的社会化中断，以及“犯罪标签”下出现的自暴自弃、逆反、漠视法律、仇视社会等不良情绪，被视为未成年人犯罪案件的主导处遇模式。2020 年正式生效的《社区矫正法》中针对未成年社区矫正对象的特殊情况设立专章予以特别规定，标志着未成年人社区矫正从此进入依“法”新时代。然而未成年人社区矫正相关法律不健全，缺乏针对性的社区矫正计划和实施方案，专门未成年人社区矫正机构与工作人员不足等问题阻碍了社区矫正对未成年人保护的积极意义的发挥，因此需要针对未成年人健全相关制度；落实针对未成年社区矫正项目；培育未成年人社区矫正机构和专业服务人员，不断完善我国的未成年人社区矫正制度。

关键词：未成年人犯罪；社区矫正；矫正机构；矫正措施

未成年人犯罪是世界性难题，也是我国日渐突出的社会问题之一。根据《未成年人检察工作白皮书（2022）》，2020 年至 2022 年，检察机关受理审查逮捕未成年犯罪嫌疑人人数分别为 37,681 人、55,379 人、49,070 人，受理审查起诉未成年犯罪嫌疑人人数分别为 54,954 人、73,998 人、78,467 人，总体呈上升趋势。2022 年受理审查逮捕、受理审查起诉人数较 2020 年分别上升 30.2%、42.8%。未成年人犯罪形势

* 作者单位：华北理工大学。
** 作者单位：华北理工大学。

严峻,未成年人保护工作任重而道远。对于未成年人犯罪,由于其身心发展尚未成熟,认知能力和控制能力相对较弱,因此应当更加注重非罪化处理,以保护其合法权益和未来的发展。社区矫正制度是针对犯罪人员的改造和教育的一种制度,未成年人作为一类特殊的犯罪群体,更需要通过社区矫正制度来对其进行改造和教育。通过社区矫正,未成年人不仅可以在社会中得到帮助和监督,逐步改变不良行为和思想观念,重新融入社会,而且还可以为未成年人提供更多的机会和资源,如心理咨询、职业培训等,帮助其更好地适应社会,提高自我认知和自我管理能力。

未成年社区矫正制度是指对未成年犯罪人员进行社区矫正的法律制度,主要是针对那些年龄在《刑法》规定的刑事责任年龄以下,但有犯罪行为的未成年人实施的一种刑罚方式。未成年社区矫正制度的发展历史可以追溯到19世纪初。当时,随着工业革命的兴起和社会问题的加剧,未成年人犯罪成为一个严重的社会问题。为了解决这个问题,一些国家和地区开始尝试将未成年人犯罪与成年人犯罪区分开来,并采取更加温和的矫正措施。在美国,第一个专门的少年庇护所于1825年在纽约建立,而在其后35年间,全美陆续建立了60个庇护所。1869年马萨诸塞州通过立法规定了美国第一个对未成年犯的社区矫正形式——缓刑。在少年司法制度发展背景下,未成年人社区矫正制度也经历了近两个世纪的建构与完善。英国在1908年的《少年法》中规定,应尽量将未成年犯置于社会中进行矫正。同年英国通过了《犯罪预防法》,确立了感化院模式,感化院模式分为封闭式和开放式,开放式就是现在的社区矫正。在日本,1995年颁布实施《更生事业保护法》,再次对包括未成年犯社区矫正在内的社区矫正制度予以完善。2005年5月日本首次修改了1908年制定的《日本国监狱法》,其修改的核心主要围绕行刑社会化和保障罪犯人权。

我国社区矫正工作开始于2003年。2003年7月,最高人民法院、最高人民检察院、公安部、司法部联合发布了《关于开展社区矫正试点工作的通知》(已失效),确定在北京、上海、天津、江苏、浙江和山东6个省市开展社区矫正试点工作,拉开了我国刑罚执行制度改革的序幕。2009年我国开始全面试行社区矫正制度,2014年社区矫正工作进入全面推进阶段。2019年12月28日,中华人民共和国第十三届全国人民代表大会常务委员会第十五次会议通过《社区矫正法》,社区矫正进入依法矫正新时代。目前在册社区矫正对象70万人,矫正对象再犯罪率仅0.2%,正在接受社区矫正的未成年社区矫正对象共有9562人,占社区矫正对象总数的1.38%,通过社区矫正的方式,涉罪未成年人能够重新回归社会,社区矫正的实施达到了保护未成年人的目的。对未成年人保护是社区矫正重点之一,然而我国《社区矫正法》对未成年人所作出的特别规定仍需完善,制度的成效切实地影响着对未成年人社区矫正的效果,未成年人社区矫正的实施存在困境。因此需要对未成年人矫正制度的现状进行分析,找出问题之所在,提出相应的解决对策,以期达到对未成年人进行社区矫正之目的。

一、我国未成年人社区矫正制度法律基础

(一)我国未成年人社区矫正的法律原则

在《未成年人保护法》第113条中,规定了以"教育为主,处罚为辅"作为未成年人违法犯罪的一项基本的法律原则。这一原则要求在处理未成年人犯罪案件时,应注重对未成年人的教育和挽救,而非单纯地惩罚或制裁。《社区矫正法》明确了区别对待未成年罪犯和成年罪犯,体现了社区矫正的差异化原则,并要求在执行社区矫正时,充分尊重未成年人,依法进行社区矫正,以保证未成年人在矫正中的合法权益。这一原则的目的在于避免过度惩罚,保证司法公正,保护未成年人的合法权益[1]。总体来看我国的未成年人社区矫正的法律原则主要包括以下几点。

1. 教育、感化、挽救原则:对未成年人实施社区矫正,应当以教育、感化、挽救为主,针对未成年人的身心特点和具体情况,采取有益于其身心健康发展的措施,帮助其认识错误、改正错误,并预防再犯。

2. 分别矫正原则:对未成年人实施社区矫正,应当根据其犯罪的性质、情节和悔罪表现等,制定个性化的矫正方案,进行有针对性地教育、管理和监督。

3. 保护未成年人合法权益原则:在社区矫正过程中,应当充分保障未成年人的合法权益,不得对其歧视、虐待或者遗弃,也不得侵犯其人身权、财产权、受教育权等合法权益。

4. 监护人参与原则:在社区矫正过程中,应当注重发挥监护人的作用,加强与监护人的沟通和协作,共同做好矫正工作。

5. 定期评估原则:对未成年人实施社区矫正,应当定期对其矫正效果进行评估,及时调整矫正方案,确保矫正效果。

(二)未成年人社区矫正的法律依据

对我国未成年人社区矫正的法律规定主要表现于《未成年人保护法》《社区矫

---

〔1〕 参见杨贤、王应辉:《完善未成年人刑事司法保护制度的调查与思考——以G省H县案件为视角》,载《法制博览》2020年第31期。

正法》中。这些法律对于未成年人的界定、社区矫正的界定等方面进行了规定,构成了未成年人社区矫正的法律框架。《刑法修正案(八)》这一修正案第一次将社区矫正纳入了我国的立法体系,为今后更好地推进未成年人社区矫正工作提供了有力的法律保障[1]。《未成年人保护法》的颁布,意味着我国建立了以未成年人为核心的社区矫正体系,并在此基础上对其进行完善。《未成年人保护法》确立了"教育、感化、挽救"三位一体的教育政策,明确了"以教育为主,惩罚为辅"的基本原则[2]。2019年,我国正式通过了《社区矫正法》,并于2020年7月1日开始施行。《社区矫正法》对社区矫正的程序、条件和监督进行了规定,为未成年人社区矫正工作的开展提供了切实可行的指导意见,有利于保证矫正工作依法、公平、高效地开展[3]。

(三)未成年人社区矫正的法律程序

根据2020年7月1日开始施行的《社区矫正法》中的相关法律规范的规定,我国《社区矫正法》对社区矫正的程序进行了详细的规定,尤其是对各个部门之间的联系和配合进行了详细的规定,并对其执行程序进行了规定。从《社区矫正法》的整体运作过程来分析,可以将其划分为三个阶段:

第一个阶段为社区矫正前期。首先,对犯罪行为进行调查和评估,了解犯罪行为的背景、原因等具体情况。其次,根据犯罪人员的心理特点、发育需求、成长经历、犯罪原因、家庭监护教育条件为其制订个性化的矫正计划,包括教育、职业培训、就业指导、心理辅导等方面的支持。最后,根据犯罪人员犯罪行为的严重程度和个人情况,确定适当的监管措施,如社区服务、定期报告、电子监控等。

第二个阶段为社区矫正中期。首先,为犯罪人员提供相关教育和培训机会,帮助他们增加技能、提高就业能力,并增加融入社会的机会。其次,提供心理咨询和康复活动,帮助犯罪人员解决心理问题、改变不良行为习惯,并促进他们的心理康复。并且定期监督和评估犯罪人员的矫正进展,确保他们按照计划执行,及时调整措施以达到预期效果。

第三个阶段为社区矫正后期。持续地为涉罪人员提供必要的支持和服务,帮

[1] 参见缪文海:《社会管理创新视阈下的社区矫正创新》,载《行政与法》2014年第4期。

[2] 参见胡发清:《现代治理视域下我国未成年人社区矫正制度的现状、困境及其完善进路》,载《预防青少年犯罪研究》2023年第5期。

[3] 参见秦吴霄:《未成年人社区矫正法律制度评析——以〈社区矫正法〉为视角》,载《西部学刊》2021年第13期。

助他们成功融入社会。通过进行社会融入辅导，协助犯罪人员重新建立良好的社会关系，避免再次做出犯罪行为；此外，在社区矫正结束后的一段时间内，进行跟踪和监测，确保犯罪人员的改造成果得以巩固和持久化。

对于未成年人社区矫正，同样适用于该具体程序〔1〕。

（四）未成年人社区矫正中未成年人权益保障

为预防未成年人再犯，促进他们重返社会，法律界对未成年人犯罪进行了一系列的法治教育与矫正。其中有社区矫正、学校矫正、心理辅导等多种形式。在此基础上，对未成年人进行法律、道德教育，使其认识到自己所犯的罪行，改正自己的过错〔2〕。

我国在家庭、教育和职业培训、法律援助和心理支持等方面给予了未成年犯罪人相关的法律保护。为使未成年犯罪人能够独立地生活，使其与社会融合，必须有接受教育的机会，并接受专业训练。通过优质的教育及职业训练，未成年犯罪人可提高文化素质及学习一技之长，进而可获得一份保障其日后生活与发展之稳定工作。同时，对于犯罪的未成年人，也应予以及时的司法救助与心理辅导〔3〕。

二、我国未成年人社区矫正制度存在的问题

（一）未成年人社区矫正相关法律不健全

我国现行立法的内容过于笼统、原则，只存在表面上的框架，没有层次上的设计，因而出现了不少的漏洞。当前，《刑法修正案（十一）》、新修订的《未成年人保护法》、《社区矫正法》、《关于进一步加强社区矫正工作衔接配合管理的意见》等法律文件，对未成年人社区矫正方面的规定相对较少且较为分散，虽然专门规定了未成年人社区矫正相关问题，但仅从宏观方面予以规定，强调要求对未成年人的社区矫正区别于成年人，但是并未规定区别性的矫正措施，虽然条文中规定根据不同的未成年人所处不同环境采取针对性的矫正措施，采取“对症下药”的方式，但是立法中并未明确，急需为矫正实务提供一种更为具体的矫正措施。《社区矫正法》中关于未成年人矫正的配套制度不完善，造成了相关法规的零散，不能为未成年人社区矫正开展提供清晰的法律支撑。在具体实施过程中，尤其是当社区矫正方面的法律

---

〔1〕 参见连春亮：《〈社区矫正法〉出台的意义与特点》，载《犯罪与改造研究》2020 年第 4 期。

〔2〕 参见吴宇、喻旭：《浅析未成年社区矫正对象年龄的界定》，载《犯罪与改造研究》2024 年第 1 期。

〔3〕 参见陈波：《社区矫正中的未成年人保护》，载《青少年犯罪问题》2023 年第 6 期。

法规存在空白时,有关部门因缺乏对未成年人社区矫正具体的法律依据、矫正措施,这就造成了各个地区在进行未成年人社区矫正时出现了前后不一的状况,缺乏统一的标准,执行的效果良莠不齐。

(二)缺乏针对性的社区矫正计划和实施方案

当前,我国的《社区矫正法》中的法律规范主要对成年人的矫正方法进行了相关的规定,而对单独实施的未成年人矫正计划还不完善。在实际操作中,对于成年人和未成年人行为恶习的矫正采用共同的方式,这种方式虽然能提高工作效率,但是忽略了未成年人的个人特征,不经过细致的调查就采取纠正措施,降低了矫正的有效性。目前,我国的未成年人社区矫正工作还处在摸索之中,对未成年人成长环境、心理特点等方面的研究还比较欠缺,缺少深度的沟通与交流,还没有针对未成年人社区矫正对象的需求结构、风险评价、特定的矫正方案及执行计划等问题开展研究。现有的社区矫正方案只包含了管制、缓刑、假释、暂予监外执行和剥夺政治权利五种类型,并没有根据未成年人的特征制订专门的社区矫正方案。

(三)缺乏专门未成年人社区矫正机构与工作人员

《社区矫正法》规定,在实施社区矫正的过程中,要根据未成年社区矫正对象的年龄、身心状况、受教育程度、家庭环境等方面的具体情况,对其实施个别化矫正,并采用专人专案专门的社区矫正方式。但在实际操作中,却缺少与之相适应的专业人才,社区矫正工作人员以兼职、合同制为主,缺乏相应的专业水平。另外,未成年人社区矫正工作人员的日常工作以行政管理为主,对未成年社区矫正对象的心理状态不甚了解,很难给他们提供适当的心理抚慰和技能学习,且缺乏个性化的矫正项目。同时,在《社区矫正法》关于未成年人社区矫正的特别规定中,规定共产主义青年团、妇女联合会、未成年人保护组织应当依法协助社区矫正机构做好未成年人社区矫正工作。首先,在众多主体中,明确规定了协助人员,但是在矫正实务中矫正主体仍存在缺位问题,没有建立针对未成年人专门的社区矫正机构,在矫正实务中绝大部分未成年人适用的是成年人社区矫正方法,涉罪未成年人与之共用同一矫正主体,难免导致对未成年人矫正不利的局面,且在矫正实务中矫正主体往往也都因人员配置问题,缺乏专门组织,社区矫正责任归于地方政府,地方政府因人手问题往往很难提供足够的矫正和教育服务。其次,共用同一矫正主体也会导致协助人员的工作效果大打折扣,影响工作推进,从而难以发挥该条法律规定的效用。最后,协助人员中参与人员素质、专业水平参差不齐造成了社区矫正计划实施过程中存在问题。未成年人社区矫正机构和人员配置不尽合理,社会工作人员的群体结构也不稳定，且有不同的教育背景及专业水平，并缺少组织将协助社区矫正人员及协助组织更好地联合起来，使社区矫正工作人员之间的交流也存在一定的问题，进而影响到对未成年人社区矫正的效果及对未成年人的保护。

三、完善我国未成年人社区矫正制度的对策

（一）修订和完善未成年人社区矫正相关法律法规

《社区矫正法》及其他有关立法的修改，首要问题是要重视立法的科学性与可操作性。应当对此做进一步的研究，充分认识到未成年人矫正工作的特点，并结合心理学、社会学等学科的研究成果，制定出更加具体、科学的未成年人社区矫正制度。对未成年罪犯矫正过程中存在的不同情形，立法应给予足够的重视，并为其在实践中的运用提供具体的法律依据。在修改过程中，要广泛地开展社会调查，听取各方意见，使修改后的条例能更好地适应社会发展的现实状况，满足各方的期待。这一修改是一项复杂的系统工程，必须有足够的理论基础和实务经验来支撑，才能保证相关法律法规的科学、合理、可行。

（二）制订专门的未成年人社区矫正计划

在制订未成年人社区矫正计划时，需要针对未成年人的个体特点、成长环境及心理特征，制定一套针对未成年罪犯的特殊社区矫正方案。这就要求对未成年罪犯矫正中可能遇到的一些问题进行深入地研究，这些问题既应包括家庭背景，又应包括学业状况、社会交往等。在制定矫正方案时，要根据个案的特点，采取因材施教的策略，保证每个未成年人都能获得最佳的矫正支持。社区矫正工作者是社区矫正工作的实施者与监督者，其职业素质对矫正工作的效果有很大的影响，因此，加强对社区矫正工作者的培养具有重要意义。培训内容涵盖心理学、社会工作、法律等学科的相关知识，并在实践过程中运用案例分析和交流技巧。在训练中，要注重对未成年人的心理与行为的了解，以便工作人员能更好地发现未成年罪犯可能出现的问题，并对其进行有效的干预。

（三）建立专门未成年人社区矫正机构

要成立专门的未成年人社区矫正机构，就必须配备专门的人员。其中应包含专业人员，如心理学专家、社会工作专业人员等。通过心理学等知识辅助深入了解未成年人的心理状态，有助于制订更加科学和个性化的矫正计划；社会工作专业人员亦可帮助未成年罪犯处理社会问题及家庭问题，以帮助他们融入社会。加强未成年人社区矫正人员队伍的建设，有利于提升未成年人矫正工作人员的整体素质，

同时也有利于满足未成年人矫正工作中多样化的需要。同时,要进一步优化社区矫正组织架构。这包括对组织内各个功能部门的划分,明确职责,合理设计工作流程。通过对机构的优化,可以有效地提高工作效率,促进各个功能部门的协作。比如,建立特殊的心理咨询部门、社会工作部门,保证每一个犯罪未成年人都能受到全面的关怀与支援。

当然在矫正过程中要充分发挥社区的力量,加强社区矫正机构和社区之间的联系,让社区为未成年人提供更多的帮助,这样不仅能降低对未成年罪犯的歧视和排斥,而且能使全社会更好地参与到未成年人社区矫正中来。社区作为未成年人社区矫正工作的具体实施地,与社区居民进行有效的交流与协作显得尤为重要。社区矫正机构可以通过定期组织公开座谈、社区活动等形式,与社区居民进行沟通,告知矫正的目的、方法,并回答和解释他们可能遇到的问题和误会。保证社区居民及时掌握未成年人社区矫正工作的动态,促进社区和矫正组织之间的互信与协作,构建一套行之有效的信息交流机制。

综上所述,未成年人社区矫正制度的建立和运行本身就是对社会的一种关爱和保护,旨在帮助犯罪未成年人员认识错误、改正错误,并重新融入社会,但在实施过程中还面临着一系列的问题和挑战。我们相信通过持续的努力和改进,未成年人社区矫正制度将能够更好地实现其目标。在未来的发展中,应该始终把未成年人社区矫正工作作为一项重要任务来加以重视和支持。通过不断完善制度、加强管理、提升专业能力,未成年人社区矫正制度将能够更好地实现其目标,为社会的和谐稳定和未成年人的健康成长做出积极贡献。

参考文献

[1]胡发清:《现代治理视域下我国未成年人社区矫正制度的现状、困境及其完善进路》,载《预防青少年犯罪研究》2023年第5期。
[2]范挺:《我国未成年人社区矫正制度的完善研究》,载《法制博览》2022年第35期。
[3]刘传华:《论未成年人社区矫正制度的完善》,载《产业与科技论坛》2022年第13期。
[4]井世洁、陈玉莹:《我国未成年人社区矫正的理念基础与制度构建刍议》,载《犯罪研究》2020年第3期。
[5]陈金荣:《关于未成年人犯罪社区矫正制度的建设与优化分析》,载《法制博览》2020年第10期。
[6]刘大元、卢方:《未成年人社区矫正制度的构建与优化研究》,载《安徽农业大学学报(社会科学版)》2019年第5期。

[7]白梓含:《论未成年人社区矫正法律制度的完善》,载《法制与经济》2019 年第 1 期。
[8]陈波:《未成年人社区矫正制度的完善》,载《青少年犯罪问题》2019 年第 1 期。
[9]于露:《未成年人社区矫正制度比较研究》,载《法制博览》2018 年第 26 期。
[10]全勐、夏琳、费贤奇:《论未成年人社区矫正制度的完善》,载《人民调解》2018 年第 7 期。

未成年人社区矫正效果及优化路径研究

曾　羚*　梅达成**

摘　要:近年来,随着我国经济的快速发展及互联网技术的发达,未成年人过早接触到多样内容,加之未成年人心智不成熟、可塑性强,在受到网络段子及家庭和社会等各方面不良因素的影响后易误入歧途,走上违法犯罪的道路,导致未成年人犯罪率不断升高,这已然成为当今社会关注的焦点。基于此,我国司法实践坚持"教育为主,惩罚为辅"的原则,"教育、感化、挽救"的方针。在当前体现人性化的大背景下,对未成年犯罪运用社区矫正手段不仅适应未成年犯身心健康需要,形成健全的"三观",而且通过矫正其犯罪心理和行为恶行,促使其顺利回归社会,还降低了我国司法成本。因此,我国应完善未成年人社区矫正制度,加强管理人员思想认识,细化管理体系,建立动静结合监督模式,提高社区矫正质效。

关键词:未成年犯罪;社区矫正;适应身心健康;检查监督

绪　论

未成年犯是一种特殊群体,我国一直采用"教育为主,惩罚为辅"的原则以及"教育、感化、挽救"的方针,一般适用社区矫正这一非监禁执行方式的主流做法。2020年7月1日实施的《社区矫正法》对未成年人社区矫正做了专章规定。[1] 在我国当前治理体系背景下,社会对于社区矫正高度重视以及迫切期待我们能完善未成年人司法治理体系,弥补未成年人刑事执行法的空白,使社区矫正法治化。

---

* 作者单位:西南医科大学。

** 作者单位:西南医科大学。

〔1〕《社区矫正法》第七章未成年人社区矫正特别规定将未成年人与成年人社区矫正的认定做了区分,保障了未成年人特殊利益。

社区矫正工作是与监狱矫正相对的行刑方式，是指将符合社区矫正的罪犯置于社区内，由专门国家机关在相关社会团体和民间组织以及社会志愿者协助下，在判决、裁定或决定确定的期限内，矫正其犯罪心理和行为恶习，并促使其顺利回归社会的非监禁刑罚执行活动。[1] 而未成年犯社区矫正是通过国家机关规定的相应的矫正方法，在刑罚执行期间，教育和帮扶未成年人，消除其犯罪心理，纠正其行为缺点，使之回归社会的一种非监禁刑罚执行方式。

一、未成年人社区矫正实施成效

2020年7月1日实施的《社区矫正法》是国家治理体系和国家治理能力在刑事执行领域的一大创新，对推动我国未成年人社区矫正工作制度化、规范化、法治化、专业化具有重要意义。自其实施以来，未成年社区矫正工作效果显著。

但是仍有少部分民众对其实施的力度和效果抱有怀疑态度。针对《社区矫正法》实施成效，我们应加大宣传，以及将实施《社区矫正法》后的成效通过互联网的传导性来告知群众，让群众满意。除此之外，尽管《社区矫正法》颁布实施，但也存在社区矫正人员没有考虑到未成年人的特殊性，仍将其与成年人社区矫正对象画等号，如何实现社区工作者对于社区矫正对象身份上的思想转变和管理方法创新也是我国亟待讨论、解决的一大问题。

（一）未成年人社区矫正的成果

在未成年犯罪目的的调查研究中发现，大多数未成年人犯罪会具有因为朋友情谊和谋取钱财等与成年犯相同的犯罪特征，但捉弄他人、博取关注的游戏型犯罪仍是未成年人犯罪的显著特征。

在走访调查中发现，未成年犯对于社区矫正基本认可且大多乐意接受社区矫正而并非监狱矫正。其原因在于，未成年犯大多易受到外界因素影响从而产生思想上的误差，进而作出有害社会公共利益的事。而监狱矫正让未成年犯过早脱离社会，固定了他的思想，将之变成一个顽固的、习惯性的罪犯；社区矫正作为非监禁刑罚执行活动，不仅可以节省行刑成本，缓解监狱"人满为患"的压力，体现社会化人性化理念；还能避免"交叉感染"和"标签效应"，使未成年犯不过早带上枷锁，避免影响其后半生生活。

尽管我国不少地区实行了社区矫正，法律体系逐步完善，机制逐渐健全，甚至

[1] 参见张学超主编：《罪犯矫正学概论》，中国人民公安大学出版社2011年版，第135页。

还有地方在不断尝试“异地矫正”模式和针对性的“矫正套餐”,效果较好,但不容置疑的是我国社区矫正措施仍有很大进步空间,亟待完善更新。

例如,成都市新都区司法局率先以社区矫正“异地托管”新模式,直击困扰社区矫正工作多年的难点,与多地司法行政系统联防联动,成功破解身处异地社区矫正对象防疫难、监管难、矫正难、就业难、就学难、就医难等事关刑罚执行和民生保障的焦点问题,为国家在应急响应特殊时期提供了一条全新的路径,为建设平安中国贡献了法治智慧和法治力量。“异地托管”模式的做法先后得到市司法局、省司法厅和司法部的高度评价,被司法部官网刊登,并在全国范围内宣传推广。

(二)立法观念受到推崇,保障未成年人特殊权利

《社区矫正法》强调社区广泛参与、加害人真诚忏悔并接受惩罚、被害人给予宽恕,使以修复受损的社会关系为目的的非监禁性矫正刑罚受到了国际社会的推崇。我国考虑到未成年人具有特殊性,具体问题具体分析,在淡化“监督管理”基础上注重“教育帮扶”,坚持对未成年矫正对象去标签化,彰显对未成年的人文关怀和对于其复归社会的期待。

例如,从2023年3月以来,沈阳市司法局采取学习全国试点地区先行经验、约谈专业心理矫正社会组织机构、深入基层一线等方式,从未成年人特殊情况出发,具体分析其与成年矫正对象的区别,积极探索有效的工作途径。

(三)设置各级机构,陆续出台社区矫正实施细则

社区矫正工作体制基本建立,全国正在如火如荼创建社区矫正工作模式,即社区矫正委员会“统筹协调”,司法行政机关“主管”,社区矫正机构“具体实施”,司法所“受委托参与”的管理体制。社区矫正委员会、社区矫正机构陆续在全国建立。海南、吉林、安徽、山西等省已经实现了省市县乡四级社区矫正委员会、省市县三级社区矫正机构的全覆盖。

不少省份也颁行了社区矫正实施细则。诸如,上海、河南、福建、湖北、安徽、四川、贵州等省市制定了《社区矫正实施细则》,使社区矫正工作有了各自的地方标准,增强了日常监管、帮扶教育的可操作性,明晰了各部门的执法权限与法律责任。部分省市的社区矫正实施细则的规定还具有开创性。例如,福建省关于“履行生态修复协议”的规定,四川省关于社区矫正工作人员“尽职免责”的规定。

(四)检查监督及时跟进,社区评估机制不断完善[1]

检察机关作为法律的监督者,需要对社区矫正及时跟进。《社区矫正法》施行

〔1〕 参见肖乾利、吕沐洋:《〈社区矫正法〉实施效果考察》,载《宜宾学院学报》2021年第4期。

后，社区矫正检查监督在各地进行了一系列创新。

诸如，在乡镇司法所或者区县社区矫正机构设立派驻检察室，通过地方人大立法确立检察建议强制反馈制度，创新检察建议宣告、送达形式，在公开宣告、公开送达时邀请人大代表等第三方人员全程参与，并将检察建议落实情况向有关第三方通报。为督导破坏生态环境资源犯罪的社区矫正对象"补植复绿"，将生态修复纳入社区矫正考核范畴，促进生态修复与社区矫正有效衔接。四川、河北、浙江的检察机关通过发出检察建议，堵住社区矫正对象养老金发放漏洞，核实并追回多发的养老金，避免了社保基金的流失。此外，对于有重大立功的社区矫正对象，部分检察机关还通过检察建议督促社区矫正机构向人民法院提出减刑建议，维护了社区矫正对象的合法权益。

例如，蛟河市人民检察院未成年人监察部联合第三检察部启动社区矫正巡回检察，旨在履行法律监督职责，确保未成年人社区矫正工作规范有序开展。检察干警对河南、河北、长安等 3 个街道司法所进行检查，查阅未成年人社区矫正对象的卷宗档案及特殊制度落实情况，特别是对监管措施是否到位、是否存在脱离漏管、是否存在重新犯罪等进行了重点检查，详细了解未成年社区矫正人员接受矫正管理、近期表现以及监督执行过程中的权益保障等情况，并就实施个性化帮教、提升未成年人社区矫正专业化能力等方面进行了沟通交流。针对社区矫正工作人员选任、矫正方案制定等问题，检察机关制发检察建议，要求责任部门履行监督职责，对发现的问题及时整改，严格落实。

二、《社区矫正法》实施中存在的问题透视

由于关于未成年矫正对象理论知识储备的不足，如有关配套细则的滞后，以及对未成年教育帮扶的机制不完善，《社区矫正法》实行过程中存在不少空白。

目前，我国未成年人社区加矫正制度仍存在诸多问题，既有未成年社区矫正对象社区支持问题，如矫正空间不足，社会观念偏差，社区工作者激励和保障机制不足，主管部门职能不清，对困难家庭未成年人的帮扶不力，也有未成年人社区矫正制度不健全的原因。社区矫正对于未成年人来说，更加适宜其身心健康发展，同时也是一项良好的保护措施，但是我国目前缺乏对未成年人足够的关注，在实践中还存在不足，亟须建立完善的未成年人社区矫正制度，以更好发挥社区矫正的作用，使未成年社区矫正对象最终成为守法公民，顺利融入社会。

(一)理念认知仍存在偏差〔1〕

(1)社区公众:在报应主义、重刑主义思维的影响下,部分社会公众还是难以认同不将未成年犯送往监狱服刑,难以理解帮扶社区矫正对象,更有甚者认为帮扶未成年社区矫正对象是"纵容犯罪"。

(2)社区执法人员:受传统"重管理、轻教育"思想的影响下,仍有小部分社区执法人员模仿监狱管理模式,将社区当成一座"没有围墙的监狱",只要求将人盯住,不让其重新犯罪即可,其本质上忽略了未成年人与成年人之间存在的差别,轻视对于未成年犯社区矫正的思想帮扶教育。未成年犯在一定程度上心智不成熟、思想可塑性强,社区矫正时对其加以教育辅导,可在一定程度上修正其不良的观点,形成健康向上的"三观"。

(二)矫正项目单一化,缺乏针对性和明确性

在传统思想观念的影响下,大多数社区矫正项目只是简单地看管矫正对象,使其不再有违法犯罪行为,只重视管理而忽略了纠正矫正对象的思想观念和不良的行为习惯。社区矫正项目应多样化,如邀请思想及心理相关专业人士开展讲座以及关注社区矫正对象的心理健康;定期举办符合社会主义核心价值观的专题活动和阳光体育活动,让未成年犯体会到善良美好的社会风气和温暖向上的氛围,进而在矫正完成后可以更好回归社会、融入社会。

(三)矫正人员专业能力欠缺,相关知识体系供给不足〔2〕

国家提倡更多优秀的专业人才加入我们社区矫正项目中,给社区矫正工作进行指导,从专业角度为未成年人矫正对象提供帮助,完善社区矫正工作的不足。相较成年犯,未成年人身心发展不太成熟,在对其矫正过程中可能会出现复杂化、不确定化的因素,不仅影响未成年矫正对象的健康发展,也会引发公众对社区矫正的负面评价剧增。这也意味着社会公众对社区矫正工作人员的专业能力提出了更进一步的要求。在面对存有心理以及行为问题方面的未成年人时,社区矫正机构需要派出有丰富经验的工作人员或者专业人士参与。除了上述问题外,还存在社区矫正的专业知识体系供给不足的问题,实践过程中的大多数社区工作者并非专业人士,多是社区招聘的与法学和心理学等方面相关的工作者,对社会工作、个案工作等方法运用也大多不在行。

〔1〕 参见肖乾利、吕沐洋:《〈社区矫正法〉实施效果考察》,载《宜宾学院学报》2021年第4期。
〔2〕 参见陈清霞、王晓迟、叶惠玲:《社会力量参与未成年人社区矫正工作的有效路径探索》,载《中国司法》2022年第9期。

（四）职能部门间缺乏有关配合，衔接不密切

社区矫正是一项综合性很强的工作，司法行政机关是具体实施部门，法院、检察院、公安机关、民政部门、监狱等其他部门与其分工负责，密切配合，共同完成社区矫正试点工作。但由于事件过程中涉及部门多、范围广，各部门间权利义务不明确且并没有固定的统一办公场所，各部门间工作强度大、耗费时间长，为了局部利益，工作人员对于该项工作缺乏热情和主动性，使工作复杂化，部门间衔接工作不密切，最后导致该项工作不了了之。

（五）社区监督评估机制不完善

1. 检查监督信息收集有滞后性。在实践过程中，司法机关与矫正机构间缺乏法定的沟通联络机制，无法在第一时间获取社区矫正相关信息，难以对社区矫正工作的审批和决定等各环节开展同步监督；同时，还导致检察机关不能及时发现未成年人社区矫正违法违规线索，不利于检查监督机制的开展。

2. 信息化检查监督亟待提升。随着网络信息的快速发展，越来越多的国家机关开展了互联网信息化智能设备的投入使用，极大地方便了工作的进程，也及时地收到了群众的诉求。但也正因信息的快速传播，小部分群众利用互联网将与未成年人社区矫正相关的恶意信息肆意传播，给工作者造成了极大的困扰，使其要花费较长的时间去监督舆论导向，将风向引导向正常范畴；除此之外，随着可以通过互联网去监督、收集信息以及工作量的增多，社区工作者可能在面对检查监督时抱有消极的侥幸心理，认为不一定能抽查到其所在社区的工作问题，进而偷闲躲静，发挥不出网络化信息监督及时跟进舆情、听取群众诉求的作用，极大降低了工作效率，造成舆论困扰。

三、未成年人社区矫正实施的有效优化路径

结合未成年社区矫证法律法规颁布后的实施成果以及针对出现的问题进行剖析，我们可以通过以下方面进行改善。

（一）不断提升公众对社区矫正的认同度[1]

（1）社区公众：可通过不同的宣传方式不断加深社会公众对社区矫正的印象，如传统的线下宣传模式＋运用新媒体的线上宣传模式，进行正向引导。社区工作

〔1〕 参见李昀泽：《未成年人犯罪社区矫正存在的问题及对策研究》，吉林大学 2022 年硕士学位论文，第 30 页。师若楠：《我国未成年人社区矫正检察监督研究》，甘肃政法大学 2022 年硕士学位论文，第 28 页。

的宣传不仅是为了提升公众对于社区工作的认同,也是为了通过宣传让更多的人了解法律知识。互联网的发展让信息的流通更加方便,社区矫正机构可以通过微信、QQ、抖音、微博等平台发布法律文章和法律视频,以及宣传片等方法,让更多的群众接受未成年犯罪群体,从而加入社区志愿工作中来,也能帮助未成年矫正对象体会到社会的美好,在未来重新回归社会生活时可以不受到他人的歧视,更好地融入社会。

(2)社区执法人员:可通过开设座谈会加强社区执法人员的思想建设学习以及专业知识学习,从而避免执法人员走入思维误区,以更加真心的方式帮助未成年矫正对象。社区执法人员在面对未成年矫正对象这一特殊群体时,应具体问题具体分析,考虑其特殊性和心智不成熟等方面,需要定期开展健康心理活动和体育项目以及思想帮扶教育工作,让未成年矫正对象在矫正期间不仅不滋生心理问题,形成正确的"三观",还强健体魄,从而在面对以后未知的生活时可以更好地融入社会。

(二)健全社区矫正体系,开发针对性矫正项目

我国借鉴国际经验,主要对未成年矫正对象采用"教育为主,惩罚为辅"的原则感化、开导未成年矫正对象,侧面关注未成年矫正对象的关爱和教育问题。通过健全社区矫正体系,开发多样化且具有明确针对性的矫正项目。例如,邀请思想及心理相关专业人士开展讲座以及关注社区矫正对象的心理健康;定期举办符合社会主义核心价值观的专题活动和阳光体育活动。通过上述项目,让未成年犯体会到善良美好的社会风气和温暖向上的氛围,保证未成年人的思想正常化和生活正常性,使其在回归社会时可以与社会接轨,培养出自己的独立人格和正确价值观,不至于因为矫正而缺失思想教育,从而沾染不良习惯,构成其他犯罪行为。社区矫正还可以针对未成年矫正对象不同的特性和性格,专门性地制订属于自己的矫正计划,从而使社区矫正工作更好开展。

(三)建立专业化队伍和矫正相关知识体系

社区工作人员的职业修养和专业素养都直接影响着未成年社区矫正的效果,在建立社区矫正工作队伍时应最大限度地保证团队的专业性和质量性,完善社区矫正相关的建设理念体系和知识体系,建立出一个尽心尽力的工作队伍。社区矫正大多数工作人员并非该专业出身,而是由法学、心理等专业人员参与,专业知识并不充足且经验也不老练。其在面对一些存有心理及行为问题的未成年矫正对象时,运用方法并不恰当。我们可以通过邀请经验充足的社区矫正工作者开展讲座传导自己的经验,以及举办座谈会,沟通交流各区域不同的工作案例,提高专业知

识，建设专业队伍，形成专业体系。

（四）衔接职能部门关系，制定好工作内容

我们可以通过建立社区矫正工作室，明确各部门权利义务，对各部门职位进行细致划分，完善工作内容。我们还可以通过互联网进行线上评估监督，层层划分，以及通过提高各种福利政策加深工作人员的幸福感和积极性，提升热情度。因为社区矫正过程涉及的部门多且广度大，可以将职能部门的工作按照类型进行划分，并给他们排一个值班表以及运用网络监督方式与公众进行联动，不仅促使公众了解社区矫正工作，还可以依法监督职能部门，使其保持应有的积极性。

（五）建设矫正评估监督调查机制

随着越来越多的社会主体参与到社区矫正工作中来，检查监督工作变得更加复杂，评估机制的模式亟待改善。

检察机关应丰富监督手段。对内以考核＋奖金等合理方式激励检查监督部门开展评估调查，增加不定期巡回检查次数。对外扩大检查监督适用范围，让检察人员走出去，实地走访考察，针对社区矫正中存在的违法违规行为，及时要求相关部门整改。

检察机关由于案件多人少原因，配备人员问题一直不灵活。检察机关可以派遣一名检察人员到相应社区矫正过程中体验，及时了解各项工作的开展，定期向上级汇报工作，反馈监督情况，收集未成年矫正对象的需求和控告，充分发挥作用，完善好监督评估机制。

四、结语

未成年人作为建设未来美好蓝图的一大主力军，他们的身心发展和思想理念都极大程度上影响了一个国家未来的发展方向。当今世界各国都重视未成年人的发展，我国也在不断加紧步伐建设未成年人社区矫正工作，在《社区矫正法》的指导下探索出有效的优化矫治路径。除此之外，我们仍需要借鉴域外成功经验，建设独具特色的社区矫正工作制度，以及规范我国相关立法体系，提供方向正确的理论指导，进而以柔性化的监督教育帮助未成年矫正对象重新建立与社会的亲密联系，改正其不良思想并纠正其行为模式，制定具有针对性的矫正方案，促使未成年矫正对象更好地融入社会。

未成年社区矫正对象心理矫正司法行政案件分析*

柏颖洁** 李亚宁*** 陈 珊****

摘 要:社区矫正作为非监禁刑,有利于社区矫正对象重返社会。而未成年人社区矫正对象心智尚不成熟,易受不良环境影响,针对这一特殊群体,不仅需要形式上的教育改造,还必须理解其心理特点,针对性地进行心理矫正。本文通过对45件未成年社区矫正对象心理矫正司法行政案件进行分析,厘清目前心理矫正存在的问题,并进一步地提出未成年社区矫正对象心理矫正的完善建议。

关键词:社区矫正;心理矫正;涉罪未成年人;司法行政案件

一、问题的提出

社区矫正是一种区别于传统监禁矫正的刑事执行制度。社区矫正的具体内涵在学界尚未形成统一的认知。参照学者的观点,社区矫正是指法定执行机关及其工作人员在社区并依托社区资源和力量,对被判处管制刑、宣告缓刑、裁定假释、决定或批准暂予监外执行的罪犯,予以监督管理和教育帮扶的一项制度,[1]其目的在于帮助社区矫正对象改掉恶习,消除可能重新犯罪的因素,帮助其顺利融入社会。2019年12月28日,第十三届全国人民代表大会常务委员会第十五次会议表决通

---

* 基金项目:本文系社区矫正研究中心项目“基于人口异质性的循证分类社区矫正研究”(项目编号:SQJZ2022-01)、四川省儿童保护与发展研究中心项目“未成年社区矫正对象心理矫正机制循证研究”(项目编号:ETBH2022-YB004)、基层司法能力研究中心“循证分类社区矫正制度研究”(项目编号:JCSF 2023-14)阶段性研究成果。

** 作者单位:西华大学法学与社会学学院。

*** 作者单位:西华大学法学与社会学学院。

**** 作者单位:西华大学法学与社会学学院。

[1] 参见肖乾利主编:《社区矫正理论与实务研究》(第3卷),法律出版社2021年版,第75页。

过《社区矫正法》,该法于2020年7月1日正式施行。《社区矫正法》的颁布是司法社会治理的实践成果,为社区矫正工作的开展指明了工作方向,具有高屋建瓴的作用。《社区矫正法》第七章对未成年人社区矫正对象进行专门规定,体现出立法者对未成年社区矫正对象的高度重视和特别关怀,具有极强的人文性。习近平总书记强调:"少年儿童是祖国的未来,是中华民族的希望。"[1]涉及未成年人犯罪的一系列问题,长期引起学术界人员的关心与讨论。根据最高人民检察院发布的《未成年人检察工作白皮书(2022)》[2],我们可以从中得出未成年人犯罪呈现以下主要特点。

1. 未成年人犯罪总体呈上升趋势,如图1所示。2020年至2022年,检察机关受理审查逮捕未成年犯罪嫌疑人数大体呈上升趋势。2022年受理审查逮捕、受理审查起诉人数较2020年分别上升30.2%、42.8%。

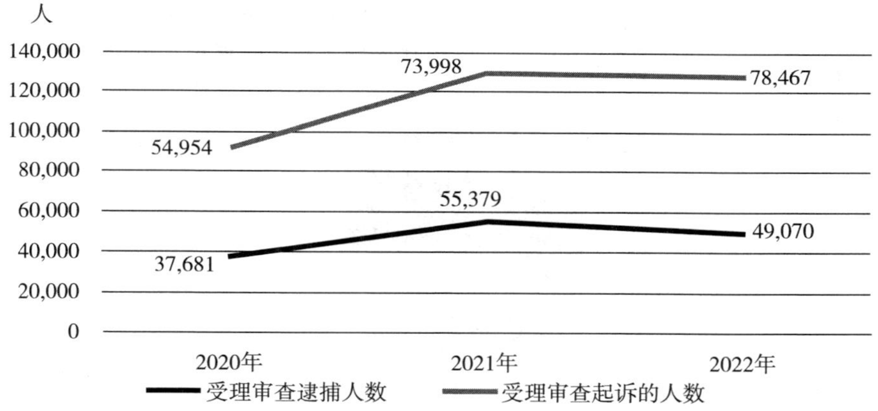

图1 2020-2022年未成年人涉嫌犯罪情况

2. 低龄未成年人犯罪人数持续上升,由图2可知检察机关受理审查起诉14—16周岁的未成年犯罪嫌疑人数分别占受理审查起诉未成年犯罪嫌疑人总数的9.57%、11.04%、11.11%。

[1] 习近平:《论党的青年工作》,中央文献出版社2022年版,第83页。

[2] 参见最高人民检察院:《未成年人检察工作白皮书(2022)》,载最高人民检察院网2023年6月1日,https://www.spp.gov.cn/spp/xwfbh/wsfbt/202306/t20230601_615967.shtml#2。

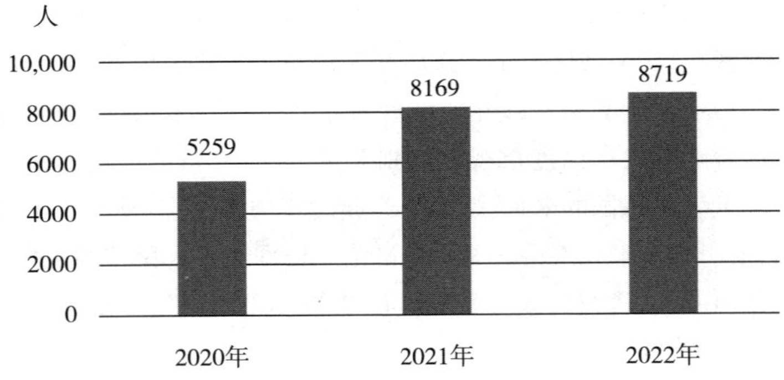

图2　2020—2022年受理审查起诉14—16周岁的未成年犯罪嫌疑人情况

3.未成年人犯罪类型趋于类型化、集中化。图3表明检察机关受理审查起诉未成年人犯罪的罪名居于前五的依次是盗窃罪20,966人,占比27%;聚众斗殴罪9677人,占比12%;强奸罪9122人,占比12%;抢劫罪6983人,占比9%;寻衅滋事罪6190人,占比8%;占比共达68%。

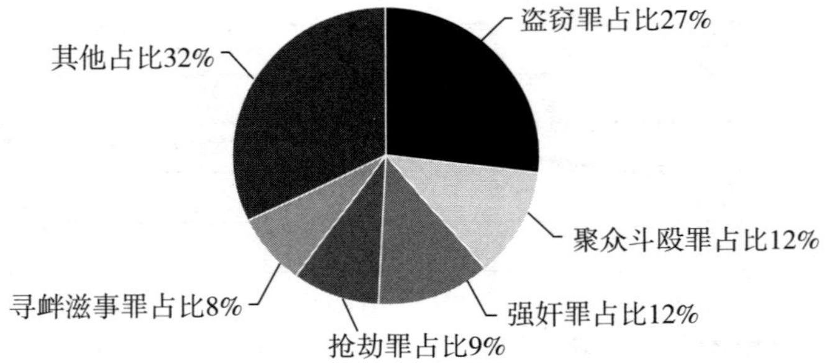

图3　2022年受理审查起诉未成年人犯罪主要罪名分布情况

不可否认的是,青少年犯罪有着非常复杂的社会和家庭原因。审视青少年犯罪的原因,青少年不良心理状态是诱发青少年犯罪的重要因素。解决青少年犯罪问题需要全社会的努力。

《社区矫正法》颁布后,学者们进行了新的探索,首先是针对未成年人社区矫正对象的研究。刘晓梅、刘晓雯将社会支持理论作为研究视角,以充分调研为基础,通过研究我国社会力量参与未成人社区矫正工作的现状,提出“心理咨询师与司法社工相结合”的矫正模式。[1] 李志强、崔美娜以检察机关为视角，提出检察机关在未成年人社区矫正中的作用以及具体改进措施[2]；杨代勇从理念构建处出发，提出未成年人社区矫正对具体优化路径。[3] 其次是针对社区矫正心理矫正的问题进行研究。董洪杰等立足于矫正对象复原过程的内嵌式服务介入，意图将强调干预矫治术的心理技术与注重环境改善术的社会工作进行整合，从而将矫正技术整合贯穿于社区矫正项目服务过程。[4] 谢利苹通过明晰社区心理矫正的研究定位、理论依据、病因模式等，倡导树立科学的矫正理念，研究矫正方法本土化，完善心理矫正体系。[5] 卢少峰、沈正柳通过指明社区矫正心理矫正在人员配置、资金投入等存在困难，从而提出要优化资金使用，发挥作用资金的最大效用，实行心理矫正分类化等对策。[6] 最后是针对未成年人社区矫正心理矫正的研究。师玮玮认为心理服务具有专业性、科学性、对象针对性等优势，可以有效促进未成年人社区矫正工作的科学化、规范化、个别化建设。[7] 陈珊等通过 Meta 分析产生的系统评价结论为未成年社区矫正对象的心理干预提供科学证据。[8]

通过上述分析可以得出，既有的研究对于未成年人社区矫正集中于制度的重构或细化；对于心理矫正大多只停留在社区矫正对象整体，没有细化区分未成年人和成年人，即使针对未成人社区矫正对象进行心理矫正研究，也更多是从理论角度出发，实证研究不足。本文基于未成年人的特点，通过对案例进行分析研究，总结现有的未成年矫正对象心理矫正的问题，探索适用未成年矫正对象心理矫正的措施，促进相关制度的进一步完善，帮助未成年矫正对象解决心理问题，以期其更好

---

[1] 参见刘晓梅、刘晓雯：《加强社会力量参与未成年人社区矫正工作——以社会支持理论为视角》，载《预防青少年犯罪研究》2021 年第 5 期。

[2] 参见李志强、崔美娜：《检察视角下未成年人社区矫正问题研究》，载《上海公安学院学报》2021 年第 5 期。

[3] 参见杨代勇：《留守儿童犯罪问题及其规制路径》，载《河北公安警察职业学院学报》2021 年第 21 期。

[4] 参见董洪杰等：《内嵌式社区矫正的心理——社会整合服务探索》，载黄希庭主编：《社区心理学研究》第 14 卷，社会科学文献出版社 2022 年版。

[5] 参见谢利苹：《我国社区矫正心理矫治工作的探索与思考》，载《司法警官职业教育研究》2020 年第 2 期。

[6] 参见卢少锋、沈正柳：《社区矫正心理矫治存在的问题与对策建议》，载《许昌学院学报》2019 年第 4 期。

[7] 参见师玮玮：《谈心理服务介入未成年人社区矫正的必要性》，载《河南司法警官职业学院学报》2016 年第 4 期。

[8] 参见陈珊等：《未成年社区矫正对象心理矫正机制构建——基于循证系统评价的分析》，载《西华大学学报（哲学社会科学版）》2020 年第 2 期。

地回归社会。

二、未成年社区矫正对象心理矫正司法行政案件分析

未成年社区矫正对象处于特殊的年龄阶段,青春期叛逆心理作祟、心智发展尚不成熟、容易冲动、法治意识淡薄,因此在完善社区矫正差异化矫正的过程中,要特别注意未成年社区矫正对象这一特殊群体。为此,笔者以相关司法行政案件为研究对象,对涉及未成年社区矫正对象群体的案件进行梳理。检索策略:以司法行政(法律服务)案例库中的社区矫正工作案例为检索对象;检索关键字为未成年。最终得到符合条件的案例45件,全部纳入分析。

(一)未成年社区矫正对象司法行政案件类型分析

通过对45件未成年社区矫正对象案例类型进行统计分析,分析结果如图4所示。其中,对社区服刑人员执行人民法院禁止令案例15件,占比33%;社区矫正监督管理案例13件,占比29%;社区矫正教育帮扶案例17件,占比38%。

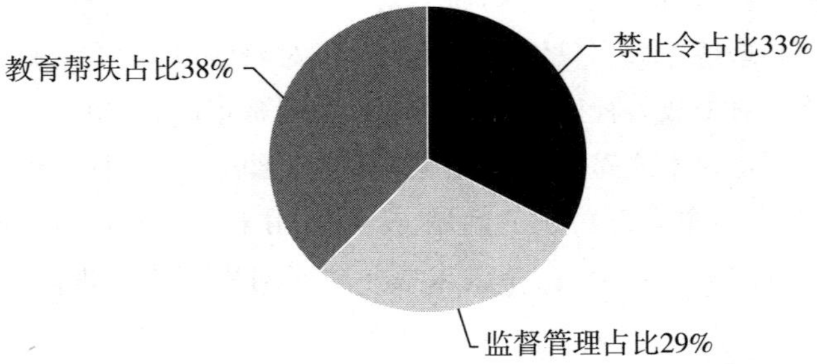

图4　我国未成年社区矫正对象案件类型

禁止令案例中,如对社区服刑人员杨某执行人民法院禁止令[1],该案社区服刑人员杨某是未成年人,矫正机构对其实行分开矫正教育,制定个性化矫正方案,进行教育矫治,更有利于其身心健康及今后的成长。禁止令的有效执行,不仅是对服刑人员的行为、活动区域的限定,也是对受害人的有效保护。下野地司法所根据杨某的特点,从审前调查评估到社区矫正的执行,在杨某最需要帮助的时候,不放弃挽救的机会,给予社区服刑人员充分的理解、必要的尊重、适度的关怀和真诚的帮助,让其恢复健康心理,以积极的态度接受社区矫正,以正确的心态融入社会,使杨某人

---

[1] 案例来源司法行政(法律服务)案例库之"对社区服刑人员杨某执行人民法院禁止令",案例编号为XJSJSJ1512307296。

生得以沿着正确方向前进。

社区矫正监督管理案例中，如对社区服刑人员李某依法实施监督[1]，在被警告2次和有针对性地开展教育以后，李某认识到自己如果不能严格遵守法律法规及矫正管理规定，就会失去在社区进行矫正的机会，其接受社区矫正的态度有明显改变，积极主动接受改造，按时报告和参加集中教育，参加社区服务更加积极主动。

社区矫正教育帮扶案例中，如广东省茂名市信宜市对交通肇事罪社区矫正对象陈某某依法实施教育帮扶案例[2]，经过近半年的教育帮扶，陈某某有了切实的改变，教育帮扶取得一定成效，具体表现为：(1)目前陈某某在学校的成绩中上，学习任务比较重，并向工作人员表达想继续接受教育的规划，努力考取大专毕业证。(2)据陈某某母亲反映，陈某某回到家后很少和家人争吵了，家人之间关系较为和谐。(3)陈某某在向工作人员电话报告或到司法所报到接受矫正教育时，沟通畅顺，其本人经常向工作人员询问了解有关规定，提前报备有关情况，也愿意和工作人员进行个人的情绪、意愿的交流。

(二)样本案件中未成年社区矫正对象心理特征

对未成年社区矫正对象进行心理矫正，首先要认识到这一群体特殊的年龄阶段可能存在的共性的心理问题，如忧郁、自卑、暴躁易怒、敏感麻木等。对未成年社区矫正对象进行心理矫正的目的就是解决其心理问题，缓解其不良情绪，避免他们在负面心理的错误指导下越走越远，再次作出对社会产生危害的事情。[3] 所以，了解未成年社区矫正对象的心理共性特征，分析产生这些心理问题的原因，有助于进行差异化矫正，保证心理矫正达到最佳效果。

1. 认知特点

大多未成年社区矫正对象的认知能力较弱，基础知识匮乏，对文化学习有较强的抵触情绪，存在教育方面的缺失。例如，对社区服刑人员金某依法实施教育矫正案例[4]中，金某高中辍学后一人在外，先后从事送外卖、学厨等工作，案发前在丽

---

[1] 案例来源司法行政(法律服务)案例库之“对社区服刑人员李某依法实施监督”，案例编号为AHSJYD1516461911。

[2] 案例来源司法行政(法律服务)案例库之“广东省茂名市信宜市对交通肇事罪社区矫正对象陈某某依法实施教育帮扶案例”，案例编号为GDSJJXBF1651031291。

[3] 参见王燕飞、张文韬：《未成年社区服刑人员心理矫治实证研究》，载《预防青少年犯罪研究》2019年第5期。

[4] 案例来源司法行政(法律服务)案例库之“对社区服刑人员金某依法实施教育矫正案例”，案例编号为ZJSJJZ1536051746。

水餐厅做厨师,平时与家人关系一般,但与邻里间无矛盾纠纷,也无其他违法犯罪记录。金某实施聚众斗殴罪行的时候不足17岁,由于年纪尚轻,法律意识淡薄,认知能力不足,在实行心理矫正的过程中,让金某学习法律知识、警示案例,上交学习心得体会,使金某从根本上认识到了自己的错误,多次诚恳地表示认罪悔罪,重新做人。

2. 需求特点

未成年社区矫正对象可能存在畸形的需求结构,受青春期叛逆、攀比和随波逐流的心理影响,可能会诱发对金钱的欲望,不合理的需求不断膨胀,严重情况下甚至为了满足畸形的需求而违反道德和法律。例如,对社区服刑人员李某依法实施监督[1]中,李某养成叛逆的性格和对金钱欲望强烈而又希望不劳而获的价值观,对读书不感兴趣。2015年退学后,整天无所事事,结交一帮不良青年经常出入网吧、歌厅、浴场等场所,父母给的零花钱远远不能满足李某的日常需求。日益膨胀的需求和不良诱惑的影响,让李某跌入犯罪的深渊。

3. 家庭特点

未成年社区矫正对象往往缺乏家庭的教育监管和关爱,犯罪原因大多与家庭有着十分密切的联系,并且流动式家庭对未成年人犯罪的影响最大。据统计,2016年1月1日至2017年12月31日,流动式家庭、离异家庭、留守家庭对未成年人犯罪的影响位列前三,其中未成年罪犯来自流动式家庭居于第一位。实践中,如对社区服刑人员李某某依法实施教育矫正[2]案例中,李某某的父亲于2010年去世,其母亲2015年改嫁,李某某从小缺失父母的关爱,缺乏正规的家庭教育,导致其整日在社会上闲逛,好吃懒做,不务正业,逐渐养成了小偷小摸的习惯。2017年7月,没有一技之长的李某某独自到南阳谋生,多次采用砸车玻璃的手段,盗走他人车内现金、香烟等物品,触犯了法律。

三、未成年人社区矫正对象心理矫正存在的问题

通过对未成年社区矫正对象心理矫正司法行政案件整理分析,可以得出未成年人社区矫正对象心理矫正存在专业人才不足,心理矫正内容过于笼统,心理矫正

---

[1] 案例来源司法行政(法律服务)案例库之"对社区服刑人员李某依法实施教育矫正",案例编号为HBSJJZ1523350646。

[2] 案例来源司法行政(法律服务)案例库之"对社区服刑人员李某某依法实施教育矫正",案例编号为HNYSJJZ1540800828。

的社会力量参与不足等问题。

（一）未成年社区矫正心理矫正的队伍存在专业性不足

未成年人作为刑事犯罪的特殊主体，由于其身心尚未成熟，"三观"尚未健全，对于未成年社区矫正对象进行专业的心理矫正是不可或缺的，同时根据我国《社区矫正法》第52条第2款规定[1]，未成年社区矫正对象的矫正小组人员应是熟悉未成年人身体、心理状况的人员。《全面深化司法行政改革纲要（2018—2022年）》要求"社区矫正队伍正规化、专业化、职业化建设取得突破性进展""到2022年，全国社区矫正机构基本建成具有法律等专业知识、履行监督管理等执法职责的专门国家工作人员队伍"。因此，社区矫正工作需要科学配置工作人员，构建专业化、职业化、正规化的社区矫正队伍。然而，实践中很难达到该要求。据统计，2020年四川省社区矫正机构工作人员配比仅为2.06%，同比降低0.09%。以四川省成都市为例，采用社区矫正队伍专业化模式的成都市青白江区，工作人员与社区矫正对象配备比例是1∶30，采用委托司法所开展社区矫正工作模式的成都市青羊区，工作人员与社区矫正对象配备比例是1∶18，经济欠发达地区多出现"一人所""无人所"的情况，更有极端地方的工作人员与社区矫正对象配备比例高达1∶110[2]。

除此之外，目前的社区矫正工作人员的专业性也很难与未成人社区矫正的需求相匹配。根据《未成年人保护法》第101条规定[3]，对于涉及办理未成年人的案件，公安机关、检察院、法院及相关部门应该对办理涉及未成年人案件的人员进行专业培训，制定相应的考评标准。但现实中此项规定难以落实。学者进行的问卷调查中显示，对于"未成年人社区矫正的心理矫正工作进行中，是否纳入熟悉未成年人成长特点的工作人员？"这一问题，56%的司法所回答是"没有"，44%的司法所的答案是"有"。[4]

---

[1] 《社区矫正法》第52条第2款规定："社区矫正机构为未成年社区矫正对象确定矫正小组，应当吸收熟悉未成年人身心特点的人员参加。"

[2] 参见河南省智库网：《社区矫正工作量及工作人员配备研究》，载河南省智库网，http://www.shhzzyzx.com/shhzzyzx/vip_doc/22798581.html，最后访问时间：2023年8月20日。

[3] 《未成年人保护法》第101条规定："公安机关、人民检察院、人民法院和司法行政部门应当确定专门机构或者指定专门人员，负责办理涉及未成年人案件。办理涉及未成年人案件的人员应当经过专门培训，熟悉未成年人身心特点。专门机构或者专门人员中，应当有女性工作人员。公安机关、人民检察院、人民法院和司法行政部门应当对上述机构和人员实行与未成年人保护工作相适应的评价考核标准。"

[4] 参见张凯：《我国未成年人社区矫正工作的执行现状及推进路径——以我国社区矫正法相关规定为切入》，载《长白学刊》2021年第6期。

从以上数据得知,现有的工作人员在数量、专业性程度上都无法与实践需求相匹配。

(二)未成年人社区矫正对象心理矫正内容缺乏针对性

目前,未成年人社区矫正工作的心理矫正内容单一,不加以区分矫正对象的特殊性而统一适用同一套标准,导致社区矫正效果大打折扣。《社区矫正法》第52条第1款规定:"社区矫正机构应当根据未成年社区矫正对象的年龄、心理特点、发育需要、成长经历、犯罪原因、家庭监护教育条件等情况,采取针对性的矫正措施。"据调查,江苏、浙江等地通过政府购买服务的途径,组建了具有专业化服务人员的队伍参与心理矫正。上海市通过聘请专业的心理机构或者心理专家,建立专门的心理矫正工作室开展工作。但根据学者调查,部分司法所不加以区分矫正主体,将成年人矫正项目盲目适用未成年社区矫正对象,[1]矫正效果可想而知。

(三)社会力量参与不足

社区矫正的性质决定未成年社区矫正对象必然要在社会环境下改掉恶习,融入社会。未成年人心智不成熟、容易情绪化、多有叛逆心理等,易成为诱使未成年人犯罪的因子。提高多方社会力量参与未成年人社区矫正的心理矫正的积极性,矫正未成年人社区矫正对象的不正确的行为方式,从而使其更好地适应社会。社会力量的广泛参与是未成年人社区矫正的重要方式。但是当前,社会资源难以整合,社会主体参与社区矫正的积极性不足。此外,不同的地区,经济发展水平不同,社会资料不等,也无法形成社会力量参与社区矫正的长效机制。

四、未成年社区矫正对象心理矫正完善建议

《社区矫正法》中提到对未成年人进行矫正,需要有熟悉未成年人身心特点的人员参加;2020年《社区矫正法实施办法》中提到,应当对受矫正人员采取针对性的心理辅导,这表明了社区矫正在制度层面开始重视心理矫正。未成年社区矫正对象心智尚未成熟,正确的价值观尚未形成,学习和模仿能力强,针对性的心理辅导和教育改造对其未来的发展有着积极的作用,有利于培养其社会道德感,塑造其正确的人生观、价值观。但目前对未成年社区矫正对象的心理矫正仍然存在诸多不足之处,探索相应的完善路径成为急需之策。

---

〔1〕 参见张凯:《我国未成年人社区矫正工作的执行现状及推进路径——以我国社区矫正法相关规定为切入》,载《长白学刊》2021年第6期。

（一）建设专业化的心理矫正队伍

专业化的心理矫正队伍对未成年社区矫正对象心理矫正的效果起着至关重要的作用，而目前社区矫正的工作大多由基层司法所来推动，相关工作人员不足，更多是没有心理辅导经验的员工临时组队，专业化程度较低，无法为未成年社区矫正对象提供针对性、持续性的心理矫正。

每一个未成年社区矫正对象的犯罪类型、家庭情况、成长环境都存在差异，"一刀切"地对其使用同一种心理矫正方案，只能起到形式化作用，实际的矫正效果往往不佳。应当对未成年社区矫正对象进行一对一的心理辅导，组织熟悉其身心特点的矫正人员参与，依托社会与家庭的帮助，了解其心理状况和性格特征，由具有未成年人矫正实践经验的专业人士为其设计针对性的心理矫正方案。

各地可以依据自身的实际发展状况建设专业的社区矫正队伍。没有或者仅有少数未成年矫正对象的地区，需要多学习借鉴其他地区的社区矫正经验，定期进行法制宣传教育，发布青少年心理检测问卷，从源头预防未成年人犯罪。未成年矫正对象较多的地区，需要广泛吸纳社会力量加入未成年矫正对象心理矫正队伍之中，如社会工作者和志愿者。提高未成年社区矫正对象心理矫正队伍的准入门槛，招聘吸纳教育、心理、法学、社会学、监狱改造学等相关人才。定期加强对心理矫正人员的专业素质培养，可以通过理论培训、个案训练等方式提高心理矫正人员的专业化水平。

（二）提高心理矫正的科学化水平

未成年社区矫正对象的心理具有复杂性，产生心理问题的原因也各不相同，正确地分析、理解、运用这些心理，对社区矫正的效果会产生积极的影响，降低社区矫正对象再次犯罪的可能性。[1] 而当前的未成年社区矫正工作，在内容上呈现单一性，缺乏针对性的分类化心理矫正机制，心理矫正的科学化水平不高。

在实践中，往往是通过心理测评量表对社区矫正对象的心理状态进行初步的评估，但这显然缺乏一定的科学性，仅通过心理测评量表无法全面反映社区矫正对象的心理健康水平。针对这一问题，社区矫正的执行人员除了常规化的心理辅导外，还应当对未成年社区矫正对象的心理状况定期进行跟踪了解，可以走访其家庭或学校，及时发现其存在的心理问题，全面把控其心理状态。针对未成年社区矫正对象较多、社区矫正工作量较大的地区，为了保证未成年社区矫正对象心理矫正的

〔1〕 参见卢少锋、沈正柳：《社区矫正心理矫治存在的问题与对策建议》，载《许昌学院学报》2019年第4期。

效果,可以依赖科学的分类机制和丰富而有针对性的矫正项目。[1] 社区矫正工作队伍可以加强与专业心理机构、心理咨询室或者高校等的合作,由专业人士根据相关理论和实践经验,并结合当地现实实施水平和未成年社区矫正对象的心理共性特点,制作一份心理评估分级表,对每一位未成年社区矫正对象的心理状况进行总体的评估,反映其目前的心理现状及人身危险性,并进行分级。针对不同心理层级的未成年社区矫正对象,根据不同的标准制定针对性的心理矫正方案。在实践中,需要由专业人士对社区矫正工作人员进行培训,使其了解和掌握相关的分类标准和心理矫正方案,并定期对社区矫正工作人员的实际运用能力进行考核。对于心理问题严重、心理危险程度较高的未成年社区矫正对象,可以由专业的心理辅导人员进行一对一的心理矫正,针对性地设置矫治方案;对于其他心理层级的未成年社区矫正对象,可以由工作人员按照相应的矫正标准对其进行心理矫治。除此之外,还需要对未成年社区矫正对象定期进行心理监测,检验心理矫正的效果,并及时调整心理矫正层级,减少资源的浪费。

(三)构建心理矫正的多方保障机制

未成年社区矫正对象的心理矫正具有专业性强、持续时间长的特点,要想达到良好的矫正效果,只靠社区矫正工作人员远远不够,还需要多方的努力,对其进行保障。

为了确保心理矫正的专业性和针对性,必须有专业的心理工作者和心理检测设备作为支撑,这显然需要大量的资金投入。然而现阶段,对于心理矫正的资金投入严重不足,矫正工作人员的专业素养较低,相关设备设施难以满足矫正需要,导致目前心理矫治往往流于形式,实际矫正效果差。要改善这一困境,就必须提高对心理矫正的重视程度,加大这方面的投资力度,各地应当根据实际的经济发展情况,完善社区矫正的经费保障制度,并且对于心理矫正设置专项资金,用于引进专业心理矫正人员和配套设备设施。同时,需要提高社区矫正工作人员的薪资待遇,并设立相应的激励机制,调动其工作的积极性和主动性。

在资源的利用上,也需要根据各地实际的社区矫正情况,对各项矫正项目进行合理的分配和使用。心理矫治工作具有长效性,需要以可持续发展为目标。在保障专业设备设施和心理工作人员的基础上,也需要联动社会力量,社区矫正队伍需要加强与心理机构、高校的合作,通过招募志愿者、社会工作者的形式,保证心理矫

---

[1] 参见张德军:《从理念重塑到制度构建——我国未成年人社区矫正的现实困境与完善路径》,载《山东社会科学》2016年第10期。

正的专业性和矫正工作人员的积极性,同时可以节约大量的开支,能够有效地保障未成年社区矫正对象心理矫正工作的顺利进行。

五、结语

依法做好社区矫正工作,是新时代实现国家治理体系和治理能力现代化的重要一环。习近平总书记指出:“培养好少年儿童是一项战略任务,事关长远。”[1]推动我国未成年社区矫正对象心理矫正体系不断健全完善,是新时代未成年人保护事业面临的重要任务之一。

目前,未成年社区矫正对象心理矫正缺乏专业人才队伍,缺乏针对性的矫正内容,社会力量参与不足等因素导致未成年人社区矫正的心理矫正的特殊性很难凸显。基于此,国家政府应当通过建设专业化的心理矫正队伍,提高心理矫正的科学化水平,构建心理矫正的多方保障机制,最大限度地保护未成年人的身心成长。只有这样,保障未成年社区矫正的相关政策才会“落地生根”,为未成年人健康发展保驾护航。

参考文献

[1]陈惜珍:《基于模糊评估法的社区矫正风险量化评估与防控》,载《中国软科学》2023 年第 2 期。

[2]王希、刘双阳:《社区矫正精准矫治模式的理论基础与实践展开》,载《南大法学》2022 年第 5 期。

[3]刘晓梅、刘晓雯:《加强社会力量参与未成年人社区矫正工作——以社会支持理论为视角》,载《预防青少年犯罪研究》2021 年第 5 期。

[4]李志强、崔美娜:《检察视角下未成年人社区矫正问题研究》,载《上海公安学院学报》2021 年第 5 期。

[5]董洪杰等:《内嵌式社区矫正的心理——社会整合服务探索》,载黄希庭主编:《社区心理学研究》第 14 卷,社会科学文献出版社 2022 年版。

[6]谢利苹:《我国社区矫正心理矫治工作的探索与思考》,载《司法警官职业教育研究》2020 年第 2 期。

[7]卢少锋、沈正柳:《社区矫正心理矫治存在的问题与对策建议》,载《许昌学院学报》2019 年第 4 期。

---

[1] 中共中央文献研究室编:《习近平关于青少年和共青团工作论述摘编》,中央文献出版社 2017 年版,第 102 页。

[8]师玮玮:《谈心理服务介入未成年人社区矫正的必要性》,载《河南司法警官职业学院学报》2016年第4期。
[9]陈珊等:《未成年社区矫正对象心理矫正机制构建——基于循证系统评价的分析》,载《西华大学学报(哲学社会科学版)》2020年第2期。
[10]王燕飞、张文韬:《未成年社区服刑人员心理矫治实证研究》,载《预防青少年犯罪研究》2019年第5期。
[11]张凯:《我国未成年人社区矫正工作的执行现状及推进路径——以我国社区矫正法相关规定为切入》,载《长白学刊》2021年第6期。
[12]张德军:《从理念重塑到制度构建——我国未成年人社区矫正的现实困境与完善路径》,载《山东社会科学》2016年第10期。

未成年人社区矫正调查评估制度的优化路径探析

宋玥珊* 梅达成**

摘　要:未成年人社区矫正调查评估制度是判断未成年犯罪人人身危险性和社会危害性的重要依据,为法官准确量刑提供重要参考。美国和德国的立法经验对我国未成年人社区矫正调查评估制度的优化具有一定的借鉴意义。当前司法实践中,未成年社区矫正调查评估制度仍面临诸多困境,仍有部分问题亟待解决。因此,探寻未成年人社区矫正调查评估制度的优化路径,是保障未成年人合法权益,提高社区矫正工作质量,确保未成年人再社会化,最终实现实体正义的题中应有之义。

关键词:社区矫正;调查评估;未成年人;隐私权

社区矫正是一种非监禁刑的行刑方式,其立法理念是让社区矫正工作人员借助各种方法途径对社区矫正服刑人员进行改造,从而帮助其端正态度并顺利回归社会。社区矫正调查评估是社区矫正各项环节中不可或缺的重要程序,是判定犯罪人人身危险性和社会危害性的重要依据,有利于对犯罪人进行有效的控制,确保刑法效益最优化,维护社会和谐稳定。2020 年 7 月正式施行的《社区矫正法》专章规定了未成年人社区矫正制度,然而针对未成年人社区矫正调查评估制度仍存在缺乏立法强制性等诸多不足。因此,应当进一步优化未成年人社区矫正调查评估制度,从而确保法官准确量刑,依法保障未成年人合法权益,推行"教育、感化、挽救"的方针,帮助未成年人更好地回归社会正常生活,最终实现实体正义。

---

* 作者单位:西南医科大学法学院。

** 作者单位:西南医科大学法学院。

一、未成年人社区矫正调查评估制度优化的法理依据

制度推行离不开理念先行。认识未成年人社区矫正调查评估制度的理论基础,有助于深入理解其立法目的,推动完善制度建设。当前,未成年人社区矫正调查评估制度的法理依据主要包括国家侵权理论、犯罪原因论、儿童利益最大化理论、刑罚个别化理论4个方面。

(一)国家亲权理论

国家亲权理论最早体现于罗马法之中,现代意义上的国家亲权发源于英国,是与自然亲权,即父母与子女之间的关系相对应的概念。国家亲权理论强调国家责任主义,是指在自然亲权缺位的情况下,由国家作为未成年人的"父母"来承担监护责任。对未成年人刑事程序而言,国家亲权理论主张对涉罪未成年人进行积极性干预。有学者称之为"特殊监护模式",即国家作为最高监护人,负有保护职责和监护义务。[1]

国家亲权理论强调的国家责任主要包括立法责任、司法责任、社会责任、家庭辅助责任等。在我国,国家亲权理论的相关精神也体现于未成年人社区矫正调查评估制度之中。近年来,我国通过相关立法加强了对未成年人保护的力度,如修订和施行《未成年人保护法》、《预防未成年人犯罪法》等。《刑法修正案(十一)》对未成年人的刑事责任能力进行了调整,拓宽了对未成年人的管制范围,体现了国家对涉罪未成年人积极干预的理念。此外,2020年新修订的《未成年人保护法》明确指出并强调了国家积极鼓励社会力量参与未成年人社区矫正工作,以及国家在此过程中应当承担的相应职责,这表明国家在未成年人社区矫正工作中的主导地位有所提升,是国家亲权理论在我国立法中的映射。再者,《社区矫正法实施办法》赋予了社区矫正机构调查主体的地位。在未成年人调查评估过程中,社区矫正机构主动承担调查职责,通过对未成年犯的性格特征及生长环境等进行调查,进而对其人身危险性和社会危害性作出评估,寻求更有针对性的矫治方案,以达到惩罚与教育相结合的目的,这也是国家亲权理论中"特殊监护模式"的体现。

(二)犯罪原因论

犯罪原因是社区矫正调查评估报告内容的重要依据之一,其有助于帮助社区矫正机构深入了解未成年人实施犯罪行为的具体原因。"犯罪原因论"主要是指根

---

[1] 参见周彦中:《国家亲权理念下我国未成年人羁押之反思》,载《南方论刊》2021年第11期。

据各种要素地位和作用的差异,将行为人犯罪的原因分为犯罪根源、一般原因、条件及相关因素。[1] 其中,犯罪根源是犯罪现象产生的基础,一般原因主要包括社会原因和个人原因两个方面。社会原因主要是指未成年人受到网络等不良信息,或者家庭、校园环境等外界因素的影响而实施犯罪行为。个人原因主要是指未成年人判断能力有限,对个人意志以及行为的控制能力较弱,从而实施犯罪行为。

犯罪原因是社区矫正机构形成社区矫正调查评估报告的基础,其对定罪量刑具有一定的参考意义。社区矫正调查评估报告的设计和制定离不开犯罪原因论的指引,通过对未成年人的家庭、社会以及学校等状况进行调查,有助于进一步帮助法官明确未成年人的犯罪原因,从而综合考虑该未成年人的人身危险性和社会危害性,探究其是否具有进行社区矫正的可能性。

(三)儿童利益最大化理论

儿童利益最大化原则最初由联合国《儿童权利公约》确定,当代西方国家针对未成年人的立法和司法基本均遵循未成年利益最大化原则或者称儿童利益最大化原则。儿童利益最大化理论主要是指国家对于儿童的教育和惩戒等活动均应为儿童争取最大化的利益。对未成年犯罪而言,儿童利益最大化意味着在司法机关办理未成年人刑事案件时最先要考虑其最大利益,从而保障未成年犯在刑事司法程序中的权益。[2]

儿童利益最大化理论在未成年人社区矫正调查评估制度中的运用体现在制度设计的过程中,即设立调查评估程序应当首先考虑未成年犯罪人的权利保障以及其矫治后的健康发展,确保其顺利回归社会。当前,我国对未成年犯罪推行“教育、感化、挽救”的方针,因此在进行社区矫正调查评估等活动时,应当树立保护为主的理念,避免因时限等因素的影响,在未对未成年人进行调查评估的情况下作出对未成年人不利的判决结果。

(四)刑罚个别化理论

刑罚个别化是指法官在对犯罪人裁量刑罚时根据犯罪人的个人情况有针对性

[1] 参见赵翔、刘贵萍主编:《犯罪学原理》,中国言实出版社2009年版,第181~215页。转引自刘威、黄婧、朱玥:《未成年人社区矫正调查评估程序正当化建构》,载《河南司法警官职业学院学报》2022年第3期。

[2] 参见吴啟铮:《少年司法中的协作型儿童利益保护机制——以儿童最大利益原则为基础》,载广州市法学会编:《法治论坛》总第54辑,中国法制出版社2019年版。

地适用刑法。[1] 刑罚个别化理论最早在1869年被德国学者瓦尔伯格提出,要求制定阶段、裁量阶段和执行阶段都要做到个别化对待。[2] 该制度要求根据行为人的不同特性来有针对性地采取不同措施,从而实现刑法的目的。未成年人社区矫正调查评估制度是实现刑罚个别化的途径之一,其通过对未成年人的具体情况进行了解,进而形成一对一矫治方案,保证量刑和行刑与犯罪行为相适应。

我国当前立法并未有具体条文明确规定刑罚个别化理论,但社区矫正调查评估制度的设定本身就是刑罚个别化理论精神的一种体现。此外,刑罚个别化与罪责刑相适应原则相辅相成。罪责刑相适应原则有助于实现刑法的一般预防功能,而刑罚个别化理念通过结合个案,对犯罪人实施不同程度的刑罚,从而达到实现刑法特殊预防功能的目的。在未成年社区矫正调查评估过程中,社区矫正机构通过运用各种原理,结合未成年犯的基本个人特征以及社会因素等,对其是否适用社区矫正进行合理性评估,为法院作出判决提供重要依据,从而确保法官精准量刑,最终制定更具针对性的未成年人个性化矫正实施方案,实现惩罚与教育相结合的目的。

二、未成年人社区矫正调查评估制度优化的必要性

社区矫正调查评估报告是对未成年犯依法制定个性化社区矫正方案的重要参考,其对于是否适用非监禁刑以及未成年社区矫正效果的好坏具有重要影响,并且反映了未成年犯的人身危险性和再犯可能性。因此,优化未成年人社区矫正调查评估制度,有利于保障法官准确量刑,提升司法判决的合理性,对维护社会公平正义具有积极作用。

(一)依法保障未成年人的合法权益

社区矫正机构通过法定程序对未成年人的社会背景以及个人状况进行调查评估,为法官定罪量刑提供参考,借助公平公正的审判结果来保障未成年人的合法权益,最终达到实现实体正义的目的。在司法实践中,司法机关量刑具体是由法官依据法定程序,结合客观事实对被告人定罪,并决定是否判处刑罚、判处何种刑罚以及判处多重刑罚。对未成年犯而言,量刑关乎其未来发展,因此优化未成年人社区

〔1〕 参见陈律成:《减刑制度的适用条件研究——以刑罚个别化为视点》,载《法制与经济》2018年第5期。

〔2〕 参见施雄文:《论我国未成年人犯罪的刑事处遇措施——以刑事负担的基本理念为视角》,载《犯罪研究》2019年第4期。

矫正调查评估是依法保障未成年人合法权益的题中应有之义。

未成年社区矫正调查评估有利于帮助法官更加公正地行使自由裁量权,调查评估报告会作为法官定罪量刑的重要参考依据。优化未成年人社区矫正调查评估制度,进一步规范调查评估报告格式以及细化调查评估报告内容,有助于法官在对未成年犯作出裁判时具有更加专业、合法的依据,最终作出有利于未成年人的判决,这既是儿童利益最大化理念的体现,也有助于保护未成年人的合法权益。

(二)推动实现社区矫正个别化

《社区矫正法》第24条规定了对未成年人实施个性化社区矫正,因此优化社区矫正调查评估制度有助于社区矫正工作人员制定更加合理合法的“一人一矫”方案。针对未成年人的社区矫正调查评估,社区矫正工作人员需要结合未成年犯的社会背景、个人状况以及认罪悔罪表现进行调查,结合个案对未成年人进行矫治,制定更加符合实际并且更具有针对性的社区矫正计划。

由此可见,未成年社区矫正评估制度的优化有利于推动实现社区矫正个别化,对于探究未成年人犯罪原因以及制定针对性矫治方案,帮助未成年人最大限度认识和改正错误,从而实现社区矫正的目的产生积极作用。[1] 同时,完善调查评估制度也更加符合教育改造与维护社会安全并行的“双向保护原则”。未成年人社区矫正调查评估制度是实现“教育为主,惩罚为辅”的社区矫正目的的重要途径,通过筛选不适宜实施非监禁刑的未成年人,从而达到兼顾维护未成年人利益和保障社会和谐稳定,维护社会公共利益的目的。

三、域外立法经验及对我国调查评估制度的启示

对于未成年人社区矫正调查评估,各国结合自身国情形成了不同的社区矫正调查体系,了解比较法视角下的美国和德国的社区矫正调查评估立法概况,有利于吸收借鉴国外的有益经验,同时对完善我国未成年人社区矫正调查评估制度具有积极作用。

(一)美国立法经验

美国的少年司法制度对多国产生了影响。1899年之前,未成年犯与成年犯未作出区分,在同一个系统中被起诉、定罪和监禁。1899年,《少年法庭法》在伊利诺伊州生效,为16岁及以下的儿童设立了单独的法庭,其重点是追求康复而不是惩

---

〔1〕 参见杨东亮:《刑罚个别化的正当程序载体:判决前调查报告》,载《证据科学》2013年第3期。

罚,其他州也紧随其后设立少年法庭。[1]

美国社区矫正调查评估制度的设立和发展是为了追求康复性处遇模式,即对不同的罪犯适用不同刑罚。根据《美国青少年犯教养法》的规定,社区矫正调查评估的内容应包括未成年人的犯罪动机、犯罪性质以及当前的心理成熟程度等因素。[2] 美国社区矫正调查评估报告是法官作出量刑裁判的重要参考,社会调查程序由缓刑官决定,缓刑官在某些情况下还可以委托专家在调查报告中出具相关意见,从而将更加专业化的调查评估报告提交少年法官。

(二)德国立法经验

德国是典型的大陆法系国家,在处理少年案件的过程中,德国司法制度体现了优先教育的理念,从而达到预防少年再次犯罪的目的。德国对于未成年人社区矫正制度采取公众保护模式,即不仅考虑未成年犯的自身情况,还要兼顾社会公共利益。公众保护模式要求社区矫正的对象囊括多种类型的犯罪,因此与之配套的执行措施也比较多元化。[3] 在德国立法模式下,少年福利局和少年援助协会共同制作社区矫正调查评估报告,并且由少年法院援助机构对其调查过程中获得的数据及途径的合法性作出证明。为了帮助少年犯尽快融入社会,消除其犯罪行为带来的不良影响,德国少年法院援助机构需要对少年负有一定的照护职责。

(三)域外未成年人社区矫正调查评估制度对我国的启示

英美法系和大陆法系国家针对社区矫正调查评估制度形成了较为明确和系统的规定,基本路径是通过对未成年犯的具体情况展开调查,形成调查评估报告,通过实施非监禁刑来规制未成年人的行为。英美法系和大陆法系的立法例可以为我国的未成年人社区矫正调查评估制度的完善提供启示,主要包括主体职权主义化以及刑罚目的教育化两个方面。

其一,大陆法系和英美法系国家均强调在少年司法制度中建立专门机关开展社区矫正工作。具体而言,美国由缓刑官担任社区矫正工作的主体,而德国由少年法院援助机构负责实施社区矫正。调查主体法定化和规范化有利于保障调查活动有序进行,防止主体不适合导致无法实现程序正义。此外,在特殊情况下,社区矫

---

〔1〕 See Copeland, W. E., Tong, G., Gifford, E. J., Easter, M. M., Shanahan, L., Swartz, M. S. & Swanson, J. W., *Adult Criminal Outcomes of Juvenile Justice Involvement*, Psychological Medicine, Vol. 53:8, p. 3711 – 3718 (2023).

〔2〕 参见《美国青少年犯教养法》第403章第5032节。

〔3〕 参见刘传华:《论未成年人社区矫正制度的完善》,载《产业与科技论坛》2022年第13期。

正主体还可以委托专业的调查评估人员参与调查评估工作,从而形成更加专业的社区矫正调查评估报告,使其在审理案件过程中更具有参考价值。

其二,各国对未成年人利益的保护十分重视,这是西方国家重视和贯彻儿童利益最大化理念的体现。当前,对未成年人实施社区矫正并非为了惩罚犯罪,更大程度上是为了对未成年人实行教育矫治,预防再犯罪。因此,针对未成年这一特殊群体,相较成年人而言,美国更倾向采取非正式审判。美国对未成年人实行社区矫正的具体内容包括调查官全程参与未成年人诉讼程序、法院有权指派调查评估机构及其工作人员启动调查,以及法官与调查人员保持联络以此监督调查人员的调查活动等。此外,各国立法也规定将社区矫正调查评估程序作为对未成年人采取社区矫正措施的前置程序,这进一步体现出对未成年人案件处理的刑罚教育化思想。

四、未成年社区矫正调查评估制度的当前困境

我国《社区矫正法》第 18 条规定了社区矫正调查评估制度的相关内容;我国颁布的《社区矫正法实施办法》规定了社区矫正机构的职责,即作为社区矫正工作的实施主体,需要接受委托进行调查评估,并且提出评估意见。当前,在《社区矫正法》的指引下,未成年人社区矫正调查评估工作在实践中得以顺利开展并取得了一定的成效,但是由于环境的复杂性以及立法的滞后性,目前单一抽象的社区矫治机能仍然无法应对实践中出现的部分问题,未成年人社区矫正调查评估制度仍然有诸多问题亟待解决。

(一)立法缺乏强制性

我国《社区矫正法》第 18 条以及《社区矫正法实施办法》等均规定对社区矫正对象“可以”进行调查评估,该规定并未将未成年犯与成年犯作出划分,而未成年人作为特殊群体,法律应当对其合法权益作出特殊保障。因此,我国立法对于未成年人社区矫正调查评估这一制度缺乏强制性规定。

结合比较法经验,在决定实施社区矫正前对未成年人进行社会调查并结合相关因素作出调查评估报告,有利于推行实施个别化社区矫正。由于立法缺乏强制性,在司法实践中,社区矫正机关因不够专业化或者缺乏足够的人力而选择不对未成年犯进行调查评估,司法机关仅结合未成年犯的悔罪态度作出判决,这既不利于保障未成年人的合法权益,使未成年犯丧失了一次重新改过的机会,又不利于实体正义的实现。

因此,笔者认为立法需将未成年犯与成年犯进行区别,司法机关“应当”将调查

评估作为对未成年犯实施社区矫正的前置程序,从而在司法实践中更加有效地制定"一人一矫"方案,推动实现社区矫正个别化。

(二)未成年社区矫正调查评估队伍存在问题

在司法实践中,未成年社区矫正调查评估队伍存在的问题包括两个方面,即司法所工作队伍的专业化问题以及检察院对社区矫正工作的监督问题。

首先,社区矫正工作要求社区矫正工作人员需要具备专业的法学职业素养,同时具备良好的心理素质以及沟通引导等能力。在司法实践中,基层司法所工作人员的专业化程度往往较低,且司法所的工作压力较大,除了需要完成社区矫正工作任务,还需要负责民间调解、信访等工作,缺乏时间接受系统化、专业化的培训。此外,基层司法所队伍人员往往配备较少,部分地区仅有一两人来完成社区矫正的全部工作。人员的紧缺不仅不利于提升工作效率,还增加了违反程序正义的风险。

其次,就检察机关对社区矫正调查评估工作的监督行为而言,司法实践中也出现了诸多问题。其一,对于未成年人社区矫正调查评估工作,检察机关工作人员的理念意识不强,并未意识到未成年人作为特殊群体,其社区矫正监督工作的程序及内容应当与成年犯作出区分。其二,未成年人社区矫正监督力量较为薄弱。在司法实践中,检察院的未成年检察部门对社区矫正工作的熟悉度仍然不够,并且其无法解决工作任务繁重与人员有限二者之间的矛盾冲突。其三,在调查评估环节,司法所工作人员往往是对未成年人进行详细调查评估的主体,而检察机关往往无法直接介入社会调查环节,只能通过查阅社区矫正工作档案、执行档案等方式对未成年犯的具体情况进行了解。这种事后监督的方式往往具有滞后性和被动性,使检察机关工作人员无法全面了解未成年犯,长此以往,监督工作最终只会流于形式。

(三)保护未成年人隐私力度不足

未成年人属于特殊群体,其利益保护应当有别于成年人群体,保护未成年人的个人隐私有助于防止二次伤害,因此在未成年人社区矫正调查评估的全过程应当注重保护未成年人的隐私。根据《教育法》及有关法律法规,校方依法对未成年人加以管理,出现未成年人隐私权让位公权力性质行政管理权现象,教育管理机构需依法保护未成年人隐私。[1] 在司法实践中,教育未完成的未成年缓刑犯在被执行社区矫正过程中仍需回归校园接受教育,因此学校应当采取相关措施对其犯罪记录予以保密。当前仍存在学校监管缺位,保密制度不完善等问题,导致犯罪记录的

[1] 参见朱晓婷:《未成年人隐私保护的法律措施探析》,载《人民论坛》2020年第11期。

泄露使未成年犯在学校中受到歧视和排挤，这对心智本不成熟的未成年犯构成了二次伤害，不利于帮助其在接受矫治后顺利回归社会。

此外，就社会层面而言，新闻媒体对犯罪案件的报道在某些情况下会出现对未成年人隐私权保护不力的情况。实践中，新闻媒体倾向于不断传播案件细节从而获取更多的流量。互联网科技的发展使更多人根据案件细节来“人肉”犯罪人的基本信息，这便出现了满足公众知情权和保护未成年二者关系之间的失衡，并且对社区矫正调查评估工作的开展产生了一定的影响。同时，网络环境监管力度较弱使人们更加“自由”地传播对未成年犯信息曝光的言论，这为社区矫正机构开展社区矫正活动增加了工作负担。因此，未成年人犯罪后个人隐私保护的问题亟待解决。

五、未成年人社区矫正调查评估制度优化的多元化实践路径

未成年人社区矫正调查评估制度对法官准确量刑、保障未成年人合法权益具有积极意义。当前，未成年社区矫正调查评估制度在司法实践中的应用仍存在诸多亟待解决的问题，构建多元化优化路径成为保护未成年合法权益，最终实现实体正义的题中应有之义。

（一）出台司法解释，完善未成年社区矫正调查评估相关立法

英美法系与大陆法系国家的社区矫正调查评估制度为我国提供了诸多启示，我国《社区矫正法》的颁布对社区矫正制度的发展具有推动作用。然而，当前我国有关未成年社区矫正调查评估的规定仍较为模糊和笼统，立法缺乏强制性使未成年犯与成年犯矫正程序的划分界限不够明晰。因此，对于未成年人社区矫正制度，特别是调查评估制度，还需要配套相关司法解释，细化法律规定。

《社区矫正法》第 18 条规定社区矫正决定机关“可以”委托社区矫正机构或有关社会组织进行调查评估，这一规定模糊了未成年人和成年人二者之间的界限，应当将社区矫正调查评估作为决定未成年犯是否适用社区矫正的必要前置性程序。基于具体实践活动的复杂性以及司法力量较为薄弱的现实情况，可以将采取调查评估作为原则，将自行调查作为补充。此外，结合比较法经验，可以在特殊情况下提前启动未成年人的调查评估程序。根据《德国少年法院法》第 43 条〔1〕的规定，司法机关在审判前可以提前启动未成年人调查评估程序，提前掌握未成年人的成长经历和生长环境，对其个人特征、犯罪动机等进行全面了解，避免审限冲突，提高

〔1〕《德国少年法院法》第 43 条规定：“未成年人自诉讼程序开始时，法院应当通知少年法院援助协会的代表，启动审判前调查评估程序。”

工作效率,从而更好地保障未成年人合法权益。

(二)完善相关机制,重构犯罪人与被害人的关系

在社区矫正调查评估报告中,被害人意见是一项不容忽视的内容,该项内容对恢复未成年犯再社会化产生重大影响。在此情形下,应结合恢复性司法的理念,对社区矫正调查评估机制作出完善,构建犯罪人与被害人之间的交流沟通机制,重构犯罪人与被害人二者之间的关系。

恢复性司法理念强调对被害人的权益保护与关系的修复,其认为司法的目的不在于惩罚具体犯罪,而是注重修复损害的关系。因此,应当进一步重构犯罪人与被害人的关系,注重被害人在调查评估程序中的参与度。未成年犯的再社会化离不开道德教化,通过与被害人沟通交流,获得被害人的谅解,未成年犯能够更好地认识到自己行为的严重性,避免再次实施犯罪行为,侵犯他人的权益。与此同时,就被害人而言,与犯罪人交流,获得相应的赔偿或者补偿,可以从心理层面缓解自身的怨恨,消除双方的心理隔阂。因此,应在可控的条件下积极组织被害人和犯罪人进行见面交流,在此基础上促进双方共同协商解决方案,从根源上化解双方的矛盾并实现破损关系的有机修复。[1]

加大被害人对调查评估程序的参与程度,重构被害人与犯罪人的关系,有关机制的完善应包括以下几个方面。其一,构建专业化交流机制。应当配备专业的法学、心理学工作人员对社区矫正人员和被害人二者之间的交流进行引导,选择较为舒适的场所开展对话,防止因过于严肃进一步激化二者之间的矛盾。其二,完善调查评估报告制定机制。严格规范调查评估工作人员的行为,筛选专业化人员开展调查评估活动,与被害人进行专业化沟通,从而将更加真实、有效的被害人意见录入社区矫正调查评估报告中,为法官量刑提供专业化参考,从而更加充分地发挥社区矫正工作在未成年犯再社会化中的积极作用。

(三)优化队伍建设,配备专业的社区矫正调查评估人员

其一,应当实现开展社区矫正工作目的的特殊化。当前,司法机关工作人员在对未成年人开展社区矫正调查评估的过程中缺乏分类化管理的意识,模糊了未成年犯与成年犯的界限。因此,应当转变社区矫正工作人员的观念,将未成年社区矫正对象和成年社区矫正对象进行区分,结合未成年的年龄和心理状况、家庭监护教育条件等情况开展调查评估工作,确保对未成年这一特殊群体进行更为严格的保

---

〔1〕 参见杨代勇:《理念与规范:未成年人社区矫正的优化路径探析》,载《上海公安学院学报》2021年第5期。

护。对于调查评估的监督,检察机关工作人员应当将监督理念从“监督”向“监督+保护”转变,从而顺应我国对未成年人社区矫正“教育、感化、挽救”的方针。

其二,加大资金投入,构建内外协作机制,加强监督力量。对未成年的社区矫正调查评估工作往往以基层司法所作为社区矫正的实际调查主体,基层司法所工作任务的繁重与人员紧缺之间的矛盾往往无法解决。因此,政府可以拨款或者通过号召事业单位、社会团体等组织进行捐助,从而解决因资金短缺而人手不足的问题。此外,就未成年人调查评估制度的检察监督而言,应当加强检察机关内部以及检察机关与各个单位的协作。未成年社区矫正调查评估工作涉及公安机关、检察院、法院、司法部门等各部门单位,因此做好社区矫正调查评估工作的前提是加强各部门之间的交流协作机制。通过构建高效的信息共享平台,各工作人员采用线上线下相结合的方式,更加全面、客观地获取社区矫正调查评估的相关信息,落实未成年人社区矫正的特别要求,顺利开展未成年人社区矫正调查评估工作。

(四)完善调查评估报告制度,加强司法机关程序性审查力度

一方面,规范调查评估报告的内容,提升调查评估报告内容的科学化。从我国各地的司法实践来看,我国调查评估报告并没有统一的规范形式。社区矫正调查评估制度作为一种法律制度,应当形成具有统一性、规范性的调查评估报告,从而维护法律的权威性。因此,应当规范社区矫正调查评估报告的格式和结构,具体应包含名称、导言、主体和结尾4个部分。除了基本个人信息和悔罪情况等法定因素之外,就未成年的社区矫正调查评估而言,还应当包括未成年人家庭监护情况以及个人心理素质等内容。同时,应当明确调查评估报告中“社会危险性”和“对居住社区的影响”的调查内容。法律规定的居所情况、家庭和社会关系、一贯表现等标准较为抽象,应当进一步细化。

另一方面,完善调查评估报告的庭中控辩和庭后公示制度。法官除了在审判前对调查评估报告进行实体和程序两方面的审查外,还应对调查评估报告进行庭中控辩和庭后公示。为确保合法保障未成年群体的合法权益,调查评估报告作为法官量刑的参考依据,应当在庭审过程中接受各方的质疑和监督,从而保证法官裁判的公正性。经过庭审双方的控辩环节后,为保障调查评估报告的真实性和公开性,应当由司法机关在不侵犯未成年人隐私的前提下,对调查评估报告进行庭后公示。具体而言,应当以“申请公示为原则,职权审查为辅助”,即可以由庭审中的被告人、辩护人及其利害相关人员进行申请公示,对其中涉及未成年人隐私等不适合

公开的情况,法院依职权确定不能公开,其他可以公开的调查报告可依申请公开。[1]

(五)规范司法行为,加强未成年人隐私保护

未成年人的隐私保护问题常在实践中被各方主体忽视,在未成年社区矫正调查评估程序中,未成年人隐私的泄露可能会引发诸多不利后果。未成年群体的心理具有特殊性,基于生理因素,未成年人的心理承受能力较弱,容易形成极端情绪,因此其个人隐私的泄露会对其构成二次伤害,影响其心理健康。对此,社区矫正工作人员应更加规范其司法行为,树立对未成年的综合保护意识,在调查评估过程中考虑着重保护未成年人的隐私信息。此外,社区矫正调查评估制度还应当构建心理咨询机制,即社区矫正工作人员在开展调查评估的过程中对未成年进行专业合理的心理干预,确保在出现隐私泄露的情况时,未成年犯能够以正确、积极的心态应对。

在司法实践中,还应当优化教育宣传机制。社区矫正机构在开展社区矫正调查评估工作的过程中应当加强对保护未成年人隐私的宣传力度,要求学校、社会能够遵守相关法律规定,尊重未成年人隐私权。对此,学校应当构建更加完善的对未成年人隐私的保护制度,要求教师对未成年人犯罪信息进行严格保密,确保更少的人知晓该未成年犯的犯罪信息,从而让未成年犯能够继续正常接受教育,避免因知情人数过多导致未成年犯受到歧视和排挤,对未成年人构成二次伤害。

社区矫正机构应当与有关部门协作配合,加强对公众舆论监管体系的建设。社区矫正机构应当与网络监管部门相互协作,对涉及未成年人隐私的新闻媒体报道进行严格监管,对泄露未成年人隐私的违法行为进行严格处置,从而防止对未成年犯构成二次伤害,保障未成年人的合法权益。

六、结语

预防和减少青少年犯罪是法治国家的重任,我国对未成年犯罪秉持“教育、感化、挽救”的方针,目的在于确保未成年犯接受矫治后能够顺利回归社会,防止其再次实施犯罪行为。当前,就未成年社区矫正调查评估制度而言,我国仍存在诸多亟待解决的问题。因此,结合该制度背后的法理依据以及比较法经验,我国应当进一步从立法和司法两方面对未成年社区矫正调查评估制度进行优化完善,通过借助

---

〔1〕 参见刘威、黄婧、朱玥:《未成年人社区矫正调查评估程序正当化建构》,载《河南司法警官职业学院学报》2022年第3期。

专业化调查评估队伍的力量，提升未成年调查评估制度的权威性和公正公开性，在保护未成年人隐私的前提下达到保障未成年人权益的目的，通过程序正义最终实现实体正义。

参考文献

[1]王艺：《涉外未成年人监护中的司法困境与理论思考》，载《云南社会科学》2022 年第 6 期。
[2]赵炜佳：《论枫桥经验的犯罪合作治理意蕴》，载《交大法学》2021 年第 2 期。
[3]马恒夫：《世界少年司法制度对建立中国特色少年法院的借鉴意义》，载《新生代》2020 年第 5 期。
[4]张红良、杨柳青、曹忠鲁：《未成年人社区矫正检察监督问题与对策》，载《中国检察官》2023 年第 11 期。
[5]贾园园、陈筱：《社区矫正视角下的青少年犯罪治理与预防——评〈社会转型期青少年犯罪的心理预防与教育对策〉》，载《科技管理研究》2022 年第 20 期。
[6]张斌、陆甜甜：《国家亲权视域下未成年人网络犯罪防治》，载《中国检察官》2022 年第 16 期。
[7]连春亮：《论社区矫正社会化的实然要素》，载《犯罪与改造研究》2022 年第 7 期。
[8]王书剑：《社区矫正调查评估报告研究——兼与未成年人刑事案件社会调查报告比较》，载《预防青少年犯罪研究》2020 年第 6 期。
[9]陈律成：《减刑制度的适用条件研究——以刑罚个别化为视点》，载《法制与经济》2018 年第 5 期。

未成年人社区矫正实践困境探析

李心宇 *　梅达成**

摘　要：社区矫正起源于西方，是对犯罪人在犯罪后进行挽救的一种制度，能够让犯罪人在刑满释放后更快、更好地融入社会，减少再犯罪率。目前，未成年人心智不成熟，缺乏良好的教育引导，未成年人实施犯罪的概率大大增加，因此预防未成年人犯罪和在未成年人犯罪后对其实施社区矫正，降低未成年人的再犯罪率非常重要。本文主要通过分析未成年人社区矫正发展的现状及问题，探究国内外社区矫正的相关制度对我国社区矫正制度的启示，提出一些具有针对性的建议，以期完善我国未成年人犯罪社区矫正的制度。

关键词：未成年人；社区矫正；社区矫正法；实践困境

虽然我国以前没有"社区矫正"这一术语，但在我国的刑事犯罪处罚当中包含了一些社区矫正的内容，如假释、缓刑、暂予监外执行等。虽然我国的刑事法律规定了一些非监禁刑制度，但是并没有形成社区矫正这一概念和完整的社区矫正体系。受国外理论的影响，我国通过试点，出台相关的法律法规制度，逐步发展社区矫正制度，并于2020年出台了《社区矫正法》。

由于我国社区矫正制度发展较晚，在发展过程中难免存在一些问题，尤其是未成年人在社区矫正的实践中仍存在矫正主体不明确、工作队伍专业化不够、对成年人和未成年人区分不明确等相关实践问题。因此，想要建成具有中国特色的社区矫正制度，必须从中国的实际出发，吸收域外相对成熟的未成年人社区矫正的相关

---

* 作者单位：西南医科大学法学院。

** 作者单位：西南医科大学法学院。

经验,结合我国社区矫正的相关实践困境作出相应的制度调整,提高社区矫正的思想认识,对相关规定予以细化,进而完善未成年人犯罪社区矫正的相关制度。

一、未成年人社区矫正的内涵

社区矫正制度在我国发展较晚,相关制度还不够完善,明晰未成年人和社区矫正的概念,分析未成年人社区矫正的特点,对于理解未成年人社区矫正制度非常重要。同时,对未成年人实施社区矫正制度,能够矫正未成年人的犯罪心理和行为,促使其能够顺利回归社会,降低再次犯罪率。

(一)社区矫正的概念

未成年人社区矫正即对未成年人实施社区矫正,它涉及两个概念,即怎样界定未成年人以及什么是社区矫正。

对于社区矫正这一专业术语,《刑法》和《社区矫正法》中都没有明确规定其含义。但是社区矫正制度在我国试点运行时,《关于在全国试行社区矫正工作的意见》(现已失效)对其进行了相关的解释:“社区矫正是非监禁刑罚执行方式,是指将符合法定条件的罪犯置于社区内,由专门的国家机关在相关社会团体、民间组织和社会志愿者的协助下,在判决、裁定或决定确定的期限内,矫正其犯罪心理和行为恶习,促进其顺利回归社会的非监禁刑罚执行活动。”该概念明确了我国社区矫正制度是一种非监禁刑罚执行方式,但是对于社区矫正的概念的定位还不够准确。有学者则提出,社区矫正是一种犯罪后对于罪犯的一种刑法的执行方式,由相关的社区矫正机构依据人民法院作出的判决、裁定以及决定,让罪犯在社区中通过社区的教育、感化对其行为予以改正,同时对于罪犯的心理予以矫正的非监禁刑罚执行活动。[1] 另有学者认为,社会矫正是利用社会的公共资源和多方面的社会力量,对于罪行较为轻微、主观恶性较小、社会危害性较低的罪犯,在经过监管改造后确有悔罪表现,且不至于再危害社会的罪犯在社区中进行集中有效管理、教育以及改造工作。[2]

通过上述学者对于社区矫正的概念的界定,笔者认为社区矫正应该是利用多种社会资源和社会力量,由社区矫正机构依据人民法院作出的判决、裁定以及决

〔1〕 参见刘大元、卢方:《未成年人社区矫正制度的构建与优化研究》,载《安徽农业大学学报(社会科学版)》2019 年第 5 期。

〔2〕 参见匡敦校:《中国未成年人社区矫正的问题及对策》,载《中国青年社会科学》2015 年第 1 期。

定,将罪犯置于社区中,对罪犯的心理和行为进行监管的一种非监禁刑制度。

(二)未成年人社区矫正的特性

根据《未成年人保护法》第2条的规定可知,未成年人是指未满18周岁的公民。我国进行如此划分是为了保护还在受教育的、心智不成熟的公民,从而减轻他们的一些社会责任。我国未成年人社区矫正具有特殊性,未成年人这一群体本身就具有相应的特殊性,所以处理未成年人犯罪更应该小心谨慎。

第一,适用对象的特殊性,区别于成年人社区矫正,未成年人社区矫正制度是专门针对未成年人犯罪后由社区实施的一种非监禁刑制度。

第二,未成年人社区矫正制度具有独立性。我国《社区矫正法》对未成年人犯罪实施社区矫正进行了专章规定,社区矫正机构应当根据社区矫正对象的年龄、心理特点、发育需要、成长经历、犯罪原因、家庭监护教育条件等情况,采取有针对性的矫正措施。对未成年人的矫正,应当与成年人分别进行。

第三,未成年人矫正制度具有谦抑性,对于未成年人适用社区矫正制度,应当遵循教育、感化、挽救的方针,在对其实施社区矫正时,应充分考虑对未成年人的保障,因此相比一般的社区矫正措施与手段,未成年人的矫正措施与手段更加侧重对未成年人的保障和感化,让其能够更好地适应社会的发展变化,融入社会,而一般社区矫正工作的实施,侧重对犯罪人员的惩罚和矫正,缺乏谦抑性特征。

二、未成年人社区矫正的相关理论

社区矫正本是西方推行的一种刑罚执行的制度,发展相对较早,具有相对成熟的理论体系,对于未成年人犯罪的处理更提倡非刑事化、非监禁化和轻刑化的理念。我国社区矫正发展虽然较晚,但是在对国外社区矫正制度进行研究时,也结合我国的国情探索适合我国的社区矫正制度。

(一)国外有关未成年人社区矫正的理论研究

国外的未成年人社区矫正发展较快,已经相对比较成熟。美国学者D.斯坦利·艾兹恩、杜格·A.蒂默在研究刑事司法危机时,把非监禁刑和监禁刑放在一起探讨,进而提出了未成年犯社区矫正的概念。[1] 在美国,未成年人社区矫正逐步从成年人中分离出来,形成独立的未成年人社区矫正机构,其矫正机构的设置包括接

〔1〕 See Burke L., *NoLoner Social Workers: In Probation Officer Trainingand Education in England and Wales*, Social WorkReview, 2010(3).

收中心与诊断中心、开放式的矫正机构等，每一个机构都有其自身的职责和任务。[1] 美国的未成年人社区矫正制度成立的初衷就在于帮助未成年犯能够更快地回归社会，避免再次犯罪。

在英国，缓刑局是社区矫正的执行机构，缓刑局的建立能够帮助其更好地处理未成年犯的社区矫正工作。米德尔塞克斯理工大学的安东尼·瓦斯提出了监禁刑的替代方式，探讨了监狱危机以及对非监禁刑的期待，同时研究了社区矫正的可实施性。[2] 英国法学家莫里森(Morrison)在19世纪末提出了未成年人适用监禁刑的不利之处，对于未成年人来说，监禁刑可能会让其更加难以融入社会、回归正常的社会生活，所以该学者建议对未成年人适用非监禁刑[3]。

德国的未成年犯社区矫正制度主要是由教育处分、惩戒措施和未成年刑罚构成。未成年人在被实施教育处分时，主要是由法官按照相关法律规定决定对未成年人实施教育帮助的矫正方式，矫正工作主要交给地方青少年福利局来实施，因此德国对未成年人社区矫正设置了专门的实施机构，形成了独立的教育小组。

(二)国内有关未成年人社区矫正的理论研究

随着我国社区矫正制度的不断发展以及西方社区矫正相关内容的引进，我国学者也不断地对社区矫正的制度进行相关的研究，在立法和司法实践上都进行了相关的研究，为完善我国未成年人社区矫正制度提供了相关的理论体系。

1. 在未成年人社区矫正立法方面研究

就是否要在《社区矫正法》中设立专章来规定未成年人社区矫正的相关制度，学者们有不同的见解。姚建龙教授认为，在我国当前的立法上，制定未成年人社区矫正法的条件不够成熟，应该在社区矫正法中单独安排未成年人社区矫正的相关内容，并且只有设定专章才能够合理地规定未成年人社区矫正的相关内容。[4] 周加海认为，设立专章能体现出对未成年人的特殊保护，体现我国对未成年人的关照，并且对未成年人的保护具有不一样的价值。[5] 童德华教授、金勇教授等均认为

---

[1] 参见史景轩、张青主编：《外国矫正制度》，法律出版社2012年版，第85～100页。

[2] See Li-Chun JI, *Thoughts of Perfecting Juvenile Delinquent Community Correction System*, Journal of Heilongjiang Administrative Cadre College of Politics & Law(2009).

[3] See Sui J., She L., *On Perfection of Community Corrections for Juvenile Offenders in China——the Common Law used for Reference*, Journal of Liaoning Administrators College of Police & Justice(2006).

[4] 参见蒲晓磊：《未成年人社区矫正应体现特殊性专业化》，载《法制日报》2017年1月3日，第11版。

[5] 参见蒲晓磊：《有必要设立未成年人社区矫正专章》，载《法制日报》2017年1月3日，第11版。

只有在其中设立专章才能够落实未成年人社区矫正的相关制度,并且有利于社区矫正机构管理未成年犯。

2. 在未成年人社区矫正内容方面研究

肖乾利教授认为,对于制定未成年人社区矫正的管理和协调机制,应该将未成年人的社区服务场所设定在社会服务场所或者非营利性机构等公益服务性机构之中,重视未成年人社区矫正机构学校教育的建设。[1]

在未成年人社区矫正的适用和调查方面,吴宗宪教授认为在社区矫正过程中心理学发挥着重要的作用,在未成年人社区矫正的过程中应该做好其心理建设的工作,未成年人的身心状态都应该受到关注,做好矫正前后的相关的心理学工作。[2] 甘秉玉认为,可以针对未成年人建立长效、动态的风险评估体系,这样就可以对未成年人在社区矫正期间进行全面的检测。[3]

在社区矫正队伍建设方面,也有不少学者有自己的见解。张科认为可以让大学生志愿群体加入社区矫正的工作当中,他们的年龄和心理成长历程都和未成年人比较相似,能够很好地理解未成年人的心理状态,也增添了矫正小组的数量,不会出现人员短缺的现象,并且还能够节约社区矫正的经费。[4] 陈洪培认为在未成年社区矫正的志愿队伍中可以培养和发展不同类型的专业人才,让不同专业的人负责和其专业对口的事务,不仅能够让社区矫正的队伍更专业,也能够弥补未成年人社区矫正队伍的单一性。[5]

就以上论述而言,域外的一些国家对未成年人社区矫正制度的研究较早,提倡对未成年人适用非监禁刑,将未成年犯和成年犯区别开来,在实践中设立了专门的矫正机构,并且有专业的人员负责未成年人的社区矫正,因此域外国家的未成年人社区矫正制度更加成熟。我国的学者在立法实践和司法实践中对未成年人社区矫正制度都有研究。为了对未成年人实施非监禁刑,让社区矫正发挥其应有的价值,学者们进行了相对细致的研究,并且认识到社区矫正对预防未成年犯再次犯罪具

---

[1] 参见肖乾利、侯习敏:《未成年犯社区矫正的困境摆脱》,载《重庆社会科学》2015年第8期。

[2] 参见吴宗宪:《论未成年人社区矫正中的心理学工作》,载《预防青少年犯罪研究》2018年第1期。

[3] 参见甘秉玉:《未成年犯社区矫正的法律完善》,载《学理论》2015年第1期。

[4] 参见张科:《大学生参与未成年犯社区矫正帮扶的困境与出路》,载《预防青少年犯罪研究》2015年第5期。

[5] 参见陈洪培:《未成年人社区矫正工作模式探讨——以志愿者队伍结构为视角》,载《学理论》2015年第20期。

有重要作用,也能够帮助未成年犯更好地融入社会。因此,在实践中学者们也作出了很多便于操作的制度设计,但是对于未成年犯仍应该进一步进行实践研究。

三、未成年人犯罪社区矫正的发展现状及问题分析

自社区矫正这一术语从西方引入,我国开始不断地深入研究社区矫正这一制度,虽然之前我国没有这一制度,但是在一些非监禁刑罚制度上体现了该制度的一些内容。从社区矫正制度的发展来看,我国的社区矫正制度在立法方面和司法实践方面仍有诸多不足。现在社区矫正制度存在社区矫正制度的针对性不够强、监督配合机制未完全建立、具体实施细则还不够完善等问题。

(一)我国未成年人社区矫正的现状

虽然我国社区矫正制度不断发展,逐步完善了相关立法,但是还存在一些问题,如未成年人社区矫正法律体系不完善,社区矫正的独立性不足等。在司法实践中也存在未成年人犯罪后适用社区矫正的比例较低,成年犯和未成年人犯区分不清楚等问题。作为社区矫正的重点对象,我国应该加强对未成年人社区矫正的研究。

1. 立法现状

我国关于未成年人社区矫正制度的发展模式和大多数国家一样,都是先在一些地区进行试点,然后在这些试点地区的发展过程中,观察未成年人社区矫正制度的优势和不足,在未成年人社区矫正制度的框架大致成熟之后,才开始在全国范围内进行实施。

2003 年 7 月,最高人民法院、最高人民检察院、公安部、司法部联合下发了《关于开展社区矫正试点工作的通知》,开始在我国地方进行试点;2009 年联合下发了《关于全国实行社区矫正工作的意见》,将社区矫正制度在全国进行推行;2012 年联合下发了《社区矫正实施办法》,该办法将社区矫正的执行流程、监督管理方案进行全面规定。

2019 年 12 月 28 日,第十三届全国人民代表大会常务委员会第十五次会议通过《社区矫正法》,该法于 2020 年 7 月 1 日施行。随着社区矫正的相关法律不断落实,未成年人社区矫正问题得到了更多的关注和解决。

同时,《社区矫正法》以专章的形式对未成年人社区矫正制度作出了明确规定,该法律体现出我国在社会发展过程中对未成年人合法权益的保护,是完善我国未成年人社区矫正法律法规的重要举措。

我国社区矫正工作正在有序推进,但是由于未成年人和成年人本身在心理和生理方面不同,在对未成年人实施社区矫正时,应该充分考虑未成年人的心理、家庭和社会的状态,只有设计出真正符合未成年人需求的矫正方式,才能让未成年人社区矫正制度取得想要的矫正效果。

2. 司法现状

我国《刑法》第72条规定,不满18周岁的犯罪人符合缓刑条件应当缓刑,这一规定充分展示了对未成年人的司法人道主义和宽缓的刑事政策,对未成年人适用"教育为主,惩罚为辅"的刑事政策,体现了对未成年人的人文关怀,矫正了刑法的报应主义的思想。

21世纪以来,我国未成年人犯罪总数前期有所上升,后期人数逐渐递减,总体呈现一个下降的趋势。在司法实践中,国家提出要加强未成年人刑事审判工作,贯彻"教育、感化、挽救"方针,国家不断的加强对未成年人犯罪的教化和规制,因此未成年人犯罪总数有了较为明显的下降。(见图1)

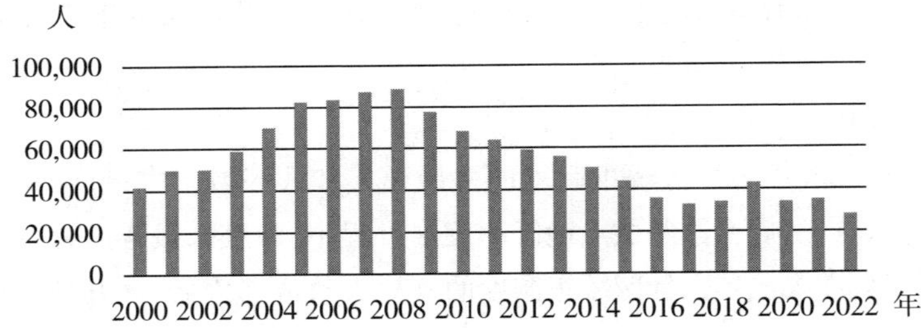

图1　2000—2022年未成年人犯罪总数

近年来,虽然未成年人犯罪总数有所下降,但因未成年犯是一种特殊的群体,在司法实践中要注意未成年人的再社会化,加强非监禁刑的适用。在刑事立法之中对待未成年犯逐步宽缓,对于未成年人适用"教育为主,惩罚为辅"的刑事政策,然而在司法实践之中未成年犯适用非监禁刑仍然处于较低的水平,客观上阻碍了我国社区矫正制度的发展。社区矫正是对于罪行轻微,主观恶性不大的未成年犯实施的制度,也是刑法人道主义和刑事宽缓政策的体现,能够让未成年犯在社区进行矫正时,通过不断的教育和心理疏导,让其认识到自身的错误,纠正自己的错误思想,更好的适应社会发展和进步,更快、更好的融入社会。自2003年社区矫正制度试点以来,这是改造未成年犯的重要举措,能够落实未成年犯非监禁化原则的重要路径。

根据表1和图2可知，我国社区服刑人员总数呈现不断上升的趋势，但是未成年人占社区服刑人数的比例总体呈现下降趋势，未成年人在社区矫正中只占据一小部分，在2005年社区矫正试点以来，对未成年人非监禁刑的适用有所上升，但在2007年以后，未成年人社区服刑人员的比例呈现下降的趋势，整体来说对于未成年人实施社区矫正的比例还不高，表明成年人社区服刑总数的增长快于未成年人社区服刑总数的增长。因此，在司法实践中要对未成年人多适用非监禁刑，贯彻落实教育、感化、挽救的方针。

表1　我国社区服刑人员比例〔1〕

统计时间	社区服刑人员总数(A)/人	未成年人社区服刑总数(B)/人	百分比(B/A)/%
2010年	277,897	8225	4.37
2011年	400,382	11,670	3.07
2012年	544,206	15,681	2.97
2013年	667,470	20,187	3.07
2014年	730,746	20,757	2.87
2015年	704,271	13,767	2.07

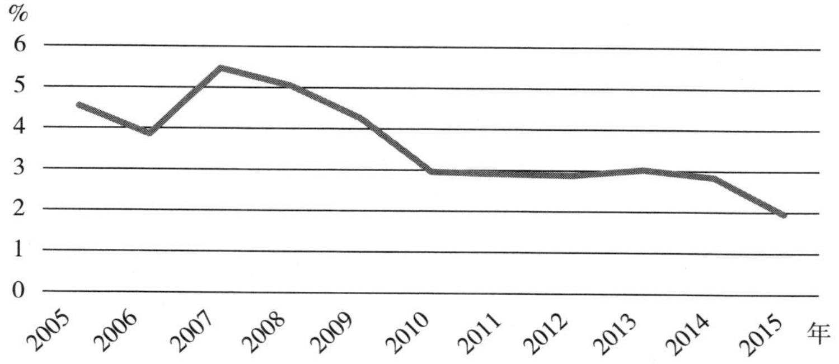

图2　我国未成年人在社区服刑人员百分比(B/A)

(二)我国未成年人社区矫正存在的问题

1.未成年人社区矫正的主体不明

我国在社区矫正的过程中，并没有设置专门负责未成年人社区矫正工作的队

〔1〕 参见司法部社区矫正管理局编：《全国社区矫正发展情况与数据统计》，法律出版社2017年版，第8页。

伍。未成年人作为矫正机构中的一种特殊群体,由于其生理和心理不成熟,没有相关的社会经验,受外界的影响比较大,在社区矫正的过程中,组建专业化的矫正队伍,专门针对未成年人实施社区矫正,能够达到更好的矫正效果。

《社区矫正法》中规定,要在充分了解未成年犯的相关特点后,制定相关的矫正方案,实现针对性的"一案一方法"。然而,在现实实践中,对未成年人实施矫正的主体不明确,并不能够在充分了解未成年犯的前提下,评估可能在矫正过程中出现的风险,然后制定完整的矫正教育体系。这些问题制约着实践中未成年犯社区矫正的发展。

2. 社区矫正工作队伍专业化程度不够

对未成年人实施社区矫正,需要充分考虑未成年人自身的特点和心理特征,未成年人相比于成年人身心更加敏感,在交流沟通时要注意方式方法,最好由具有心理学和教育学等教育背景的专业人员进行沟通,才能避免未成年人产生抵触或抵抗情绪。要实现良好的矫正效果,那必然需要一个专业化的社区矫正工作队伍,现阶段在司法实践之中,主要负责矫正的工作人员有:专业的矫正机构人员,社会服务人员以及社会志愿者三大类。

现在对未成年人实施社区矫正时,并没有根据未成年人的特性设置一些专业的矫正队伍。未成年人由于心智不成熟、教育程度不够等很容易走上犯罪的道路,其在接受矫正教育时,应该由专业的工作人员负责,该专业的工作人员应该具有教育学、心理学、法学、管理学等相关的知识,更好地针对未成年人实施矫正。然而现实的情况是,负责社区矫正的专业的工作人员并没有严格区分负责成年犯和未成年犯,并且大多数的工作人员也不具备专业的教育知识、心理知识、管理学知识,只能够按照社区矫正的相关规定教条化地对未成年犯进行矫正教育和监督。

同时,社会工作者和社会志愿者都是执行未成年人社区矫正的力量,但是该部分人员的流动性大,人员复杂,并且大多数都缺乏相关的社区矫正的工作经验,难以满足社区矫正工作的相关要求。因此,社会工作者和志愿者的专业化程度都有待提高。

3. 未成年人社区矫正系统化的程序法律不足

虽然我国社区矫正制度发展较晚,但是在2003年试点开始一直到2020年《社区矫正法》的施行,都表现出我国社区矫正的法律在不断的完善,也促使我国社区矫正制度实现了新发展。在《社区矫正法》当中,以专章对未成年人社区矫正进行了相关的规定,实现了对未成年人和成年人的分别处置。但是在具体的实践中,法律并没有规定应该如何分开未成年人和成年人的社区矫正,只规定了一些概括性的原则,缺乏具体的可操作性。该法还要求矫正人员对未成年人社区矫正进行保密,但是并没有规定该如何保密,采取什么样的手段进行保密,因此在实践的过程中仍然会存在法律的适用问题,在实践中没有具体的规定,就难以开展相关的保密工作。

4. 未成年犯和成年人犯在社区矫正中区分工作不明确

在未成年犯和成年犯的管理工作中,管理的方式和手段大相径庭,并没有严格地对未成年犯实施区别化管理,同时我国社区矫正的发展相对较晚,并没有像国外一样的多样化的管理方式和手段。我国社区矫正的工作人员在实施社区矫正时,只能够采取现阶段我国所拥有的监督手段,但是现阶段我国所拥有的矫正手段和惩戒措施并不多,因此在开展的过程中手段较为单一。我们可以多借鉴国外的管理经验,完善相关的管理设备和管理方法,在矫正过程中严格区分对未成年犯和成年犯的管理。

四、完善我国未成年人社区矫正制度的建议

我国未成年人社区矫正制度发展时间较短,相关立法和司法实践也在不断的完善,但是在立法和司法实践中也存在许多问题,因此通过对我国未成年人社区矫正的现状进行分析,希望能够给未成年人社区矫正制度的完善提供一些建议。

(一)明确未成年人社区矫正的主体,提升工作队伍的专业化程度

未成年犯的心理状态一般是不稳定的,他们的身心发育还不够健全,对于法律和道德的理解不够成熟,很容易受社会不良风气的影响,从而影响其社区矫正的效果。在管理、教育未成年犯时应该充分调研矫正对象的犯罪原因、家庭情况和成长历程,以及受教育程度等,这些都可以让我们更好地了解未成年人的身心状态,有利于制定具有针对性的举措来完成相关的社区矫正工作。

1. 明确未成年社区矫正主体

未成年人和成年人相比有太多不尽相同的地方,因此若由相同的矫正工作人员进行社区矫正,则对未成年犯实施社区矫正的效果可能就不如预期。因此,对于主要负责实施社区矫正的专业的司法工作人员,应该在其中成立一支专门处理未成年犯社区矫正事务的队伍,让其针对未成年人的特殊性制定适合他们的矫正方式和策略。

2.提升工作队伍的专业化程度

吴宗宪认为,专家型社区矫正工作者是当前社区矫正团队中最紧缺的人员,因此国家应该强化社区矫正专业化团队的建设,组建一支责任心强、素质高、效率高的社区矫正团队,给未成年犯提供专业的矫正教育,促使其真心悔过,重新回归社会。[1] 因此,这些社区矫正的专业型工作者应该具备以下几方面的素质:第一,社区矫正的专业化工作队伍应该具有相关的经验。未成年犯社区矫正本身就比较特殊,如果是由有相关经验的人员负责,能够更好地驾驭该工作,也能够更好地了解未成年人的身心状态,处理好相应的突发问题。第二,社区矫正的专业化工作队伍应该具有良好的品德和过硬的学历。基于未成年人的特殊性,在负责相关工作时,如果该工作人员是具有相关心理学、教育学、社会学、管理学等相关的学历的人员,那么他们能够更好地为未成年人提供相应的帮助。同时社区矫正的工作人员也应该具备良好的道德,兼具耐心和爱心,能够倾听未成年人的心事,帮助未成年人找出自己的问题所在,达到矫正的效果。因此,要提升未成年人社区矫正的工作队伍的专业化程度,更好地实现社区矫正所希望达到的效果。

(二)细化未成年人犯社区矫正的实施程序

在实践中,针对未成年犯社区矫正的具体实施规则和程序等方面的内容还不够完善。未成年人社区矫正具有特殊性,因此细化、改进未成年人犯罪社区矫正的相关内容,让我国未成年人社区矫正体系成为具备独立性的一种专门针对未成年人实施的特殊体系。完善我国未成年人社区矫正的具体实施中的相关方案和程序,设计出符合未成年人发育特点、接受能力、性格特征等相关的制度,充分展示保护未成年人的制度,确保未成年人社区矫正的规章制度与未成年人的身心发展特征相符合。

同时,社区矫正人员在对未成年人进行矫正时必须慎重对待未成年人的个人隐私。社区矫正工作必须做到保护个人隐私与改进技术方法相结合,各部门对于未成年人的档案查看权必须设定限制,只有在权限范围内的人员才可以对数据进行查询,并且改进相关技术,实现犯罪数据实时更新,让犯罪时间、犯罪类型、犯罪年龄等能够在数据库上自动生成统计结果,展示社区矫正的总体情况。这样的数据库分析的数据就更便于社区矫正的工作人员分析未成年人犯罪的相关特征、动机和原因,能够较为直观地让我们看到社区矫正的成果,以及进行相关的理论

[1] 参见吴宗宪:《我国未成年犯罪人社区矫正的主要问题与对策》,载《贵州民族大学学报(哲学社会科学版)》2015年第5期。

研究。

(三)严格区分未成年人和成年人,建立具有未成年人特色的矫正制度

未成年人和成年人是两个不一样的群体,未成年人的心智相对成年人还不够成熟,很容易受社会的影响,同时其接受教育的能力较强,能够更好地接收所传授的知识,有利于引导其向善。未成年人这个特殊群体的心理更加敏感,在对未成年人进行社区矫正时,应该由专业的人员来对其进行相关的心理疏导和教育,引导其学习正确思想,更好地融入社会。

未成年人这个特殊群体,应该得到我们更多的关注和关心。正如《社区矫正法》将未成年人进行专章规定,要在充分了解未成年犯的相关特点后,制定相关的矫正方案,实现针对不同未成年人制定不同的社区矫正方案。也可以按照德国的未成年人社区矫正制度,设立教育小组,专门负责未成年人的社区矫正,全程负责监测未成年人在社区矫正中出现的身心问题,并予以解决。因此,我国可以吸收国外的未成年人社区矫正的相关经验,设立具有中国特色的社区矫正制度。

(四)扩大未成年人社区矫正的适用

根据我国司法实践的现状可知,我国未成年人社区矫正适用非监禁刑的比例还是较低。未成年人是国家的希望、民族的未来,因此控制未成年人犯罪,矫正未成年人的犯罪行为非常重要,非监禁化的司法保护对于保护未成年人、促进未成年人良好的成长具有重要作用。为了促进我国非监禁化司法保护原则的发展,对于未成年人犯罪情节轻微、人身危害性不大的,可以放宽适用缓刑的条件,贯彻宽缓的刑事政策。扩大未成年人社区矫正制度的适用,可以更好地对未成年人实施矫治教育,纠正其不正确的思想,引导树立良好的社会风尚和社会道德,对于实施不严重犯罪的未成年人适用社区矫正制度,可以在一定程度上节约司法资源。

五、结语

如今未成年人犯罪率逐渐上升,如何针对未成年犯实施社区矫正,让未成年人改过自新,更好地回归社会,预防再次犯罪。本文通过对社区矫正的内涵作一个简单的概述后,分析了国内外关于未成年人社区矫正的相关理论,并分析了我国未成年人社区矫正的立法和司法现状,同时提出了一些现存的未成年人社区矫正制度之中存在的问题,如社区矫正主体不明、没有专业化队伍、社区矫正的程序规定不够详细等,针对这些问题也提出了一些相关的建议,以期能够解决我国未成年人社区矫正在实践中的相关困境。

参考文献

[1]杜延玺:《未成年人社区矫正立法建议》,载《中国青年研究》2017年第6期。
[2]林安民:《论我国未成年人社区矫正体系的缺陷》,载《当代青年研究》2014年第5期。
[3]谢佑平、谢澍:《程序与实体:未成年人社区矫正机制的改造》,载《昆明理工大学学报(社会科学版)》2012年第2期。
[4]吴宗宪:《我国未成年犯罪人社区矫正的主要问题与对策》,载《贵州民族大学学报(哲学社会科学版)》2015年第5期。
[5]吴宗宪:《论未成年人社区矫正中的心理学工作》,载《预防青少年犯罪研究》2018年第1期。
[6]莫洪宪:《和谐社会背景下的中国未成年人社区矫正制度之构建》,载《河南省政法管理干部学院学报》2007年第1期。
[7]张素敏、刘正远:《未成年人社区矫正适用的实践困境及消解路径》,载《河南司法警官职业学院学报》2022年第3期。
[8]肖乾利、侯习敏:《未成年犯社区矫正的困境摆脱》,载《重庆社会科学》2015年第8期。
[9]王顺安:《论中国特色的社区矫正概念与性质》,载《宜宾学院学报》2021年第1期。
[10]张凯:《我国未成年人社区矫正工作的执行现状及推进路径——以我国社区矫正法相关规定为切入》,载《长白学刊》2021年第6期。
[11]蒲晓磊:《未成年人社区矫正应体现特殊性专业化》,载《法制日报》2017年1月3日。
[12]李昀泽:《未成年人犯罪社区矫正存在的问题及对策研究》,吉林大学2022年硕士学位论文。
[13]刘敬豪:《未成年人犯罪社区矫正实施的问题研究》,昆明理工大学2022年硕士学位论文。
[14]何芬:《未成年人犯罪非刑罚处罚措施研究》,安徽财经大学2022年硕士学位论文。
[15]安小刚:《社区矫正运行机制研究》,中南财经政法大学2018年博士学位论文。
[16]孙梅:《未成年人社区矫正问题研究》,安徽财经大学2022年硕士学位论文。

实证研究

基于 Citespace 的循证矫正知识图谱与前沿趋势

陈　珊*　贺皓月**

摘　要:针对我国循证矫正领域的研究现状,采用 Citespace 对循证矫正领域的文献进行可视化研究,从发文趋势、作者情况、关键词分布以及研究前沿等方面依次展开,形成知识图谱。以此知识图谱为参照,梳理我国循证矫正的热点问题以及研究现状,检视我国循证矫正研究存在的缺陷,提出循证矫正研究的发展趋势和完善对策,以构建适合我国国情的本土化、规范化和现代化的循证矫正制度。

关键词:循证矫正;研究现状;Citespace;发展趋势;完善对策

一、研究背景

循证矫正,即"依证据进行的矫正实践",来源于西方国家的囚犯矫正模式,源自循证医学,2011 年被司法部引入国内,是指矫正工作人员在对罪犯进行矫正的过程中,通过系统的技术评估方式,结合犯罪对象明确的犯因性问题和特殊矫正需求,严格遵循最佳证据原则,以此为基础设计科学合理的矫正方案与评价方式,并实施矫正活动的实践操作办法,其强调矫正对象改造的科学性、有效性,以实现矫正实践的效益最优化。因此,循证矫正主要具备严格遵照证据至上原则和具体操作过程的规范化、科学化的特征。[1]

二、研究方法

(一)研究工具

Citespace 是由陈超美教授使用 java 语言开创的,旨在综合分析科学文献中蕴

* 作者单位:西华大学法学与社会学学院。

** 作者单位:西华大学法学与社会学学院。

〔1〕 参见戴相英等:《技术建构价值——循证矫正实验研究》,浙江大学出版社 2016 年版,第 67 页。

藏的潜在知识,是数据可视化背景下的基于科学计量学的文献可视化分析软件。[1] 文章基于 Citespace 对循证矫正的文献进行可视化分析,研究文献的时间区间为 2012—2023 年。首先在 Citespace 导入文献数据,生成相应的可视化图谱,对此综合分析在循证矫正中占主流地位的文章主题,以及关键地位的文献,在该领域的知识基础与研究前沿为何及其演变过程的问题。

(二)数据来源

文章纳入的文献时间范围是 2012—2023 年,[2] 纳入文献的全文关键词为“循证矫正”,纳入文献的语言为中文,进行文献检索的数据库为中国知网(CNKI)数据库,从中共检索到文献 1242 篇(未剔除)。首先,从中国知网中导出关于“循证矫正”的所有文献,共 1242 份;其次,删掉其中与主题无关的和重复的文献,确使数据的准确性和有效性,剩余 1060 份,并将这些文献导出到“循证矫正”文件夹中的“Input”中;最后,将存储空间里的 1060 份文献数据导入 Citespace 软件中,运用 Citespace 软件对 2012—2023 年的文章数据进行预处理,依次分别进行发文量、作者、机构和关键词的可视化知识图谱分析。具体过程如图 1 所示。

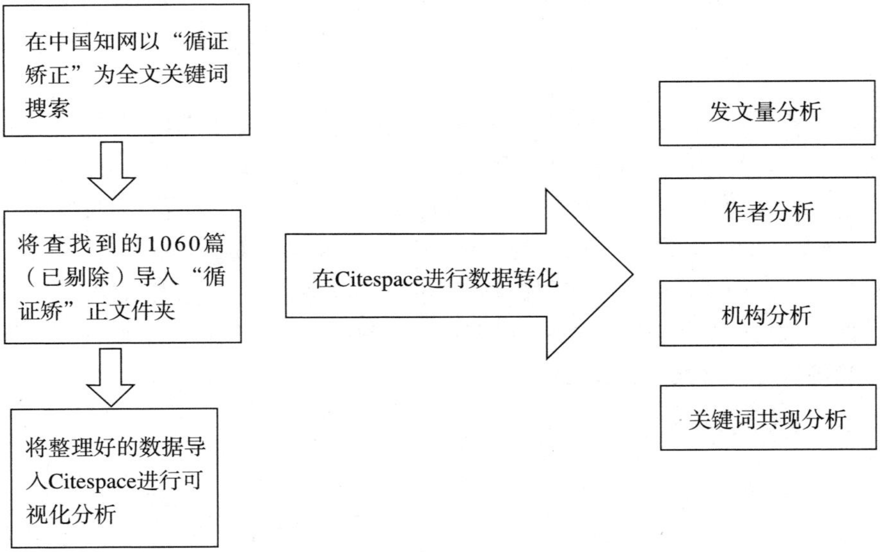

图1　可视化知识图谱的解析过程

〔1〕 参见陈悦等:《CiteSpace 知识图谱的方法论功能》,载《科学学研究》2015 年第 2 期。

〔2〕 为提高罪犯改造质量及降低重新犯罪率,时任司法部常务副部长张苏军于 2012 年在我国率先引进“循证矫正”的理念和方法,并在全国多所监狱试点单位推行循证矫正,因此将文章的纳入时间设置为 2012—2023 年。

三、研究结果

（一）发文量分析

综合 10 多来年的循证矫正文献，由图 2 可知循证矫正领域的发文量整体呈现波动上升趋势，在 2017 年达到顶峰，详细可分为以下三个阶段。

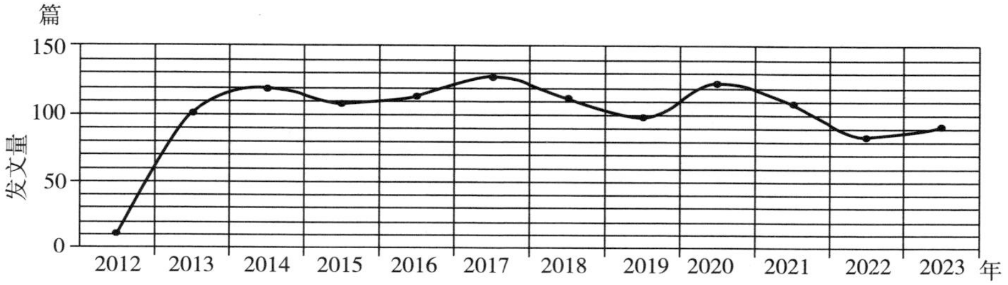

图 2　循证矫正文献年发文量的变化趋势

2012—2014 年的发文量总体呈上升趋势，前期的增长较为急促，2013—2014 年的增长较为平缓。在 2012 年下半年，司法部决定将循证矫正制度正式引入我国，在引入后的第一年，循证矫正极大激发专家学者研究兴趣，发文量呈现急剧上升的趋势。但在 2013—2014 年，发文量增长速度明显放缓。

2014—2020 年的发文量发展呈现较为稳定的上下浮动发展状态；在 2014 年至 2017 年，发文量呈现出缓慢下降再呈现平稳上升之态势，2017 年的发文量达到近 20 年来的最高峰；在 2017—2020 年，发文量在 2019—2020 年的增长速度明显高于 2017—2019 年的下降速度，其中 2020 年的发文量达到次高峰。

2020—2023 年的发文量总体呈现下降趋势，虽然在 2022 年至 2023 年文献数量略有上升，但增长的速度与周期都明显低于 2020—2022 年。

通过分析发现，2012 年循证矫正引入中国，2012—2023 年，研究者对循证矫正的关注度经历高峰期后趋于平稳且总体呈下降趋势。

（二）作者分析

通过 Citespace 对循证矫正文献的作者进行可视化分析得到图 3，该图中 N 为节点数，E 为线段数，其中 $N=97$，$E=40$（Density = 0.0086），这表明作者一共 97 位，合作 40 次，并形成了 7 个大小不一的作者群，整体集中，部分分散。作者姓名字体越大，说明其作品越多；连线越粗，说明作者群内在联系越紧密。本章采用普赖斯定律来确定高产作者的选取标准，核心作者计算公式 $M=0.749(\text{Nmax})1/2$，其中，Nmax = 18 计算 $M=6.741$，取整 $M=6$。因此，发文量超过 6 篇的为高产作者，由此可见,杨波、姜金兵、金训锋、于荣中等人为高产作者。

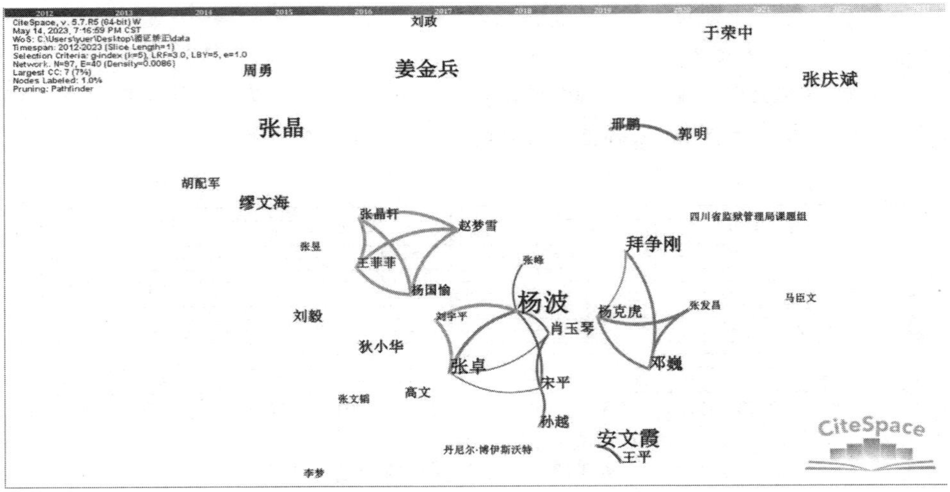

图3　循证矫正文献的可视化

以杨波、孙越、肖玉琴、张卓等为代表的作者群主要研究方向为循证矫正在中国监狱的实践探索与理论基础、未成年犯罪的循证矫正研究等;以杨克虎、邓巍为代表的作者群主要研究方向为循证矫正在社区矫正的研究现状与对策;以安文霞、王平为代表的作者群主要研究方向为西方国家循证矫正的历史发展与启示,以及传统矫正与现代矫正之比较等。

(三)机构分析

通过Citespace分析循证矫正研究机构,可明确该领域的权威机构及其分布领域。在中国知网上以"循证矫正"为关键词检索,时间范围为2012—2023年,按发文数量进行排序得到图4。在前20名机构中,发文量较多的机构依次为中国政法大学、江苏省司法警官高等职业学校、中国司法部预防犯罪研究所、中央司法警官学院、中国人民公安大学、江苏省监狱管理局、西南政法大学、南京大学。值得一提的是,中国政法大学的发文量达到47篇,明显高于其他研究机构。根据检索结果,目前我国循证矫正领域的研究机构大多为高校,此外是中国司法部及监狱管理机构。从城市地域看,研究机构大多坐落于东部发达地区,少部分位于中部和西部地区。根据图5可看出,循证矫正领域的研究机构合作联系不强。因此,应推动跨区域、跨高校、跨专业的研究合作,以加强各地循证矫正研究的区域连接,促进该领域研究的协同发展与治理研究。

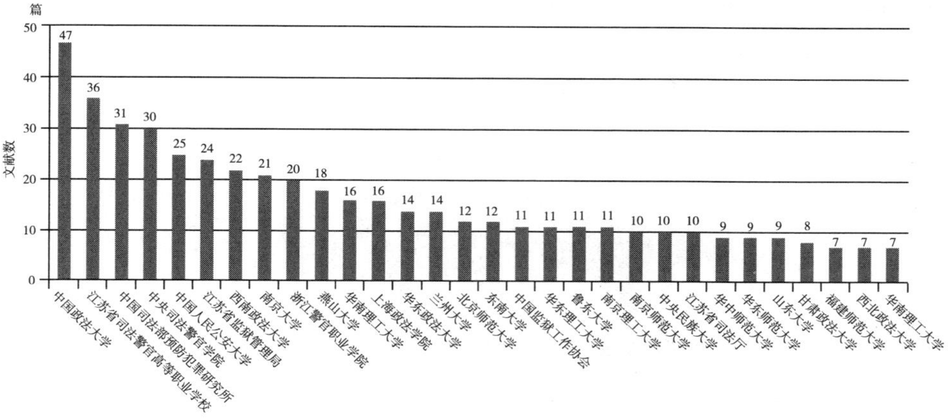

图 4　循证矫正文献的发文机构分布

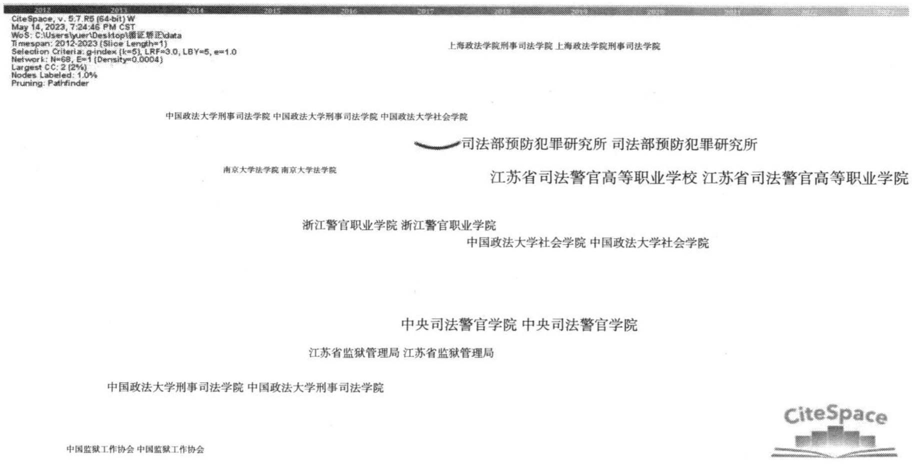

图 5　循证矫正文献发文机构的可视化

(四)关键词共现分析

通过 Citespace 对文献关键词共现分析得图 6,该图谱共有 126 个节点、213 条连线,密度为 0.027。循证矫正主题的文献大多聚焦社区矫正、循证矫正、戒毒工作、监狱安全、社区矫正工作、监狱工作、戒毒工作、监狱体制改革、罪犯教育以及改造罪犯等。其中监狱体制改革与监狱工作、罪犯教育、监狱安全等联系紧密,为落实司法部提出的治本安全观,不仅需要深化监狱体制改革,加强监狱的人民警察队伍建设,保障监狱安全,还需严格规范公正文明执法,加强监狱改造、教育改造和劳动改造教育,提升罪犯教育矫正水平。

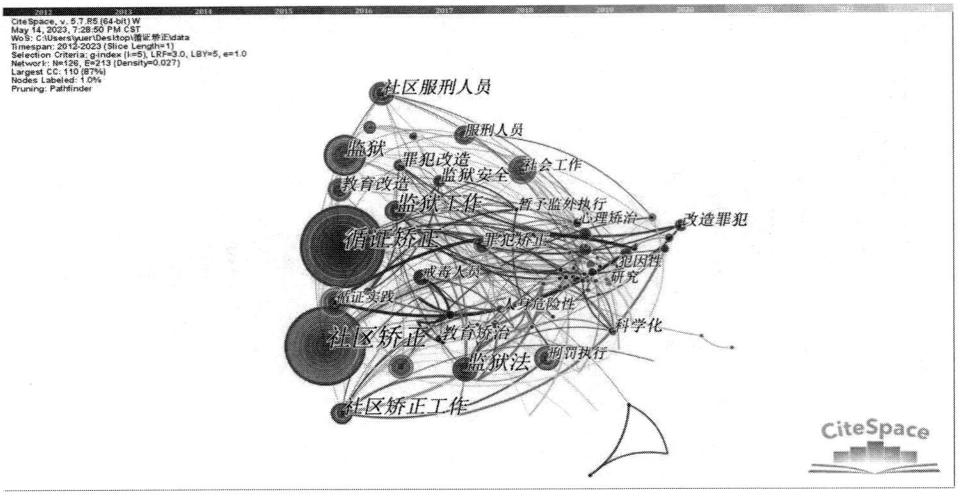

图6　循证矫正文献的关键词共现

第一,将高频关键词以循证矫正应用类型进行分类,得到表1,其中社区矫正出现频次为158,循证矫正出现频次为147,罪犯矫正出现频次为24,教育矫正出现频次为11。这表明在中国监狱、社区矫正及未成年犯教育改造等领域推行循证矫正的条件与路径,以构建具备中国特色的循证矫正理念框架与实践体系。

表1　循证矫正文献高频关键词

序号	频率/次	中心性	年份	关键词
1	158	0.11	2014	社区矫正
2	147	0.11	2012	循证矫正
3	57	0.26	2016	监狱
4	34	0.07	2017	社会工作
5	31	0.12	2014	监狱法
6	31	0.05	2014	罪犯
7	29	0.32	2013	社区矫正工作
8	26	0.04	2014	教育改造
9	26	0.08	2015	社区服刑人员
10	25	0.29	2016	刑罚执行

续表

序号	频率/次	中心性	年份	关键词
11	25	0.07	2015	服刑人员
12	24	0.09	2012	罪犯矫正
13	24	0.06	2014	监狱工作
14	22	0.14	2013	循证实践
15	19	0.10	2013	戒毒人员
16	17	0.04	2015	矫正
17	16	0.04	2013	监狱安全
18	15	0.07	2013	循证
19	15	0.05	2014	改造罪犯
20	14	0.01	2017	治本安全观
21	12	0	2015	罪犯改造
22	12	0.23	2013	戒毒工作
23	12	0.02	2015	监狱民警
24	12	0.07	2016	矫正项目
25	11	0.04	2015	重新犯罪
26	11	0.09	2018	社区矫正对象
27	11	0.06	2015	罪犯教育
28	11	0.06	2014	未成年犯
29	11	0.06	2017	教育矫正
30	11	0.09	2013	证据
31	10	0.09	2013	教育矫治

第二,将高频关键词以循证矫正内容分类,监狱法出现 31 次、教育改造出现 26 次、监狱工作出现 24 次、监狱安全出现 16 次、改造罪犯出现 15 次、治本安全观出现 14 次、戒毒工作出现 12 次、矫正项目出现 12 次、证据出现 11 次。2013 年 1 月《监狱法》正式实施,因此该年份监狱工作与监狱安全出现频次较高。司法部 2017 年提出要求监狱工作要将过往不跑人的底线安全观深化为向社会输入守法公民的治本安全观。循证矫正的成果离不开高效的证据支持,而我国尚未形成规范化与本土

化的证据链条,对最佳证据的鉴定仍停留于原始证据的使用阶段,这导致证据自相矛盾的情形时有发生。此外,由于系统的证据应用流程的欠缺,证据总结与评价程序匮乏,从而使证据不完备的现象时有发生。

第三,将高频关键词以循证矫正对象分类,其中社区矫正工作出现29次、罪犯出现31次、社区服刑人员出现26次、服刑人员出现25次、戒毒人员出现19次、未成年犯出现11次、社区矫正对象出现11次。循证矫正的具体应用不局限于监狱罪犯矫正,还逐步应用未成年犯罪、社区矫正、戒毒矫正等领域。

关键词中心性较高的有社区矫正工作,其中心性是0.32;刑罚执行,其中心性是0.29;监狱的中心性为0.26;戒毒工作的中心性为0.23;循证实践的中心性为0.14。首先,社区矫正工作的中心性最高,出现频次为29,可见循证矫正在社区矫正日益发挥着重要作用;其次,刑罚执行与监狱的中心性排列第二和第三,这说明循证矫正应用于我国监狱管理与刑罚矫正的频次高,2013年司法部制定《关于试点单位(监狱)开展循证矫正工作的指导意见》并随后在监狱开展试点工作,这意味我国探索将循证矫正应用于罪犯教育改造的实践路径;最后,戒毒工作的中心性仅次于监狱,司法部于2012年成功立项《循证矫正研究与实践》,该项目旨在基于中国国情,吸收借鉴域外循证矫正理念与实践的积极经验,以推进我国罪犯矫正方法与强制隔离人员戒毒方法的创新发展,提高监狱矫正质量与隔离人员戒毒效果。

(五)关键词突现分析

关键词突现英文称为“burst detection”,说明在短时期内剧增的一个变量的值,突变成热点,被称为学术界的“百度指数”。Citespace将这种突变信息视为一种可用来衡量更深层级变化的工具。在关键词突现图中,每一个小格子代表一年,对应的红色部分小格子是关键词突现的阶段,突现强度的标准一般要求3以上,关键词的研究数量多少与突现强度呈正比。

观察图7了解2012—2023年共有17个关键词热点,不同的时间阶段关键词突出强度不一,纵观全图,突出强度较大的有12个关键词,其中突现强度的最大值与最小值分别为16.55和3.19,即循证矫正和犯罪与改造研究,突出词强度均值为7.9425。其中值得重视的关键词有社区矫正、社会工作、治本安全观、理论、罪犯、教育矫正,这些关键词的突出强度都超过了4。

通过图7发现2012—2023年专家的研究重点有戒毒人员、戒毒工作、矫正项目、犯罪与改造研究、罪犯改造、社区矫正等研究热点,其中循证矫正、戒毒人员、矫正项目、社区矫正法等热点的持续性较长。证据作为研究热点的开始时间早,持续时间短，犯罪与改造研究、罪犯改造、服刑人员作为研究热点的开始时间较晚，持续时间短。2015—2023 年，该阶段的研究热点关键词呈现出阶梯式变化态势，该阶段的关键词主要有科学化、矫正项目、犯罪与改造研究、教育矫正、社区矫正法、罪犯改造和社会工作等，在 2016—2020 年阶段，科学化与治本安全观、教育矫正、罪犯改造、社区矫正这几个热点关键词紧密结合，成为循证矫正领域的重点研究方向；自 2020 年开始至今，罪犯、矫正、社区矫正就是循证矫正领域的专家研究重点，且以上关键词之间具有较强关联性，这些关键词也是未来循证矫正领域的研究热点。

关键词	年份	长度	开始	结束	2012—2023
循证矫正	2012	16.55	2013	2015	
戒毒人员	2012	3.91	2013	2016	
戒毒工作	2012	3.81	2013	2015	
证据	2012	2.71	2013	2014	
科学化	2012	2.6	2015	2017	
矫正项目	2012	3.23	2016	2019	
犯罪与改造研究	2012	3.19	2016	2017	
治本安全观	2012	4.62	2017	2018	
教育矫正	2012	4.26	2017	2019	
社区矫正法	2012	2.76	2018	2021	
罪犯改造	2012	2.65	2018	2019	
社会工作	2012	5.41	2019	2021	
罪犯	2012	4.35	2020	2023	
矫正	2012	3.47	2020	2023	
服刑人员	2012	2.6	2020	2021	
社区矫正	2012	8.63	2021	2023	
理论	2012	4.53	2021	2023	

图 7　循证矫正文献的关键词突现

（六）时空前沿分析

图 8 是基于 Citespace 作出的时区视图，根据图 8 将 2012—2021 年的循证矫正发展趋势变化划分为以下 3 个阶段。

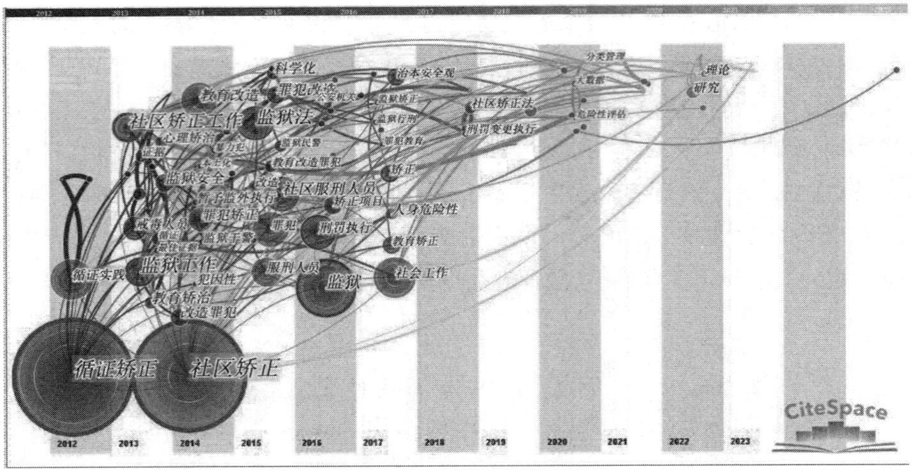

图8　循证矫正文献关键词聚类时区

第一,2012—2015年有循证矫正、罪犯矫正、社区矫正、循证实践、矫正模式、监狱安全、教育改造、证据、心理矫治、罪犯安全、改造罪犯等研究热点。2012年循证矫正开始被引进国内,主要应用于监狱罪犯的矫正且持续至今,因此该年份的循证矫正、罪犯矫正节点较大;2013年的研究热点有社区矫正、循证实践、戒毒工作等,循证矫正逐步应用于社区矫正、戒毒工作、心理矫治等领域,矫正对象主要是社区服刑人员、戒毒人员以及未成年犯等;2014—2015年的研究热点有教育改造、罪犯教育、服刑人员、个别化等,体现循证矫正工作方法的推行丰富创新了监狱教育改造工作的矫正理念与矫正方法,有助于推动监狱矫正资源的合理配置。此外,社区矫正应使监督管理与教育帮扶相结合,对社区矫正对象实行分类管理与个别化矫正,有针对性地消除社区矫正对象重新犯罪的可能性。

第二,2016—2019年有矫正项目、社区矫正机构、刑罚执行、社区矫正法、监狱体制改革、收监制度以及假释条件等研究热点。2019年,《社区矫正法》对社区矫正机构的决定和接收程序予以明确。此外,立法还对社区矫正机构的体制组建、经费管理及人员职责等予以明确,推进社区矫正的法治建设。

第三,2020—2023年有实践性知识、基层治理、创新、专门教育制度等研究热点,意味着循证矫正研究逐步应用于基层治理和专门教育体制改革探索,且这些研究热点还将持续。

四、展望与建议

(一)循证社区矫正在我国的运行现状

通过时间、空间及关键词分布图的分析,发现循证矫正自2012年引入我国经过司法实践,已在国内取得良好的矫正效果并获得较为丰富的经验,而由于发展时间短暂仍面临诸多问题亟待解决。

1. 缺乏科学有效的本土化证据库

循证矫正研究的开展需要大量的同类案例和高水平证据,但我国正处于循证矫正的发展初期,收集的证据资料大多质量低且不充分,属于低层级的证据,因此循证实践不仅缺乏优中选优的高质量证据,就算是循证矫正应遵循的一般证据也有所匮乏。[1] 这主要是因为证据资料不充分。现今国内循证矫正的证据获取来源主要有两个,一方面,从监狱现有的矫正案例中寻找证据,这些矫正案例往往局限于个案,表现方式一般为充满矫正者主观情感与经验的谈话式访谈,具有时效性;另一方面,我国循证矫正的起步晚,不管在政府刑事司法专业部门,还是设置该专业的大学内部官网都无法检索到循证矫正文献,只能通过中国知网或者部分外文网站获取,但西方国家的循证矫正重点在社区矫正,这与我国循证矫正重点在监狱改造有所区别。此外,某些学者引用外文文献的过程中翻译功底不够,导致对外文文献的利用效率极低。虽然不同国家的同类型罪犯在犯因性以及矫正方法有所共通,但因具体国情差异,从西方借鉴的证据大多缺乏本土化实证研究,因此证据利用率低。[2]

2. 缺乏配套的专业化人才队伍

我国循证矫正领域的专业矫正人员数量不够,一方面,因为监狱工作人员一般实行轮岗制,并未设置专门的矫正技术岗;另一方面,狱警除了要完成烦琐的工作内容之外,还要额外进行循证矫正工作,这导致对证据检索的主观动力和经验积累不足。循证矫正实践采取结构化访谈形式,若要达到准确评估之目的,则对矫正人员专业技术的要求高。但我国监狱系统的大多狱警并未接受专门系统的罪犯风险评估和矫正培训,而且我国现今的社区矫正人员主要由各地司法系统和社区工作人员兼职组成,极少数为专门从事矫正工作的专职人员,部分矫正工作

〔1〕 参见管荣斌、徐肖东、李凤奎编著:《循证矫正项目》,江苏凤凰教育出版社2014年版,第1～2页。

〔2〕 参见宋行、朱洪祥主编:《循证矫正理论与实践》,化学工业出版社2013年版,第12页。

人员的思想观念落后,循证专业意识弱,不能实现对矫正对象从内到外的全方面矫正教育。[1]

3. 未成年犯社区矫正项目不具备针对性

现今受各地经济发展水平和社区矫正工作人员专业性等因素影响,我国大多城市的未成年矫正项目缺乏就业以及技能指导培训等,大多社区矫正将未成年矫正与成年人矫正项目混为一谈,明显缺乏针对性。[2] 更甚之,大多矫正工作者在对未成年适用矫正项目前并未对未成年心理和行为进行精准评估,各项目适用的先后顺序随意性较强,项目之间的搭配也缺乏合理性。

(二)对我国循证社区矫正发展的展望与建议

基于对循证社区矫正制度的知识图谱分析和现存缺陷总结,笔者认为对我国循证社区矫正发展的完善应从人才培养、平台构建、矫正项目以及监督评估等具体路径推进。

1. 加强监狱矫正和社区矫正的人才队伍培养和专业分工

社区矫正工作人员的逐步确定化要求对矫正过程进行长时期跟进,比如构建循证矫正技术的专业培训和定期考核的追踪机制,以达到社区矫正工作人员对循证矫正领域的先进知识和技术更新之需求,提升矫正队伍的职业素质。[3] 此外,《社区矫正法》规定可组织专注心理学、法学、社会学等各专业人员参与社区矫正工作,因此在循证矫正的具体应用中,可将社区矫正人员按照精准评估和当事人需求进行专业性的合理分工,提升循证矫正的应用效果。

我国的监狱循证矫正面临人员不够的局面,监狱矫正工作基本是由狱警完成的,矫正工作不具备专业性和连续性。因此,有必要在监狱设置专门的循证矫正岗,使部分矫正人员专门且连续地从事监狱矫正工作,并对其进行定期培训与定期考核,同时还可引导社会组织、志愿者等非政府性的社会力量参与循证工作,以提高矫正质量。[4]

2. 创建有针对性的循证矫正项目

未成年犯罪与成年人犯罪相比有特殊性,应遵循区别对待原则以实现高质量

---

〔1〕 参见刘立霞、孙建荣:《循证社区矫正中最佳证据研究》,载《河北法学》2017年第1期。

〔2〕 参见陈珊珊:《论循证矫正在未成年人社区矫正中的适用及完善》,载《青少年犯罪问题》2019年第2期。

〔3〕 参见苏政:《循证矫正在社区矫正中的应用分析及完善路径》,载《西安石油大学学报(社会科学版)》2017年第4期。

〔4〕 参见杨岭:《中国循证矫正实践推广的困境与策略》,载《西南政法大学学报》2016年第5期。

的矫正目的。一是犯罪主体的特殊性,未成年的身心状况相较成年人尚未成熟,且未成年人身心有更强的可塑性,因此对矫正项目的创建应注重考察未成年人的过往心理和教育模式,成立固定的考察帮教团队,加强与监护人的定期联系,根据未成年对象的性格特点、成长环境、社会经历等以明晰未成年人的成长经历与犯罪的关联程度。二是犯罪原因的特殊性,相较成年人犯罪,未成年的违法犯罪往往动机更加单纯甚至出人意料,因此应注重根据未成年的行为强化心理疏导,建立专业的心理团队为未成年提供专业的心理测评筛查,并构建心理健康档案,以实现循证矫正过程的持续跟进与测评,在解矫时也须进行心理评估,以了解矫正效果。三是矫正目标的长远性,未成年矫正侧重于心理健康教育、行为训练养成以及思想帮扶,应量身制定个性化矫正方案以实现"一人一矫",从长远上保障矫正目标的最大化实现。四是矫正范围的有限性,未成年人社区矫正仅限于刑罚执行,与侦察和审查起诉阶段的考察帮教及审前委托司法行政机关作的社会调查断裂,这使部分应予社区矫正的未成年犯罪未被归入。应该加强矫正与前后诉讼的关联度,以形成工作合力,划定科学的矫正范围,防止脱管和漏管之现象发生。〔1〕

3. 建立循证矫正数据库,促进信息的有效衔接

建立综合性的循证矫正数据库是实行针对性矫正项目的必要前提,能够为矫正实践提供证据支撑与可供检索的研究资料。该数据库主要由三部分构成,第一部分是学术研究成果库,该库主要收集散见于国内外学术网站及各种公共平台的研究成果,并经过专家的审核后作为专业的循证矫正参考资料;第二部分是循证矫正专家库,主要是对该领域的专家信息进行收集,以为循证问题的专业咨询提供充分便利〔2〕;第三部分是循证矫正个案库,该库除了整理收纳循证矫正领域的标准化案例,还对该领域的特殊群体的矫正案例与证据资料进行收集,以为特殊矫正对象的个性化矫正方案的推行提供充分依据。

4. 构建统一的"区块链 + 循证社区矫正"平台

《社区矫正法》第 5 条表明国家鼓励并支持现代信息化技术应用于社区矫正。参考链式存储的逻辑,"区块链 + 循证社区矫正"模式中,矫正数据和最佳证据的使用主要经过以下步骤:一是区块链技术对某一时间点上传的矫正数据和矫正证据进行打包再上传到节点,形成相应的数据块和证据块;二是将打包好的数据块和证据块上传到社区矫正的整个区块链网络,完整的区块链网络的其他节点会对新上

〔1〕 参见张庆斌:《我国循证矫正构建的基本思路与内涵体系》,载《中国司法》2014 年第 3 期。
〔2〕 参见杨声坪等:《随机对照试验质量评价标准的比较分析》,载《循证医学》2010 年第 6 期。

传的数据块和证据块进行验证，将经过验证的数据块和证据块备份到本地服务器中；三是当区块链网络中的节点更新内容时，区块链网络中的其他节点在不被修改的前提下会对新更新节点的数据和证据进行打包，由此形成了2—3个数据块和证据块，并通过第二个程序进行验证备份。

可见“区块链+循证社区矫正”具有技术上的显著优势，但目前各地尚未建立起统一的“区块链+循证社区矫正”信息平台。[1] 国家应在鼓励信息化技术应用社区矫正的同时，以成功地区的平台建设经验为基础，积极开展“区块链+循证社区矫正”平台的建设工作，生成更多科学证据，构建“中国循证社区矫正干预措施”证据库，整合多个地区循证矫正干预措施后获得的最佳矫正证据及经过科学和实践检验的社区矫正方案，逐步构建大数据网络，传播有效的矫正措施，为基层社区矫正工作提供参考。[2]

5. 构建循证矫正的监督评估体系

通过对循证矫正的持续监督评估，可使循证矫正的最佳证据拥有长远性的自我升级与修复能力，推动提升循证矫正的实践运用效果。我国的监狱矫正与社区矫正工作人员也不应囿于日常以经验为导向的惯常矫正理念方式，还应重视采集、分析、更新和筛选证据的思维模式，目的在于使循证矫正的实践经验与研究现状相互为证和相互促进，不断积累循证矫正经验。

区块链技术与社区矫正制度具有高度契合性，在推进社区矫正模式转变过程中具有巨大优势，但也存在传输数据过程中被侵入的风险、智能合约的不稳定性等缺陷。除此之外，在社区矫正过程中使用区块链技术存在监管缺失的问题。2019年2月15日，国家互联网信息办公室施行我国第一部关于区块链技术应用的管理规定——《区块链信息服务管理规定》[3]，该规定尚未解决区块链专项立法缺失的问题。[4] 当前必须推进“区块链+循证社区矫正”监管体系建设，“以链治链”，充分利用区块链技术对该模式进行监管。区块链监管的重心应当置于社区矫正平台

---

〔1〕 以佛山市禅城区“社矫链”为例的地方社区矫正信息平台正逐步建立，但缺乏统一的全国性“区块链+循证社区矫正”平台，无法打破各地信息壁垒以及推动各矫正机构的信息流通。

〔2〕 参见陈芳木：《我国现行社区矫正法律制度在实施中存在问题及对策研究》，宁夏大学2014年硕士学位论文，第30页。

〔3〕《区块链信息服务管理规定》弥补了区块链技术应用于市场的规则空白，规定了区块链信息服务的备案流程以及信息服务提供者的法律责任和违规后的制裁措施，对于维护区块链技术的应用起到一定的积极作用。

〔4〕 参见滕明君、蔡玉梅：《区块链技术视角下的循证社会工作研究》，载《荆楚学刊》2020年第4期。

和社区矫正工作人员上,实现传统监管模式向自动化监管模式的转变,增强对社区矫正工作人员和平台监管的精准性,以此提升"区块链 + 循证社区矫正"的安全性,应对新模式带来的挑战和风险。

社区矫正期满人员再犯罪问题预防研究

——以 Y 市 2014 年至 2023 年刑事案件数据为分析样本

吕沐洋[*] 胡章懿[**]

摘 要：社区矫正期满人员再犯罪问题，由于罪犯的犯罪经验更加丰富，反侦查能力更强，社会危害性更大，成为亟待研究解决的课题。本文研究组从 Y 市近 10 年发生的 37,149 件刑事案件中筛选出被判处宣告缓刑、管制并在接受社区矫正后再犯罪的 168 名人员作为样本，对社区矫正前后犯罪时的个体特征、样本所处环境特征等进行多维度调研，发现社区矫正后再犯罪人员的共性特征及其再犯罪问题的深层次原因，借鉴国外先进经验做法、结合我国国情及国内优秀调研成果等，提出预防社区矫正期满人员再犯罪问题解决办法。

关键词：社区矫正期满人员；再犯罪预防；社会治理

我国社区矫正工作起步较晚，2009 年最高人民法院、最高人民检察院、公安部、司法部联合下发《关于在全国试行社区矫正工作的意见》部署全面试行社区矫正工作以来，相关研究如雨后春笋，蓬勃发展。遗憾的是，大多数研究工作，要么分析的样本数太少，发现的问题不具有代表性；要么过多分析表面现象而未发现问题根源。本文研究组对 Y 市海量数据及大量案例进行多维度调研，发现问题症结。研究组认为：要从根本上解决社区矫正期满人员再犯罪问题，必须从充分重视社区矫正期满人员的心理矫正质量、帮助就业、持续提供社会化指导与服务、营造全社会关心接纳的舆论氛围 4 个方面着手。

---

* 作者单位：四川省宜宾市珙县人民检察院。

** 作者单位：宜宾学院法学与公共管理学部。

一、Y 市社区矫正期满人员再犯罪现状

(一)主要数据

Y 市 2014 年至 2023 年共发生刑事案件 37,149 件,其中被判处宣告缓刑 10,385 人、管制 81 人,该部分人员接受社区矫正后再犯罪 168 人,再犯罪率 1.6%。

该 168 名接受社区矫正后再犯罪人员呈现如下特征:

1. 从性别特征看,男性 157 人,占比 93.5%;女性 11 人,占比 6.5%。

2. 从年龄结构看,不满 20 岁的 19 人,占比 11.3%;满 20 岁但不满 30 岁的 94 人,占比 56.0%;满 30 岁但不满 40 岁的 42 人,占比 25.0%;满 40 岁的 13 人,占比 7.7%。

3. 从文化水平看,文盲或半文盲 10 人,占比 6.0%;小学学历 36 人,占比 21.4%;初中学历 89 人,占比 53.0%;高中或中专学历 25 人,占比 14.9%;专科学历 6 人,占比 3.5%;本科学历 2 人,占比 1.2%。

4. 从职业特征看,再犯罪时无业的 120 人,占比 71.4%。

5. 从犯罪主体人数看,矫正前系共同犯罪的 91 人,占比 54.2%;矫正后系共同犯罪的 95 人,占比 56.5%;矫正前后都系共同犯罪的 61 人,占比 36.3%。

6. 从罪名变化看,矫正前犯盗窃罪的 16 人,矫正后再犯同罪的 10 人;矫正前犯寻衅滋事罪的 19 人,矫正后再犯同罪的 4 人;矫正前犯偷越国(边)境罪的 11 人,矫正后再犯同罪的 2 人,犯组织他人偷越国(边)境罪的 3 人;矫正前犯危险驾驶罪的 16 人,矫正后再犯同罪的 6 人;矫正前犯开设赌场罪的 8 人,矫正后再犯同罪的 3 人;矫正前犯非法吸收公众存款罪的 2 人,矫正后再犯同罪的 2 人;矫正前犯强奸罪的 1 人,矫正后再犯同罪的 1 人;矫正前犯容留他人吸毒罪的 1 人,矫正后再犯同罪的 1 人。

7. 未成年人再犯罪问题严重。犯前罪时 32 人为未成年人,占比 19.0%;犯后罪时 5 人仍为未成年人,占比 2.9%。前罪触犯的罪名有:抢劫罪、盗窃罪、强奸罪、寻衅滋事罪;后罪触犯的罪名有:盗窃罪、寻衅滋事罪。

(二)数据反映的问题

上述 168 名再犯罪人员呈现的特征,反映如下问题:

1. 不满 30 岁的社区矫正罪犯,再犯罪风险高。犯前罪时不满 30 岁的 134 人,占比 79.8%;犯后罪时不满 30 岁的 113 人,占比 67.3%。

2. 初中及以下文化水平的社区矫正罪犯,再犯罪风险高。初中及以下文化 135

人,占比80.4%;高中或中专及以上文化33人,占比19.6%。

3. 社区矫正后无职业的罪犯,再犯罪风险高。犯前罪时处于无业状态的占比61.3%,社区矫正后再犯罪时处于无业状态的占比71.4%。

4. "朋友圈"存在问题的罪犯,再犯罪风险高。社区矫正前、矫正后共同犯罪的占比,均高于50%。该部分人员,在接受社区矫正前后,所交往的"朋友圈"结构,即使人员不同,人员的品行也相同或相近。

5. 心理和思想问题没有得到根本改变的社区矫正罪犯,再犯罪风险高。从罪名变化看,有盗窃、寻衅滋事、偷越国(边)境、开设赌场、非法吸收公众存款、强奸、容留他人吸毒等恶习的罪犯,社区矫正后再次侵犯同类法益的风险高。

二、国内外对社区矫正期满人员再犯罪问题的研究现状

(一)国外研究现状

1. 国外研究工作取得的主要成果

社区矫正在发达国家和地区已经有较长的历史,到2000年时,许多发达国家和地区纳入社区矫正的非监禁人数已大大超过监狱中的监禁人数,完成了由以监禁刑为主向非监禁刑为主的历史性转化。[1] 美国于1841年对缓刑开创社区矫正,经过100余年的发展,社区矫正制度已比较成熟,是英美法系国家社区矫正实践的范例。美国的社区矫正工作者主要来源于政府或法院的公务员。美国矫正协会对社区矫正工作者的要求极为严格,一是要求具有刑事执法、社会学、心理学等专业的学士学位或者有缓刑假释工作相关的经历、训练和学院的学分足以说明其学习的程度相当于学士的学位[2];二是要进行严格的文化、心理、身体、个性测试;三是要接受专业技术训练,确保能胜任工作。在20世纪70年代中期,美国取得《对性罪犯的治疗》《社区的监督和服务需要有经过较好训练的工作人员来执行》《社区监督和治疗的结合》等研究成果。[3] 美国运用这些研究成果,形成了系列量化评估表,并将矫正质量评估工作贯穿矫正过程的始终;各个阶段的评估结果将用于指导及调整下一阶段的矫正方案,从而使矫正工作更具有针对性。

[1] 参见吴旭:《参与行刑主体多元化及其变革路径》,载陈兴良主编:《刑事法评论》第25卷,北京大学出版社2010年版。

[2] 参见范迎波:《社区矫正人员的社会适应性问题研究》,载《法制与社会》2016年第19期。

[3] 参见刘强主编:《各国(地区)社区矫正法规选编及评价》,中国人民公安大学出版社2004年版。

日本社区矫正工作主要借助“中途之家”进行。[1]“中途之家”作为非政府组织，严格遵循社区矫正相关法律法规并接受国家有关部门的监督和指导。一般具有3个特征：一是实施小规模分类管理。一个“中途之家”通常接受20人左右的罪犯并根据犯罪类型实施分类管理，带有福利保障色彩。二是保障低端就业。被矫正人员主要从事建筑等体力劳动。就业机会一般由热心慈善事业的建筑行业老板提供。三是注重生活能力训练。通过训练，被矫正人员可以获得大到操作大型机械，小到换灯泡、切菜等日常生活技能的职业资格证。

2. 国外研究成果对我国的借鉴意义

美国和日本的先进经验，对于我国解决社区矫正期满人员再犯罪问题有以下3点启示。一是对社区矫正效果要进行量化评估。当前我国社区矫正工作，由于没有评估标准，矫正工作更多注重形式，没有深刻触及罪犯的心理和思想。二是要注重调动社会力量的参与。我国当前社区矫正工作主要由基层司法所进行。基层司法所大多仅有1名正式编制人员。1个基层司法所通常辖区为1至3个乡镇，人少事多问题突出，工作无法做深做细。调动社会力量参与，可以有效缓解甚至解决社区矫正工作人力不足问题及能力水平问题。三是要注重技能培训。国外社区矫正工作特别注重对罪犯的技能培训。从研究数据看，无业人员是再犯罪的主力军。通过技能培训解决就业问题，就解决了“无事做”“无钱用”带来的系列问题。

（二）国内研究现状

1. 国内研究取得的主要成果

我国社区矫正工作于2003年试点，2009年在全国全面试行，2014年在全国全面推进，2020年7月1日起施行《社区矫正法》标志着社区矫正工作正式进入依法矫正时代。试点以来，国内学者对社区矫正工作进行积极探索，特别是2009年在全国全面试行后，研究工作取得大量理论和实务成果。

有学者已经注意到我国社区矫正工作缺乏效果评估带来的问题。张凯、姜祖桢在《论我国社区服刑人员矫正效果评估体系的构建》一文中指出：社区服刑人员矫正效果评估是指社区矫正工作者利用科学的评估方法对社区服刑人员的矫正状况进行评价的活动。桑先军在《论社区矫正效果评估指标体系的构建》一文中指出：对社区矫正效果评估指标的确定必须以犯罪学理论知识为基础，从重新犯罪

---

〔1〕 参见魏红：《论社区矫正在刑罚中的运用》，载《贵州警官职业学院学报》2011年第2期。

率、心理健康测评、主动回归社会化进程的倾向、法律意识与自我认知、不良社会行为、环境适应性等角度建立指标进行评估。

有学者已经注意到社区矫正期满人员的社会化问题。徐州工程学院范迎波在2014年的江苏省高校哲学社会科学研究基金指导项目阶段性成果《社区矫正人员的社会适应性问题研究》一文中指出:社区矫正人员社会适应性的养成必须在法律和社会需求的框架内进行,不能违反法律的规定,远离社会需要,任由其自我改造。这就需要司法行政部门及社区、社会力量等创造条件,完善工作制度和运行机制,从而使社区矫正人员从心理和行为上具备社会适应性,最终达到将社区矫正人员改造为守法公民的目的。

2. 国内研究工作存在的不足

华东政法学院陈和华、叶利芳在《犯罪研究》2006年第1期《国外社区矫正的经验和问题》一文中指出:近年来,我国一些监狱已开始了罪犯改造质量的标准和评估理论研究、实践探索。这些研究和实践移植了ISO(国际标准化组织)质量认证体系的形态,但没有构建完整、具体、量化的罪犯改造质量的科学标准,或者只在传统的定性的质量标准上打圈圈,没有形成社会化的客观标准。没有科学的罪犯改造质量标准,实际上就不可能使质量目标得到全面落实,不可能在质量目标的控制下,实现改造工作的持续改进。

正如同陈和华、叶利芳所述,我国研究工作较多停留在对定性的描述上,忽略了社区矫正期满人员再犯罪问题的复杂性。一是虽然注意到了社区矫正工作者能力水平对矫正工作效果的重要影响,但是没有注意到深层次的原因在于我国相关法律法规对矫正效果评估的规定处于空白状态。因为只需要罪犯在矫正期间遵规守纪,期满就可以解除矫正,所以出现社区矫正工作者不实质关心罪犯心理、思想没有得到真正矫正的现象。二是没有充分认识环境因素对人的心理、思想、情感和行为的重要影响。社区矫正期满人员再犯罪问题的发生,受到“问题家庭”“问题朋友圈”等不良生活环境、社会环境的深刻影响。不良环境容易诱发犯罪动机。即使社区矫正效果达标的人,长期处于有严重问题的家庭或朋友圈,心理、思想也可能受到侵蚀,导致违法犯罪风险上升。三是对降低社区矫正期满人员再犯罪问题提出的对策建议,没有充分考虑实践中的可操作性。四是没有注意到全社会关心、接纳社区矫正期满人员对于弥补司法机关和相关部门工作不足、帮助社区矫正期满人员巩固生活信心等的重要性。

三、社区矫正期满人员再犯罪的原因

(一)社区矫正质量缺乏评估标准,心理矫正效果不佳

心理活动是思想形成的基础之一,思想是心理活动的结果。心理活动的质量决定思想水平的高低。因此,在社区矫正工作中应当特别重视对心理问题的矫正。罪犯,特别是多次犯罪的罪犯,人生观、价值观扭曲,容易触犯法律。社区矫正期满人员回归社会时,如果心理、思想问题没有得到解决,那么再犯罪的风险就会高于常人。Y市G县司法局2020年采用“标准化”组建社区矫正队伍、“规范化”提升社区矫正执法能力的方式推动社区矫正工作发展,经验做法获得四川省司法厅推广。调研发现,G县2020年至2022年开展社区矫正期间,被判处宣告缓刑、管制罪犯449人,2023年再犯罪4人,再犯罪率0.9%。在四川省社区矫正工作具有一定示范性的G县,社区矫正期满人员再犯罪问题仍然突出,可见缺乏评估标准的矫正工作,很难从根本上解决问题。在调研过程中,当被问及矫正效果时,有工作人员坦言:“目前我国对思想矫正效果没有评估标准,只要社区矫正对象在行为上遵守纪律规定,期满就可以解除矫正。”从对168名接受社区矫正后再犯罪人员反映出的问题看,没有解决的思想问题主要指没有帮助罪犯形成正确的自我认知和社会认知。

没有形成正确的自我认知,自卑情结、易怒人格、好逸恶劳思想都会导致再犯罪风险上升。具有自卑情结的人,对自己的能力、价值主要持否定态度,在生活和工作中常常表现为自我否定、自我贬低,心胸狭窄,在社交活动中害怕被排斥。上述问题如果长期得不到心理疏导,就会因为无法正常融入社会而形成“破罐子破摔”的极端心理。具有易怒人格的人,更容易激情犯罪。激情,在吴宗宪主编的《法律心理学大词典》书中被定义为强烈的、暴风雨般的、激动且短促的心理状态。易怒人格在社交活动中过于敏感,对“尊重、信赖、沟通”的认识肤浅、义气用事,一旦发生不愉快的事情,就会丧失理智,不假思索地升级矛盾并作出极端举动。激情犯罪在我国刑事犯罪案件中的比例已经占到1/3。具有好逸恶劳思想的人,价值观扭曲,不愿意自食其力,习惯运用极端手段获得利益,一旦生活需求得不到满足、心理失衡,就会铤而走险,任意践踏他人合法利益,重新走上犯罪道路。

没有形成正确的社会认知,必然会导致对社会规范、价值观念和道德准则等形成错误认识。社会认知,是个体如何理解与思考他人,根据环境中的社会信息形成

对他人或事物的推论。[1] 人总是在特定的环境中成长,如果对道德规范的认知存在偏差,那么基于对道德规范的认知而建立的自我认知也一定存在偏差。错误的自我认知产生错误的价值观,错误的价值观增加再犯罪风险。因此,在社区矫正期间,帮助罪犯形成正确的社会认知,既可以帮助他们形成正确的自我认知,也可以帮助他们更好地遵守社会规范和道德准则,从而预防再犯罪问题发生。

(二)无文化、无技术生存能力问题,未因矫正得到解决

文化水平的高低,与犯罪率存在一定联系。一方面,文化水平低的人,往往没有机会接受法律知识的培训,导致法律意识淡薄,是非辨别能力差。比如,社区矫正前犯偷越国(边)境罪的11人,矫正后2人再犯同罪、3人犯组织他人偷越国(边)境罪。深入调查发现,前罪系缓刑,没有实际羁押,因此有的偷越国(边)境罪犯理解为"没有被羁押就是没有被实际惩罚",认为该罪不严重,故再犯。另一方面,文化水平低,必然导致就业机会少,收入少且不稳定,再加之好逸恶劳等不良思想,再犯罪风险增加。

无业人员的再犯罪风险高于就业人员。无业即意味着无收入,无收入即意味着贫穷、更容易遭受舆论歧视等问题。马克思在《"模范国家"比利时》一文中指出:犯罪行为随着赤贫现象的增长而增长。晁错在《论贵粟疏》一文中指出:民贫,则奸邪生。很多犯罪,背后都有贫穷的影子。虽然贫穷不是犯罪的根源,但是贫穷和犯罪具有关联性,贫穷容易诱发犯罪。

(三)不良环境强化错误认识,再犯罪动机容易萌发

问题家庭和问题朋友圈等不良生活环境、社会环境,严重影响社区矫正期满人员融入社会。

家庭是社会的基本细胞,更是社区矫正期满人员融入社会的第一道门。存在婚姻或亲子等方面冲突问题的家庭,以及对社区矫正期满人员贴"犯罪标签"的家庭,更容易导致再犯罪动机萌发。社区矫正期满人员因为之前的犯罪行为,直接或间接地对家庭经济、名誉等造成难以弥补的伤害,导致解除社区矫正后,部分家庭仍然难以宽容、原谅、接受,甚至将其拒之门外。

问题朋友圈对待社区矫正期满人员的态度,常常与家庭相反。问题朋友圈通常建立在吃喝玩乐的基础上,由不务正业、思想消极,甚至人生观、价值观扭曲、香臭不分的一群充满问题的人员组成。他们更容易接纳社区矫正期满人员。当社区

---

〔1〕 参见李双玲等:《基于AMOS模型的体育院校学生对混合式教学接受度及其影响因素分析——以哈尔滨体育学院为例》,载《哈尔滨体育学院学报》2021年第3期。

矫正期满人员在家里难以得到温暖，而顺利"融入"问题朋友圈的时候，他们更容易甚至自愿被问题朋友圈的虚假温暖所麻痹，重新走上违法犯罪的道路。

四、社区矫正期满人员再犯罪问题预防对策

（一）建立社区矫正效果评估体系，重点提升社区矫正期满人员的心理"合格率"

对社区矫正效果的科学评估，不仅有助于帮助社区矫正工作人员检视矫正效果并及时优化个案矫正方案，而且有助于节约行刑成本、预防社区矫正对象再犯罪，从而更好保护社会、完善社区矫正制度和实践等，具有个人、社会和国家3个层面的价值。[1]

《四川省社区矫正实施细则（试行）》第100条规定：执行地县级社区矫正机构及司法所应当根据社区矫正对象的心理特征，组织开展心理健康教育、心理咨询和心理治疗，矫正其违法犯罪心理和行为恶习。实践中，由于没有量化评估标准，该条规定没有得到有效执行。目前，虽然我国学界和实务界对社区矫正效果评估均有一定的研究和探索，但是社区矫正效果评估仍然存在有关法律规定不完备、司法实践有限、学界研究不足、评估主体不全面、评估内容不统一、评估指标不规范、评估方法不科学、评估程序不完备等问题。[2] 从调研发现的30岁以下罪犯再犯罪问题，特别是未成年罪犯再犯罪率畸高等问题看，尽快建立健全社区矫正效果评估法律法规，尽快建立社区矫正效果量化评估体系，从心理和思想根源上进行社区矫正，已迫在眉睫。

（二）开展个性化技能培训，以就业确保社区矫正期满人员融入社会的路径顺畅

就业是融入社会的重要路径。在获得经济收入、提升社会地位、拓宽社交圈子的同时形成良性循环，进而实现对社会的正常融入。2020年7月1日实施的《社区矫正法》第37条规定：社区矫正机构可以协调有关部门和单位，为社区矫正对象提供职业技能培训，帮助其就业。调研发现，受到经费等多因素的制约，社区矫正机构几乎没有针对社区矫正对象的个性化需要组织开展技能培训。2023年，广东省

---

〔1〕 参见张雍锭、张学超：《我国社区矫正效果评估及其制度构建研究》，载《公安学研究》2022年第5期。

〔2〕 参见李甜：《我国重大行政决策后评估制度研究》，内蒙古大学2020年硕士学位论文，第46页。

组织社区矫正对象参加电商趋势分析、网络购物平台、短视频平台直播等技能培训和就业指导,有效提高社区矫正期满人员社会适应能力和就业创业能力,收到较好效果,具有借鉴意义。建议以国家或地方立法的形式制定经费保障等制度,由社区矫正机构牵头,根据社区矫正对象的潜力、意愿等制定个性化职业能力培训计划,确保社区矫正人员在矫正期满时拥有某项职业技术能力和资格证,以就业确保其融入社会的路径顺畅。

(三)探索开展社区矫正期满人员"1对1"帮扶,持续提供社会化指导与服务

社区矫正期满人员社会化的过程,是复杂、动态和充满变量的过程,应当广泛动员、吸收公务员、事业单位人员、社会组织和爱心人士等参与对社区矫正期满人员的帮扶工作,形成"1对1"的帮扶模式,通过持续提供社会化指导与服务,及时助力解决社区矫正期满人员在融入社会过程中遇到的困难或问题。一是及时解决社区矫正期满人员容易存在的自卑心理问题。大多数罪犯,被采取刑事强制措施后,长期与亲戚、朋友处于隔离状态,在社区矫正后,其交往仍然受到一定限制,很可能需要较长时间才能够被家庭、亲戚、朋友等接纳。如果社区矫正期满人员没有正确认识该现象,认为自己被边缘化,就容易产生自卑心理,导致融入社会的效率、质量受到严重影响。实际上,该认识常常是片面和极端的。即使难以在家庭或朋友圈中找到温暖或个人价值,也不代表自身没有价值。通过"1对1"帮扶,以类似"顾问"的身份帮助社区矫正期满人员正确认识形势,可以有效预防其再次误入歧途,避免"不识庐山真面目,只缘身在此山中"问题发生。二是及时解决社区矫正期满人员容易存在的"仇视心理"问题。社区矫正期间,罪犯由于受到严格的纪律约束,一般不会把自己平等地与周围人员进行比较;社区矫正期满后,正式回归社会与周围人员相处发现"很难平等"时,对周围人员的态度容易由羡慕转化为嫉妒,由嫉妒转化为仇视心理。该仇视心理,为犯罪提供了心理基础。在再犯罪的罪犯看来,婚姻不幸问题、分配不公问题、人生坎坷问题等"不公平问题",都是再犯罪行为合法、合理的依据。因此,通过"1对1"帮扶,可以有效发现矫正期间对思想矫正不足遗留的问题并及时弥补。三是及时解决社区矫正期满人员在就业过程中遇到的困难或问题。比如,在职业技术能力上持续协助提供指导或参考意见、在就业渠道上提供帮助、在就业相关法律法规方面提供智力支持、在受到挫折时提供心理咨询和建议等,让社区矫正期满人员时刻感受到自身价值并认识到自己的努力方向。

(四)营造全社会关心接纳的舆论氛围,努力消除"标签效应"

只有形成全社会对社区矫正期满人员关心接纳的舆论氛围,努力消除"标签效

应”,才能够有效弥补心理矫正、“1 对 1”帮扶等工作存在的不足,实现预防社区矫正期满人员再犯罪工作效果最大化。在被排斥和自我接受“罪犯”身份的双重因素叠加之下,社区矫正期满人员容易产生反社会情绪并规避正常社会行为,再犯罪风险就会上升。犹如美国心理学家马斯洛所言,人有归属和爱的需要。因此,应当强化宣传,要求全社会关心、接纳和帮助社区矫正期满人员。一是避免在就业岗位、信用担保等方面设置障碍;二是从思想上摒弃偏见,不能把犯过罪的人简单地与“坏人”画等号。全社会应当鼓励社区矫正期满人员树立信心和勇气,积极融入社会,正常生活和工作,成为和谐社会的享受者和建设者。

论基层司法所的社区矫正现实困境及其应对*

王志亮** 王东萌***

摘 要：司法所是从事社区矫正工作最基层的建制单位，最能反映社区矫正工作中社区矫正对象的实际情况。对某司法所的调研表明，中青年男性占社区矫正对象的大多数，社区矫正对象在犯罪之前普遍处于社会最底层，所实施的均属轻微犯罪，因而缓刑占绝大多数。大多数社区矫正对象能够服从管理，少数社区矫正对象不服管，尤以醉酒型危险驾驶罪的社区矫正对象、老病残孕社区矫正对象最为突出。其矫正表现主要归因于主观内在方面的认识论因素和意志论因素，当然也与客观外在方面法院、检察院、社区矫正存在一定问题有关联。针对普遍性问题，应采取以提升工作人员履职能力、加强社区矫正对象的认罪悔罪改罪教育为内容的常规应对措施。针对醉酒型危险驾驶罪社区矫正对象、老病残孕社区矫正对象的特殊性问题，应采取以建立轻微罪出罪机制、《社区矫正法》增加特殊社区矫正对象家庭精养中止服刑制度专章规定为内容的专项应对措施，完善社区矫正的具体监督管理制度，以期助力社区矫正工作的开展。

关键词：司法所；社区矫正工作；社区矫正对象

司法所从事社区矫正工作，通过监督管理和教育帮扶，努力消除社区矫正对象重新犯罪的因素，以达到预防和减少犯罪的行刑目的。但在实践中，社区矫正工作人员存在"我说你听，我打你通"的工作方式，社区矫正对象往往出现被"物化"的倾

---

* 2022年院级课题（项目编号：2022YSYJ08）。

** 作者单位：广州商学院法学院。

*** 作者单位：云南司法警官职业学院。

向,社区矫正对象的主观能动性被忽略。通过统计梳理发现,对社区矫正对象的再就业对策、再犯罪风险、适应性帮扶、脱管漏管等问题研究较多,而对社区矫正对象的现状研究较少。本文以司法所社区矫正对象的现状为切入点,进行多维度剖析,以期从源头上找出提高社区矫正效果的应对措施,有针对性地做好社区矫正工作。

一、某司法所的社区矫正对象现状

2022 年 2 月 18 日至 8 月 17 日,笔者通过入户访查、调查评估、个案访谈等方式,对云南省 K 市 S 区 Q 司法所工作人员及其社区矫正对象现状进行研究;先后入户 47 家、个别访谈 86 人次、访谈公检法人员 4 次,与区司法局、司法所相关工作人员访谈 20 多人次,每次访谈时间 30—90 分钟;收集并分析了部分社区矫正对象起诉书、判决书、入矫到解矫等各方面的原始资料;将该司法所的社区矫正对象基本现状归纳为人类学、社会学、刑法学、行刑学方面的表征,具体见表 1。

表 1　某司法所的社区矫正对象基本信息

项目		占比/%
民族	汉族	76.8
	少数民族	23.2
性别	男	80.3
	女	19.7
出生年份	1940—1960 年	2.0
	1961—1970 年	18.0
	1971—1980 年	29.0
	1981—1990 年	29.0
	1991—2000 年	20.0
	2001 年以后	2.0
文化程度	本科以上	19.7
	大专	16.9
	中专/高中	20.4
	初中	28.9
	小学	9.9
	文盲	4.2

续表

项目		占比/%
涉及罪名	危害公共安全罪	23.9
	妨害社会管理秩序罪	21.1
	破坏社会主义市场经济秩序罪	18.3
	侵犯财产罪	14.1
	贪污贿赂罪	11.3
	侵犯公民人身权利、民主权利罪	9.3
	破坏环境资源保护罪	2.0
管理级别	严管	8.5
	普管	85.9
	宽管	5.6

(一)人类学方面的表征

《社区矫正法》对"社区矫正对象"的法定称谓,丝毫不能影响他们属于人的本性,丝毫不能动摇他们属于社区罪犯的法律地位。他们,属于人的本性,居于社区罪犯的法律地位,理应从人类学的视角来审视。人类学学科自创立之初便注重对犯罪问题的研究〔1〕。人类学家埃德蒙顿·利奇认为,人无法逃脱来自他人和现有社会结构的支配,而人类的本质便是对这种支配的憎恨,此种憎恨的具象化便是犯罪〔2〕。社区矫正对象作为犯罪人,有必要将其纳入人类学的范围进行研究,以凸显其人类学内容因素的特征。

从年龄分布来看,20—50岁的中青年男性占社区矫正对象的大多数。这是因为他们需求强烈且呈现多元化,当需求欲望高于所能满足的现实条件时,对道德和法律又缺乏应有的敬畏,犯罪便不可避免。中青年体力、精力都比较充沛旺盛,即通常所说的年轻气盛、自控能力较弱,在情绪冲动下容易实施犯罪行为。而随着年龄增长,犯罪率逐渐下降,犯罪率与年龄的衰老程度呈负相关。

(二)社会学方面的表征

社区矫正之下,社区矫正对象不仅犯罪是在社会环境里,而且服刑同样是在社

〔1〕 相关内容,参见[英]马林诺夫斯基:《原始社会的犯罪与习俗》,原江译,法律出版社2007年版。

〔2〕 See LEACH E. R. Custom, *Law and Terrorist Violence*, Edinburgh University Press, 1977.

会环境里。可以说,社区矫正对象始终不离开社会,需要进行社会学方面的研究。社会学是系统研究社会行为与人类群体的社会科学,是从社会哲学演化出来的一门现代学科,其研究内容极其广泛,主要包括政治、经济、社会结构、人口变动、民族、城市、乡村、社区、婚姻、家庭与性、信仰与宗教、现代化等领域。那么,社区矫正对象在社会学领域中的受教育程度、居住环境、职业等方面有何表现呢?社区矫正对象来源多样、情况复杂,折射出社会发展的不均衡性与矛盾性。

从社区矫正对象文化程度的分布看,中、低学历者占了一半以上,高学历人数占比仅超过1/3。可见,受教育程度越低,人文素养等方面也越差,更容易受欲望驱使,较多地实施侵财型、谋利型犯罪。在职业方面,该司法所的社区矫正对象基本从事低端的体力型职业,主要是保洁、送外卖、房屋中介,或在娱乐、餐饮、美容行业打工。在具体居住地社会环境方面,矫正对象87人居住在城中村和老工业企业聚集的社区,占总人数的61.3%,他们的犯罪以盗窃、诈骗、寻衅滋事、信息网络犯罪等侵财类犯罪为主,外来务工人员和下岗职工居多。

总之,社区矫正对象在犯罪之前普遍处于社会最底层,他们生活窘迫,社会资源匮乏,生活技能不足,除了自身的劳动力别无其他技能,尤其是外来务工人员的住宿更为简陋,租住的城中村房租低廉,生活设施不配套。相比生活在社会底层的社区矫正对象,住在高档社区的社区矫正对象有31人,占总人数的21.8%,他们有较好的经济基础,有的拥有自己的产业,有的曾在国家机关任职,这些人经济殷实,主要涉及的罪名有醉酒型危险驾驶罪和职务犯罪。

(三)刑法学方面的表征

1. 犯罪方面的表征

《刑法》通过十一个修正案的修订,将罪名增加到483个,某司法所社区矫正对象涉及罪名26个。其中,危害公共安全罪占23.9%,涉及危险驾驶罪、失火罪、交通肇事罪3个罪名。妨害社会管理秩序罪占21.1%,涉及开设赌场罪,聚众斗殴罪,寻衅滋事罪,伪造、变造、买卖国家机关公文、证件、印章罪,帮助信息网络犯罪活动罪,组织参与国(境)外赌博罪6个具体罪名。破坏社会主义市场经济秩序罪占18.3%,涉及非法吸收公众存款罪,生产、销售不符合安全标准的食品罪,高利转贷罪,信用卡诈骗罪,销售假冒注册商标的商品罪5个具体罪名。侵犯财产罪占14.1%,涉及盗窃罪、诈骗罪、挪用资金罪3个具体罪名。贪污贿赂罪占11.3%,涉及受贿罪、利用影响力受贿罪、行贿罪、对单位行贿罪4个具体罪名。侵犯公民人身权利、民主权利罪占9.3%,涉及故意伤害罪、故意杀人罪、侵犯公民个人信息罪、非法拘禁罪4个具体罪名。破坏环境资源保护罪占2%,涉及非法捕捞水产品罪1个具体罪名。

以上犯罪中,故意犯罪占94.4%。就犯罪类型来看,首先,贪利型犯罪占了绝大多数,尽管触犯的犯罪罪名不同,侵害的客体不同,但犯罪的目的是一致的,都是对利益的追逐;其次,危害公共安全罪位居第二,表现为过于自我,法律意识淡漠,麻痹思想、侥幸心理突出;最后,网络犯罪较少,此犯罪具有传播迅速、隐蔽性高的特点。犯罪实施主体方面,犯罪主体是实施危害社会行为的自然人和法人,如开设赌场罪中,犯罪人在所开发的软件中增加赌博功能,实施危害社会的行为,犯罪主体具有明显的主观恶性且具有明显的谋利动机和目的,具有严重的社会危害性。

2. 刑罚方面的表征

刑罚方面包括三项内容,即刑罚种类、刑罚具体适用和刑罚执行,这涉及《刑法》《刑事诉讼法》《监狱法》《社区矫正法》。《刑法》第33条规定的主刑种类包括管制、拘役、有期徒刑、无期徒刑和死刑,没有一种刑罚涉及社区矫正,即社区矫正不是刑罚种类;《刑法》第38条规定对判处管制的犯罪分子依法实行社区矫正,主刑之一管制的执行涉及社区矫正。刑罚具体适用,《刑法》第76条规定对宣告缓刑的犯罪分子在缓刑考验期限内依法实行社区矫正,第85条对假释的犯罪分子在假释考验期限内依法实行社区矫正,缓刑和假释涉及社区矫正。刑罚具体适用即刑罚裁量,包括刑罚种类判定和执行模式选择,只有缓刑和假释涉及社区矫正。那么,缓刑是什么呢?法院裁判的刑罚是必须执行的,但如何执行是有选择的,如果以监狱执行刑罚为常规执行,则缓刑是为了将监狱执行刑罚变更为不在监狱内执行刑罚,可见缓刑实质上属于刑罚执行变更措施。同理,假释也是将监狱执行刑罚变更为不在监狱内执行刑罚的变更措施,相比较而言,缓刑是监狱收押行刑前的变更措施,假释是监狱收押行刑后的变更措施,二者均将监狱行刑变更为社区矫正。

《刑事诉讼法》第269条规定,对被判处管制、宣告缓刑、假释或者暂予监外执行的罪犯,依法实行社区矫正,由社区矫正机构负责执行。实践中,暂予监外执行有两种:第一种是在交付执行前由交付执行的人民法院决定的暂予监外执行;第二种是交付执行后由执行机关的管理机关批准的暂予监外执行,即由监狱系统决定或者由公安机关决定。《监狱法》第27条规定,对暂予监外执行的罪犯,依法实行社区矫正;其第33条规定,对被假释的罪犯,依法实行社区矫正,由社区矫正机构负责执行。《社区矫正法》第2条第1款规定,对被判处管制、宣告缓刑、假释和暂予监外执行的罪犯,依法实行社区矫正。

在该司法所的社区矫正对象中，宣告缓刑的矫正对象138人，占97.2%；暂予监外执行矫正对象4人，占2.8%；没有管制犯和假释犯。在缓刑期方面，缓刑期限1—6个月的，占23.2%；缓刑期限7—12个月的，占26.4%；缓刑期限1年零1个月至2年的，占20.4%；缓刑期限2年零1个月至5年的，占30%；缓刑期限少于1年的，与1年以上至5年的各占一半。缓刑期限是由《刑法》规定的，根据《刑法》的规定，拘役的缓刑考验期限为原判刑期以上1年以下，但是不能少于2个月；有期徒刑的缓刑考验期限为原判刑期以上5年以下，但是不能少于1年。据此，可以逆向推出，在该司法所社区矫正对象中，原判拘役的与原判有期徒刑3年以下的人员一样多，均为69人，这表明他们的犯罪都较不严重。

(四)行刑学方面的表征

1.行刑方面的表征

该司法所位于市区，工作人员共9人，皆为大专学历，但无法学、心理学、社会学知识背景，工资待遇较低。就工作人员来看，学历和专业素质不高，开展的工作基本"大满贯"：接收社区矫正对象，组织入矫、解矫宣告，入矫、解矫的谈话教育；入户核查，报告、迁居、外出请假、调查评估、就医的管理审批，通过矫正小组开展工作，进行日常监督管理(签到、报告、提交每月思想汇报、学习体会、训诫、警告)、开展个别教育；对社区矫正对象进行考核，提出奖惩建议，组织集中学习、委托社区安排公益活动等。在社区矫正对象有疑问或不服管时，工作人员往往只能靠哄、吓、唬等非法定手段，诸如"你们别忘了自己犯罪分子的身份，叫你干啥就干啥，这是规定""社区就是没有围墙的监狱，你最好老老实实的""信不信我把你缓刑撤销了，直接送进监狱"等口头威胁司空见惯。这些并非危言耸听，而是该司法所社区矫正工作的实际，导致了社区矫正工作开展总体质量不高，工作中的安全稳定靠运气的状况。

司法所根据社区矫正对象的矫正阶段、身体年龄情况、考核奖惩结果、风险性评估等级，确定严管、普管、宽管3个管理级别。其中，注册入矫1个月以内，受到警告以上处罚，当次考核为不合格等次，风险性评估为高风险等级，其他需要严格管理的情形确定为严管。注册入矫超过1个月，当次考核为合格以上等次的确定为普管；身体严重残疾，生活不能自理，年满75周岁的确定为宽管。对于分级管理对象，统一要求每月参加1次集中学习，提交1次思想汇报和学习体会，参加1次公益活动和完成临时的工作安排。

该司法所的社区矫正工作中，社区矫正对象的缓刑考验期普遍较短，最短的仅为2个月,时间太短造成刚入矫就即将解矫的局面,导致社区矫正对象思想矫正难以彻底,学习法律知识也一知半解。有的社区矫正对象认为社区矫正跟监狱差别很大,没有把自己当成罪犯,存在刑罚体验不足等问题;有的社区矫正对象对社区矫正满不在乎,常常出现外出不请假等违反社区矫正规定的情形;有的社区矫正对象没有按要求到司法所报到,理由是"忘记了",在参加集体教育中随意拨打和接听手机,对于纪律规定视而不见。

部分暂予监外执行的罪犯难以矫正。社区矫正对象毕某某,犯诈骗罪,被判有期徒刑10年,因怀有身孕被暂予监外执行。她在哺乳期将满面临收监之时再次怀孕,如此反复竟在社区矫正期间生育了3个孩子,既不能完全按要求接受监督管理,也不能参加集体教育和公益活动,只需要在怀孕期间每月提交1次孕检资料,社区矫正于她而言,基本上形同虚设。某犯65岁,患尿毒症,犯贪污罪,孤身一人,无法按要求提交每3个月1次的病情复查证明,其儿子在国外鞭长莫及,无法照顾。司法所未收到其病情复查的证明,提请收监执行,而他本人也要求回监狱服刑。但监狱无法负担其过重的医疗费,态度消极,不愿收监。该犯病情严重,长期不能参加任何社区矫正活动。

2. 服刑方面的表征

某司法所在2020年入矫184人,解矫171人;在2021年入矫219人,解矫153人;在2022年1—7月入矫120人,解矫141人。该司法所近年的入矫人数同比呈增长趋势,相应地解矫人数也呈起伏上升趋势。在服刑方面,多数人服从管理,少数人不服管、不认罪,个别人被收监执行。(见表2)

表2　某司法所入矫解矫情况

单位:人

时间	入矫人数	解矫人数
2020年	184	171
2021年	219	153
2022年1—7月	120	141

社区矫正对象入矫后,大多数人都能够服从管理,遵守法律法规和社区矫正的相关规定。有的社区矫正对象积极自我改造,钻研技术,申请专利。例如,社区矫正对象朱某某,1970年出生,大学学历,犯受贿罪,判刑2年,缓刑3年。为了争取减刑,他积极从事发明创造,获得了实用新型的专利认证;检察院认为实用新型专

利不能被认定为有重大立功表现，于是他又从事发明创造研究，力争早日减刑。

对于日常监管，多数社区矫正对象仅仅是感到“不自由”，认为按时报到、定期报告自己的思想情况、变更居住地需要批准等要求“很麻烦”。有的社区矫正对象意识到了自己行为的危害性，参加社区矫正的主动性较强，态度谦恭，能够珍惜社区矫正的机会，积极参加集中学习和公益活动。有的社区矫正对象虽然对判决不满，但抱有“忍一时风平浪静”的态度，收敛情绪，接受管理，希望能够平安度过矫正期，顺利适应正常生活。少数社区矫正对象不服管、不认罪，个别社区矫正对象甚至找关系，或者与社区矫正工作人员联络感情、赠送礼品，以期得到额外照顾。有的社区矫正对象不认罪，但因刑期较短懒于申诉，在社区矫正期间言行上表露出不满，在行为上也不遵守规定，不按时打卡和报到，“大错不犯，小错不断”，抵触甚至挑衅工作人员。

为了平衡受刑罚惩罚而产生的巨大心理反差，有的社区矫正对象试图从宗教书籍中找到慰藉或选择信仰宗教；有的社区矫正对象学习心理学以寻求自我解决困惑的途径；还有社区矫正对象学习法律，以增强法律意识或者核对自己的量刑是否得当，可谓是学以致用。

某司法所社区矫正工作开展以来，大多数社区矫正对象能够如期解矫，只有3人被收监执行。被收监的程某，男，1994年出生，犯醉酒型危险驾驶罪，被拘留2个月，缓刑4个月，罚金8000元。入矫后，司法所通知他进行信息录入，但他电话关机或不接听，联系其妻子（保证人）转告他回复电话，他以工作忙为借口并宣称“罚金已交，没有时间跟你们搞这些事情”，还主动要求撤销缓刑，自愿接受拘役2个月的刑罚，最终被撤销缓刑、收监执行。另一名社区矫正对象在解矫期满前一天擅自外出，打卡时发送虚假定位，被收监执行。肖某某，男，1966年出生，初中文化程度，犯故意伤害罪，被判有期徒刑1年零6个月，缓刑2年。肖某某在社区矫正期间，由于对抗管理和辱骂工作人员以及不按时报到，私自拆卸电子腕带，声称“自己靠每天电单车载人维持生活，经常报到影响正常收入”。其后因电单车被没收而失去生活来源，由于去外地打工超出了规定的范围，对于违规可能会撤缓收监，他表示愿意被收监且监狱里不愁吃住。入户查访时发现，他一直拖欠房租，租住的房子狭窄、黑暗、潮湿，后因屡次违规被收监。肖某某性格极端暴躁，社区矫正工作人员在监督管理中，没有做到因人施教，没有开展有效的教育帮扶，只是采用简单粗暴的管理，致使双方关系恶化，助推了肖某某被收监的进程。

二、社区矫正对象矫正表现的归因分析

社区矫正对象的矫正表现,尽管受制的因素纷繁复杂,但可归纳为主观内在方面和客观外在方面。这两个方面共同作用,形成社区矫正对象的矫正表现,当然主观内在因素起决定作用。

(一)主观内在因素

1. 认识论因素

认识论的任务是揭示人的认识本质和认识过程,揭示认识发生发展的一般规律,力求使人们的认识符合客观实际情况。人的行为受其主观内在因素支配,即主观认识能力的支配。个案访谈中发现,社区矫正对象普遍对犯罪行为存在认知偏差问题,主要表现为以错误的、偏离主流价值的认知去归因、解释自己的犯罪问题。例如,某建材商承揽了某监狱改扩建的建材供应,按照合同约定结算工程款,但监狱长(已被立案处理)迟迟不签字,该建材商分5次向监狱长行贿60万元。其认为这种商业行贿是潜规则,不这样做工人不能按时拿到工资,企业就无法生存,其将自己的犯罪归因于外在不良社会环境,过度迷信建筑行业的潜规则,希望通过走“捷径”尽快达到目的,而忽视了经营的合法性。其将这种认识延续到服刑中,认识不到自己的罪错,进而难以进行自我改造。

访谈中发现,大多数社区矫正对象刚开始谈话时表示认罪,随着信任关系的建立,又明确表示不认罪,且表达了他们对犯罪的无辜与事出有因,给自己的犯罪找寻合理根据。一部分社区矫正对象在犯罪行为实施完毕就懊悔自己的犯罪,能够真诚地认罪悔罪;还有相当一部分社区矫正对象对于犯罪行为存在口服心不服、虚假认罪的现象。根据《关于适用认罪认罚从宽制度的指导意见》,矫正对象可以因认罪认罚而获得更大的量刑折扣,于是出于趋利避害的考虑便虚假认罪,但在内心深处总有另一套自认为自洽的犯罪合理化逻辑,如被害人存在重大过错、自己被激惹被迫为之,社会环境存在不良风气,为了自保不得已而为之,将被人举报解读为遭小人陷害,运气不佳,生存压力太大,等等。不认罪,就谈不上悔罪;不悔罪,就根本谈不上改罪。所以,在这样的认识支配下,矫正表现怎样,可想而知。

2. 意志论因素

大多数社区矫正对象属于故意犯罪,过失犯罪仅占5.63%。首先,犯罪动机中贪利动机占了多数,通常是为了满足衣、食、住、行等物质需要而产生犯罪动机;其次,报复动机为数较多,基于报复而产生的犯罪动机导致行为人伤害他人健康甚至

剥夺他人生命,主要外化为故意伤害、故意杀人、寻衅滋事等犯罪行为。对于社区矫正对象而言,犯罪虽已成为过去完成时态,但其意志因素成分并没有完结消失,反而会一直存续并支配服刑期间的服刑行为。

职务犯罪的社区矫正对象的意志因素尤为突出,主要表现为物质欲望过度膨胀、特权思想严重、背弃理想信念、只关注自己职务的晋升、想方设法为子女谋私利等。有的将犯罪被逮捕定罪量刑理解成被人陷害或运气不佳不慎落马;有的自认为受贿是礼尚往来,甚至认为"大家都贪"法不责众;有的知道自己行为的违法性,却仍然无法控制自己的欲望,一次次下决心收手,又一次次再犯。在社区矫正期间,这些人基本没有犯罪的羞耻感,在不愿认罪认罚的基础上,谈何改罪?"不愿改罪"是社区矫正中的意志因素最显著的特征。

(二)客观外在因素

1. 生存状况的差异

某司法所的社区矫正人员,多系外来务工人员和下岗职工,属于社会底层的弱势群体,能够合法利用的社会资源极其匮乏,除了自身的劳动力之外,其他技能不足,因而生活窘迫。然而,他们认为社会的不公平是造成自身困境的主要原因,便将怨气和不满转为报复社会的违法犯罪,而且进一步延续到服刑中。租住在城中村的社区矫正对象,属于外来务工人员,他们很多人在未成年时便离开家乡,居无定所,缺失学校家庭教育,从事的工作技术含量低,劳动强度大,收入微薄,发展空间不大。生活在社会底层的这类社区矫正对象,经历着艰难的生活,滋生了对社会的不正确态度,因而在社区矫正过程中较不配合,与社区矫正工作人员的对立情绪明显,有的甚至声称自己宁愿进监狱服刑。相反,居住在高档社区的社区矫正对象,有一定的经济基础,生活优越,他们因为顾及自己的声誉,通常选择安分守己地度过社区矫正期,尽快重新回到社会正常的生活轨道。

2. 法院、检察院工作存在瑕疵

法院、检察院的司法人员的素质决定司法审判的公众认可程度与司法公信力。调研发现,据部分社区矫正对象反映,法官在审判时会提醒他们,"只要认罪认罚就把你放回家",用减轻刑罚来诱惑当事人认罪,而许多当事人为了不被羁押,功利性地选择认罪,但当进入社区矫正后又反悔。有的司法人员在办案中缺乏审慎态度,存在草率结案的问题,办案质量不高,导致社区矫正遭遇困难。例如,社区矫正对象赵某某,女,32 岁,大专文凭,犯危险驾驶罪,被判拘役 2 个月,缓刑 4 个月。2022 年 2 月,赵某某晚饭喝过酒睡下,遭到丈夫的家庭暴力,脱身后跑到车库开车逃离,慌乱中车辆撞坏了小区花台,被保安拦下报了警。她明确表示对判决不服,认为自己人身受到侵害时没有受到法律的保护反而受到制裁,事发后与丈夫办理了离婚手续。此案如果在证据充分的前提下被认定为紧急避险,那结果将天壤之别。这种情况下,该社区矫正对象能有何矫正表现呢?

又如,一对老夫妇住在滇池的主要河道大观河边,大半生以打鱼为生。2020年8月,昆明市滇池管理局公布《关于在滇池流域重点水域实施禁捕的通告》,规定滇池全湖及主要入湖河道10年全面禁捕。在通告公布后的某天,丈夫想吃鱼,于是妻子撒网捕捞,收网时有七八条鱼属于非珍贵濒危的普通鱼种,总重量3.1公斤,被渔政部门查获。妻子构成非法捕捞水产品罪,被判拘役3个月,缓刑5个月,妻子每次来司法所报到都骂骂咧咧,称自己被冤枉了。此案,如果判定责令其投放鱼苗,对滇池生态进行修复,或许能够取得更好的政治效果、法律效果和社会效果。

检察院依法对社区矫正工作实行法律监督,并对工作中的问题依法提出纠正意见。检察院在对某司法所工作的检查中,要求社区矫正对象的档案痕迹资料必须齐全,包括每月1次的思想汇报和心得体会。该司法所有5名半文盲的社区矫正对象,年龄都在60岁以上,空巢老人占了大多数,自己书写困难,即使有人代书也往往不知所云。有1名社区矫正对象,因患偏瘫半年的时间无法拿笔,为了保证档案资料的完整,只能由他的儿子和工作人员代笔补齐资料。有名70多岁的社区矫正对象,头脑糊涂,口齿不清,不会使用智能手机,为了完成思想汇报和心得体会任务,只能弄虚作假。检察院在对司法所的监督检查中,对没有按时提交思想汇报的矫正对象进行了调查,发现1名社区矫正对象患有偏瘫无法握笔书写思想汇报,后来又由于舌瘫无法口头表达,于是认为社区矫正工作存在不足,建议社区矫正工作人员去学习手语,以便与社区矫正对象用手语交流,从而完成其思想汇报。具体来看,检察院的监督工作明显存在僵化和不人性化的问题,社区矫正对象的偏瘫、舌瘫是近期所患,而该社区矫正对象本人实际上也不懂手语。作为监督机关的检察院应当实事求是,结合社区矫正工作实际,提出切实可行的整改措施,而不是一刀切、甩锅式地提要求,使社区矫正机关无从整改。

3. 社区矫正工作存在走过场问题

社区矫正工作事关社区矫正对象的行为自由,涉及其社会生活工作,责任重大,但人、财、物保障不足,这是全国社区矫正工作的共同问题。具体到司法所层面,社区矫正工作量与人员数量、职业能力、物质保障严重不匹配,呈现“小马拉大车”的状况。社区矫正工作人员的薪资待遇明显偏低、人少事多、经费保障不足、场所拥挤等问题制约了司法所社区矫正工作的顺利开展,工作中存在矫正方案“千人一面”的问题。司法所按要求为每一个社区矫正对象制定矫正方案,矫正方案包括矫正对象的心理、身体健康情况,对法律法规的学习、工作学习情况及社会交往情况等内容。由于缺乏专业人才,加之人手紧张,司法所制定的矫正方案基本上是千人一面,矫正内容几乎面面俱到,内容相同。

司法所对老病残和暂予监外执行的社区矫正对象缺乏具体规定。《社区矫正法》第 24 条规定,根据社区矫正对象的性别、年龄、心理特征、健康状况等实现分类管理、个别矫正,这个规定过于原则,缺乏具体化和细化。某司法所,除了规定 65 岁及以上社区矫正对象不参加公益活动之外,再无具体细化操作规定,导致这类人员无所适从。由于上级检查工作和检察院监督工作都注重文本资料、台账的完整,过度追求痕迹管理,工作人员为了应付检查、免受追责,把主要精力用在了“工作留痕”上,社区矫正对象每月 1 次的思想汇报、学习心得都要纸质手写,还要拍照上传到“在矫通”,每周的签到必须手写并按手印,等等,而忽略了真正有效的日常管理。

三、社区矫正对象服刑应对举措建议

面对社区矫正对象的实际状况,应采取常规应对措施和专项应对措施。常规应对是指对于社区矫正对象存在的问题,法律法规有规定的认真落实就可以得到解决。专项应对是指对于社区矫正对象存在的问题,在现有政策法规的框架内无法解决,需要通过完善政策和立法才能够规定解决措施。

(一)常规应对

1. 提升司法执法工作人员履职能力

社区矫正工作的上游工作是公安机关、检察院、法院的司法工作,司法工作处理刑事案件应力求公正,不能机械司法。刑事案件的处理事关国家安全、社会稳定、百姓群众切身利益,直接影响公民的法律地位及其人生走向。对社会治安突出问题及群众反映强烈的犯罪,应该果断打击;处理弱势群体的有关问题,要避免机械司法,不能简单“为考核业绩”凑数办案。打击面过宽,则容易人为制造过多的对立面;打击力度过大,则容易产生仇恨。只有警官、法官、检察官怀着对社会弱者的关怀,对法律公平正义精神的追求,服从法律,不掺杂私心杂念,不公报私仇,才能真正使民众从内心深处树立法治信仰。

社区矫正工作是一项专业性很强的刑罚执行工作,应当提高工作人员的准入门槛,提高待遇保障,打造一支高素质、专业化的社区矫正队伍。在社区矫正工作中,工作人员应当严格依照《社区矫正法》进行管理监督,落实各项管理规定,通过各种教育手段,帮助社区矫正对象摒弃行为恶习、修复扭曲的"三观",规范行为的养成,调适健康心理;有针对性地开展法治教育,在入矫教育阶段,对社区矫正对象的犯罪原因进行梳理提炼,帮助他们认识到自己的认知偏差与行为失范,将法律教育体系化、通俗化,真正做到对症下药,入脑入心,通过以案释法、警示教育等方式提高教育的针对性,激发社区矫正对象自我改过的愿望和内在动力。对于有性格问题或报复心理的社区矫正对象,应当设计专门的心理矫治方案予以干预矫正。

2. 加强社区矫正对象的认罪悔罪教育

适时对社区矫正对象开展认罪悔罪教育,要真正取得成效,必须从社区矫正对象自我改造做起。社区矫正对象认罪即表明不对抗法律的态度,可节约诉讼资源,如自首、坦白、赔偿被害人等做法,由于认罪认罚和悔罪表现都会得到刑罚的减轻,要判实刑的判缓刑,被判刑事拘留的变更为取保候审。所以,在社区矫正实践中,需要注意警惕虚假认罪悔罪的问题。

根据2019年10月最高人民法院、最高人民检察院、公安部、国家安全部、司法部印发的《关于适用认罪认罚从宽制度指导意见》,矫正对象可以因认罪认罚获得从轻或减轻刑罚。因此,有的社区矫正对象,为了达到减轻处罚、撤案、不起诉的目的,出现了虚假认罪悔罪的现象。虚假的认罪悔罪,不利于受害的社会关系的修复,不利于社区矫正对象正视自己的犯罪行为。社区矫正机关应当帮助社区矫正对象,通过深挖犯罪原因,鼓励他们拿出勇气,根除犯罪动机目的等主观罪过因素,帮助他们真诚地悔罪改罪,顺利融入社会。

(二)专项应对

1. 建立轻微罪出罪机制

罚当其罪是刑罚职能所在,对于一些轻微犯罪,如醉酒型危险驾驶罪,应当建立出罪机制。2011年5月1日,《刑法修正案(八)》生效以来,醉酒型危险驾驶罪成为常见频发罪,导致涉案人员失业、再就业难,家庭、社会关系难以修复,影响了社会和谐。

醉酒型危险驾驶罪属于典型的轻微罪,它属于危险犯,对社会没有造成实际危害,司法部门为了打击这类犯罪,投入大量司法资源,增加了社会运行成本。从社会治理效果看,对于醉酒型危险驾驶罪保留一定的出罪空间,有利于缓和社会的对立情绪,避免此类犯罪所带来的附随后果对犯罪人及家属的负面影响。犯罪附随后果是指刑法之外的法律法规、规章等规定的,对有犯罪前科者及其家庭成员或亲属适用的，对特定权利和资质的限制、禁止或者剥夺。[1] 行为人一旦被定罪量刑，即使在免刑或宣告缓刑的情况下，犯罪附随后果较为严重。就醉驾型危险驾驶罪而言，犯罪附随后果对犯罪人及其家属权利的限制和剥夺程度，甚至比刑罚本身带来的后果还要严重，如本人将面临开除公职、开除党籍、解除劳动合同，影响家人的政审、入党，等等。笔者认为，当“喝酒不开车，开车不喝酒”的理念深入人心，对于醉驾型危害公共安全这类罪，应当建立前科消灭制度，以减少因犯罪附随后果带来的社会对立情绪。

实践中，社区矫正难以对醉酒型危害公共安全的社区矫正对象产生矫正效果，还容易造成社会法治资源的浪费，理应考虑出罪机制。有些过失犯罪或其他轻微犯罪，即使没有通过社区矫正，也不会再犯了，应当通过不起诉或免予起诉的方式，建立出罪机制。出罪机制的建立，对国家、社会、个人均有利无弊，有些地方还作出了有益的探索实践。例如，在浙江省瑞安市，社区矫正部门通过购买社会公益服务，让社区矫正对象接受法治教育，检察院把醉驾人员的表现作为参考来决定是否起诉。在四川省资阳市，对不起诉的人适用社会公益服务，通过公益服务检验醉驾人认罚的情况。[2] 这些做法对醉酒型危险驾驶罪的出罪机制及其渠道无疑是有益的尝试。

2. 在《社区矫正法》中增加特殊社区矫正对象的专章规定

在《社区矫正法》中考虑增加特殊社区矫正对象的专章规定，解决暂予监外执行罪犯和老病残社区矫正对象的管理无法可依的问题。司法实践中，暂予监外执行有两种类型：第一种是在法院审理后决定的，直接暂予监外执行，而不交由监狱收押执行（《刑事诉讼法》第 265 条作了明确规定）；第二种是监狱或看守所在执行刑罚期间，针对符合条件的服刑罪犯经由上级管理机关决定的暂予监外执行。这两种暂予监外执行都实行社区矫正。

由于身体生理状况所致暂予监外执行的社区矫正对象，需要在家静养、住院医治，主要包括有严重疾病需保外就医、怀孕或者正在哺乳自己的婴儿、生活不能自理三种情形。这种情况下，社区矫正对象的家庭应当承担什么责任，社区矫正机构如何对上述三种人实施监督管理，在《社区矫正法》中应作出明确规定，以便司法所在操作实施时有法可依。

---

〔1〕 彭文华：《我国犯罪附随后果制度规范化研究》，载《法学研究》2022 年第 6 期。

〔2〕 史立梅：《论醉驾案件的程序出罪》，载《中国法学》2022 年第 4 期。

3. 完善社区矫正的具体监督管理制度

社区矫正实践中,生活不能自理、怀孕哺乳的社区矫正对象,经常伴随健康状况的严重恶化和老龄化、哺育婴儿的繁重任务等问题,导致社区矫正通常意义上的监督管理措施难以适用,最终结局无疑是矫正难度较大、矫正效果不佳。[1] 这方面主要有两个问题尤为突出:一是对恶意怀孕逃避刑罚惩罚的社区矫正对象缺乏有效监管;二是对病重、高龄、生活无法自理的社区矫正对象无法进行社区矫正。[2]

对于恶意怀孕逃避社区矫正的社区矫正对象,可将怀孕和哺乳的时间不计入刑期,建立行刑中止制度,以堵塞恶意怀孕的行为。对于患有严重疾病和生活不能自理罪犯,建立居家静养制度,免除其按时报到、参加各项教育、参加公益活动的静默管理制度,允许他们以治病为主,而不是任由司法所自行变通执行,这样的措施,不仅符合人道主义原则精神要求,而且便于操作落实。

社区矫正对象的现状是社区矫正工作效果的一个缩影,微观上体现着惩罚和改造相结合的刑罚执行目的是否得到有效实现,宏观上体现着社会治理能力与治理体系现代化水平的高低。只有直面困难和问题,理论部门和实务部门协同发力,促进社区矫正依法常态良性运行,加强社区矫正工作的规范化及公信力建设,探索务实有效的举措破解难题,才能不断提高社区矫正工作的效力,为社会和谐稳定而积极作为。

---

〔1〕 相关内容,参见李宇航:《患病暂予监外执行人员“柔性社区矫正”个案工作研究》,宁夏大学2022年硕士学位论文。

〔2〕 相关内容,参见汪友海:《暂予监外执行制度研究》,西南政法大学2017年博士学位论文。

民族地区轻罪治理实践研究

——基于社区矫正现状分析*

苏飞举**　黄　茜***

摘　要:党的十八大以来,我国法治建设不断进步,犯罪结构也随之发生改变,一个显著特点就是重大刑事犯罪呈下降趋势,而以危险驾驶罪为代表的轻罪持续上升,轻、重罪行之间的分化日趋明显。这种新的犯罪结构特点在民族地区尤为明显,已经成为民族地区轻罪治理的一个重点。民族地区轻罪治理关系到民族地区社会发展和团结稳定,而社区矫正是轻罪治理的具体司法实践,通过对四川民族地区社区矫正现状进行分析,研究当前民族地区轻罪治理实践中存在的问题,探索建立健全民族地区轻罪治理的保障体系,包括坚持党的领导确保民族地区轻罪治理的方向性、坚持以人民为中心,确立民族地区轻罪治理的价值基础,坚持宽严相济的刑事司法政策,通过不断优化轻罪治理的刑事执行路径,推动轻罪治理的效率提升,进而推动中国式轻罪治理现代化。

关键词:民族地区;轻罪治理;社区矫正

民族地区轻罪治理是民族地区社会治理现代化的题中之义,近年来随着我国犯罪结构的变化,传统的重大刑事犯罪在民族地区日益减少,民族地区进入了轻罪时代,针对民族地区轻罪治理既需要坚持运用法治思维又要坚持党的民族政策,而社区矫正工作作为民族地区轻罪治理的重要手段,在推动民族地区轻罪的积极治

---

* 本文为四川省社区矫正研究中心项目“西南民族地区社区矫正现状及问题研究——以四川甘孜、阿坝地区为例”(SQJZ2023－02)阶段性成果。

** 作者单位:四川省司法警察训练总队。

*** 作者单位:四川司法警官职业学院。

理上具有重大意义,我们通过民族地区社区矫正工作的运行探索民族地区轻罪治理的新路径。

一、民族地区犯罪结构与社区矫正现状

(一)民族地区犯罪结构——以四川省甘孜、阿坝、凉山地区为例

根据我国《民族区域自治法》规定,民族地区包括自治区、自治州、自治县等民族聚居区,结合我国"大杂居、小聚居"的特点,对于散居在城市的少数民族以及隶属于普通地市级行政区域的民族乡,在开展社区矫正工作时民族区域特点不显著,因此本文所讨论的民族地区主要为自治区、自治州。通过2020—2023年的统计数据来看,四川省甘孜、阿坝、凉山三州地区的犯罪结构中轻罪分布情况有所不同,这种差异给民族地区轻罪治理带来了新的问题,作为轻罪治理的重要手段,社区矫正在惩罚和预防犯罪方面具有重要作用,轻罪人员回归社会、重新成为守法公民是轻罪治理的最终目标,也是民族地区社会治理现代化的重中之重。

四川省民族地区的犯罪结构中,轻罪分布与其他地区有着显著不同,主要以滥伐林木罪,醉酒型危险驾驶罪,帮助信息网络犯罪活动罪,交通肇事罪,掩饰、隐瞒犯罪所得罪为主(见表1)。

表1 2022年四川省甘孜、阿坝、凉山地区社区矫正列管人员罪名分布〔1〕

单位:人

罪名	民族				
	汉族	藏族	彝族	羌族	蒙古族
滥伐林木罪	276	339	314	287	268
帮助信息网络犯罪活动罪	235	206	278	191	104
危险驾驶罪	202	294	235	105	207
盗窃罪	215	158	284	203	154
交通肇事罪	194	213	202	176	181
掩饰、隐瞒犯罪所得罪	124	151	147	98	111
其他	393	452	361	217	209

〔1〕《王晓晖在参加凉山代表团审议时强调 乘势而上推进凉山现代化建设 以高质量发展新成效为全省大局多作贡献》,载四川省司法厅网,https://www.sc.gov.cn/10462/c106465/2024/1/22/3839a0f4c560493b884a272dcba9224e.shtml。

不同于其他地区，四川民族地区轻罪主要集中在滥伐林木罪，约占统计样本的24%，这也充分表明民族地区法治宣传薄弱，人民群众法律意识淡薄，但是主观恶性不大，社会危害性相对较轻。其他主要罪名就是危险驾驶罪和帮助信息网络犯罪活动罪，这两样罪名是我国当前主要轻罪的罪名，这也体现出民族地区与一般行政地区在犯罪结构层面的共同性和特殊性。

社区矫正作为轻罪治理在刑事司法程序的终端环节，其工作质量对轻罪治理的成效有着根本性的影响，倘若轻罪犯罪人员不能够受到有效的教育和有力的惩罚，那么就极有可能重新犯罪，甚至会影响法律的权威，让人民群众对轻罪治理的成效产生疑问。我们通过对四川甘孜、阿坝、凉山民族地区社区矫正工作现状进行分析，归纳出轻罪治理在刑法执行环节的不足和问题。

（二）对社区矫正对象高发罪名的成因分析

通过表1可以看出，四川民族地区六大高发罪名分别为滥伐林木罪，危险驾驶罪，帮助信息网络犯罪活动罪，盗窃罪，交通肇事罪，掩饰、隐瞒犯罪所得罪。除了5项常见罪名外，比较有代表性的就是近几年新型高发罪名：帮助信息网络犯罪活动罪，该罪对如何提高社区矫正水平、防止社区服刑人再犯提出了更高的要求，恐怕是未来四川社区矫正中所面临的棘手且亟待解决的新问题。

1. 滥伐林木罪

四川甘孜、阿坝、凉山位于中国西南地区，主要分布有山地、丘陵、台地、平原等类型地貌。四川作为林业大省，是全国重要的木材生产基地，森林资源丰富，森林蓄积量2021年达到9.78亿立方米；木材年产量2021年达到3900万立方米；林业产业总产值2021年达到8487亿元。四川已经成为全国重要的森林生态优势区、森林资源富集区、林业产业集中区、乡村林业示范区和林业改革促进区。

在林业资源丰富但经济欠发达的背景下，滥伐林木罪成为四川地区社区矫正研究过程中的高发罪名，主要原因如下：

第一，法治宣传不到位，群众法律意识淡薄。由于缺乏富有针对性的法制宣传教育，加之受文化程度等因素的影响，不少社区矫正对象对我国《森林法》《森林法实施条例》等相关法律法规知之不多，甚至一无所知，所以对依法砍伐、先办手续后砍伐的规定置若罔闻，进而对自己砍伐自家承包栽植的树木需要办理砍伐手续不理解、对花钱买别人的树未办手续就进行砍伐构成犯罪不认罪。

第二，受经济利益驱动，存有侥幸心理。从前述社区矫正对象入矫前家庭年收入情况看，部分社区矫正对象家庭经济困难，只能通过砍伐本村、本组的林木资源来获取收入。随着社会经济的高速发展,林权流转极度频繁,部分林木所有权人为更快变现获取最大经济效益,存有侥幸心理,在没有办理林木采伐许可证或少办多采以及超采伐范围的情况下滥伐林木。

第三,林业主管部门监管乏力。林业主管部门缺乏有效的事前指导、事中督察、事后验收制度,重查处、罚款,轻管理、防范。乡镇林管人员素质参差不齐,违纪违规执法情况时有发生,在一定程度上滋长了滥伐林木犯罪的发生。

第四,存在非法收购的渠道。近年来,木材需求量增加,价格上涨,供不应求,有些木材加工企业和经营木材的经销商通过不同渠道大肆违法收购来源不明木材,诱使部分群众无视法律乱伐林木,甚至部分木材加工企业和经营木材的老板直接参与其中进行乱伐。

第五,农村基层组织管理缺位。部分农村基层组织人员认为滥伐林木行为事不关己,对发生在本村、本组的滥伐林木行为持放任态度。

2. 帮助信息网络犯罪活动罪

帮助信息网络犯罪活动罪,是2015年《刑法修正案(九)》中新增设的一个罪名,在增设后的最初几年,特别是2018年以前,全国适用该罪名判决的案件不足百件,但在2019年以后,适用该罪的案件却逐年上涨。从统计数据看,该罪已经成为四川民族地区第二大案发案件适用罪名,主要原因有以下几方面:

第一,贪图小利。将银行卡、电话卡租卖几乎是“躺着赚钱”,这对普通百姓尤其是学生、老年人、无业人员等吸引力很大,部分社区矫正对象在诈骗分子的蛊惑下,为了蝇头小利成为犯罪帮凶。

第二,侥幸心理。一些人总觉得办案部门不会注意到自己,心存侥幸。还有的人觉得自己没有参与到直接犯罪中去,不会触犯法律。事实上,除了刑法的相关规定外,2019年10月最高人民检察院、最高人民法院发布的《关于办理非法利用信息网络、帮助信息网络犯罪活动等刑事案件适用法律若干问题的解释》,将帮助信息网络犯罪活动罪的规定更加细化,侥幸心理逃避不了法律责任。

第三,不知不懂。帮助信息网络犯罪活动罪涉案犯罪嫌疑人受教育程度普遍较低,初中以下居多。同时,多数涉案人员年龄较小,不少还是在校学生或刚毕业的学生。为数不少的涉帮助信息网络犯罪活动罪人员对自身帮助行为产生的危害认识不足,不清楚自身行为影响的范围和涉及人员,进而影响认罪认罚的适用,甚至部分社区矫正对象没听过帮助信息网络犯罪活动罪是什么,更不清楚自己的行为已经构成犯罪,需要承担刑事责任。

3. 危险驾驶罪

四川省民族地区危险驾驶罪主要以“醉驾”为主，相对而言追逐竞驶、严重超载等类型的危险驾驶罪较少，分析犯罪原因主要在于：

第一，酒后驾车，存在侥幸心理。许多驾驶员明知酒后不准驾车，但仍抱有侥幸心理，置交通法规于脑后，醉驾驾驶机动车，部分社区矫正对象在被抓后仍然认识不到自己的错误，只觉得自己比较“倒霉”，碰巧被查到而已。

第二，个别地区执法不严。一些边远民族地区的执法机关对于查酒驾的问题重视度不够，在执法过程中存在“预告式”执法等情况，造成醉酒驾驶人员存有逃避心理。

第三，民族地区热衷饮酒的风俗文化影响。很多民族都有在节庆大量饮酒的风俗。例如，在凉山地区，彝族人民逢节假日喜欢大量饮酒，而由于法律意识淡薄，在饮酒后驾驶车辆就成为了一种较为多见的违法行为。

（三）对社区矫正对象重新犯罪原因分析

1. 原判罪名与重新犯罪罪名关联性分析

四川省民族地区 2022 年全年再犯罪共 20 人。以原判罪名与重新犯罪罪名相同为视角，前后罪名相同的共 9 例，诈骗罪 4 例，盗窃罪 2 例，非法经营罪、强奸罪、滥伐林木罪各 1 例。如图 1 所示，以前后犯罪类罪名相同为视角，财产类犯罪 7 例，暴力型犯罪 2 例，市场秩序类、知识产权类、环境资源类犯罪各 1 例。综上所述，财产类犯罪的社区矫正对象重新犯罪的现象较为普遍，对其矫正效果不佳，矫正工作存在漏洞。此类犯罪的矫正对象普遍特点是好逸恶劳、投机取巧，思想方面以挣快钱、找快活为主导，家庭经济条件不好，个人缺乏职业技能。对其矫正工作应重点加强职业技能培训，使其掌握劳动技能，同时实施针对性的思想教育工作，树立正确的价值观，摒弃不思进取、贪图享乐、盲目崇拜金钱至上的消极观念。另外，虽然暴力型犯罪数量处于较少水平，但此类人群人身危险性较高，严重影响社会治安与人民安全，社区矫正机构或者有关组织进行社区矫正调查评估时应审慎分析罪犯的社会危险性。值得注意的是，滥伐林木罪是全区社区矫正对象高发犯罪罪名之一，重新犯该罪的矫正对象仅为 1 人，由此可判断在现行社区矫正执行和监管教育过程中，对此类罪行的矫正工作效果显著。

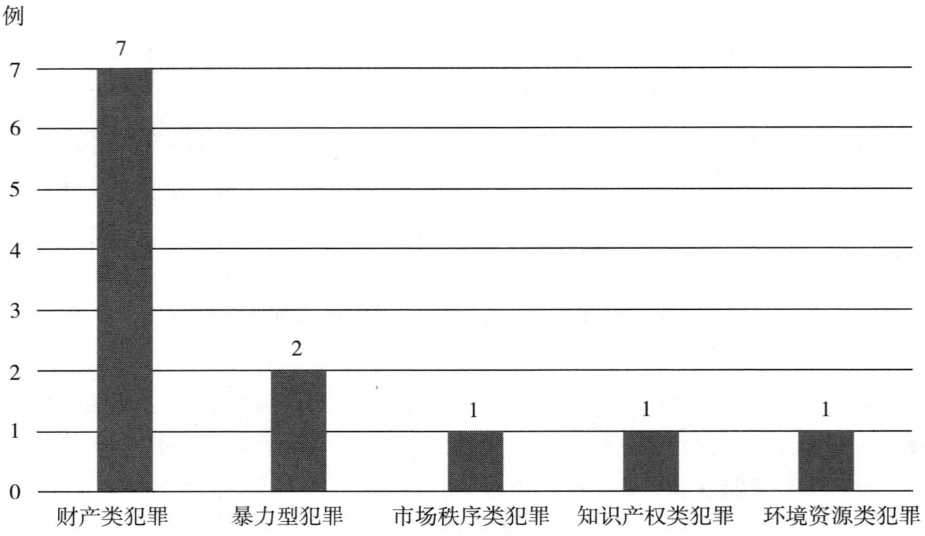

图1　重新犯罪类罪名

2. 重新犯罪社区矫正对象个体情况

在统计中,四川省甘孜、阿坝、凉山地区再犯罪的20名社区矫正对象中,成年人占比为90%,未成年人占比为10%。再犯罪社区矫正对象中的男性比例明显高于女性,文化程度普遍较低。

3. 影响社区矫正对象重新犯罪的实践因素

一是大多数社区矫正对象的文化程度不高,无技术特长,缺少谋生手段。部分社区矫正对象在社矫期间因活动区域受限制,加之文化程度不高,缺乏技术特长,在本地就业选择性小、就业门路少,没有稳定的经济来源。同时,再犯罪的社区矫正对象大多有一定程度的恶习,如赌博、吸毒等,这类人群往往缺乏谋生手段,回归社会后不愿工作,在个人期望无法实现特别是消费水平达不到生活基本要求时,易产生失衡心理,想抓住机会迅速"暴富",通过违法手段获得物质满足,再次走上犯罪道路。

二是再犯罪社区矫正对象法律意识淡薄,明辨是非的能力不足。受文化程度限制,再犯罪社区矫正对象的法律意识淡薄,缺乏对刑事执行严肃性、权威性的清楚认识,通常存在认罪态度不端正的现象,以及在社区矫正期间不服从司法所监督管理的行为表现。同时,虽然社区矫正对象都经过入矫教育,日常也参加了教育活动,但是对部分社区矫正对象没有起到思想触动作用,无法达到预期的教育效果。

而且部分社区矫正对象年龄较小、文化水平较低、明辨是非的能力较弱，入矫后仍与原来圈子中的人员来往，容易受到不良朋友和社会不良风气的影响，不清楚什么事情不该做，在不知不觉中重新走上违法犯罪的道路。

三是认罪悔罪意识不强，违规违纪存在侥幸心理。大部分社区矫正对象在社区（街道）接受矫正教育时认为不用在监狱进行监禁式改造，已经恢复人身自由，没有认识到自身犯罪行为所造成的恶劣后果，没有认罪悔罪意识，导致对法律缺乏敬畏。因而，其对社区矫正工作人员的教育、教导、监管只是表面端正态度，但实际上思想照旧，认为社区矫正监管都是政府吓唬人而已，故而我行我素，直至重新犯罪。在社区矫正工作中，社区矫正机构对违规违纪的社区矫正对象依法处罚，并将处罚结果进行集中警示教育以示告诫，避免其他社区矫正对象效仿。但仍有个别社区矫正对象存在侥幸心理，以为不会被社区矫正工作人员发现，导致触犯监管"红线"。

二、民族地区轻罪治理的任务

从四川省社区矫正实践来看，民族地区轻罪治理的任务不容忽视，为了应对轻罪治理这一日益突出的问题，党和国家已经制定并实施了一系列相关的政策文件，并启动了包括刑事司法改革和立法修正在内的一系列措施。这些举措不仅有效地缓解了轻罪治理的供需不平衡现象，还显著提升了轻罪治理的科学性和有效性。此外，对民族轻罪治理问题理论界和实务界也展开了积极且多元的讨论，并在一些关键问题上取得了积极共识。比如，根据《民族区域自治法》出台针对本地区的治理办法；针对民族地区普遍存在的共性问题，制定专门条例办法；进一步完善包括社区矫正在内的一系列配套措施。但是我们也要看到，在民族地区存在执行"两少一宽"政策与新时代全面依法治国不相适应的问题，这类问题必须引起重视，否则将会成为新时代轻罪治理的障碍。

在长期视角下，我国民族地区犯罪形势和结构处于不断变化之中，这一点与其他地区有相似之处。但是又因为民族地区独特历史、文化、习俗、地理等方面的特点，民族地区轻罪治理呈现不同的差异。如何使刑事法律适应最新的犯罪治理需求并与时俱进地提供有效的应对策略，是当前面临的一个重要任务。尤其是党的二十大报告强调，从现在起，中国共产党的中心任务就是团结带领全国各族人民全面建成社会主义现代化强国、实现第二个百年奋斗目标，以中国式现代化全面推进中华民族伟大复兴。这种现代化不仅具有各国现代化的通用特征，还深深植根于中国特有的国情。在民族地区轻罪治理方面，我们也应该遵循这一精神，回归到具有中国特色的刑事法治体系中来。这意味着需要以中国刑法和中国刑事诉讼法及其实施为依据，以提升刑事治理能力和体系建设为重点，充分尊重中国刑事法治发展和完善的内在规律和稳定性，解决轻罪治理中的复杂问题。只有这样，我们才能在轻罪治理上做到精准施策，真正实现以人民为中心、司法为民的理念，满足人民日益增长的法律需求。

在轻罪治理的终端环节，在对轻罪人员开展教育矫正工作时，我们应当基于中国法治现代化的理念和机制，充分遵守中国特色的刑事司法规律、逻辑以及现代化的标准。这涉及重新配置司法资源、构建有效的机制等措施，以持续改善轻罪治理的程序，并完善轻罪治理的刑事法治体系。

三、民族地区轻罪治理现代化的制度保障

（一）坚持以习近平法治思想为指导

确立以人民为中心的轻罪治理价值取向，这是实现轻罪治理科学化、法治化的根本。首先，坚持党的领导是确保轻罪治理正确方向的关键。刑事法治实践一再证明，党的全面领导是中国刑法现代化的核心原则，它不仅是中国刑法学自主性的基石，也与世界各国刑法共同构成了多元化的刑事法治生态。在轻罪治理中，我们也必须坚守这一原则。坚持党的领导能够有效解决轻罪治理的方向性、立场和方针等根本性问题。具体来说，轻罪治理应基于我国的犯罪实际情况和趋势，以党的政策和方针为指导，与国家治理体系现代化保持一致，如在总体国家安全观的指导下积极治理日益增多的轻罪问题。

其次，以人民为中心是轻罪治理的价值起点。积极的轻罪治理不仅旨在打击轻微犯罪，更是为了控制犯罪的滋生和蔓延，保障国家的总体安全，从而提高人民的安全感、获得感和幸福感。因此，轻罪治理的好坏应以人民的满意度和安全感为标准。以人民为中心的价值取向也能正向修正轻罪治理的策略和措施。例如，将高空抛物和妨害安全驾驶行为入刑反映了以人民为中心的立法导向，并在实践中保障了公共安全。然而，在一些轻罪治理中，行政处罚及其后果可能比刑罚本身更重，导致刑事制裁力度外溢，甚至产生不良后果。

坚持以人民为中心是坚持党的领导的必然要求，也是积极治理轻罪有效性的保障。以此为出发点，轻罪治理需要积极回应人民群众的新要求和新期待。例如，为了提高认罪认罚案件量刑的可预测性和从宽处罚的可预期性，可以探索人工智

能辅助量刑,确保量刑标准的统一和规范,以及量刑建议的合法性和正当性,真正兼顾效率和公正。又如,针对刑事辩护不足的问题,需要继续加强刑事案件全覆盖试点工作。特别是对于轻罪案件,要做好刑事法律援助工作,最大限度地保障刑事辩护权利,以更高效的方式实现可见的公正。

(二)坚持宽严相济的刑事司法政策

轻罪(包括微罪)与重罪相比,具有以下显著特点:第一,轻罪行为主要涉及较轻微的犯罪行为,对社会造成的危害和影响较小。第二,轻罪通常不直接关联国家安全、公共安全或人身安全等重大问题,因此加害者与受害者之间的冲突相对较小,对社会的破坏性也较低。第三,轻罪涵盖的范围和对象更广泛,在总犯罪量中占比较高且呈上升趋势,因此治理的需求较大。第四,轻罪多由法律规定,其刑事违法性随国家政策和法律的变化而变化,罪与非罪、刑事犯罪与行政违法的界限更为灵活和多样。第五,特别是微罪,仅涉及最轻微的危害行为或危险行为,常表现为行为犯、抽象或具体的危险犯以及情节犯等,处于行政违法和民事违约的边缘地带,处理时需特别谨慎。总体而言,轻罪治理应摒弃严打重刑的思维,在宽严相济的政策指导下,以宽容为主,整体刑罚趋轻。对于高比例的轻微犯罪,在适用宽严相济时应优先考虑"宽缓",旨在修复社会关系、促进社会和谐、减少社会对立。实际上,并非所有轻罪案件都必须进入刑事司法程序并作出有罪判决。应推广恢复性司法,注重调解,以促进社会和谐。除此之外,应严格把握刑事处罚的尺度与边界。在轻罪日益增多的时代,减少轻罪发生应是轻罪治理的最终目标。应以宽严相济的刑事政策为指导,全面、准确把握宽与严的辩证关系,坚持根据具体情况区分对待。充分考虑具体案件的危害程度、犯罪情节和社会公众的感受,依法当宽则宽、该严则严。

(三)坚持完善轻罪立法

从四川省民族地区社区矫正现状来看,民族地区轻罪治理有着明显区别于其他地区的特点,要进一步结合《民族区域自治法》等相关法律,进一步完善轻罪立法,重点是针对民族地区的一些特殊文化、习惯等情况以及犯罪结构的差异,进行有针对性的立法。例如,根据民族地区当地人民群众的文化习惯,推动刑事协商制度的建构和完善。从四川省民族地区社区矫正对象的档案记录来看,认罪认罚案件占据多数,很多社区矫正对象都存在认罪认罚从宽的情节,我们可以说认罪认罚案件是民族地区轻罪构成的主要组成部分。根据最高人民法院、最高人民检察院、公安部、国家安全部、司法部公布的《关于适用认罪认罚从宽制度的指导意见》第33

条第1款规定:"……人民检察院提出量刑建议前,应当充分听取犯罪嫌疑人、辩护人或者值班律师的意见,尽量协商一致。"这一规定在顶层方面为刑事协商制度预留了立法空间,再结合民族地区的传统习惯法,我们认为可以在民族地区试行刑事协商诉讼模式,实现对轻罪案件的高效处理,并能够为当地人民群众所接受,兼顾了效率与公平。

从立法统一的角度来看,当前民族地区轻罪治理还存在法律衔接不畅的问题,就民族地区社区矫正工作来看,在实施社区矫正制度时,必须确保法律文件、司法解释中有关社区矫正的规定之间协调一致,同时也要注意这些规定与国家政策等非法定性规范之间的统一性。为了有效执行社区矫正,民族地区已经在地方级别上建立了相应的制度框架。从具体的内容来看,民族地区的社区矫正制度主要是对国家层面制度的补充和细化;从制定的时间角度来看,地方制度建设的进程也与国家层面的制度建设进程相吻合。总的来说,社区矫正作为一项刑罚制度,从国家法律到地方性法规的各个层面都表现出高度的一致性。民族地区的地方社区矫正制度必须与国家层面的制度保持一致,不能有冲突,并且要充分保障不同层级的法律、法规、规章、规范之间的和谐统一。

参考文献

[1]王亚妮:《社会稳定视域下西藏社区矫正的实践意义》,载《西藏民族大学学报(哲学社会科学版)》2018年第4期。
[2]孙平:《社区矫正的法律人类学比较》,载《比较法研究》2016年第1期。
[3]陈兴良:《轻罪治理的理论思考》,载《中国刑事法杂志》2023年第3期。
[4]何荣功:《轻罪立法的实践悖论与法理反思》,载《中外法学》2023年第4期。

涉电信诈骗类社区矫正的现实困境与破解路径分析*

高　琦**　张茂一***

摘　要：伴随我国警方对涉电信诈骗类犯罪的严厉打击，电信诈骗犯罪前端问题已经得到一定解决，但涉电信诈骗类犯罪对象的社区矫正问题仍面临诸多困境。社区矫正工作是涉电信诈骗类犯罪分子重新融入社会的重要途径，社区矫正机构监管能力不足、缺乏针对性教育帮扶等多元因素给社区矫正工作带来了巨大的挑战。为了提高社区矫正工作的质量和效果，针对上述存在的问题，提出了完善建议，以期适应涉电信诈骗类的特点。为社区矫正工作人员提供参考，促进社区矫正工作的改进和发展，同时也有利于减少电信诈骗类犯罪的再犯率，维护社会的稳定和安全。

关键词：电信诈骗；社区矫正；监督管理；教育帮扶

引　言

伴随电信诈骗犯罪的不断增加，涉电信诈骗类犯罪的刑事执行方式——社区矫正亟待完善。目前，我国的社区矫正制度仍处于发展阶段，涉电信诈骗类犯罪对象的社区矫正面临诸多困境，在监督管理、教育帮扶方面存在监管权责受限、针对性不强等问题。从社区矫正的对象看，其适用于涉电信诈骗类犯罪具有合理性；从社区矫正的目的看，其追求的是预防再次犯罪，更好地帮助罪犯回归社会。因此，将电信诈骗犯罪纳入社区矫正对象范围，可以通过相应配套措施明确社区矫正适

---

* 基金项目：四川省高校人文社科重点研究基地——社区矫正研究中心项目《"认同"建构视域下思想政治教育在社区矫正中的功效研究》（SQJZ2017－O5）的阶段性成果。

** 作者单位：四川轻化工大学。

*** 作者单位：乐山师范学院马克思主义学院。

用于涉电信诈骗类犯罪,加强社区矫正工作人员素质建设,制定符合电信诈骗犯罪特点和规律的具体监管制度,破解电信诈骗犯罪社区矫正实践中面临的困境。

一、涉电信诈骗类犯罪的形势

伴随信息网络技术的高速发展,大数据、互联网及人工智能为代表的科学技术的普遍运用,我国犯罪结构发生变化,传统犯罪持续下降,以电信诈骗为代表的新型网络犯罪日渐呈现高发态势。根据2022年最高人民法院公布的数据,2017年至2021年,全国法院一审审结电信网络诈骗犯罪案件10.3万件,22.3万名被告人被判处刑罚。其中,2018年同比上升71.69%;2019年同比上升25.15%;2020年同比上升40.36%;2021年同比下降17.55%。2022年上半年,全国法院一审审结电信网络诈骗犯罪案件1.1万件,2.1万名被告人被判处刑罚。[1]

电信网络诈骗犯罪的频发,也引发了帮助信息网络犯罪活动罪,掩饰、隐瞒犯罪所得罪和偷越国(边)境罪等系列上下游产业链的关联犯罪。根据最高人民检察院公布数据,2023年1月至10月,全国检察机关共起诉偷越国(边)境犯罪1.7万余人,同比上升5.3%;起诉电信网络诈骗犯罪3.4万余人,同比上升近52%。起诉帮助信息网络犯罪活动罪11.5万余人,同比上升近13%。[2] 起诉组织他人偷越国(边)境犯罪近2000人,同比上升近16%;起诉运送他人偷越国(边)境犯罪5000余人,同比上升近75%。

涉电信诈骗类犯罪,大多在立法上属于轻罪,诸如帮助信息网络犯罪活动罪,或者是被司法机关判处3年有期徒刑以下的轻罪。为此,此类犯罪的行为人大多被判处缓刑或者管制而进入了社区矫正领域。近年来,涉电信诈骗类犯罪的社区矫正对象人数剧增。根据笔者对S省社区矫正机构的调查,在2023年第2季度列管社区矫正对象总数45,636人中,涉嫌电信诈骗犯罪的关联犯罪帮助信息网络犯罪活动罪,掩饰、隐瞒犯罪所得罪和偷越国(边)境罪,分别位列第六位、第七位和第九位,如图1所示。

---

〔1〕 参见《最高法发布人民法院依法惩治电信网络诈骗犯罪工作情况暨典型案例》,载微信公众号"最高人民法院"2022年9月6日,https://mp.weixin.qq.com/s/WlmZoW9KlFa1j8DOQaD94g。

〔2〕 参见《最高检发布〈检察机关打击治理电信网络诈骗及其关联犯罪工作情况(2023年)〉》,载微信公众号"最高人民检察院"2023年11月30日,https://mp.weixin.qq.com/s/NcXwlEVVD0ypZBdbZNSQvw。

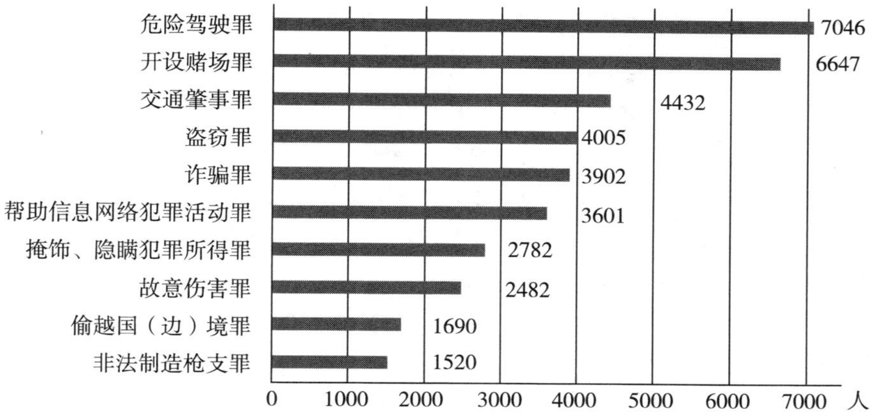

图 1　主要罪名

对于缅北地区电信诈骗犯罪的严峻趋势，我国公安部在云南等多地公安机关的配合下，迅速开展多轮打击活动，截至 2023 年 11 月已取得显著成果。根据公安部公布数据，截至 2023 年 11 月缅北相关地方执法部门共向公安部移交电信网络诈骗犯罪嫌疑人 3.1 万名，其中包括幕后金主、组织头目和骨干 63 名，网上在逃人员 1531 名。

二、涉电信诈骗类犯罪的特点

作为一类典型的非接触式犯罪，电信诈骗犯罪背后的基础工具是银行卡、电话卡等，基础技术是通知类短信技术、跨境数据通信技术、短网址服务技术、网络社交软件技术等。这些基础工具与技术被非法利用且存在监管缺漏，是跨境电信诈骗犯罪屡禁不绝的重要原因之一。因此，治理电信网络犯罪仅仅靠刑事打击并不足以真正遏制，手段加速迭代下如何做好电信诈骗的诉源治理，成为摆在我们面前的一道必答题。

目前，在多方共同努力下，电信诈骗犯罪前端问题已经基本解决，关键在于后续状态对于涉电信诈骗类犯罪的矫正治理。除电信诈骗集团的首要分子外，绝大部分嫌疑人既是犯罪主体也是受害群体，多涉及轻微罪名，其人数众多、人身危险性不大，不具备羁押必要性，即没有必要采取羁押措施，以防司法资源的浪费和各类犯罪人员交叉感染。因此，此时应当将视野放置于涉电信诈骗类罪犯的后续社区矫正问题中，以促进电信诈骗罪犯顺利融入社会、预防和减少犯罪、维护社会和谐稳定。

信息网络的高速发展使电信诈骗犯罪的犯罪模式和犯罪特点与传统犯罪存在较大差异,也使电信诈骗犯罪的主体及其客体具有特殊性。

从犯罪客体方面分析,电信诈骗犯罪所侵犯的客体是复杂客体,既包括公私财物所有权,也包括良好的公共秩序。电信诈骗犯罪侵犯了公私财物所有权。犯罪分子通过编造虚假信息、设置骗局等手段,诱使受害人进行打款或转账,骗取受害人的财物,从而直接侵犯了受害人的财产权益,造成了严重经济损失。由于电信诈骗犯罪通常利用电子技术手段进行远程操控,可随时随地实施诈骗,其犯罪对象一般只限于动产,并且是金钱财产。这也使电信诈骗犯罪成为了一种极具危害性的犯罪类型。同时,电信诈骗犯罪严重侵犯社会公共秩序。电信诈骗犯罪作为以欺骗手段破坏公共信任的行为,其破坏了社会的公平、正义和诚信原则,严重影响了社会的正常秩序,并且利用电话、网络、短信等通信手段进行诈骗,不仅侵犯了个人利益,也对整个社会的公共利益造成了损害。它破坏了社会的正常管理秩序和法治秩序,影响了社会的稳定和发展。

从犯罪主体方面分析,犯罪主体和受害群体具有同一性。除犯罪团伙的组织头目和骨干等,绝大部分人员既是犯罪主体也是受害群体,数据显示,从缅甸自首回国的诈骗人员中,偷越国境的占97%。在中缅国境线被拦截的偷越国境人员中,70%偷渡目的是从事电信网络诈骗。[1] 当罪犯偷渡到境外之后多数沦为犯罪组织赚钱的工具,犯罪组织以3—15万元不等的价格将偷越国境违法犯罪人员分流至赌场或诈骗组织。这些人员不能产生高额效益或者对犯罪组织失去利用价值后,又会被压榨、盘剥。在威逼、要挟、殴打等多种控制手段下,遭受欺骗的受害群体转变成了偷越国境违法犯罪人员,沦为诈骗组织挣钱的工具。犯罪主体具有"三低"特性,即低龄、低收入、低学历。相比传统犯罪,电信诈骗犯罪主体一般是无业人员,且年龄普遍偏低,其社会危害性及人身危险性较低。2023年1月至10月,全国检察机关起诉电信网络诈骗,帮助信息网络犯罪活动罪,掩饰、隐瞒犯罪所得罪3类犯罪人员中,25岁以下人员占到31%;高中及以下学历(含职高、技校、中专等)占85%;无业人员占53%。比较而言,此类群体文化程度不高,法律意识淡薄,经济收入偏低,具有贪婪心理,容易不满足于现状,易遭受犯罪团伙"洗脑",易出现跟风、从众等群体效应。犯罪主体中,农村居民、未婚人员占多数。根据有关数据研究,

---

[1] 2020年以来,国务院联席办部署全国公安机关在中缅边境线上治理缅北涉诈人员审查。截至2022年3月,累计审查缅北回流人员43786人、偷渡人员10589人。来源:微信公众号"三联生活周刊"2023年8月22日,https://www.lifeweek.com.cn/mobile/audioText/?artId=210496#/。

在偷越国境违法犯罪人员中,农村居民占98%,未婚人员占74%。[1] 犯罪主体农村居民居多,多数存在同乡、同村、同族的纽带关系。农村居民的生活空间集中,信息渠道较少,法律意识偏低,并且相互之间多存在紧密的血亲或宗族关系,被圈子的波纹所推及的,就容易发生联系,因此容易受到不法分子的诱骗和鼓动,即易出现从众等群体效应。同时人类学认为,所有社会关系中,家庭关系是一种强关系,这种强关系是人们亲密情感关系的纽带,也是人们获取社会支持的重要来源。[2] 客观上,这种强关系对家庭成员起到监督和辅助作用,基于对犯罪群体分析,他们认为没有家庭的束缚,个人有较大的自由裁量空间去尝试高风险事情。

三、涉电信诈骗类犯罪社区矫正的现实困境

刑罚不是一种本能或原始的“同害复仇”。刑罚的目的并不在于对罪犯进行报应,而是通过这个手段预防犯罪、保护社会。贝卡利亚明确地说:预防犯罪比惩罚犯罪更高明。他给出的基本思路是:改善立法、严格执法、保卫法律、奖励美德、完善教育,要“让光明伴随着自由”。

涉电信诈骗类犯罪的社区矫正面临诸多现实困境。这些困境不仅影响了社区矫正的效果,也给社会带来了一定的安全隐患。因此,深入分析涉电信诈骗类犯罪社区矫正的现实困境,对于完善社区矫正制度、提高矫正效果具有重要的现实意义。

(一)监督管理困境

《社区矫正法》明确指出,社区矫正工作应该坚持监督管理和教育帮扶相结合,其中“监督管理”旨在通过法律、制度和高科技手段建构科学合理的风险预警防控以及应对体系降低执行全流程中的风险。[3] 电信诈骗犯罪社区矫正的现实困境之一在于社区矫正机构因管理权限、管理手段不足,容易出现脱管、漏管以及重新违法犯罪。

首先,监督管理队伍不足、人手不足。社区矫正机构自身管理权限受限,管理手段不足,容易出现脱管、漏管以及重新违法犯罪的现象。一个司法所要监管几十

---

[1] 参见杜广雷、张婷:《电信网络诈骗利益驱动下的偷越国境行为治理——以偷越中缅国境电信网络诈骗违法犯罪人员为例》,载《中国人民警察大学学报》2022 年第 10 期。

[2] 参见庄华、马忠红:《东南亚地区中国公民跨境网络犯罪及治理研究》,载《南洋问题研究》2021 年第 4 期。

[3] 参见梁盼、张昱:《从“维控有力”到“治理长效”:社区矫正效能标准的转向》,载《华东理工大学学报(社会科学版)》2022 年第 2 期。

人,而司法所的人员不足。其职责有9项,社区矫正仅仅是其中之一。特别是社区矫正机构仅有监督权、训诫权和警告权,并无处罚权。治安管理处罚、收监执行仅是提请权。

其次,电子定位装置的适用具有严格条件,根据《社区矫正法》第29条规定,社区矫正对象只有5种情况经司法行政部门负责人批准后可使用电子定位装置,即违反人民法院禁止令,无正当理由未经批准离开所居住的市、县,拒不按照规定报告自己活动情况被给予警告,违反监督管理规定被予以治安管理处罚,拟提请撤销缓刑、假释或暂予监外收监执行。然而,过于严格的限制条件与监管涉电信诈骗类社区矫正对象非法跨越国(边)境这一行为并不匹配。

最后,电信诈骗类犯罪多涉及网络犯罪,社区矫正机构通过网络进行监管,缺少相应权限和手段,导致罪犯在网络空间内的行为轨迹难以被发现。随着互联网的普及和电信诈骗犯罪的日益增多,社区矫正机构在网络上对涉电信诈骗犯罪人员进行监督的难度越来越大。网络空间为无边际的虚拟世界,其匿名性和虚拟性使涉电信诈骗犯罪人员的行为轨迹难以被发现。在传统的社区矫正中,矫正机构可以通过对矫正对象的日常行为进行观察和记录,对其行为进行有效监管。然而,在网络空间中,人们可以轻易地隐藏自己的真实身份和地理位置,通过各种手段规避监管。这使社区矫正机构很难获取涉电信诈骗犯罪人员在网上的实际行为数据,难以对其行为进行有效监督。而且社区矫正机构缺乏相应的权限和手段来有效地监管涉电信诈骗犯罪人员在网络上的行为。由于互联网行业涉及个人隐私和信息安全等问题,社区矫正机构很难获得相关权限来对涉电信诈骗犯罪人员在网上的行为进行全面监控。此外,现有的技术手段也难以满足对网络行为的有效监管需求。这使社区矫正机构在网络监督方面显得力不从心,难以对涉电信诈骗犯罪人员进行有效监督和引导,给社区矫正工作带来了极大的挑战。

(二)教育困境

缺乏针对性的教育帮扶也是当前社区矫正工作中的一个显著困境。由于缺乏对电信诈骗罪犯个体差异的深入了解和关注,矫正机构在提供教育帮扶方面难以根据社区矫正对象的犯罪特征、悔罪表现、经济状况、心理特点、行为风险、矫正需求进行精确矫正。

社区矫正机构缺乏对电信诈骗罪犯的犯罪原因进行深入研究,这使教育帮扶无法针对性地解决罪犯的心理问题,无法真正引导他们认识并改变错误的行为和价值观。除此之外,教育帮扶的内容和方式往往过于通用化,缺乏个体化的考虑,并且教育过程流于形式。从法律制定层面来分析,目前对电信诈骗人员进行社区矫正依旧是沿用《社区矫正法》和各省相应出台的细则中的相关规定,缺乏个体化的考虑,并且细则对于教育帮扶方面的规定较为粗疏,立法细化程度不够高,具体实践中可操作性不强,对基层的教育工作仍然缺乏明确的指引。例如,2021 年广西壮族自治区颁布的《广西壮族自治区社区矫正工作细则》中概括性、建议性和鼓励性条款过多,量化、细化的规定较少。据统计,该细则第六章教育帮扶共有 14 个条文,强制性用词"应当"出现 15 次,非强制性用词"可以"出现 15 次、"根据需要"出现 5 次,"鼓励"出现 3 次。[1] "可以""根据需要""鼓励"这些弹性用词具有模糊性,容易使针对涉电信诈骗人员的社区矫正教育工作出现重形式、轻实质的问题。除此之外,缺乏社区矫正方面关于涉电信诈骗人员社区矫正教育帮扶方面的专门立法,目前各省份在社区矫正细则中对于教育的规定都比较粗疏,再加上尚无社区矫正方面关于涉电信诈骗人员教育帮扶的专门规范性文件,导致实践中对涉电信诈骗人员的教育工作的程度不够深入,教育效果难以得到保障。

再者,针对涉电信诈骗人员的教育工作面临主体单一有限,社会公众力量参与不足,教育帮扶工作针对性不足的问题。社区矫正中的社会力量是指利用社会中拥有的组织、设施、技术、资金、人力等资源,使其参与到社区矫正监督管理和教育帮扶工作中,利用社会力量开展社区矫正工作,是社区矫正的本质特征之一。[2] 但是,从调查来看,目前针对涉电信诈骗社区矫正对象教育方式较为单一,多以集体上课、讲座等方式进行,思想教育中宣讲法律法规占了较大篇幅,形式大于内容,缺乏时效性。改造矫正强调的是因人而异,因材施教,但涉电信诈骗矫正对象的犯罪原因、心理状态、文化素养均存在差异,如果只采用千篇一律的教育方式,没有采取更具针对性的矫正方式,则难以保障教育矫正产生良好的效果。

作为为涉电信诈骗矫正对象进行社区矫正的主体,社区矫正工作人员在客观上也存在以下不足:最主要的是教育能力不足,大多数工作人员没有教育学的背景,缺乏针对涉电信诈骗矫正对象专项矫正的知识和技能。部分社区矫正工作者在开展涉电信诈骗矫正对象的社区矫正工作时,只会简单地组织电信诈骗人员学习相关法律法规,或者进行一些表面的思想教育,而没有针对电信诈骗人员的实际情况和心理特点进行教育,致使部分电信诈骗人员并没有完全意识到错误,得不到

[1] 参见蒋瑾宁:《社区矫正教育帮扶工作存在的问题及其对策——以广西 G 市 Y 区社区矫正中心为例》,广西师范大学 2023 年硕士学位论文,第 19 页。

[2] 参见吴宗宪:《社会力量参与社区矫正的若干理论问题探讨》,载《法学评论》2008 年第 3 期。

有效的改造。

(三)帮扶困境

社区矫正帮扶困境在于,此类涉电信诈骗类社区矫正对象及其家庭成员面临持续的偏见与歧视。这种歧视不仅源于他们过去的行为,还与社会的刻板印象和偏见有关。

作为刑事执行方式之一的社区矫正,虽为轻罪人员提供了一个重新融入社会的机会,但社会对其接纳程度往往有限。对于涉电信诈骗类社区矫正对象而言,即使他们在思想、行为方面已经完成矫正,但求学、就业等方面仍存诸多困难。在求职过程中,相关单位往往鉴于犯罪记录而有所顾虑,担心相关单位的形象和业务受影响。并且金融、教育、法律等行业对涉电信诈骗犯罪人员有所限制,此类行业往往要求从业人员有良好的道德品质和信誉,因此涉电信诈骗犯罪人员在这些领域寻找工作会更加困难。除此之外,涉电信诈骗类社区矫正对象在社区矫正期间需要接受一系列的监管和限制措施,加之相关单位等行为排斥,都会让此类社区矫正对象感到自己被社会边缘化,无法真正融入其中。

除对社区矫正对象本人帮扶存在一定的困境外,帮扶对象的子女、配偶和家属在社会生活中也有遭受歧视和排斥的现象发生。在打击电信诈骗犯罪的过程中,人们往往关注于对犯罪行为的制裁,而忽视了涉案人员家庭成员所面临的困境。一些地方对涉电信诈骗类犯罪人员的家庭成员在受教育、就业等方面进行限制。[1]如某公安分局官方微信发布相关规定,即凡是参与电信网络新型违法犯罪嫌疑人的子女,一律在城区学校就读时予以招生入学限制。又如,某地发布了对当地涉诈重点人员及其亲属的惩戒措施。包括其配偶、父母、子女暂停享受相关医保补贴,严审其子女就学资格等。这样的限制措施最终被全国人大常委会法工委叫停,是值得称赞的。

在现代法治体系中,一个基本原则是明确且不容忽视的:任何违法犯罪行为的法律责任,都应当由违法犯罪行为人本人来承担,而不能牵连或影响到其他人。这一原则,不仅体现了法律的公正和公平,更是维护社会秩序和正义的基石。不合理的制度不仅违背了现代法治精神,严重侵犯了相关人的基本权利,而且对涉案人员家庭成员造成了深重的伤害。

对于涉电信诈骗类社区矫正对象而言,他们已经为自己的错误行为付出了代

---

〔1〕《对涉罪人员亲属权利进行限制？人大法工委叫停》,载央视网,https://mp.weixin.qq.com/s/iuEI9EyFFm_XW1lAGgUmrQ,最后访问日期:2024年1月12日。

价，接受了相应的刑事处罚。然而，他们的近亲属却因此在教育、就业和社会保障等方面遭遇限制。这种限制，显然违背了现代法治的基本原则。在现代法治体系下，每个人都应享有平等的权利和机会，这是维护社会公正和平等的重要保障。

四、涉电信诈骗类犯罪社区矫正路径探析

（一）完善涉电信诈骗类社区矫正对象的监督管理

在当前轻罪化治理的大背景下，监督管理是社区矫正的前提和基础。如果缺乏严格执行监督管理涉及的一系列制度，则涉电信诈骗类社区矫正对象有脱管、漏管乃至重新犯罪的风险，导致社区矫正的目的难以实现。因此，应当加强社区矫正机构监督管理的力度。

第一，加强境外合作与境内协作，根据我国缔结或参加的国际条约，按照互惠原则，加强与境外国际组织合作。我国司法机关和外国司法机关可以相互请求司法协助，开展跨境犯罪情报信息的交流与合作、调查取证、缉捕和引渡等工作。加强与当地有执法权的部门合作，实现后续监管职责。同时应当加强与境内的协作，用技术迭代阻止技术作恶。根据《反电信网络诈骗法》，金融、电信、网信、市场监管等有关部门依照职责履行监管主体责任。也就是说，社区矫正机构可以加强与电信经营者、金融机构、非银行支付机构、互联网服务者的合作，对重点对象重点关注，建立矫正对象信息共享查询系统，实现信息流通和联网连查，从技术赋能角度加强对社区矫正对象监管。整治网络空间，推动网络诉源治理。电信诈骗案件背后折射出不少社会治理、网络监管问题。决不允许网络空间沦为法外之地。加强对 App 的监管力度，将涉诈 App“制刀者”变为反诈“战斗员”。

第二，分类监管重点对象，建立分级分类管理机制。根据涉电信诈骗类社区矫正对象的犯罪性质、情节、改造表现等因素，建立分级分类管理机制。对不同级别的社区矫正对象实行不同的监管措施和要求，对重点对象实行重点监管，对一般对象实行一般监管。更好地把握社区矫正对象的改造情况和风险程度，提高监督管理的针对性和有效性。社区矫正机构应当根据《刑法》《刑事诉讼法》为 4 类矫正对象设定不同义务，实施分类监管考察，避免所有涉电信诈骗类社区矫正对象都使用相同的管理措施。

第三，强化随机抽查和应急处置机制。随机抽查是及时发现违规行为的重要手段。例如，涉电信诈骗犯罪人员大多涉及偷越国（边）境罪，针对此类社区矫正对象，应定期对他们进行随机定位或抽查，检查其遵守规定的情况和行踪真实性。同

时,应建立应急处置机制,对社区矫正对象出现的突发情况和异常情况进行及时处理和应对,防止事态扩大。可在矫正工作中对社区矫正对象的社会状态进行数据检测,搭建社区矫正数据大数据平台,实施智慧矫正。一方面,可以适用智能式穿戴设备、移动式采集设备或固定式检测装备采集线上数据。另一方面,可以通过智能技术设备获取相应的生活数据、政务数据及其个人通信、社交、出行数据。[1] 矫正工作中的数据采集和整合,可以全面了解电信诈骗罪犯的社会情况和行为特征。同时,结合大数据技术和分析算法,可以从中发现潜在的犯罪模式和趋势,提供更有针对性的矫正教育和帮助,最后通过跟踪评估数据,及时动态调整。

(二)实施有针对性的教育矫正

社区矫正作为一种非监禁性的刑事执行方式,其目的在于促进犯罪人员的改造和重新融入社会。然而,在实际操作中,涉电信诈骗犯罪人员社区矫正工作存在流于形式化,矫正方案单一,缺乏针对性、有效性的问题,影响了矫正的效果和社会的安全稳定。根据《社区矫正法》规定,教育活动和帮扶活动应该根据个体的实际情况进行个案化的施教和帮助。对于涉电信诈骗类犯罪的社区教育矫正普遍存在的同质化问题,应实施有针对性地精确矫正教育,制定个性化的社区矫正方案并贯穿矫正教育全过程。目的刑论以保全社会为目标,但它不是通过镇压、防范、权力性的方法,而是通过科学手段完善、教育犯罪人的方法,与特殊预防相结合而精华为改善刑或教育刑。[2] 因此,基于社区矫正的预防目的,还需要积极对社区矫正对象开展具有针对性的教育帮扶,促使其改恶从善,遵纪守法,并获得必要的职业技能,以重新回归社会。为此,要实施有针对性的教育矫正方案,可以参考如下措施:

第一,开展警示教育。涉电信诈骗人员是社区矫正中的一个特殊群体,他们往往因为一时的贪念或者无知而走上犯罪的道路。针对其特殊情况,警示教育是必不可少的环节,通过以案释法、观看反诈宣传片等方式深入讲解如何防范电信网络诈骗,帮助社区矫正对象了解刷单返利、虚假投资理财诈骗、虚假网络贷款诈骗、冒充客服诈骗、冒充公检法诈骗等"五大最高发类型"的电信网络诈骗手段及方法,剖析电信诈骗的根源,告诫社区矫正对象警惕电信诈骗,时刻保持清醒认识,提高反诈意识,做好自身防范。

---

[1] 参见付立华:《大数据推动社会治理迈向"社会智理"——以社区矫正领域为例》,载《山东师范大学学报(社会科学版)》2022年第4期。

[2] 参见[日]中山研一:《牧野英一的刑法思想》,载吉川经夫等编:《刑法理论史的综合性研究》,日本评论社1994年版,第295页。

第二，加强对此类矫正对象的法治教育。法治教育是矫正工作不可或缺的一环，可以结合典型案例阐释电信诈骗犯罪、侵犯公民个人信息罪的时代背景、概念特征、表现形式和严重危害。通过案例分析，让矫正对象深入了解电信诈骗犯罪的违法性和危害性，增强法律意识，增强社区矫正对象认罪悔罪和自觉遵循、服从法律法规的意识，改变社区矫正对象的思想状态，使矫正对象认罪服法，珍惜矫正机会。结合其自身案件的犯罪构成与刑事法条，对矫正对象实施认罪悔罪教育与法治教育，让他们提高自我约束和抵制诱惑的能力，有效引导其顺利回归社会。做到擦亮眼睛，树立法治思维教育：心中绷紧遵规守法的弦，不为蝇头小利所惑。

第三，对此类矫正对象实施分类、专项教育。通过分类教育，制定不同措施的教育帮扶政策。以贴近矫正对象的现实需求，调动矫正对象的参与积极性。应当精选优质教育矫正内容，以社会主义核心价值观为精神指导，对于涉电信诈骗罪犯，重点关注矫正教育方面，着重加强法治纪律教育、认罪悔罪教育。对于帮助信息网络犯罪活动罪犯，重点关注其思想政治教育、道德规范教育及情感情绪教育，预防矫正对象的再次犯罪。

通过电信诈骗专项教育告诫矫正对象，想赚钱是完全可以理解的，但应通过诚实劳动与合法经营。应聘工作时要问明工作性质，拒绝不当得利、违法得利，避免成为网络犯罪活动的帮凶。境外不是淘金天堂，更不是法外之地。境外诈骗犯罪集团往往打着高薪旗号吸引人员前往“淘金”，实则实施诈骗活动。贪图“高薪”赴境外诈骗窝点，涉嫌违法犯罪，将受到法律严厉制裁。诈骗团伙摸准赌客“以小博大”的心理，以“赌诈结合”方式引诱赌客参与，并非法占有赌资。这种手段使赌客“十赌九输”，导致部分人欠下巨额债务后倾家荡产。广大网民要自觉抵制不良诱惑，拒绝一切赌博行为，防止陷入“赌诈”陷阱。

（三）预防重新违法犯罪，助其顺利回归社会

对涉电信诈骗类犯罪社区矫正的破解路径分析，其根本目的在于预防重新违法犯罪，助其顺利回归社会。因此，光靠灌输式的教育是不够的，需要根据个体的特点制定合理的帮扶方案，促使其正确识别和解决问题，真正解决他们面临的棘手问题，帮助他们克服回归社会的障碍，帮助其恢复正常生活。

第一，充分考虑涉电信诈骗类矫正对象的实际情况和需求，全面分析此类矫正对象的犯罪类型、犯罪特征以及个人工作、家庭背景等因素，制定个性化的“把脉式”法律帮扶计划。积极与其进行沟通，转变矫正对象的思想认识，通过建立沟通机制、进行心理辅导等措施帮助矫正对象克服消极情绪。例如，对于缺乏法律意识

的矫正对象,可重点开展法律基础知识教育;对于因家庭问题而走上犯罪道路的矫正对象,可提供家庭关系调适等方面的帮助。根据其自身特点实行有针对性的帮扶措施,不仅可以提高矫正效果,还可以促进矫正对象更好地融入社会。

第二,针对涉电信诈骗类社区矫正对象可能会面临的就业就学歧视问题,可在社会层面进行广泛宣传,消除就业就学歧视,营造宽容求学就业环境,帮助他们在就业市场上得到公平的机会。针对那些缺乏专业技能的社区矫正对象,可根据其具体需求和兴趣定制相应培训项目和指导内容,积极开展就业指导技能培训和创业支持项目,也可建立就业帮扶基地,通过与专业的培训机构、企业和其他组织建立合作关系,为社区矫正对象提供全面、系统的职业技能培训和创业指导服务。除此之外,可借鉴税法中关于企业收纳残疾人减免税费的规定,制定相关政策,如鼓励企事业单位、社会组织为社区矫正对象提供就业岗位,对于依法招聘录用经过矫正合格后的涉电信诈骗矫正对象并签订1年以上劳动合同或者服务协议的企业可以给予一定的补贴奖励或者税收减免优惠,以此来为此类社区矫正对象提供相应就业机会。为了更好地促进矫正对象的就业和创业,以防再次犯罪,我们还应积极探索线上线下的培训模式。通过与企业和其他相关机构的联动,我们可以整合并收集各种就业岗位信息,然后及时向社区矫正对象进行推送。这种信息推送的模式可以使矫正对象更好地了解市场需求和就业机会,从而为他们提供更多的选择和可能性。

第三,针对前文所提及的一些地方实施限制涉罪人员亲属权利的政策,让涉电信诈骗社区矫正对象亲属遭受不公平待遇的做法,笔者认为这是与现代法治思维相悖的。罪责自负、无罪不罚,是现代法治的基本原则之一,这一原则体现了法律对个人权利的尊重和保护。基于此,全国人大常委会法工委叫停前述做法,值得称赞。当前,我们需要重新审视前述做法,应采取更加公正合理的措施惩治罪犯,同时也需要保护罪犯及其家属的权益。

五、结语

电信诈骗类犯罪在现代社会中愈发猖獗,社区矫正是解决这一问题的一种有效的手段。当前,基于我国针对电信诈骗类犯罪的严打高压态势,会有越来越多的涉电信诈骗类犯罪分子得以落网,如何去改造、引导、矫正这些犯罪分子,给我国社区矫正工作带来了新的挑战,我们应当重视并且积极寻求解决方法。社区矫正工作作为对涉电信诈骗类犯罪分子进行教育改造的重要途径,与传统的监禁刑相比,更注重对犯罪分子的心理认知、思想认识和行为习惯的改变,也更加符合当前轻罪化治理的大潮流。涉电信诈骗类社区矫正所要面临的现实困境相比传统犯罪要更加灵活多变,因此更要完善对涉电信诈骗类社区矫正对象的监督管理,更要注重对个体的教育和帮扶,以期达到更好的社会再融入效果。

参考文献

[1]何显兵:《社区矫正合规模式的制度偏离与匡正》,载《江西社会科学》2023 年第 10 期。

[2]吴宗宪、赵宇:《完善我国社区矫正法若干问题探讨》,载《江西社会科学》2023 年第 10 期。

[3]尹露:《中国特色社区矫正的功能定位与进路选择》,载《河北法学》2018 年第 10 期。

[4][意]贝卡里亚:《论犯罪与刑罚》,黄风译,中国法制出版社 2002 年版。

[5]梁盼、张昱:《从"维控有力"到"治理长效":社区矫正效能标准的转向》,载《华东理工大学学报(社会科学版)》2022 年第 2 期。

[6]杜广雷、张婷:《电信网络诈骗利益驱动下的偷越国境行为治理——以偷越中缅国境电信网络诈骗违法犯罪人员为例》,载《中国人民警察大学学报》2022 年第 10 期。

[7]喻少如、窦峥:《社会治理共同体视域下社会力量参与社区矫正的模式转型》,载《中国人民公安大学学报(社会科学版)》2022 年第 4 期。

[8]付立华、石文乐:《社会支持视阈下社区矫正中的家庭参与》,载《东岳论丛》2022 年第 7 期。

[9]刘政:《社区矫正的惩罚功能重塑与惩罚机制重构》,载《法学论坛》2019 年第 6 期。

[10]张浩:《社区矫正监督管理对策探析》,载《社区矫正理论与实践》2022 年第 4 期。

[11]蒋瑾宁:《社区矫正教育帮扶工作存在的问题及其对策——以广西 G 市 Y 区社区矫正中心为例》,广西师范大学 2023 年硕士学位论文。

[12]苏正生:《社区矫正教育帮扶制度实证研究——以云南省 M 州社区矫正工作为例》,昆明理工大学 2022 年硕士学位论文。

智慧矫正研究

人工智能技术司法社区矫正应用可行性浅析

李　航[*]　陈彦洁[**]　白苏彤[***]　李秋璇[****]　邓　盈[*****]

摘　要:司法社区矫正是目前较为主流的、社会属性强、运作较复杂的社会系统工程,是新的刑罚执行方式,并日趋得到推广。针对其存在的各种困难,利用当下人工智能等新科技进行辅助管理是一个被证明行之有效且一直推行的模式。国内外从电子化、信息化、互联网化,逐步转变为移动互联,进而采用大数据人工智能实现智慧司法社矫。对此,研究目标以犯罪心理学为基础,借助人工智能技术,从犯罪动机和犯罪认知的本质出发,建立以机器学习、深度学习等人工智能算法为核心的技术应用。同时在实践中开发了系统,使用朴素贝叶斯算法和决策树算法建立模型,对数据进行分析预测,针对仿真数据取得了初步成效,效果较好。通过不断积累真实数据集,展望未来,继续试验将犯罪心理学深度嵌入机器学习算法,希望能探索更本质的犯罪心理分析,研究认知中不同因素的权重,以及不同因素之间的相互影响作用,甚至尝试用神经网络构建相应的新算法或研究出符合犯罪心理拼图的专家系统,最终达到更好的司法辅助效果。

关键词:司法社区矫正;人工智能;犯罪心理学

一、引言

(一)司法社区矫正的背景与意义

第二次世界大战以后,社区矫正作为一种新的刑罚执行方式在美国不断发展

---

[*] 作者单位:电子科技大学成都学院。
[**] 作者单位:电子科技大学成都学院。
[***] 作者单位:电子科技大学成都学院。
[****] 作者单位:电子科技大学成都学院。
[*****] 作者单位:电子科技大学成都学院。

进而占据主要地位,成为世界各国争相学习和借鉴的对象。社区矫正改变了传统以监禁刑为主的刑罚制度,使非监禁刑成为刑罚制度的中心。它将罪犯置于社区环境中,充分利用社区资源努力对其进行矫正,不仅维护了罪犯的基本权利,而且使罪犯顺利回归社会成为现实,行刑社会化成为国际社会的主流,进入我国后成为我国刑罚体制改革后所面临的一项新课题。其中,以美国社区矫正制度为首要的学习对象,因为其具备较完善的理论和制度体系,在全球相关领域内处于领先的地位。

社区矫正对象主要为三种人:一是被判处缓刑的人员;二是刑期短、罪行轻微、危险性低,可以放在社会的人员;三是监犯余刑短,因表现良好而得到假释的人员。属于社区矫正范畴的刑种和刑罚方式包括:缓刑、假释、管制、暂予监外执行和剥夺政治权利。每一个矫正对象都有指定的社区矫正官,并责成其遵守社区矫正的相关法律法规。社区矫正的目的有两个:一是预防矫正对象再次犯罪;二是回归社会,完成再社会化过程。它关注罪犯的修复和回归,把人性关怀发挥到极致,竭力为矫正对象创造融入社会的环境和条件。

社区矫正工作是社会属性非常强的工作,是动员社会多元力量帮助矫正对象顺利实现社会化的系统工程。《社区矫正法》第13条明确规定:国家鼓励、支持企业事业单位、社会组织、志愿者等社会力量依法参与社区矫正工作。自从2003年起,我国试点司法社区矫正,已推行多年,首先是在东部沿海地区进行试运行,如今社区矫正工作已在全国大多数的省、市、区的街道及办事处开展进行。我国的社区矫正工作实施的时间虽然较晚,但其社区矫正工作从开始至今取得了非常不错的成就,大大减少了重新犯罪人员的犯罪概率。

2021年9月24日,国务院新闻办公室举行司法行政服务保障全面建成小康社会新闻发布会。司法部相关领导在发布会上介绍,目前,全国每年新接收社区矫正对象为50多万人,矫正期间再犯罪率一直低于0.2%。社区矫正肩负着成功改造罪犯与助其顺利回归社会的双重职责,需要针对矫正对象犯罪行为、犯罪归因和心理、行为、家庭关系、社会交往、就业谋生等问题,运用专业方法修复矫正社会能力,这是一项专业性、规范性、精细化非常强的工作,对协管员能力素质和工作纪律提出了较高要求。

(二)人工智能相关应用现状

利用科技手段推动司法管理,提升行政效率,降低成本,是一个被证明行之有效且一直推行的模式。在社区矫正领域,一开始是推行电子化、信息化、互联网化,逐步转变为移动互联的模式。随着信息技术的发展,特别是人工智能蓬勃兴起,热点集中在:结合信息采集传输、生物特征识别、物联网、互联网、移动通信等现代信息技术,并以大数据及人工智能技术作为情报分析、辅助决策及具体实施手段,构建集业务管理、移动办公、指挥调度、辅助决策、应急处置功能于一体的社区矫正全智能化体系。

使用人工智能技术可以在司法社区矫正中达成更多交叉融合应用,有更深入的发展前景。比如,通过电子监控技术结合各司法局执法人员对罪犯监管的信息,建立完整的监控系统,进行智能化管理。实时监控入矫人员的行动轨迹,提供实时预警,减轻执法人员的工作量,预防犯罪行为的发生。同时,通过对监控数据的分析,可以发现罪犯的异常行为,为风险评估提供依据。除此之外,还可以根据对被监管人员的情况分析,结合心理学等学科与人工智能技术制定个性化的矫正方案,为罪犯提供针对性的心理辅导与矫治服务。

二、司法社区矫正面临的问题

我国的司法社区矫正,除了成效以外,还存在一些问题。随着管理越来越规范,对基层人员的要求日趋提高,工作量不断增多,出现了一些不足,具体表现在:其一,“力不从心”的现象较为普遍。司法所一般要同时管理数十位甚至上百位社区矫正对象,受人力限制无法制定个性化矫正方案并开展针对性管理,故社区矫正的效果难以保证。其二,规范化建设仍有待加强。社区矫正对象档案资料缺失或填写不规范,上级社区矫正机构疏于抽查等现象较为普遍。社区矫正对象定期报告制度流于形式,思想汇报未必能够真实反映出教育效果。其三,监管存在疏漏。电子监管抽查频次不足,请假销假制度不完善,导致社区矫正对象离开辖区的情况时有发生。

事实上,社区矫正负担不能单看案件总量,而应当区分不同类型的罪犯予以分类考察。例如,美国缓刑假释协会建议,每名官员的案件量不应超过约 20 名高风险、50 名中风险或 200 名低风险监管人员。以成都市为例,采用社区矫正队伍专业化模式的成都市青白江区,工作人员与社区矫正对象配备比例是 1∶30;采用委托司法所开展社区矫正工作模式的成都市青羊区,工作人员与社区矫正对象配备比例是 1∶18。经济欠发达地区更是“一人所”“无人所”居多,甚至有个别地方的工作人员与社区矫正对象配备比例达 1∶110,工作量可想而知。

《社区矫正法》第 10 条规定,社区矫正机构应当配备具有法律等专业知识的专门国家工作人员履行监督管理、教育帮扶等执法职责,但目前社区矫正工作责任重,压力大且社区矫正工作者力量薄弱,距离达到《社区矫正法》的要求还缺少很多条件,导致很难开展良好的社区矫正工作,因此科学配备社区矫正机构工作人员是解决社区矫正队伍建设困境的追切需求。通过实地调研发现,四川省从事社区矫正工作的主力是司法助理员,但司法助理员既不是司法警察,也不是行政执法人员,社区矫正工作者缺少执法身份,导致执法过程举步维艰。据统计,2020年四川省社区矫正机构工作人员配比仅为2.06%,同比降低0.09%。不仅如此,社区矫正机构编制严重不足,社区矫正队伍还存在结构不合理、男女比例失衡和工作人员普遍年龄偏大、学历偏低等多个问题。

目前,对于社区矫正人员,要求其具有一定的专业素质,要了解业务,有考核要求。而人员不断增强的司法社区矫正职能需求和目前日趋繁忙的基层工作之间发生了很多矛盾。尤其不排除一些穷县和困难地区,政府的财政预算有限,如果雇用公务员可能会增加政府的开支,甚至有一些人混编混岗,一人肩负多个岗位兼职开展工作的情况。在此基础上,司法社区矫正的执行效果可想而知。而社区矫正执行中,经常会遇到两大难题:调查评估与尽职免责。综上所述,利用新科技推动司法社区矫正,有很强的必要性和需求。

三、国内外案例

随着互联网的兴起、信息技术的高速发展以及国家对高科技的重视,国内外进行了积极的实践,将高科技应用于社区矫正。有资料表明,国外在这方面的研究主要集中在对社区服刑人员再犯罪的预测,如在美国新泽西州使用的罪犯智能系统使该地的再犯罪率下降了将近30%。

前几年,司法部网站发布《社区矫正基础业务系统技术规范(SF/T 0015—2021)》《社区矫正定位管理系统技术规范(SF/T 0016—2021)》等政策文件,对利用信息技术进行社区矫正进行了肯定及规范。当时采用的信息技术是以互联网、定位等传统科技为主。具体的监管应用为电子围栏、远程打卡,定位监控,轨迹回放等。

近年来,各地也在将人工智能应用于司法社区矫正领域。北京市先后投入近2000万资金,在全国率先建成集日常监管、电子定位、报到报告、网上督查等于一体的社区矫正综合管理平台;推进社区矫正信息与法院、检察院、公安、监狱等部门间的信息互联互通,与天津、河北加强工作沟通执法协同数据共享;大兴、海淀、通州等区装备了“立式自助矫正终端”，房山区司法局与专业医院合作，对新接收的社区矫正对象进行心理“CT”体检，测评个人风格、婚恋和家庭问题、性格特点等内容，实现了对社区矫正对象全天候、远程化、精细化监督管理。智慧治理为社区矫正插上了科技“翅膀”。

以上案例充分说明了，人工智能等新科技在社区矫正的交叉应用上有较好的前景与潜力。针对司法社区矫正的特点，可以实践涉及降低犯罪率、提高破案率的大数据分析；涉及预备犯罪和处理监管突发意外的用户行为分析及群体用户画像；与司法系统数据库连接的智能人脸读取等应用技术。从而提高工作效率，降低风险，为帮扶罪犯提供更好的改造机会。

四、研究目标与设想

(一)用犯罪心理学指导对被监管对象的分析、判断

犯罪心理学是研究犯罪行为及其心理机制的一门学科，主要从心理学的角度解释和分析犯罪者的心理状态、个性特征、社会环境等因素对犯罪行为的影响，最终达到预防和治疗犯罪的目的。结合应用心理学理论体系的差异性，犯罪性人格矫正的方法可以分为行为矫正法、精神分析法、人本主义疗法、认知疗法、回归社会矫正法。犯罪心理学可以帮助我们了解犯罪的本质、找出犯罪行为的原因、为司法矫正提供科学依据，减少犯罪的发生。

犯罪动机是推动行为人实施犯罪行为的内部力量，作为犯罪人个性倾向性的因素之一，在犯罪心理结构中具有非常重要的价值，是犯罪心理学中居于核心地位的理论与对策系统。认知是指犯罪人对自己犯罪行为的认识、理解和态度。犯罪人的认知水平、思维方式、价值观等都会影响其对犯罪行为的认识和态度，进而影响其犯罪动机的形成和行为的表现。在某些情况下，犯罪动机和认知是相互关联的。例如，某些犯罪人可能因为对某些事物或情境的认知偏差或错误理解而产生错误的动机，进而实施犯罪行为。

因此，要预防和治疗犯罪行为，需要深入了解犯罪动机和认知之间的联系，针对不同的原因采取相应的措施，如提高犯罪人的认知水平、改变其思维方式、引导其树立正确的价值观等。同时，对于已经犯罪的人，也需要通过认知行为疗法等方式来帮助他们纠正认知偏差，改变不良的思维方式和行为习惯，从而降低再次犯罪的风险。

犯罪预防可以通过心理学的角度来考虑。对于一些高风险群体，可以通过心

理干预来降低犯罪的可能性。例如,通过心理治疗帮助人们控制暴力冲动,通过心理教育提高人们的责任感和道德水平。

(二)犯罪心理学可以为司法社区矫正提供帮助

1. 预测犯罪行为:通过心理学的一些理论和方法,可以预测犯罪者可能再次犯罪的可能性,从而采取更加有效的司法矫正措施。

2. 个体化矫正:犯罪心理学可以帮助司法机构了解犯罪者的个性特征、心理状态,为社区矫正提供心理支持,制定出更加个性化、有效的矫正计划,以帮助罪犯更好地适应社区生活。

3. 预防再犯罪:犯罪心理学可以从根本上了解犯罪的原因,提供有效的矫正方案,帮助犯罪者重新融入社会,减少再犯罪的可能性。

4. 犯罪分析与矫正评估:犯罪分析和矫正评估是犯罪心理学在司法矫正中的两大应用。犯罪分析可以用来了解罪犯的犯罪动机、作案方式和行为特征,从而预测未来犯罪的可能性。而矫正评估则可以用来评估罪犯的矫正需求和可能性,以便选择最合适的矫正方式。

(三)利用人工智能技术,提供精确分析,降低成本,提高效率

犯罪心理学等专业知识与人工智能技术相结合,一直是我们的探索方向。机器学习技术在司法矫正中的具体应用步骤可以分为以下4个阶段。

1. 数据收集与预处理:首先,收集大量的司法矫正相关数据构成用户画像,包括罪犯姓名、编号、犯罪记录、审判结果、矫正过程等基本信息。其次,对这些数据进行预处理,包括数据清洗、标注等,为后续的机器学习模型训练做好准备。

2. 特征工程:对预处理后的数据进行特征工程,即提取和生成对预测结果有用的特征。例如,可以从犯罪记录中提取犯罪类型、犯罪频率等特征,从审判结果中提取判决结果、判决理由等特征。

3. 模型选择与训练:根据具体的任务需求,选择决策树和朴素贝叶斯等机器学习模型进行训练。针对风险评估任务,选择分类模型;针对矫正教育任务,选择回归模型实现辅助决策。利用训练数据对模型进行训练,调整模型参数,以提高模型的预测准确性和泛化能力。

4. 模型评估与优化:在模型训练完成后对模型进行评估。通过测试数据对模型进行测试,计算模型的相似度、推荐度等指标,评估模型的性能。最后根据评估结果,对模型进行优化,如调整模型参数、改进特征工程等,提高模型的性能。

五、已实施的工作

(一)目前,我们采用机器学习的相关技术,开发初步的系统

比如,使用了朴素贝叶斯算法和决策树算法建立模型,对数据进行分析预测,并使用Django框架和Flask框架实现了前端和后端的信息交互与处理,使社区矫正工作人员可以根据该系统预测罪犯对社会的态度并管理罪犯的相关信息。构造此系统的目的是减少社区矫正工作人员的工作量,提高工作效率,做到减少相关司法资源的浪费。

该系统的主要功能是相关工作人员通过主页导航栏完成管理工作流程。前端功能模块主要包括了系统首页、工作人员登录注册、管理人员登录注册(管理用户的用户名和密码)、管理员页面、工作人员页面,等等。其结构如图1所示。

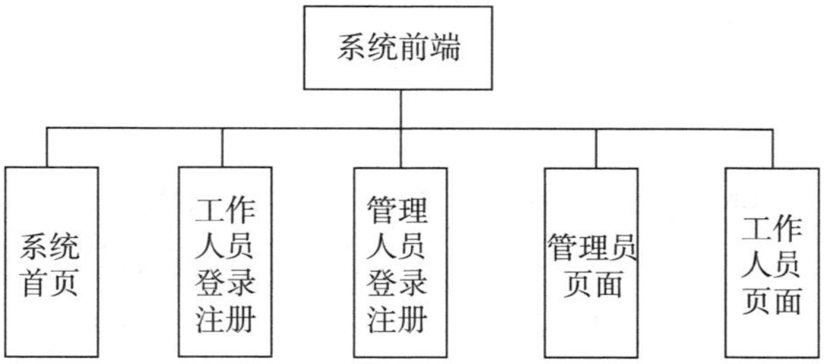

图1　前端功能结构

系统的主要功能在工作人员页面里,展示罪犯姓名、罪犯编号、罪犯的矫正情况、决策树模型预测的罪犯对社会的态度、朴素贝叶斯模型预测的罪犯对社会的态度,更加方便工作人员对犯罪人员的管理和判断,其组成如图2所示。

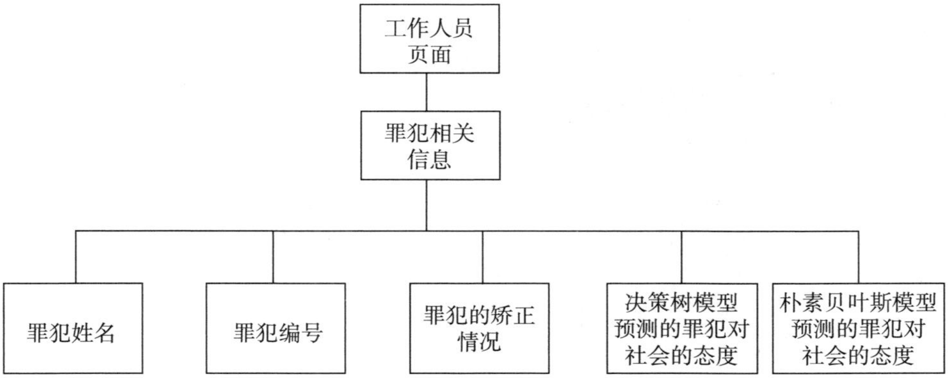

图2　工作人员页面结构

我们仿真了一些数据,可以将数据库中罪犯的相关信息展示到前端页面并对这些信息进行判断,最后使用不同颜色表示出来,如绿色、红色,代表不同的严重性和需要采用的监管建议,并利用两种不同的机器学习算法进行比对。图3和图4分别是两种预测的系统截图。

图3 决策树预测的系统截图

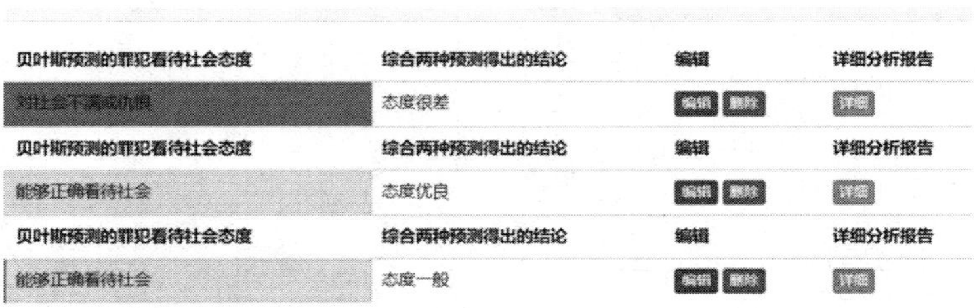

图4 朴素贝叶斯预测的系统截图

(二)制作相关数据集

人工智能的机器学习大多数对于数据有较强的需求,真实、大量、准确的数据,是实现精准分析的基础。在前面的系统中,虚拟数据取得了较好的效果,利用决策树模型的预测准确度,我们对两种不同的算法预测结果的准确度做了截图,结果区间为0—1,即对应0—100%的准确度,如图5所示。

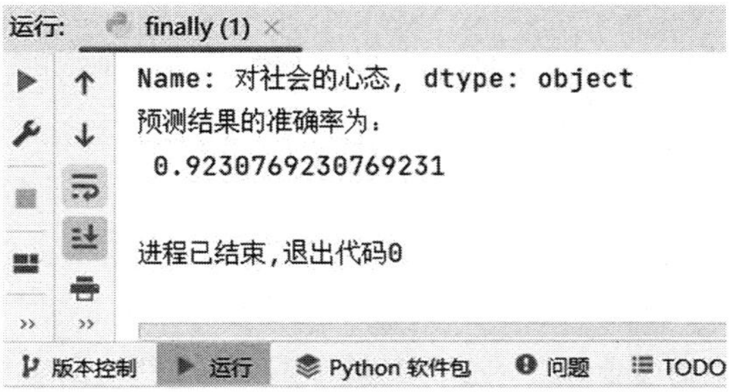

图5 决策树模型的预测准确度

朴素贝叶斯算法对模型的评估,如图6所示。

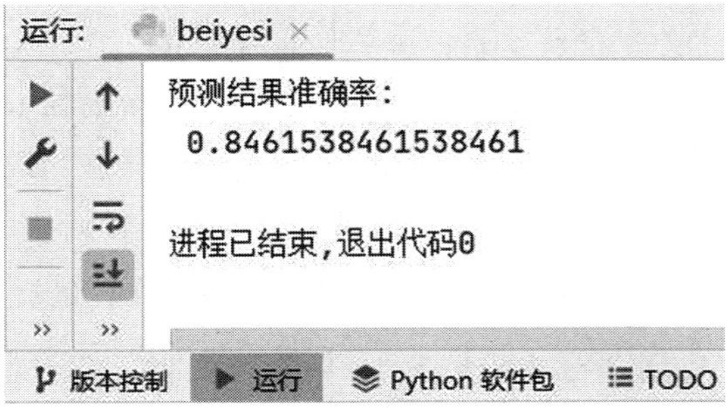

图6 朴素贝叶斯模型的预测准确度

笔者同时使用两种算法进行预测,并结合两种模型的预测结果来判断罪犯的危险程度,可以利用机器学习的集成学习来达到更好的预测效果。

但只有虚拟数据进行仿真训练是不够的,还要用真实的数据才能真正实践系统的可行性。基于司法管理的特殊性,相关的罪犯记录情况很难寻找,笔者通过最高人民法院发放到中国裁判文书网上的裁判文书,建造了一个基本的数据集,包括了一些案例记录的基本信息和特征信息。利用罪犯的基本信息进行数据预处理为后续模型训练做好基础,如姓名、性别、出生年月、民族、婚姻状况、罪名等;根据是否吸毒、现居地、籍贯、就业情况,特别是心理因素进行特征提取;根据矫正人员相同的心理、就业情况、婚姻状况等进行分类,选择回归模型,针对性地列出矫正任务并执行。

六、问题和困难

人工智能技术在司法社区矫正中的应用面临一些问题和困难,包括数据隐私和安全、算法公正性和透明性、法律和伦理、技术成熟度、成本和资源等。针对以上问题和困难,需要采取有效的措施加以解决。只有克服这些困难和问题,才能更好地发挥人工智能技术在司法社区矫正中的作用,提高矫正效率和公正性。

犯罪心理学是国外产生的学科并且历史较短,因此国内研究较少,会存在参考度不足的问题。同时犯罪心理学研究的重点应当是深度挖掘人们的表层犯罪行为背后的内在心理,而不是对可以看得见的表层客观现象进行大样本统计研究。因此,相对精神病学和变态心理学调查的大量样本数据,犯罪心理学会减弱对社会学统计研究方法的关注程度和研究结论的使用情况。犯罪心理学的研究重点是综合性的,既关注个体内在心理的挖掘,也注重外部环境和社会因素的探究,只有将两者结合起来,才能更为全面和深入地理解犯罪行为,为预防和减少犯罪提供更为有效的策略和方法。而在社区矫正心理矫治方面,社区矫正心理矫治工作通过对社区矫正对象进行心理测评、心理健康教育、心理干预等,矫正其犯罪心理,消除其心理障碍,改善其认知方式,旨在提高社区矫正教育监管、质量,但在实践过程中困境逐渐显现,如心理测评软件有弊端、矫正工作不规范等。特别是心理学与人工智能相结合,目前并不成熟也没有大规模推广,尤其是应用在社区矫正领域,更是因为特殊行业而导致参考案例较少。

当然,笔者在工作中也遇到了很多具体的问题,如犯罪心理学等交叉知识积累不够、数据难以收集、犯罪心理学和司法社矫人员案例较少、研究难以发掘本质联系、没有长期观察对象等,存在一定的障碍,需要花费时间、精力和成本去摸索与实践。笔者希望在将来的工作中,逐步解决上述问题。

七、总结与展望

综上所述,人工智能与社区矫正工作的结合还有很多空间。社区矫正工作是一个非常复杂且庞大的社会管理领域,而人工智能的应用也很宽广,我们要聚焦其中具备实践可行性的地方进行探索性工作,避免全面撒网,广而不精。对此,初步考虑在具备较好公开信息源的领域开展工作。有了容易找寻的丰富数据,再和认知行为结合研究，进而根据犯罪心理学，探索更本质的犯罪心理，研究认知中因不同因素的权重，以及不同因素相互的影响，并用数据进行验证。从而，进一步尝试探索利用神经网络深度学习构建相应的新算法或者研究出符合犯罪心理拼图的专家系统，以达到更准确的犯罪预测、更高效率的协助社区矫正工作和更低成本的辅助管理模式，为人工智能认知行为领域的实践，司法社区矫正的良好运行，做出有益的贡献。

参考文献

[1]北京市司法局印发《关于进一步规范城市协管员从事社区矫正工作的意见》，载京司观澜，https://bj.bjd.com.cn/5b165687a010550e5ddc0e6a/contentShare/5b1a1310e4b03aa54d764015/AP65730204e4b0ec2b81d03f39.html。

[2]赵晓林：《大数据、人工智能等新一代信息化技术在社区矫正工作中的应用探讨》，载贵州省消防协会、贵州省安全技术防范行业协会编：《2019 贵州社会公共安全高端论坛优秀论文集》。

[3]程代娣、郑林：《社区矫正信息化管理模式新探》，载《宿州学院学报》2014 年第 29 期。

[4]丁文、程子扬：《基层治理法治化进程中司法所的现状、困境及其应对——以 132 个司法所为分析样本》，载《华中师范大学学报(人文社会科学版)》2023 年第 62 期。

[5]何显兵：《社区矫正合规模式的制度偏离与匡正》，载《江西社会科学》2023 年第 10 期。

[6]刘钊、林晞楠、李昂霖：《人工智能在犯罪预防中的应用及前景分析》，载《中国人民公安大学学报(社会科学版)》2018 年第 34 期。

[7]孙莹：《北京社区矫正对象矫正期间重新违法犯罪率保持在 0.1% 以下》，载 https://bj.bjd.com.cn/5b165687a010550e5ddc0e6a/contentShare/5b1a1310e4b03aa54d764015/AP65730204e4b0ec2b81d03f39.html。

[8]吴宗宪：《国外罪犯心理矫治》，中国轻工业出版社 2004 年版。

[9]刘建清：《犯罪动机与人格》，中国政法大学出版社 2009 年版。

[10]吴宗宪：《犯罪心理学研究的路径与探索》，载中华人民共和国最高人民检察院网，https://www.spp.gov.cn/spp/llyj/202006/t20200610_464914.shtml。

[11]天津市北辰区司法局课题组，张忠利、张锦友：《社区矫正心理矫治工作的探索与实践》，载《中国司法》2018 年第 4 期。

论区块链技术在社区矫正信息化监管体系中的运用

蒋泽宇*

摘　要：近年来，全国各地司法系统将区块链技术运用到社区矫正监管工作中，取得了良好效果，但是社区矫正监管工作的实施仍存在社区矫正对象脱管或者再犯、社区矫正工作缺乏公正评价、数据流通出现隔阂等问题。区块链技术运用分布式记账，信息公开且难以篡改，这一特性在社区矫正信息化监管体系中有着可研究价值和现实意义，有助于推动社区矫正工作朝着高效化、规范化、信息化方向发展。同时，区块链技术在社区矫正应用过程中可能出现的问题必须得到重点关注。

关键词：社区矫正；区块链；信息监管；数据共享；社会参与

一、问题提出

中共中央总书记习近平在主持学习时强调，加强基础研究，是实现高水平科技自立自强的迫切要求，是建设世界科技强国的必由之路。[1] 司法部于2019年陆续提出“区块链+法治”“区块链+公共法律服务”方案，全国各地司法机关积极响应，将区块链技术运用到社区矫正工作中去。比如，广东省佛山市禅城区发布的“区块链+社区矫正”应用项目；四川省广安市司法局使用“区块链+公证”助推社区矫正执法工作；深圳市福田区司法局开展动态跟踪帮教“链条+”；等等。这些项目取得了一定成果，为研究提供现实基础，但仍然面临社区矫正对象脱管漏管、社区矫正工作缺乏公正评价、参与主体之间信息不流通的现实困境，这既不利于开展社区矫

---

* 作者单位：广西警察学院法学院。

〔1〕《习近平主持中共中央政治局第三次集体学习并发表重要讲话》，载中央人民政府网，https://www.gov.cn/xinwen/2023-02/22/content_5742718.htm。

正教育帮扶,也阻碍监督主体对社区矫正进行管理。本文试对这些问题进行分析,期望能够给相关部门提供可行性建议。

二、社区矫正需要信息化监管

(一)预防社区矫正管控风险

社区矫正通过信息化监管体系能够量化风险数据。做好风险管理,是消灭和减少潜在危险的重要前提,通过风险识别、分析、评价和控制4个环节,弥补人员、环境或其他资产的损害。[1] 在社区矫正中,运用风险管理理论,可以准确识别社区矫正对象的实际情况,及时预防社区矫正对象脱管、漏管、违法和再犯的风险发生,维护社会公共安全。风险评估标准对于构建社区矫正对象潜在危险模型具有决定性影响,因此通过科学手段运用风险管理得出的客观信息,可以避免结果具有主观色彩。例如,上海市司法局通过信息技术,对徐汇区的社区矫正对象进行了犯罪原因分析,并根据分析数据构建了重新犯罪的风险模型;江苏省司法厅在社区矫正风险管理上,设立了行政管辖层级风险防范体系,覆盖所有市、县、乡,此体系下形成的数据为个性化矫正方案提供了科学依据。

(二)规范社区矫正信息系统

信息化监管体系通过细化执法内容和监督公正执法,达到规范社区矫正执法的目的。监管体系在信息化的过程中,必然会留下痕迹,无论是否删除、更改,都可以通过技术手段找回原始数据,这样的特点可以避免档案伪造、后补等情况发生。即使出现档案伪造、后补等情况,也能通过追根溯源,发现该执法活动的时间和具体的负责人,这种技术有助于强化工作人员的责任意识。信息化监管体系有助于提升执法督查水平,由于执法工作在信息化的过程中,数据处于透明状态,工作人员的行为举止受到监督,这样有助于鼓励工作人员严守纪律,避免权利滥用的情况发生。比如,广西壮族自治区借助信息化手段对全区社区矫正工作进行监督,通过视频督查远程监控社区矫正工作;山东省综合运用平台监管系统,对社区矫正工作人员的执法活动进行信息化管理;等等,这些都取得了良好的工作效果。

(三)提升社区矫正效益

以广西壮族自治区为例,2018年至2022年自治区、市、县三级社区矫正专职国

---

〔1〕 参见[挪威]马文·拉桑德:《风险评估:理论、方法与应用》,刘一骝译,清华大学出版社2013年版,第8~9页。

家工作人员分别为427人、411人、412人、392人、298人,配比率分别为2.58%、2.42%、2.43%、2.22%、2.17%。通过调研还发现,广西社区矫正工作队伍存在专业性不足的问题。队伍建设对人员素质有着极高的要求,高素质队伍离不开资金支持。社区矫正监管工作需要关注到教育矫正、执法活动的各个细节,只有每一个细节都做好了,才能对整个社区矫正监管系统产生好的影响。但如果只是通过设置各个岗位招聘来推动社区矫正监管工作,则将会耗费很多资源,成本是不言而喻的。除此之外,这样设置还存在不确定性,如果在监管体系中某个岗位的工作人员无故缺勤,则将会影响整个监管工作顺利开展。但是搭建信息化监管体系则可以弥补这一缺陷。首先,社区矫正对象的行踪信息可以明晰记录在监管平台,具有稳定性,并且篡改成本高,这样可以减少社区矫正对象脱管、漏管的问题;其次,在流程上,社区矫正机构不仅可以通过监管平台,制作、审批、更改、发布电子文档,还可以形成电子档案管理信息库,这一定程度上提高了社区矫正的效益;最后,信息化监管体系还有助于数据分享,有利于各相关部门交流合作,增强工作之间协作共赢。

三、区块链技术的监管作用

(一)利用区块链特征形成全程全方位穿透监管

区块链具有去中心化的特征,以分布式记账的方法公开和稳定数据。地方可以建立“社矫链”,将省、市、县、乡的社区矫正管理机关、社区矫正机构全部嵌入在区块链中的各个节点上,并将每个节点链接在一起,形成一个闭环。这些节点上记录的是社区矫正的各项工作,每个节点都拥有相同的数据,可以在记录上查到所有社区矫正的完整信息,如果篡改则需要消耗极其高昂的成本。所以,在“社矫链”这个大账簿上,信息几乎是无法被修改的,具有稳定性和透明性。这有利于社区矫正机构对社区矫正对象进行实时监控,也有助于社区矫正管理机关对社区矫正机构进行监督和管理。通过“社矫链”,可以对社区矫正工作进行全程监管,无论是社区矫正对象的教育帮扶工作,还是社区矫正机构的行政管理工作,这就解决了人力监管的弊端。除此之外,每个节点还可以对自己分管业务范围之外的内容进行查看,从而构建穿透式监管体系。

(二)区块链有利于降低技术风险

区块链由不同的节点组成,即使其中一个节点被破坏,此前形成的数据仍然存在,其他节点也不会受到任何影响,整个区块链依旧可以正常运行。社区矫正传统的监管方式是人力监管,人力监管存在很大的不确定性,并且实施成本高昂,其由各个岗位上的工作人员进行，一旦某个工作人员请假或者发生其他事情，那么该社区矫正机构的监管工作就会受到影响。可以在“社矫链”基础上，更加细化各个节点，这里的各个节点相当于传统模式下的各个岗位。但是由于技术上的特点，区块链具有不可篡改性，数据的稳定性极高，因此哪怕其中一个节点被破坏，其他节点也不受影响，就算其中一个节点不慎被修改，也可以通过技术追溯原始数据。

综上所述，建立纵向和横向交叉的“社矫链”，可以实现随时核查社区矫正对象行踪数据和监督社区矫正工作人员执法活动数据，形成全方位监管体系。

四、区块链技术破解社区矫正面临的困境

（一）有效控制社区矫正对象脱管、再犯风险

根据调研发现，“电子脚链”、“电子手表”、手机定位等措施已被全国多地社区矫正机构运用于社区矫正监管工作当中，构建了具有当地特色的智慧矫正系统。智慧矫正系统是一种综合应用平台，目前主要功能涉及网络管理、精确定位、远程考核和风险预警4个方面，这一定程度上对社区矫正对象进行了有效监管。但是，仍有一些地方出现社区矫正对象的考勤问题，发生脱管、漏管的问题，如人机分离、社区矫正对象违规外出等。这主要因为社区矫正对象钻了技术的漏洞，曾有个案例，社区矫正对象李某将手机定位签到App“正行通”的指纹设置为其母亲的指纹，脱离了社区矫正机构的监督管理，李某所在辖区发现后赶紧进行了技术改造，用人脸识别取代传统的手机指纹鉴定签到技术。所以，社区矫正监管技术及时更新换代非常重要，要及时用高科技来弥补技术漏洞，如区块链技术。使用区块链技术形成分布式账本，从各个节点监控社区矫正对象的行踪，使他们篡改信息成本增加，预防脱管漏管风险发生。[1]

（二）中立技术为社区矫正提供公正评价

对社区矫正对象实施准确、全方位、精细的人身风险评估，构成了社区矫正的根本。目前，我国主要采用表格评估方法，其研究焦点在于筛选出影响犯罪发生的关键因素，并为每个影响因素设定不同的结果，以及统计社区矫正对象的数据。这种评价方法正逐渐流行，它的主要关注点是预先的研究和测试，而且在测试过程中往往保持了相对固定的状态。然而，由于缺乏实证数据的支撑，对相关因素的评估结果往往依赖个人的主观感受，这无疑会带有明显的主观偏见。若要使调研评估

〔1〕 参见林红：《社区矫正对象脱漏管的成因及对策》，载《河南司法警官职业学院学报》2023年第4期。

持续进步,仅依赖事先评估是远远不够的,则还需要为调研评估提供稳定的数据支撑。由于缺乏矫正调查评估,无法协助社区矫正对象重塑其“社会人”的身份,社会大众对此仍然持有排斥态度,如果无法解决解矫人员再就业问题,就会导致重新犯罪发生。

通常,在罪犯入矫前,社区矫正工作人员会对他们过去的情况进行调查和收集,除了常规信息,如犯罪原因、成长经历、家庭背景等,还有其他重要信息,包括银行的信誉评价、诚实记录等。区块链的一个显著优势是其能够保留信息的功能,这使信用评估系统能够通过其授权,对社区矫正对象的道德行为、个人习惯等进行全面、深入的了解,进一步实现对社会各个层面的监督与合作。要想对个体的风险程度作出实时的评估,我们需要把社区矫正对象在侦查和提起公诉的过程中的各种行为和情绪状况作出详细的记载,这些都是我们在审判之前对其进行评估的基础。在条件允许的区域,调查评估需要与当地的信用记录库进行对接,将社区矫正对象的日常个人信用系统纳入调查评估的范围。例如,佛山市运用区块链科技构建了社区矫正对象的信息评估模型,并将其与本区域的IMI信用评价平台相连,以此为社区矫正机构提供借鉴。在连接的各个节点之间交流的过程中,共享协议确保了它们的数据无法被非法篡改。由于各节点的内容保持的并非即刻数据,所以通常情况下,数据的刷新都会出现一段时间的滞后。只有当社区矫正对象的数据得到超过一半的链条节点的验证时,这个数据才能被认定为“可靠的数据”,这样就能确保社区矫正对象的数据在区块链中的存储是连贯且稳定的。如果信息无法通过共识机制被识别为“无用信息”,链条计算就会判断该节点被恶意篡改。此外,我们可以利用“时间戳”快速追踪和保护出现问题的节点。由于分布式记录的属性,每个节点在保留社区矫正对象的资料的过程中,都会同时复制整条链的所有过去的记录。此外,区块链利用哈希算法进行加密,因此在理论上,只有当50%或更多的节点遭到攻击和篡改,才有可能真正地对每个节点的数据库造成影响。科学的评价是社区矫正达到预期成效的根本。在罪犯入矫前,研究人员能够通过使用区块链技术快速收集并分析社区矫正对象的个人信息、日常活动路径、生活方式等。这些收集到的信息和数据,都是对社区矫正对象风险的实际评估,并且得出的评价结论更加公正、公平,能够为受社区矫正对象的教育帮扶、个性化矫正以及再犯危险性评估等提供全面且充足的信息。在纠正过程中,区块链技术的不可篡改特性为分类和分级管理提供了精确的信息,有助于信息管理和交流。明确纠正过程中的调查步骤和流程,有利于拓展其本身的因素,为其提供个性化的矫正方案。区块链矫正后的不可逆分布式记录不仅能够避免中心数据库数据被破坏可能引发的系统崩溃，确保社区矫正的正常运作，提升其容错能力，还能为社区矫正对象提供再社会化的信用证明，为循证矫正效果提供实证数据，构建科学的社区矫正效果反馈机制。[1] 总的来说，利用区块链技术，可以与社区矫正对象个人信用评定体系联通，同时进行入矫前、矫正中以及矫正后的调研评定。通过运用传统的数据分析手段，我们可以从各种不同的视角，对社区矫正对象的人身危险性进行实时的评估，从而帮助他们重新融入社会，重新实现他们的“社会人”的法律地位。

（三）解决数据孤岛问题，加强社会力量参与

我们应该选择使用“联盟链”的方法来进行社区矫正的上链。根据准入条件的差异，区块链可以被划分为 3 种类型，分别是公有链、私有链和“联盟链”。公有链被视为一种“去中心化”的方式，允许所有人随时参与到链条的建设中。这种方式使所有的社会成员都能够进行记录，从而形成了不可篡改的特性。为了激励大家使用计算机进行记录，可以采用代币的方式，这种方式工作高效、值得信赖。比特币和以太坊是其中的典型例子。私有链与公有链的完全公开性形成对比，其参与权限由一个机构完全掌控，是一个封闭的组织内部网络。其参与节点的资格被严格限制。由于接入节点较少，储存记录信息变得方便快捷，交易成本也相对较低，通常用于组织内部，并不具备“去中心化”的特性。“联盟链”位于两者之间，是由利益相关或业务相关的部门共享财务管理，共识流程是由几个权限分配较为一致的预设节点来完成的，它拥有“部分去中心化、工作效率高、节点灵活性强”的特性。

由于区块链具有独特安全性和可追踪性，它为各个部门之间的深度协作提供了技术支持。通常，传统的数据库集中管理方式可能会带来安全风险，这种集中的存储模式无法避免“单点故障”的影响。在数据共享之后，我们通常无法追踪到信息的传递路径，这使数据的传输有可能泄露，缺少时间标记，复制的成本也非常低。这些因素都导致了社区矫正相关部门对于数据分享的热情降低，数据孤岛和信息隔离的问题变得更加明显。通过采用区块链技术，我们能够将所有的数据集中在一起，使各个环节和系统能够相互连接。这样做不仅能够推动整个流程的数据联通，也能够提高各个部门的协作效率，并且能够提升各个部门之间的信任度。“联盟”的核心包括公安、司法矫正和人力管理中心。我们会依照矫正人的个性化需求，持续地把这些机构纳入“联盟”的范围内。例如，对于那些涉嫌吸毒的人，他们

---

〔1〕 参见梅传强、周鹏程：《论区块链技术在社区矫正制度中的适用》，载《重庆社会科学》2020 年第 11 期。

的个人资料需要和戒毒管理部门共享;对于未成年社区矫正对象,他们的个人资料需要和相关的未成年人权利保护组织进行对接;对于那些家庭条件艰苦的社区矫正对象,则应多与社会福利机构沟通。利用全球的节点进行共享的区块链技术,使所有的获取和保留信息的过程被完整地纪录下来,无论是哪个人上传的信息,还是哪个人阅读的信息,以及他们的使用方式,都能够进行追踪。在社区矫正上链之后,它能够实现动态更新、不可篡改和全程追踪,从而使社区矫正实现了扁平化管理。利用区块链技术,可以使各个部门的职责和权利得到清晰的划定,从而防止社区矫正对象个人信息泄露。

区块链技术用于连接数据孤立点和维护数据的隐私,以此来调和两者的冲突。机构内部信息交流方式一般是使用等式密钥体系,一旦数据被提交,就会被自动储存到每一个节点,链上所有节点都能够获得所有的信息,这会导致数据泄露。但是可以利用区块链的链状架构,实现对敏感和机密信息进行加密,并通过哈希算法将其转化为代码文本,从而保护社区矫正对象的个人隐私。非对称加密算法有助于对信息保管节点的权力实施约束,在将信息加密后,需要通过公钥加密,同时加入相关部门的电子签名和时间戳,所有的单位都必须在自己的职责领域中利用个人密码来获取数据。这不仅确保了共享资料的公开与透明,还避免了修改信息的外泄。利用区块链这种创新的网络信息传递手段,其分散化的操控策略极大地提高了业务效能,降低了网络的维护成本,并且打破了传统的依赖第三方核心服务器的信息传递形态。借助"联盟链"的网络结构,我们能够更好地扩展和访问非储存节点,并且根据特定的个人信息,我们能够通过授权系统实现数据的去敏感化、去秘密化。

区块链技术中的智能契约技术可以促进社区矫正发展。利用智能合约系统,各个相关单位在特定环境中可以互相分享信息,能够一起执行某一项社区矫正工作任务。这种方式保证了数据流转的安全性、透明度和可控性,最终实现了对数据的管理和追踪。社区矫正对象也无须再次提交社区矫正机构已经掌握的信息,这打破了各自为政的数据共享限制,社区矫正工作的资料无须通过任何中介流程,改变了传统的部门间数据整体定期推送协作模式。信息在各部门间的共享是实时的,无须担心数据传递的问题,从被动接收变为主动服务,不需要人工介入,这样不仅提高了审批的效率,还减少了社区矫正对象为了证明自己的身份所需要的复杂步骤。

社区矫正中大数据技术的运用与提升

——以社区涉毒矫正对象为例

周　琳*

摘　要:我国吸毒人员数量仍处于高位,针对涉毒人员的矫正始终是各地社区矫正工作着重关注的问题。随着互联网技术的普及与深入应用,依托大数据破解涉毒社区矫正工作中的信息采集与数据跟踪等难题,成为社区矫正领域一条现实可行的新路径。社区矫正大数据运用着重体现在信息采集跟踪与技术运用方面,尤其对涉毒人员的社区矫正工作起到了便利高效的作用,与此同时也面临诸多现实问题,主要包括矫正对象信息采集与数据共享壁垒、技术使用的地区差异与保障制度不健全、一线工作人员的技能水平与各地主管单位的接受度等。依托大数据技术完善涉毒社区矫正对象的矫正工作,可借鉴社区矫正训练营、中途宿舍、日间报告中心等方式,建立矫正对象信息数据共享机制、提升工作人员技术能力水平、搭建大数据矫正综合信息平台等,进一步推动数字信息技术在社区矫正领域发挥更大的作用。

关键词:涉毒人员;社区矫正;大数据运用

“社区矫正”一词从2003年开始在我国正式被采用,试点工作随即在北京、天津、上海、江苏、浙江和山东6个地区实行社区矫正工作试点并取得理想效果。[1] 2005年社区矫正进行了扩大试点,到2009年全国范围内开始全面试行社区矫正。2019年12月28日,由第十三届全国人民代表大会常务委员会第十五次会议审议

---

* 作者单位:西南科技大学法学院。

〔1〕 参见陈邦达:《未成年人犯罪特别处遇研究》,载《江西警察学院学报》2011年第4期。

通过了《社区矫正法》,并于2020年7月1日正式实施。

社区矫正最初是为了缓解监狱压力而产生,是符合社区矫正的罪犯在社区内由专门国家机关在相关社会团体和民间组织以及社会志愿者协助下,在判决、裁定或决定确定的期限内,矫正其犯罪心理和行为恶习,并促使其顺利回归社会的非监禁刑罚执行活动。社区矫正作为一种与监禁矫正相对应的非监禁行刑方式,通过充分利用社会资源对罪犯进行改造,极大地降低了行刑成本,[1]避免了监禁改造的"交叉感染",更有利于其顺利回归社会,促进和谐社会建设。当前,社区矫正工作已成为我国一项重要的社会管理工作,加强对社区矫正人员这一特殊群体的管理和服务,既是贯彻落实"宽严相济"刑事政策的重要举措,也是贯彻落实中央提出的解决影响社会和谐稳定的源头性、根本性、基础性问题的内在要求。[2] 我国社区矫正工作实施以来,取得成绩的同时也积累了一定的宝贵经验,从矫正工作试点起的20余年来,社区矫正对象数量不断增多,矫正对象的各方面特征也日趋复杂,社区矫正工作面临新变化和新挑战。我国致力于推动社区矫正工作不断适应社会的快速发展,其中大数据技术的实践应用是在社区矫正工作中,运用现代科技手段以适应新时代社区矫正工作严峻挑战的一次尝试,实现了对社区矫正对象,尤其是涉毒人员的实时管理与监管。

社区矫正工作能够顺利进行,采取合适的方法是关键,利用大数据技术辅助支持社区矫正工作,在当下信息时代显得必不可少且至关重要。社区矫正信息化涵盖网上管理、定位追踪、远程考核等多种矫正管理方式,这些矫正方式增强了对社区矫正对象的监管力度,一定程度上解决了社区矫正中定位难、防范难、流程烦琐、部门协调难等问题,强化了远程视频监控系统,使"人机分离"难点问题得到进一步解决。基于大数据技术的社区矫正信息化建设犹如一张环环相扣的网络,做到了监管全覆盖、管理全覆盖,不放过任何一个漏点,同时也为社区矫正工作人员的工作带来了极大便利,提升了工作成效。

一、社区涉毒矫正对象特点简析

非涉嫌毒品犯罪但有吸毒嫌疑的人员以及毒品违法犯罪人员,都属于社区涉毒矫正对象。从统计数据看,我国毒品犯罪人员普遍存在文化程度不高、职业化程度不高、吸毒人员在毒品犯罪中所占比例较高等特点。据2014年全国药物滥用监

〔1〕 参见陈和华、叶利芳:《社区矫正的理论分析》,载《犯罪研究》2006年第4期。

〔2〕 参见云布俊:《强化法律监督 推动工作落实》,载《实践(党的教育版)》2011年第Z1期。

测网络共采集药物滥用监测报告数据显示：药物滥用者仍以 35 岁以下、无业、低学历、男性为主，初中及以下文化占 83.4%，但已扩散到不同年龄段、不同文化程度和不同职业。而在我国职业分布中，涉毒人员以农民或无业人员居多，无业人员占 68.0%，因为就业层次低，会导致比如经济困难，社会融入度不高等社会生活问题，这对于毒品犯罪的滋生和蔓延具有重要影响，也可以激发犯罪者产生自卑感，反抗社会主流价值观的心理问题。根据相关数据显示，吸毒人员占涉毒违法犯罪人员的比例达到 90%。[1]

毒品在我国属于明令禁止的违禁物品，毒品交易、吸食等具有极强的隐蔽性，通常情况下非吸毒人员在参与涉毒活动过程中，极易接触毒品成瘾而转变为毒品吸食人员。此外，高压严管之下的毒品交易价格愈发昂贵，这也让维持毒品吸食变得代价高昂。不少吸毒人员因重度吸食毒品身体机能普遍遭到严重破坏，丧失正常人从事劳动的基本身体能力，难以从事正规经济活动，其中存在吸毒人员为了满足自己的毒欲，会不择手段地凑集毒资的现象。统计数据显示，在 2017 年全国公安机关抓获的非涉毒刑事犯罪嫌疑人中，吸毒人员有 15.2 万人，占 10.3%，[2] 以“两抢一盗”为主要类型的犯罪中，吸毒人员参与的经济犯罪最为普遍。值得注意的是，所谓有毒瘾的人，尤其是吸食冰毒的人员，受到吸食冰毒带来的强烈刺激作用，其精神状态会受到很大影响甚至近乎失常，加之社会对涉毒人员的抵触和排斥，这部分人的性格通常极其敏感多疑，尤其是吸食毒品后，容易产生幻觉，从而引发暴力犯罪。此外，值得关注的一个涉毒人员特征是，他们只要没有戒断毒瘾，重新陷入犯罪的可能性就极高。

二、大数据在社区矫正中的运用

2006 年至 2008 年，6 个试行地区的社区服刑人员达 4900 人，试点工作第一阶段成效显著。然而，社区矫正工作试行过程中也逐步显现出一个普遍问题，即社区矫正极易流于形式，其核心原因在于社区矫正工作由于缺乏必要的智能化技术支持，完全依靠人工管理，致使社区矫正对象不能得到充分的量化考核，而参与社区矫正的工作人员普遍面临超负荷工作的情况。面对这个突出问题，2007 年社区矫正信息管理平台在部分省份司法局建立，该平台的应用在为社区矫正工作人员减

---

〔1〕 参见《2014 年国家药物滥用监测年度报告发布》，载中央政府网，https://www.gov.cn/xinwen/2015－09/08/content_2926954.htm。

〔2〕 参见安静、李晓英：《住院犯罪嫌疑人疾病谱调查》，载《山东青年》2019 年第 7 期。

负的同时,提升了管理的质效,对社区矫正工作起到了积极的促进作用。社区矫正管理系统于2010年12月在全国大部分省、地级市建立,运行成效显著,得到广泛认可,到目前为止,社区矫正信息化工作已在全国各省(区、市)普遍推行,主要呈现三个方面的积极作用。

(一)社区矫正工作人员人手紧张问题得以缓解

针对社区涉毒矫正人员的矫正工作,戒除毒瘾是重要环节。成功戒除毒瘾存在一个时间过程,通常情况下较为漫长,同时我国有关社区戒毒、自愿戒毒和社区矫正工作的规定也存在责任主体不清晰的情况,在具体操作实践过程中难免会出现彼此沟通不畅的情况。各主管部门之间在配合不协调的情况下,对社区涉毒矫正对象进行矫正工作,难以保证工作质效,存在矫正不到位甚至遗漏的可能。

对社区矫正对象进行监管是社区矫正工作的核心环节,实现有效监管的前提条件是精准定位,远程视频监控可以实现高准度、高密度定位,有时还可以根据相关数据信息,在特定时间、特定监控镜头及特殊情况下,对重点社区服刑人员进行远程监控实时监管,防止"人机分离"现象的发生。基于大数据技术的社区矫正工作,可以在工作人员人手紧张的情况下发挥积极的作用,能够实现实时定位、查询轨迹、处理报警情况、存储相关数据等功能,从而确保在社区矫正工作中可以采用多种方法对社区服刑人员进行精确监控。当前,社区矫正中大数据和物联网技术的应用,保证了社区矫正监管的全方位覆盖和24小时实时监控,让技术力量在社区矫正中化作有力的辅助矫正手段。社区矫正工作通过引进技术管理办法,提高科技水平,减轻一线工作人员压力,成功实现了由"人员监管"向"技术监管"的转变。因此,在社区矫正工作中,尤其是针对社区涉毒矫正对象的监管矫正,要整合资源并充分利用大数据技术,使社区矫正工作管控管理有的放矢。组织成立专门的机构,负责社区涉毒矫正对象的管理工作,对一线工作人员进行培训,落实戒毒矫正一体化,以达到最有效的戒毒矫正效果。而对社区涉毒矫正对象的集中管理和统一负责,能确保矫正工作抓得紧、抓得实,又不至于因过程的重复造成对资源的浪费。采取大数据技术辅助具有专业技能的工作人员工作,可以有效对社区涉毒矫正对象的戒毒过程进行不间断的监控,从生理和心理两方面对其可能遇到的不良情况及时发现并解决,有助于预防矫正对象的复吸。

(二)助力社区矫正对象管理数字化

"数字孪生"对于社区矫正监管活动而言,具有一定的辅助支持作用,简言之是一种针对社区矫正对象的数字化记录，相较传统的纸媒档案记录而言，它的时效性成为其助力社区矫正工作开展的鲜明特征。当前，伴随社区矫正工作的日益常态化以及工作量的增加，大量社区矫正对象的数据资料处理成为一线工作人员面临的一项繁重而又重复的工作内容。然而，不管在什么条件下，只要开展了社区矫正监管活动，就势必要妥善处理社区矫正对象的资料，通常包括对社区矫正对象档案的收集、整理、归档等常规性工作。在实际工作中，工作人员承担的工作远非档案整理这般简单，作为一种重要的数据信息承载体，社区矫正档案不仅仅是社区矫正资料的记录，其司法价值更为重要。对于参与社区矫正的各方主体而言，社区矫正工作人员的监督管理，相关部门之间的交流沟通，社区矫正机构自身制定的监管计划，以及社区矫正对象的安置帮教工作，这些信息的保管离不开社区矫正档案工作的有效运转，"数字孪生"成为参与社区矫正工作的重要凭证。

发挥社区矫正档案的记录与延续等作用，明确社区矫正档案的司法价值，成为社区矫正工作稳步推进的重要工作方式方法。基于大数据技术的电子档案管理，已经成为当今社会整体信息化背景下社会生活中的一种普遍现象，社区矫正领域也概莫能外，其中社区矫正信息化手段的体现，就是基于大数据技术建立社区矫正对象全方位的电子数据档案。如前文所述，大数据技术的引入与应用对提高社区矫正工作效率，促进社区矫正管理工作的标准化、信息化、高效化成效明显。同时，借助建立起的社区矫正对象电子档案，对社区开展矫正实时监管的实践效果明显、意义重大，可见建立全局网络档案，对社区矫正对象，尤其是涉毒人员这种特别需要实时监管的矫正群体，有一个全面实时的了解并针对其具体情况采取适当的矫正措施，有助于矫正质量的提高。

（三）丰富矫正方式及智慧社区矫正工作

我国在社区矫正工作的推动过程中，大胆探索实践科学有效的监督管理方式，如在全国社区矫正工作中采取电子监察的监管方式，大部分省份的社区矫正工作机构采取了电子监察的方式。这种"电子监察"的方式具有强烈的身份识别特征，即不能脱离监管对象的身份识别包括生物特征识别和身份增强技术的识别手段，主要可使用的技术有指纹 GPS、人脸 GPS、蓝牙 GPS、RFIDGPS 等。在社区矫正对象多样群体中，尤其对涉毒人员的日常活动监管更需要实时掌握，此处的实时掌握并非"分秒不差"地不间断监控，更多应是保持一定规律性且间隔数据采集时间较短或是采集量较多的一种实时监管方式。作为社区矫正对象中需要特别监管的群体，监管的实效性与准确性是对其进行社区矫正工作的首要任务，需要做到准确、实时定位,因此就需要在两个程序设计层面进行要求,即收集各类数据信息的及时性,以及对数据进行统计、整理、分析的实效性。

大数据技术在“电子监察”的基础上助力社区矫正多样化地开展监管工作。基于对社区涉毒矫正对象的摸底,建立“数字孪生”类的虚拟“电子围栏”,使工作人员对社区涉毒矫正对象的活动开展情况做到心中有数。如果在监控中的矫正对象私自离开“电子围栏”的范围,系统就会自动报警;而对于脱逃情节严重的,工作人员将依照法律规定,依法依规给予相应处理;对实施违法犯罪的人员,给予适当的处罚。[1] 社区矫正是对社区矫正对象进行自我改造的一种方式,如由工作人员全部采取一对一面授教育,则对社区矫正对象而言是不现实的,也不利于矫正工作的实时推进。因此,大数据技术的监管系统的引入势必改善这一现状,社区矫正人员可以通过网络,节省时间,达到教育效果。[2] 除此之外,大数据技术与物联网技术的融合使用,确保了社区矫正多样化监管手段的实施。例如,当电子监察设备没电而导致“人机分离”现象发生时,腕带智能终端的一体化管理方法可以解决这一难题。类似大数据加物联网的管理方式主要是在增加教育和帮助内容的同时,针对物质辅助载体电池续航时间短、区域电子围栏远程监控和准确度等监管问题,采用混合技术加以解决。

当前,基于大数据技术的智慧社区矫正,实现了网上实时监控、突发事件动态监控、及时预警等功能。通过软件平台、App轻应用和硬件设备的组合智能研究,工作人员对社区矫正对象的基本情况及档案资料可以及时进行了解。同时,通过自动化地处理数据和比对社区矫正对象信息,工作人员可以制定有效的管控计划,对执行中可能出现的监管漏洞及时进行处理和分析。公安机关、检察院、法院、司法部门通过软件平台、硬件设备等运用智慧社区纠错手段共享数据,使社区矫正过程中相关部门信息不对称的情况减少,使社区矫正对象的行踪动态可以及时、有效地被掌握和分析。

三、大数据时代社区矫正工作的完善

大数据时代社区矫正工作面临新问题,也有新挑战。社区矫正作为一项使命特殊的工作有其独特之处,也应尽可能利用现代科技手段对其加以辅助支持,推进现代科技手段与社区矫正工作相结合,充分发挥现代科技手段优势,提高社区矫正

〔1〕 参见郭鼎威:《电子监控技术在社区矫正工作中的应用》,载《人民调解》2018年第1期。

〔2〕 参见程代娣、郑林:《社区矫正信息化管理模式新探》,载《宿州学院学报》2014年第4期。

工作质效。

(一)社区矫正大数据共享平台建设

社区矫正工作需要与移动互联网、生物识别等新兴信息技术相结合,而不是仅仅依靠定位技术。所以,社区矫正信息化管理平台所包含的内容也并非只有一个。在适当的条件下,按照一定的规则,将网络、管理系统、终端设备、数据分析等内容整合在一起。[1] 要实现社区矫正大数据共享信息化建设,信息网络是大数据传输交换的基础,因此构建完善的信息网络是最为关键的。推进信息网络建设是基础性工作,加大社区矫正工作覆盖面,保障国家和社会安全,确保社区矫正大数据共享信息网络与互联网分离,让包括省、市、县、乡级在内的各级社区矫正机构共同利用网络,与公安机关、检察院、法院联网,实现数据共享、互通,建立起全国统一的社区矫正大数据共享网络体系。

同时,为解决传统集中教育的不足,打破时间、空间、地域的限制,实现远程教育,开设社区矫正教育学习平台,提供网上学习、网上签到、课后测评等多种功能。建立实现社区矫正管理省、市、区、镇等多级互联互通的全国各级大数据共享信息化管理平台,强化大数据共享信息化管理平台在社区矫正管理过程中的作用发挥,利用人脸识别、指纹验证等生物识别技术、空间定位技术以及"电子围栏"设置,对社区矫正对象的行动实施监控,尤其是对社区涉毒矫正对象实行实时监控。

(二)优化社区矫正工作人员业务素质

把科技手段运用到社区矫正工作中,推动科技手段与社区矫正有效结合,创新社区矫正工作方式和措施,进一步增强社区矫正工作实效。要确保社区矫正大数据技术应用的顺利推广,应不断提高一线工作人员的业务技能和业务素质。一线工作人员通过不断地接触和学习掌握对大数据原理及技术的运用,跟上数字化治理的时代步伐。当然,社区矫正工作固有的实践能力是基础,社区矫正体系外的知识更需要了解,通过对具有工作关联性知识的学习掌握,认识到自身工作能力存在的不足并加以提升,进而使自身的业务能力和素质有全面的提高。例如,基于数字化管理的社区矫正工作规范,科学应对突发事件的处置方法,增强社区矫正工作人员业务素养等,是推进社区矫正数字信息规范化建设的需要。

具体而言,可以从几个主要方面开展完善工作:重视基层司法所数字档案的建

---

[1] 参见刚彦、王敬:《浅析社区矫正信息化监管》,载《中国管理信息化》2014年第15期。

立与管理,抓好矫正工作实用手册等资料的更新完善,做到有迹可循、有据可依、按程序办事,确保执法全过程落到实处。加强司法社工队伍建设,为协助社区矫正工作人员开展社区矫正工作,政府与专门培养司法社工人才的机构合作,通过在规定范围内科学采购社会服务中心的司法社工服务,建立司法社工服务的长效机制。同时,还可以建立司法社工服务大数据平台,一定程度上促进社区矫正工作的不断完善。除此之外,有学者还建议制定司法社工绩效考核制度、制定发展规划等一系列措施,建立行业标准,规范行业行为,提升社区矫正工作效能。[1]

(三)构建大数据服务保障制度

制度如同可靠的领航员,提供各项工作的规范与指导,因而对保证工作顺利进行具有极其重要的意义。社区矫正工作只有保证大数据资源的安全流动,才能有效推进,让大数据的应用大有可为,科学有效地促进各个部门之间的协作与数据信息共享实现。在加强各部门之间的数据共享和协作配合的同时,应避免重复采集数据,节约司法资源,尽力规避社区矫正工作人员使用大数据的后顾之忧,确保强化社区矫正工作的时效性,推进社会治理能力现代化建设。

大数据应用于社区矫正工作的价值日益显现,它起到了关键的数据采集和存储作用,同时也带来了个人信息外泄的隐患问题。社区矫正对象的个人信息更需要保密。为了保证个人信息不被泄露,不同的地区和部门应采用各自相对独立的保密管理制度。当前,针对社区涉毒矫正对象的个人信息保护问题,在开放系统共享信息的同时,要实现不同地区、不同部门的信息共享并不容易。诸如,社区涉毒矫正对象个人信息的采集、存储和分析,应该由谁来负起责任,科学合理利用大数据技术来实现,哪些部门之间可以实现个人信息的共享,如何确保个人信息应用保护等,这些都需要制定相应的制度来加以规范。

在社区矫正工作中,为确保资料运用,进而提高社区矫正工作的质量和效率,可参照《上海市公共数据和一网通办管理办法》,在促进各部门数据共享的同时,有效提升行政服务效能,成功破解数据重复采集难点。[2] 除了在原始资料收集、录入、保障等方面作出规定外,对于社区矫正工作中充分利用数据资源,界定职责、保护隐私也需要制度支持和保障,促进制度创新有利于大数据潜力得以发挥。通过

---

〔1〕 参见姜爱东:《我国社区矫正工作形势与进一步发展的思考》,载《犯罪与改造研究》2011年第6期。

〔2〕 参见姚丽萍:《在沪全国人大代表专题调研"大数据共享与安全""一网通办"推进政府治理创新》,载新民网2019年3月3日,http://wap.xinmin.cn/content/31495048.html。

健全法制、司法体系，对社区矫正工作进行法治保障和指导，对大数据应用范围和个人信息安全进行立法保护十分必要，[1]可以营造社区矫正大数据应用的良好环境。

---

〔1〕 参见石星星：《大数据背景下社区服刑人员的社会融合问题研究——以济南市L司法局为例》，山东大学2018年硕士学位论文，第49页。